谨以此书献给
杰德、索菲娅和路易莎

To Jed, Sophia, and Louisa

AMY CHUA
DAY OF EMPIRE
How Hyperpowers Rise to Global Dominance — and Why They Fall

宽容、狭隘与帝国兴亡

[美]艾米·蔡 著 刘海青 杨礼武 译

重庆出版集团 重庆出版社

EDITOR'S NOTE

编者的话

自15世纪地理大发现以来,"世界"作为一个整体逐步立体呈现在世人面前。在全球化的浪潮中,大国的影响力越来越大,人们关注的重点也逐渐聚焦在对世界格局曾经或正在产生重大影响的大国上。

本书作者艾米·蔡是生活在美国的华裔,她因切身的经历而关注到文化包容的重要性,但类似"9·11"恐怖袭击事件的发生也警示着多元文化中冲突因子的存在。作为当今世界的超级强国,美国傲视群雄,但其地位也不断受到挑战。纵观历史,花无百日红,许多世界大国、超级强国早已消散在历史的烟云中。在本书中,艾米·蔡将美国作为世界超级强国的代表,并由此深入研究世界大国是如何巩固并发展自身独一无二地位的。

艾米·蔡用独特的视角俯瞰历史,将人类文明史上一个个在某一历史阶段独领风骚、一度辉煌的世界大国的兴亡史料、相关论述梳理出来，她认为"宽容"是超级强国形成的必要条件，但维持一定的"黏度"，即文化认同很有必要。在艾米·蔡看来，超级强国无比强大、疆域广阔、人口众多，却不得不面对文化融合、种族和宗教冲突等问题，除了宽容，别无他法，在超级强国的统治后期，被宽容掩盖的冲突因子逐渐显露，种族纯化、民族清洗、宗教狂热信仰等将超级强国引向了末路。

我们知道，任何历史尤其是世界历史的发生必定是多个因素共同作用的结果。诚然，宽容是一个大国必须具备的条件，但是仅用"宽容"来概括所有超级强国兴起的原因，有些不妥。在作者的历史探索中，无疑缺失了一些东西。艾米·蔡的观点虽然值得商榷，但自成一家，也为有关大国崛起的研究提供了一种新的思路。作者对于其他重大国际问题的认识，也有待读者在看过本书之后得出自己的结论。

目录

前言／008

导言：称霸世界的秘密／014

第一部分 "野蛮人"的宽容 /035

第一章 第一个超级大国 ▶ 大波斯帝国：从居鲁士到亚历山大／036

第二章 罗马鼎盛帝国的宽容政策 ▶ 角斗士、托加长袍和帝国"黏性"／068

第三章 中国的黄金时代 ▶ 混血的唐帝国／106

第四章 蒙古帝国 ▶ 横扫世界的"野蛮人"／140

第二部分 宽容的启示 /187

第五章 中世纪西班牙的"净化" ▶ 宗教裁判、放逐和褊狭的代价／188

第六章 荷兰人的世界帝国 ▶ 钻石、绸缎和基督教各教派的融合／202

第七章 东方的宽容和褊狭 ▶ 奥斯曼帝国、大明帝国和莫卧儿王朝／238

第八章 大英帝国 ▶ "反叛的贱民"和"白人的负担"／264

第三部分 未来的世界霸主 /311

第九章 美国式超级大国 ▶ 宽容与微型芯片技术／312

第十章 轴心国的兴衰 ▶ 纳粹德国和大日本帝国／360

第十一章 美国霸权的挑战者 ▶ 21世纪的中国、欧盟和印度／386

第十二章 帝国时代 ▶ 历史的教训／424

致谢／460

注释／464

参考书目／490

CONTENTS

Preface /008
Introduction: The Secret to World Dominance / 014

Part I The Tolerance of Barbarians / 035

Chapter 1 The First Superpower / 036
Chapter 2 Tolerance in Rome's High Empire / 068
Chapter 3 China's Golden Age / 106
Chapter 4 The Great Mongol Empire / 140

Part II The Enlightening of Tolerance / 187

Chapter 5 The "Purification" of Medieal Spain / 188
Chapter 6 The Dutch World Empire / 202
Chapter 7 Tolerance and Intolerance in the East / 238
Chapter 8 The British Empire / 264

Part III The Future of World Dominance / 311

Chapter 9 The American Hyperpower / 312
Chapter 10 The Rise and Fall of The Axis Powers / 360
Chapter 11 The Challengers / 386
Chapter 12 The Day of Empire / 424

Acknowledgments / 460
Notes / 464
Bibliography / 490

PREFACE

前言

我总认为我的父亲是一个典型的美国人，但父亲和母亲其实是中国人，不过他们的童年却是在菲律宾度过的。第二次世界大战时期，他们还都是孩子，生活在日本人的统治之下，直到1945年道格拉斯·麦克阿瑟将军解放菲律宾为止。父亲一直记得，当年美国士兵开着吉普车经过时，他会和其他孩子一样跟在后面跑，兴高采烈地大喊大叫，车上的士兵会扔下一些免费的午餐肉罐头。

父亲幼年时常常给家里惹麻烦。他颇有数学天赋，喜欢天文学和哲学。他讨厌自家的铝罐小生意，认为其中有很多不光彩的行为，因而拒绝了家人的所有安排。在还是个小男孩的时候，父亲就梦想着去美国生活，所以后来当他接到麻省理工学院的录取通知书时，欣喜若狂，他的愿望终于实现了。1961年，父亲和母亲一起来到举目无亲的波士顿。由于只能依靠奖学金生活，所以在头两个冬天，负担不起取暖费的他们，只能靠毛毯御寒。

我和三个妹妹都是在美国中西部长大的，我们一直都明白自己"与众不同"。令我们窘迫的是，那时我们必须用保温瓶盛着中式饭菜去上学，我多么希望能和其他孩子一样吃大红肠三明治啊！父母要求我们在家里讲中文，如果不小心说了一个英文单词，他们就会重重地敲一下我们的筷子。每天下午，我们都要学习数学和钢琴，父母从来不允许我们在朋友家过夜。每天下午父亲下班回家，我都会给他拿拖鞋，然后把他脱下的鞋子拿走。我们的学习成绩必须非常优秀，朋友们要是得个 B，就会得到父母的奖赏；但我们即使得个 A-，也会受到斥责。八年级时，我在历史比赛中获得第二名，所以请家人一起去参加颁奖典礼。有位同学以全优的成绩获得了基瓦尼斯奖，颁奖结束后，父亲对我说："以后，再也不要用这样的事让我难堪了。"

当朋友们听说这些事情时，往往会认为我的童年一定恐怖无比。但是，实际完全不是那么回事，在这种特别的家庭氛围中，我拥有了更多的力量和信心。开始时，我们都是外人，一起了解美国，并逐渐成为美国人。我记得父亲常常工作到凌晨 3 点，而且那样专心，甚至连我们进门他都不知道。不过，我也记得当他向我们介绍墨西哥玉米煎饼、炒牛肉酱、奶品皇后和"所有都能吃的"自助餐时兴奋的样子，当然更不用说坐雪橇、滑雪、捉螃蟹、野营等好玩的游戏了。记得有一次，小男孩斜着眼睛向我做鬼脸，嘲笑我说"restaurant"的声调，从那时起，我就发誓一定要改掉我的中式口音。但我也记得女童子军和呼啦圈游戏，诗歌比赛和公共图书馆，在美国革命女儿会（Daughters of the American Revolution）征文比赛中获奖，以及父母获得美国国籍的那一天。

像很多其他地区的移民一样，亚裔移民在美国并不总会受欢迎。1882 年，美国国会通过了《排华法案》（the Chinese Exclusion Act），像禁止妓女、罪犯和麻风病人一样，禁止华人进入美国。到了第二次世界大战时，也就是父亲在马尼拉欢迎美国军队时，美国最高法院批准了政府的提案，将日裔美国人从他们的家中赶到了俘虏收容所。

但是，20世纪60年代，美国修改了法律，取消了很多移民限制。对于父亲和很多那一阶段来到美国的新移民来说，坚定的意志和辛勤的工作是与成功直接画等号的。父亲用不到两年的时间就拿下了博士学位，31岁时获得了终身教授头衔，并获得了一系列全国性技术奖项。1971年，父亲接受了加利福尼亚大学伯克利分校的工作，于是我们打点行装，搬到了西部。父亲留起了长发，穿上了印有和平标志的衣服，并开始喜欢上了酒类收藏，在他建造的酒窖中放着1000瓶各式各样的酒。当他在国际混沌理论界小有名气以后，我们开始去世界各地旅行。我的高中三年是在伦敦、慕尼黑和洛桑度过的，在这期间，父亲还带我们去了北极。

但是，我们仍然面临着很多矛盾，包括我们是什么人，我们不是什么人，我们应该成为什么人，等等。虽然我们已经深深融入美国这个大熔炉，而且还对外代表着美国，但是父亲和母亲从未让我们忘记我们是中国人，这不仅体现在传统上，还体现在血统上。

从儿时起，我就知道，中国人、汉族人和其他人是不同的。"中国人"，不论是在现代还是几千年以前，一直是与"外夷"这一概念相对照的。此外，在我们家有一个不言自明的原则，汉人身份是不能通过学习或者同化作用实现的。例如，一个白人，无论他汉语说得多好，也不论他在中国生活了多长时间，永远都不可能是真正的汉人。母亲经常提到中国5000年辉煌的历史和优秀的文化。她甚至提到中国血统的"纯正"问题，在她看来，如果改变这一血统，将是一种耻辱。在我的本族语闽南话当中，非常侮辱人的一个词就是"杂种"，我想在英语中与之最接近的词可能是 mongrel（混血佬）。

事实上，认为汉人有着"纯正"血统的观念并非自古有之，而是最近才出现的。在中国漫长的历史中，汉人的概念比人们通常的理解要复杂得多。但是，小的时候，我是不知道这些的。同时，我也不能彻底理解美国人使用的"外国蛮族混血佬"这个概念。其实，每个人看起来都是混血的后代，印第安纳州的我最好的朋友，就拥有苏格兰、爱尔兰、英格兰、荷兰和德国的血统。那么，那些解放了菲律宾的英勇的美国大兵呢？他们是野蛮人吗？如果的确如此的话，那么似乎野蛮人也没有那么坏。

由于篇幅限制，我们没有太多时间去分析这些问题。但是，父亲还是给我下达了一些命令："如果你要嫁给华人以外的人，只有等我死了才行。"他说这番话时，我才4岁。申请大学时，父亲说我必须住在家里，所以只能上伯克利分校（我已经被这个学校录取了）。事情就是这么简单，我也不必去参观其他校园，也不用费心选择学校。但是，就像父亲违抗家人的安排一样，我也违抗了他的意志，我模仿了他的签字，秘密向一所东海岸的大学递交了申请。这所学校我只是听人说起过。当我告诉他我被哈佛大学录取了时，他的反应让我大感意外。他转怒为喜，整个晚上都笑呵呵的。后来，当我从哈佛法学院毕业时，当他的二女儿又从耶鲁大学和耶鲁法学院毕业时，他再次大大地骄傲了一回。当他的三女儿也离家去哈佛学习，并最终在那里获得硕士和博士学位时，他为自己拥有这样的女儿们骄傲（当然，女儿们都没有留在他身边，或许这可能让他有点儿伤心）。

在进入大学之前，我第一次到了中国。1980年，我和家人在四川的省会成都度过了一个夏天。成都曾以华美的丝绸闻名于世。

在过去的30多年中，世界、中国、美国和我家都发生了巨大变化。虽然父亲曾严令我不得和非华裔结婚，但我还是嫁给了一个犹太裔美国人。现在，父亲和我丈夫已经成了好朋友，对于他们混血的、能说中文的外孙，父亲和母亲则是溺爱得不能再溺爱了。

首先，我希望以本书向美国式宽容致敬。尽管它有很多不完善之处，但却把我的父母吸引到了这个国家，让我的家庭越来越富足，让我们按照自己的方式成为美国人。同时，本书也是对国家力量，尤其是超级国家力量，以及促使一些社会获得并维持权力的前提条件的研究。然而在另一个层面上，本书是关于种族"纯化"和种族多元化之间冲突的分析，每一种冲突都有其独特的魅力和效力。最后，本书是一个警告。我要说的是，宽容一直是美国成功的真正秘诀。而今天，我们比以往任何时候都更有迷失方向的危险。

INTRODUCTION

The Secret to World Dominance

导言

称霸世界的秘密

世界变化真快啊！20世纪80年代，美国只是一个超级强国。10年后，美国成为世界上无可争辩的超级强国，美国的全球优势几乎是无可匹敌的。今天，由于伊拉克战争和卡特里娜飓风[1]引发的巨大失败，人们已经开始谈论美国的衰落了。

当超级强国(hyperpower)这个词首先用于美国时，其本意并不是贬义的。这个词是法国外交部部长于贝尔·韦德里纳首先提出来的。他是对美国最直言不讳的批评家之一，当时他宣称，法国"不能接受政治上的单极世界，也不能接受文化上的统一世界，更不能接受一个超级强国的单边主义"。虽然，韦德里纳在使用"超级强国"时带有指责口吻，但是他抓住了历史发展的关键。韦德里纳指出，美国已经"在各个方面具有了主导性和支配性"：美国不仅在经济、军事和技术上处于领先地位，而且"在思想、观念、语言和生活方式上也处于支配地位"。[2]

但是，今天，这种认为美国"在各个方面具有主宰作用"的思想不再像过去那样名副其实了。虽然美国仍然是世界经济和军事强国，但是在很多方面正在受到挑战，它的自信已被动摇，它的威望已受到损害，由于将数千亿美元投入一场胜负不定的战争，它的国库受到了重创。同时，其他强国正在兴起，都想在世界舞台上获得一席之地。欧盟不仅人口在不断增加，其国内生产总值也与美国旗鼓相当。拥有1/5世界人口的中国在经过几个世纪的停滞以后，正在努力探索自己的自强之路。中国、欧盟或者其他竞争者，比如印度，会不会超越美国，或者说至少是积聚了足够的力量来重建一个多极世界秩序呢?

美国是否能维持它的超级强国地位,对世界和美国来说都是一个影响巨大的问题。正如英国历史学家尼尔·弗格森(Niall Ferguson)所说,在21世纪,世界是否需要一个"美利坚帝国",来对抗种族灭绝、流氓国家和"破坏自由世界秩序的恐怖组织"[3]呢?或者,像其他人所认为的那样,美国这一超级强国就是世界和平和全球稳定的威胁呢?[4]从美国的立场上来看,美国的衰落将意味着失业率的提高和生活水平的下降,以及更容易受到攻击?美国超级强国的身份是否就一定会导致这个国家未来的破产,招致世界的怨恨,并使它更容易成为恐怖分子的目标呢?

本书讨论的主题超级强国,并不是一般的强国或者普通的超级大国,而是帝国。以前,曾经有过很多讨论帝国的文章,既有古代的也有现代的,既有持肯定态度的也有持否定态度的。[5]分析帝国的兴衰一直以来都是一种古老的消遣,最早可以追溯到古希腊时代。修昔底德认为,民主思想是雅典陷落的原因。爱德华·吉本则认为基督教是罗马衰落的主要原因。近代,保罗·肯尼迪将大国的没落统统归咎于"帝国的过度膨胀",贾雷德·戴蒙德(Jared Diamond)在《崩溃》(Collapse)一书中则将"环境破坏"作为罪魁祸首。"9·11"以后,美国入侵阿富汗和伊拉克,讨论帝国和帝国主义的文章可谓汗牛充栋,既有欢呼又有谴责,这一研究队伍几乎成了一个行业。[6]

但是，迄今为止，还没有人系统地分析过极为罕见的超级强国现象以及少数几个社会的本质，这些国家和社会在历史上可谓寥若晨星，但是它们拥有巨大的军事和经济实力，几乎统治了整个世界。这是一个特别重要的课题，具有深刻的现实意义，其中隐藏的动力还有待揭示。一个社会是如何发展为一个强国乃至世界霸主的呢？一旦一个社会获得了这样的霸权，什么力量可以导致它的衰落呢？历史上，超级强国的兴起和衰落有很多值得我们认真汲取的教训，我们可以发现美国和之前的这些超级强国存在相似之处，也有不同之处，这些问题对于21世纪具有深远的启示作用。

本书的主题如下：虽然这些国家存在巨大差异，但至少按当时的标准来看，这些虽充满争议但确实获取了全球霸权的超级强国在其兴起到鼎盛时期都表现出了突出的多元化和融合性特征。事实上，无论哪一个超级强国，宽容性都是其获得世界霸权不可或缺的关键因素。在衰落时期，这些超级强国都无一例外地表现出狭隘、仇外，实行所谓的种族、宗教或人种的"纯化"政策，而宽容也播下了没落的种子。几乎在每一个超级强国的发展史上，宽容最终都会导致一个临界点，此时它会引发社会冲突、仇恨和暴力。

首先，请允许我解释一下我所说的"世界主导力量"的含义。对于这个名词，我们很难给出一个准确的定义，特别是考虑到在2000年前甚至500年前，在轮船、飞机和科技大幅缩小地球之前，世界要大得多。例如，鼎盛时期的罗马显然是一个世界霸主,如果否认这一点,那世界上就不存在所谓的超级强国了,虽然在地球的另外一端,此时还有另外一个超级强国——中国的汉朝,但是二者几乎没有联系。如果认为罗马帝国只是自己所在小世界的霸主,那么是不是可以说阿兹特克人和埃及人也是他们所在世界的霸主呢?塔希提是不是也是自己狭小世界的超级强国呢?

如果说塔希提也是一个世界霸主的话,那么对超级强国的定义显然太过宽泛了。那么,正确的定义应该是怎样的呢?与罗马帝国相比,那个曾经统治中美洲但又不能认为是世界霸主的阿兹特克到底有什么不同呢?二者之间存在着几个比较突出的差别:一、版图。罗马帝国的版图为5.2亿公顷,而阿兹特克的版图在285万至1994万公顷之间。[7] 二、人口数量。罗马统治的人口大约为6000万人,而阿兹特克的人口在100万~600万之间。在罗马帝国鼎盛时期,世界上没有哪个国家(包括中国的汉朝)在经济和军事上超过了罗马;罗马与当时处于世界科技发展前沿的社会竞争并战胜了它们。而其关键的差异在于,罗马不仅获得了它所在世界的霸权,而且也获得了整个世界的主宰地位。

因此,为了便于讨论,我用以下三个条件来评判一个国家或帝国是否属于超级强国:它的实力必须明确优于已知的同时代的所有对手;在经济和军事实力上,它不能明显低于世界上其他任何一个国家;它的实力必须散播到地球上极为广阔的地域,统治数量巨大的人口,打破当地或区域界限。

按照这个定义，路易十四统治的法国就不能算作世界霸权国家，哈布斯堡王朝或者冷战时期的美国也不能算作世界霸主。这些国家都没有满足第一个条件：它们都有势均力敌的对手。

本书主要讨论那些真正符合超级强国条件的国家，并分析在每一个超级强国时代，宽容对于这个国家的兴起所起的关键作用。但是，在进入正题之前，请允许我先解释一下为什么宽容如此重要。这一说法起初似乎令人惊讶，但实际上有一个非常简单、直观的解释。

要成为世界霸主，而不仅仅是地方或区域性霸主，这个国家必须在技术、军事和经济上处于世界领先地位。在任何特定的历史时刻，世界为世界霸主所提供的最有价值的人力资本，包括智慧、体力、技能、知识、创造力、网络、商业创新和技术发明，是在世界其他地方、其他民族或者其他宗教团体中找无法找到的。要在全球范围内与竞争对手拉开距离，这个国家必须摄取或者激发世界上最好和最优秀的人，无论他们是什么种族，信奉什么宗教，或者具有什么历史背景。这就是历史上所有超级强国的共同点，从阿契美尼德王朝到蒙古人建立的帝国再到大英帝国，它们都是通过宽容来实现自己世界霸主地位的。

有人会说，等等，这些超级大国是宽容的？成吉思汗的大军常常屠杀整个村庄，然后把尸体作为充填材料扔在护城河里。而波斯的大流士在把俘虏钉死在尖桩上之前会割掉他们的耳朵和鼻子(大流士的前任冈比西斯二世曾经活剥过一个腐败官员的皮,并将之变成了椅垫)。按照后殖民统治时期的研究成果,大英帝国也是建立在种族主义和白人至上论基础上的。难道,这些帝国都能被说成是宽容的吗?

虽然令人惊讶,但我不得不说事实确实如此。不过,必须指出,我谈论的不是现代人权意义上的宽容。我所说的宽容,并不是指政治上或文化上的平等。[8]相反,我用"宽容"这个词仅仅是表明非常不同的人可以在一个社会中共同生活、工作和发展,尽管这可能仅仅是一种手段或者一种策略。准确地说,本书所说的宽容是指不同民族、宗教、种族、语言或者其他背景的个人或团体在某个社会中共存、参与和发展的自由程度。

所以,这种意义上的宽容并不包含尊重意味。当罗马统治者从各地招募武士组建自己庞大的军队时,一直把自己看成上帝的宠儿,对其他民族经常表现出歧视,例如"完全野蛮的"凯尔特人、"连续数天生活在潮湿的肮脏之所"的"不穿衣服的喀里多尼人"、长着"巨大四肢"的"人数众多的野蛮"北欧人。[9]而且,宽容可以根据实际情况选择使用。那些被认为有用的人可以获得宽容,而那些没有用的人则被放逐或被暴力镇压。18世纪末,英国人开始接受那些信奉新教的苏格兰人,把他们当作不列颠同胞,这在苏格兰人被当成帝国建设的资产时变得尤为明显,不过这种新型的英国式宽容从来没有降临到爱尔兰天主教徒身上。[10]

最后需要说明的是,宽容这一关键概念是相对的,而不是绝对的。在追逐世界霸主的竞赛中,最重要的并不是一个社会的宽容性是否符合某种绝对永恒的标准,而是这个社会与其他竞争者相比是否更加宽容。因为宽容是一种相对的概念,所以即便是那些被统治者包容了的人也可能受到残酷的不平等对待。19世纪末,生活在俄罗斯的犹太人认为,与自己在俄罗斯遭遇的大屠杀相比,美国是幸福的避风港,但是当他们到了美国之后,仍然面临着反闪族主义[11]和反犹太主义的苦恼。

但必须说明,宽容并不是取得世界统治地位的一个充分条件。不论多么宽容,不丹王国也永远不可能成为超级强国。要成为超级强国还需要额外的附加条件,包括地理、人口、自然资源和领导能力,等等,只有当所有这些条件完备以后,才能造就罕有的超级强国。当然,运气也起着一定的作用。但是,即使具备了运气也不一定就必然获得并维持全球的统治地位,这还取决于当时的竞争状况。

但我认为宽容是实现世界统治地位的必要条件。相对地,我也认为狭隘与超级强国的没落存在着密切联系。不过,在这个问题上,要想清晰地把因果关系分离开来是很困难的。通常情况下,很难说是狭隘导致了没落,或者说狭隘是没落的一个副产品。在多数情况下,这两个命题可能都是对的。

最后,我认为,并不是说更多的宽容总是带来更多的繁荣,或者繁荣必须以宽容为前提。曾经有很多狭隘的社会获得了富足和强大,纳粹德国就是一个很好的例证。但是,从整个历史来看，从来没有哪个国家依靠种族纯化、宗教狂热，或者民族清洗获得过世界霸权地位。若想在全球范围内实现统治地位，仅仅依靠高压政治是远远不够的，且迫害政策将会付出极高的代价。而种族或者宗教同化政策，例如拒绝与外族通婚的规定，也是徒劳无益的。

美国或许是通过宽容政策获得世界统治地位的一个典型。当然，从美国的大部分历史来看，美国和罗马帝国一样，同样不是人权问题的好榜样。美国实施过奴隶制，它曾经残忍驱逐甚至还大规模屠杀土著民族。然而，自建国伊始，美国便经过一场伟大的革命获得了宗教自由和市场经济制度，并且所有阶层和不同背景的人们都可以享受这一优越制度，于是美国吸引、鼓励，并利用了无数移民的力量和智慧。

移民所带来的巨大力量和智慧推动了美国的进步和成功，从西部大开发到工业的爆炸式发展再到第二次世界大战的胜利，无不与此有关。事实上，美国之所以在原子弹研制竞赛中获胜，与它能吸引那些为了摆脱迫害而移民美国的欧洲科学家有直接关系，虽然这一事件的历史地位还有待商榷。在二战后的几十年间，随着"布朗诉教育委员会案"[12]的裁决和民权运动的进步，虽然出现过反复，但美国还是发展为世界历史上在民族和种族层面上最开放的社会之一。与此同时，美国也在这一时期取得了世界统治地位。

20 世纪最后 10 年，美国之所以能成为超级强国，与苏联解体有一定关系。但这也反映了美国在蓬勃发展的计算机时代惊人的技术和经济主导地位，而这种主导地位与美国能够吸引来自世界各地大批富有才华和勤奋素质的移民有直接的关系。硅谷促成了人类有史以来最大规模的财富爆炸，在这一过程中，移民的创造力起到了至关重要的作用。

虽然从根本层面上来说，美国获得世界统治地位与历史上的其他霸权一样都得益于宽容思想，但又与其他帝国有极大的不同。美国是第一个依靠成熟的普选民主制度获得超级强国地位的国家。它是在继世界人权和国家主权获得普遍认可后出现的第一个超级强国。而且，美国是第一个面对全球恐怖网络威胁的超级强国，这些恐怖分子有可能使用大规模杀伤武器。

这种史无前例的综合性因素让今天的很多美国人对美国在世界上的正确地位极为困惑。美国应该如何使用自己的军事力量？如何解决美国面临的恐怖威胁？美国是应该维护自己超级强国的地位，还是应该恢复世界多极化秩序？哪一种对世界和美国更为有利？

但是，在柏林墙刚拆除时并不存在这样的不确定性。弗朗西斯·福山[13] (Francis Fukuyama) 宣布了"历史的终结"。大家似乎一致认为，不仅在华盛顿，而且在世界大部分地区，市场和民主"将所有朋友和敌人转变为竞争者"，允许"任何地方的人民实现自己的理想"，消除"地理界线和人为界线"。[14] 但是，自由市场经济式的民主是城市中的唯一游戏，美国似乎顺理成章地成为世界全球化、市场化和民主化进程的领导者。

现在回顾起来，或许这一阶段最突出的特点是人们普遍认为美国不会再卷入战争或者遇到军事威胁。美国拥有有史以来最强大的军事力量和最具摧毁力的武器装备。但是，在20世纪90年代，美国国内外很多人认为，这个新的超级强国不会出于扩张和帝国建设的需要而采取军事进攻战略。当谈到美国的军事力量时，人们谈论最多的问题是，美国是否可以出于人道主义使用武力（例如在波斯尼亚或者卢旺达），美国应该如何合理使用"和平红利"（peace dividend），即那些节省下来的巨额军费。人们似乎认为，作为当今世界的唯一超级强国，美国并不是一个帝国，也没有军国主义计划。

但是，2001年9月11日，所有这一切都发生了改变。一个月之内，这个超级强国进入了战争状态。一年以后，美国颁布了一个新的《国家安全战略》（National Security Strategy），强调"美国军事力量的根本作用"，宣称美国有"先发制人"的权力，并致力于维持美国的单极军事优势。突然之间，到处都在谈论美利坚帝国这一话题。媒体上也出现了相关言论，不仅《华尔街日报》（The Wall Street Journal）和《旗帜周刊》（The Weekly Standard）这样的报纸上出现了相关的文章，甚至连《纽约时报》（The New York Times）和《基督教科学箴言报》（The Christian Science Monitor）上也有相关的讨论，大家异口同声地支持美国执行帝国主义路线。麦克斯·布特（Max Boot）在《美利坚帝国研究》（The Case for American Empire）一文中旁征博引地指出，阿富汗和其他动荡不安的国家如今需要一种开明的外国管理，这种管理曾由脚穿短马靴、头戴木髓太阳帽的自信的英国人提供。历史学家保罗·约翰逊（Paul Johnson）断言，"恐怖主义的解决途径在于殖民统治"。2003 年初，哈佛大学人权学者迈克尔·伊格纳蒂夫（Michael Ignatieff）说："除了帝国，还有什么词可以更好地描述美国的未来呢？"他认为，美利坚帝国"像伊拉克一样，是民主和稳定的最后希望"。同一时期，尼尔·弗格森呼吁美国应该抛弃恐惧，披上大英帝国曾经的帝国外衣。[15]

这些支持建立美利坚帝国的人到底是怎么想的呢？显然，没有人试图像过去称维多利亚女王为"印度女皇"那样称乔治·W. 布什总统为"中东皇帝"。相反，大部分支持美利坚帝国思想的人只是认为，无论有没有国际支持，美国都应该更积极地奉行军事干涉主义，从而实现某些地区的政权更迭和国家建设，也就是消灭独裁统治、"流氓国家"和其他对美国构成威胁的政权，然后建立市场化的、民主化的、亲美国的政府。一位时事评论员指出，"美国在 21 世纪的绝对统治将以自由市场、人权和民主作为旗帜，用世界上最为强大的军事力量强制推行"。[16]

如果从这个角度来看，"9·11"后出现的创建美利坚帝国的呼声似乎并不是没有道理的。毕竟，在第二次世界大战以后，美国一直享有无与伦比的军事优势，占领并改造了德国和日本。如果美国那时候能够成功，为什么现在不可以这样做呢？面对无法估量的恐怖威胁，在"9·11"以后为什么不能实施同样的政策呢？为什么美国不能像罗马帝国和大英帝国那样,担负起给世界带来文明、现代化以及和平的责任呢?

"9·11"之后,这一观点得到了很多美国人的支持,包括那些从不喜欢"帝国"这个词的人,或者那些自认为是强烈反对帝国主义思想的人。《纽约时报》专栏作家托马斯·弗里德曼(Thomas Friedman)可能是这些人的代表。虽然怀疑布什政府所声称的大规模杀伤性武器的可靠性,并坚信美国可能是为了确保自己的石油利益,但是弗里德曼却支持进行伊拉克战争,以便"推翻萨达姆·侯赛因的统治,与伊拉克人民携起手来",建设一个人们渴望已久的稳定的民主社会,"让人民充分享受自由,提高妇女权利,实施现代教育"。同样,迈克尔·伊格纳蒂夫,这位"美国入侵伊拉克最著名的自由派支持者"写道:"现在的事实是,左派人士和右派孤立主义者都反对这种做法,前者甚至认为美国的帝国主义路线是万恶之源,但是伊拉克有很多人希望美国用武力为他们带来自由。"[17]

但是,所有这些作者都忽略了历史教训,不论他们使用了帝国这个词,还是称之为民主化或者国家建设。现在,美国正在面临着自帝国出现以后就存在的一个严肃问题,只不过这一问题是以新形式表现出来的罢了,这是一个非常关键的问题,它曾经导致了历史上绝大多数世界霸主的灭亡。因为找不到更合适的词,我将之称为"黏性"问题。

这个问题其实就是塞缪尔·亨廷顿(Samuel Huntington)饱受争议的著作《我们是谁?对美国民族认同的挑战》(Who Are we? The Challenges to America's National Identity)的主题。亨廷顿提出了反传统政治的观点，他认为由于持续不断的移民，尤其是来自西班牙语国家的移民，例如墨西哥的移民，有可能会危害美国以盎格鲁—新教教徒为主的核心价值观，包括个人主义、职业道德和法治观念。亨廷顿警告说，除非美国重新明确它的民族身份，否则必将"变成一个包含不同民族、种族、文化和政治集团的松散联邦，大家除了都生活在美国这块土地上以外，很少或者没有共同点"。

亨廷顿一直饱受诟病。其原因在于，他露骨地进行了民族煽动和攻击，例如，他说墨西哥裔美国人数量激增，就像兔子那样具有极强的繁殖能力，他还说墨西哥人可能在试图把加利福尼亚州、犹他州和得克萨斯州收回去。但是，我倒认为亨廷顿的担心是有一定道理的，即美国社会是否具有足够的"黏性"将众多次一级的小社会聚合在一起。历史上的很多超级强国，包括阿契美尼德王朝和蒙古帝国，都是因为缺乏一种包容性的政治认同感，所以不能团结它们众多不同民族和宗教背景的臣民而最终衰落的。[18]

但是，亨廷顿犯了两个严重的错误。第一，正如我后面指出的，当超级强国的核心民族变得狭隘，重新强化其所谓的"真正"身份，提倡极端民族主义或者沙文主义，试图驱逐或排斥"外族"和"不可同化"民族时，整个社会就会分裂瓦解，并最终会导致超级强国消亡。从这个角度来看，摧毁美国社会结构的最稳妥的方法，就是试图将美国身份与单一的原生民族或者宗教团体捆绑起来。而亨廷顿正是这么做的，他认为

"美国特性"就是 WASP（White Anglo-Saxon Protestant，盎格鲁－撒克逊裔白人新教徒、享有特权的白人）文化和 WASP 的价值观。虽说亨廷顿承认存在其他民族和文化背景的人，但是他坚持认为这些人（显然不包括拉美裔美国人）是可以接受 WASP 价值观的。

从更深层次上来看，亨廷顿没有看到美国民族认同的真正问题不在于国内，而在于国外。在美国境内，美国特别成功地创造了一种在种族和宗教层面上中立的政治身份，而且这种身份具有很强的吸引力，足以将不同民族、宗教和背景的人团结在一起。但问题是，美国的影响力不仅仅局限于美国人本身。由于它无与伦比的军事实力（包括在60多个国家的军事基地，大多被当地人视作对他们国家主权的侵犯），以及巨大的经济影响力——无所不在的跨国公司、消费品品牌和文化，使得美国的影响力在世界的各个角落都能被人感受到。在美国本土以外，那种原本将美国人聚合起来的黏合力不能将世界上的几十亿人口以同样的方式黏合起来。

历史表明，超级强国如果想继续存在下去，就必须寻觅一些确保各地区效忠的方式，或者至少得到它所主宰的外国人口对其领导地位的默认，为了达到这一目的，单单依靠军事力量是不够的。在这方面，罗马帝国树立了一个世界霸主的最佳榜样，它成功地赢得了被征服人口的支持，有效地将他们聚拢在罗马核心统治的周围，这不是仅仅依靠军事力量就能实现的。作为古代帝国的唯一特例，罗马创造了一种政治从属和文化融合政策，将那些分布在遥远地区的各个不同民族凝聚到一起。同样，今天的美国也形成了一整套文化影响，包括超级偶像、星巴克、迪士尼、芝士汉堡、可口可乐和 SUV 汽车，所有这些吸引了世界各地数百万乃至数十亿人的关注。

古罗马帝国有一个突出的优点，它可以将自己征服和统治的人民变成帝国的一部分。被它征服的英国人、东欧人和西非人都成了这个地球上最伟大帝国的臣民，当然主要是指男性精英和公民。在意大利文艺复兴时期，马基雅维利不无钦佩地指出，罗马摧毁了自己的邻国，并通过"允许陌生人自由享有它的特权和荣耀"创造了一个世界级帝国。[19]

但是，美国并不是罗马。美国创建了第一个成熟的民主制度，并通过它成为世界霸主，所以美国没有试图或者想要让外国人成为它的臣民，当然也就不是它的公民。当美国政府说要把民主制度带给中东时，它根本没有考虑在下一届美国总统大选中伊拉克人或者叙利亚人的投票。美国作为全球霸主，标榜自由与民主，但却产生了一个具有讽刺意味的结果——疯狂的反美运动。今天，世界上的数十亿人口，且大多数是穷人，他们想要像美国人那样生活，但是又不想受美国的控制；他们试图像美国人那样吃穿住行，但是却被美国大使馆拒签；他们屡屡听说美国代表着自由，但看到的却是美国人只注重自己的私利。

那些支持建立美利坚帝国的人们一直用罗马帝国统治下的灿烂文明和悠久历史来印证自己的观点。但是，我想告诉人们，与统治世界的帝国相比，美国更像"野蛮的"蒙古帝国，而不是罗马帝国。

社会学家有一个概念叫作"选择性偏差"（selection bias），

也就是说，一个人为了"证明"自己的论点，故意选择那些支持自己观点的实例，而忽略那些非支持性的实例。为了避免这种选择性偏差，我尽可能把自己的网撒大一些，并分析每一个符合世界霸主特征的国家。

因此，我分析的一些世界霸权国家，例如荷兰共和国，和其他例证相比，没有明确的世界支配地位，或者说根本不是世界霸主。但是，为了确保在世界霸主对象的选择上更审慎，我宁愿多选也不会少选，这种选择的结果同样支持了我的观点，即宽容促进国力的提升，狭隘导致国力的衰退。

本书的其余部分是这样组织的：第一部分分析现代以前的超级强国。第一章从阿契美尼德王朝开始，以亚历山大大帝结束。第二章讲述罗马帝国。第三章分析中国的唐帝国，其鼎盛时期是世界上最强大的国家，但没有明帝国那么广为人知，唐帝国具有明显的霸权野心。第四章分析了蒙古帝国。

在古代和现代之间，出现了伟大的宗教帝国，包括基督教世界和伊斯兰世界。古代融合性的宗教认为不同的民族可以信奉不同的神，但是基督教和伊斯兰教都坚持只有一个真正的信仰。从这个意义来看，基督教和伊斯兰教与古代融合性的宗教不同。但无论经文要义是否会惩罚非信众，但上千年的宗教冲突、流血和战争却是由此引发的。

第二部分是分析宽容的启示作用。在西方，宗教战争时代慢慢让位给启蒙时代。对于启蒙运动时期的思想家来说，宽容并不仅仅是一种工具，它还是一种美德，甚至是一种责任。宗教迫害不仅是一种低级策略，它还违背了道德良知中的自由属性。所以，便出现了现代的宽容理想：宽容不再是精于算计的君主的统治策略，而是成了"人权"的一个基本因素。启蒙运动促成了一个新帝国时代的出现。一方面，新宽容主义使欧洲1000多年以来首次出现超级强国成为可能；从另外一方面来看，因为倡导广泛的平等、基本权利和个人自由等原则，启蒙运动为之后所有的帝国埋下了引发众多问题的种子。

第五章对中世纪的西班牙进行了简单分析。西班牙是启蒙运动前欧洲强国的代表。宗教多样化是西班牙的突出特点，其国民人口中拥有大量穆斯林和犹太人。但是，西班牙最终没能抵制住那个时代的狂热，宗教屠杀、驱逐和宗教迫害断送了西班牙社会，扼杀了它的繁荣，这充分说明了基督教的狭隘思想阻碍了中世纪欧洲大国获得世界霸权的进程，西班牙就是典型代表。

第六章讲述了荷兰共和国这个小国如何出人意料地崛起。荷兰是第一个接受新宽容思想的欧洲国家。1579年，当欧洲的其他地方还沉浸于狂热的宗教斗争时，荷兰共和国却在自己的建国宪章中明确支持宗教自由。几乎一夜之间，它就像一块磁石一样吸引了大量的宗教难民，他们不仅来自西班牙，而且来自整个欧洲。其直接结果是，它成为世界上最富足的国家，发展也最为快速，具有"生产、商业和金融的巨大优势"，具备了成为世界霸主的"罕有条件"。[20]

第七章简单对比了三个从来没有获得过世界霸权的非西方的帝国，中国的明帝国、奥斯曼帝国和莫卧儿帝国。

重新把目光转回西方，在第八章中讨论了大英帝国，这是继荷兰共和国之后欧洲最具宽容性的国家。其"统治的地域不断扩大"，如果把它控制的海洋也算上的话，这个国家占据了地球表面积的70%。但是，当英国人遭遇非洲人、亚洲人其他非白人时，他们的宽容就消失了。无论英国人如何认为自己很开明，他们从来没有克服自己的殖民种族主义思想，这是该帝国衰亡的一个关键因素。

第三部分引导我们从英帝国时代进入现代。第九章讨论了宽容在美国从一个殖民地新贵到全球霸主转变过程中的重要作用。第十章讨论了两个以狭隘思想和民族纯化为基础的世界强国，纳粹德国和日本。第十一章分析了美国当今面临的主要对手。

第十二章试图将历史教训应用于21世纪，特别是有关美利坚帝国的讨论中。2500年以来，历史上的任何一个超级强国都面临着两个同样严峻的挑战：维持促使其兴起的宽容政策和构建共同的纽带——确保它所主宰人民的忠诚或者至少是臣服。过去几年中，美国试图巩固其海外世界霸权的努力进一步凸显了这两个挑战的重要性。具有讽刺意味的是，美国要想维持其超级强国的地位，或许首先应该停止其称霸全球的野心。

PART I
THE TOLERANCE OF BARBARIANS

第一部分
"野蛮人"的宽容

CHAPTER 1

THE FIRST SUPERPOWER

The Great Persian Empire from Cyrus to Alexander

第一章

第一个超级大国

大波斯帝国:从居鲁士到亚历山大

> 公元前539年，当居鲁士进入巴比伦时，世界还非常古老。更为重要的是，世界也知道自己非常古老。学者们编纂了长长的朝代名录，简单的加法表明，在此之前已经出现过众多帝王，他们曾经统治世界长达4000年。如今他们的墓碑仍然依稀可见。
>
> ——A. T. 奥姆斯特德，《波斯帝国史》(History of the Persian Empire)，1948年

> 俄内西克里特，我非常希望死后能暂时复活一会儿，看看未来的人们如何评论我们的，那该多好啊。
>
> ——亚历山大大帝，选自卢西恩的《如何写历史》(How to Write History)，约公元40年

天堂（paradise）一词起源于波斯语。古波斯语中有一个术语叫 pairidaeza，后来希腊人将之翻译为 paradeisos（天堂），指的是伟大的波斯帝国阿契美尼德王朝美丽的皇家花园和休闲乐园，阿契美尼德王朝大约于公元前559—公元前330年统治着波斯。事实上，最早从事《旧约》翻译的希腊人就曾用这个词表示伊甸园和来世，似乎在暗示阿契美尼德花园就是人类在地球上创建的天堂。[1]

古代阿契美尼德花园世界闻名。据说，花园囊括了人类已知的所有果树，从利比亚到印度的所有名花奇草，以及面积达5.2亿公顷帝国版图上的所有珍禽异兽。其中有帕提亚的骆驼、亚述的公羊、亚美尼亚的骏马、卡帕多西亚的骡子、努比亚的长颈鹿、印度的大象和吕底亚的野山

羊,以及巴比伦的水牛,还有最凶猛的狮子、公牛和王国各地的野生动物。这个花园不仅是一座园林,还是园艺试验场、动物园和狩猎场。一次皇家狩猎就可以捕获4000头猎物。[2]

单从这一点来看,阿契美尼德花园充分反映了整个阿契美尼德王朝的富足繁荣。阿契美尼德王朝由居鲁士大帝于公元前559年建立,横跨了两个世纪,即使按今天的标准来衡量,它也是历史上罕见的多文化、多宗教的自由帝国。阿契美尼德王朝的国王们非常重视人才的选拔和利用,积极鼓励帝国各地的工匠、技师、工人和武士展现自己的才能和本领。公元前500年,在波斯波利斯汇集了来自希腊的医生、埃兰的文人、吕底亚的木匠、爱奥尼亚的石匠和萨迪斯的铁匠,等等。同时,阿契美尼德的军队也从各殖民地招募,所以有米堤亚的军官、腓尼基的水兵、利比亚的车夫、奇西亚的骑兵,以及来自埃塞俄比亚、巴克特里亚、粟特等不同地方的成千上万的步兵。[3]

对于大部分西方人来说,古代仅指古希腊和古罗马。但事实上,阿契美尼德王朝是世界历史上的第一个超级强国,它所统治的地域比任何其他一个古代帝国都要大,甚至比罗马帝国还大。阿契美尼德王朝通过征服战争兼并了亚述帝国、巴比伦帝国和埃及帝国,在鼎盛时期其统治的人口多达4200万,几乎是世界总人口的1/3。[4] 那么,人数相对较少的波斯人是通过什么方式统治如此广大的疆土和庞大的人口的呢？本章将告诉我们，宽容是他们成功的关键：宽容不仅让他们建立了世界最大的帝国，而且帮助他们维持了这个帝国的存在。

巴克特里亚王国在什么地方，我们应该相信希罗多德吗？
WHERE IS BACTRIA, AND SHOULD WE BELIEVE HERODOTUS?

早在公元前 5000 年前，如今的伊朗高原就已经有人类居住，它的早期居民有着一些奇怪的社会习俗：

在一些德尔比克部落，70 岁以上的男子会被杀死，他们的肉会被亲属吃掉，而老年妇女则被绞死埋葬……里海地区的人们以前被称作赫卡尼亚人，在那里 70 岁以上的人会被活活饿死，其尸体被曝晒于荒地，而族人会在旁边观看。如果死者被秃鹰叼食，那死者的运气就非常好；如果尸体被野兽或狗叼走，则运气次之；但是，如果什么动物都不碰死者，那就意味着这个人很不幸……在更遥远的东方，直到亚历山大入侵时，这种令人作呕的习俗仍在延续，得病或者年老的人还没死去就被扔给虎视眈眈的恶狗。[5]

在公元前 2000 年，这里的人们归顺了雅利安人。后来，德国纳粹分子扭曲了雅利安这个词的含义，实际上它是一种语言名称，指的是从俄罗斯南部或中亚地区迁移到了印度、美索不达米亚平原和伊朗高原的人所讲的东印欧语系语言或方言。雅利安人是如何征服原住民的，我们不是很清楚，但是仅仅在几百年内，他们就在这一地区建立了多个同样强大的王国，例如米堤亚王国、巴克特里亚王国，以及波西斯或帕尔萨的波斯王国。[6]

波斯人由很多不同部落和氏族构成，阿契美尼德就是其中的一个部落。后来，阿契美尼德人把波斯的统治拓展至其他雅利安王国。实际上，伊朗 (Iran) 这个词来源于波斯语 Erānšahr，意思就是"雅利安人的帝国"。不过，阿契美尼德王朝要远远大于现在的伊朗版图。阿契美尼德王朝具有古老称呼的省份或总督领地与现在中东和中亚地区的一些著名地区可以对应起来。例如，阿契美尼德人于公元前 539 年征服的巴比伦王国就位于现在的伊拉克境内，距离巴格达约 97 千米。粟特位于今天的乌兹别克斯坦境内。巴克特里亚王国在阿契美尼德王朝具有非常显著的地位，大致相当于现在的阿富汗。[7]

在此，提醒大家注意，阿契美尼德的统治者几乎没有留下书面历史资料，古老的波斯人主要通过口耳相传的方式记录帝王的丰功伟绩。我们所收集到的有关阿契美尼德国王的珍贵资料主要是王室铭文，例如居鲁士圆柱和贝希斯顿悬崖上大流士下令用三种语言雕刻的铭文。然而，不幸的是，这些文字都不是对实际事件的叙述，它们主要是对皇权和美德的抽象颂扬，和宣传资料没有什么不同。例如，居鲁士圆柱声称："吾，居鲁士，宇宙之王、伟大之王、强大之王，巴比伦之王、苏美尔和阿卡德之王、四方世界之王。"[8]

因此，我们对阿契美尼德王朝的了解主要来自非常有限的希腊历史资料，包括色诺芬的《远征记》(Anabasis)，埃斯库罗斯的《波斯人》(Persians)，以及最为重要的希罗多德的著作《历史》(Histories)。这些经典主义作家大多数生活在阿契美尼德王朝后期，所以他们的记述可能部分来自人们的口头叙述或者流传多年的波斯传奇故事。但是，同样的，在这些内容中我们仍然不能将历史事实和政治宣传明确分开。

此外，当时希腊人是波斯人的敌人、臣民，后来又成了波斯的征服者，所以希腊作家对于波斯历史的记述应该不会特别公正，试想如果让萨达姆·侯赛因执笔编写一部1990—2006年的美国历史会如何，如此我们就能理解其中的道理了。所以，希腊人称波斯人是"亚细亚的野蛮人"，并经常把阿契美尼德国王描写得十分颓废和贪婪，这种说法就值得怀疑了。但是，希罗多德的记述应该是一个例外，因为他对波斯人的描述很少怀有敌意，以至于同时代的普鲁塔克斥责他为"野蛮人的朋友"(philobarbaros)。[9]

总体来看，我们还是可以收集到许多确凿的、不同来源的并为考古发现所支持的证据，证明希罗多德有关阿契美尼德王朝的记载是确实可靠的。即便如此，如果历史学家对某些问题存在怀疑、争议或者不同解释的话，我也会在之后的叙述中指出来。

宽容与阿契美尼德王朝的兴起
TOLERANCE AND THE RISE OF THE ACHAEMENID EMPIRE

阿契美尼德王朝的兴起始自居鲁士大帝。居鲁士的出身充满传奇色彩,根据希罗多德的记载,居鲁士是米堤亚王国最后一位没落国王阿斯提阿格斯的外孙。居鲁士的母亲是阿斯提阿格斯的女儿,其父亲冈比西斯则是阿契美尼德家族的成员,当居鲁士出生时,阿斯提阿格斯下令把刚刚出生的外孙处死,因为他梦到居鲁士将来会推翻他。

但是,这一计划没能成功,否则就不会有后来的历史了。哈帕格斯是接受阿斯提阿格斯命令去处死居鲁士的人,但他违抗了命令,把居鲁士交给了一个牧羊人。这个牧羊人对居鲁士视如己出,将他抚养成人。后来,阿斯提阿格斯终于发现哈帕格斯欺骗了自己,居鲁士还活着。但是,他的贤明之臣对他的梦进行了重新解释,使得这位外祖父不再担心来自居鲁士的威胁了。居鲁士被送往波斯与父母团聚。但是,哈帕格斯就没有那么幸运了,阿斯提阿格斯邀请他参加了一个宴会,期间阿斯提阿格斯将哈帕格斯儿子的肉和羊肉混合在一起让哈帕格斯吃掉了。[10]

另有传说,居鲁士被牧羊人遗弃了,但是一只母狗用自己的奶水拯救了他。而在另外一个传说中,他的母亲是一个牧羊女,父亲则是一个波斯强盗。但是,无论如何,居鲁士都顺利到了波斯，并于公元前 559 年成为阿斯提阿格斯统治下的波斯诸侯王。数年以后，居鲁士发动了针对阿斯提阿格斯的叛乱。众多波斯部落和氏族都支持他，但是主要力量还是阿契美尼德人，还有被迫承受食子之辱的哈帕格斯。

公元前 550 年，居鲁士击败阿斯提阿格斯，征服了米堤亚王国，接管了其属国亚述、美索不达米亚、叙利亚、亚美尼亚和卡帕多西亚。公元前 539 年，居鲁士征服了吕底亚王国（位于今土耳其境内）和可怕的近邻巴比伦王国。从此，居鲁士成为有史以来最大帝国的统治者。[11]

从本质上来说，居鲁士使用的是"斩首"策略，但是这个斩首不是砍掉领导者的脑袋，而是他们的官职。每当征服一个新王国之后，居鲁士就会废除当地的领导人，让其享受奢华的生活，取而代之的是统治此地的总督。总督一般都是由波斯贵族担任。但是，除了管理总督事务，居鲁士很少干预臣民的日常生活，允许他们可以继续信奉自己的宗教和文化。他允许人们使用不同的语言，比如允许阿拉米、埃兰、巴比伦、埃及、希腊、吕底亚、利西亚在行政管理中使用自己的语言。他制定并修改了当地法律，适当保留了地方行政机构。在阿契美尼德王朝统治时期，被征服的高级官员继续保有自己职位的现象也并不少见。巴比伦的历史文献也表明，在居鲁士征服前后，统治某一地区的常常是同一家族。[12]

或许，最引人注目的是居鲁士的宗教宽容政策，据说他很乐意祭拜各种寺庙，参加不同的宗教活动，礼拜所征服地区的神。在某种意义上，古代的统治者们更容易允许多神崇拜。与犹太教和基督教不同，古代近东地区的宗教具有融合性。人们认为世界上存在着很多神，这些神各自守护着自己的城市、城市的居民和生活的方方面面。但是，这种融合性的世界观并不一定意味着一个人必须尊重或者包容其他人的宗教信仰。相反，很多实施征服的古代帝王都喜欢证明自己信奉的神更加高尚，并通过压制或破坏对手信奉的偶像来巩固自己宗教的势力。

例如，就在亚述帝国灭亡前不久，亚述国王亚述巴尼拔征服了埃兰国。他摧毁了整个王国，夷平了主要城市，亵渎了神庙，拆除了当地人供奉的神像。他还命令自己的军队破坏了埃兰的皇家墓地，因为，按照亚述巴尼拔的说法，这些人不信奉他的神，即阿舒尔神和伊师塔神。亚述国王们同样摧毁了耶路撒冷和底比斯的城市，很多地方荒芜一片，人烟稀少，动物无踪。[13]

巴比伦国王纳布尼德斯也因为狭隘的宗教思想后来被居鲁士征服。他阻止人们祭祀影响广泛的马杜克神，强迫人们信奉他所信奉的月亮神希恩。如果现收藏于大英博物馆中的居鲁士圆柱上记载的是真的话，那纳布尼德斯确实对自己的人民非常残忍，强迫人民信奉他们不信仰的神灵。相对而言，居鲁士采取的则是另外一种策略。

在率领自己的大军进入巴比伦后，居鲁士祭拜了马杜克神，以笼络当地居民。他说，他是受当地人所信奉神灵的指派和保佑前来解放巴比伦的。居鲁士圆柱上记载了他的话：

当我在盛大的仪式中进入巴比伦，在人们的欢呼和喜悦之中，我住进了王宫。伟大的马杜克神将巴比伦高贵的人民交给我来统治，我也每天对他礼拜。

我不允许任何人以恐怖手段统治苏美尔和阿卡德的任何地方。我努力维护巴比伦和马杜克神保佑的其他神圣城镇的和平。对于巴比伦的居民……我取消了奴役……从尼尼微城、阿舒尔和苏萨、阿卡德、埃什嫩纳、赞班、米特纳和德尔，到古提姆地区，我重新恢复了底格里斯河彼岸的这些神圣城镇，以及毁坏了很久的圣殿。[14]

虽然这些记载从一定程度上存在着自我炫耀的成分，但是我们仍然可以看到居鲁士非常希望得到子民的拥戴。

古代文献经常提到居鲁士的宽容和大度。例如，色诺芬在自己颇具浪漫色彩的《居鲁士的教育》(Cyropaedia) 一书中写道：

因为我们认为这个人（居鲁士）应该得到无上的敬仰，所以我们调查了他的生平，他的出身，他的天赋，他所受的教育，以弄清楚为何他能如此卓越地进行统治……居鲁士建立的帝国是亚洲所有王国中最大、最繁荣的，它的历史中应该记载了一些有益的资料……虽然这个帝国无比宽广，但是完全由居鲁士一个人实施统治，他尊重自己的臣民，关爱他们，就好像他们是他的孩子一样,而反过来,臣民们也像对待父亲那样敬仰居鲁士。[15]

作为佐证,色诺芬还赞美了居鲁士塑造自己公众形象的高超技巧。在波斯波利斯的一次游行中,居鲁士"看上去那样高贵,那样伟岸",很明显这可能是他刻意选择了富有装饰作用的米堤亚传统服饰的原因:

(居鲁士)认为,如果一个人身体上存在缺陷,那么(米堤亚)服饰可以帮助他掩饰自己的缺点,并且让穿着这种服饰的人看上去更加高大漂亮。这种款式的鞋子比较特别,在不用脱下的情况下就可以轻易在鞋底中塞入某些东西,使他看上去更加高大。他还鼓励使用铅笔描画眼睛,使眼睛看上去更富有光泽,并使用一些化妆品让肤色变得更加漂亮。他还要求自己的官员不要随地吐痰,不要当众擤鼻子。[16]

《圣经》中对居鲁士的记述更是充满了溢美之词。在征服巴比伦以后,居鲁士释放了关押在巴比伦监狱中的犹太人,允许他们返回耶路撒冷。由于他的仁慈,犹太先知们尊称他为拯救者。《以赛亚书》(Isaiah)将居鲁士描绘为耶和华(犹太人对上帝的称呼)的"使者":

耶和华对他的使者居鲁士说:我将握住你的右手,助你征服你面前的所有王国,剥去国王腰间的玉带,打开阻挡你的城门,让它们永不关闭;我将为你夷平高山,我将为你打破青铜禁门,捣毁铁制围栏。我将为你提供隐藏的财宝、秘密的宝藏,让你知道耶和华的神奇力量。

据《以斯拉书》(Ezra)记述,居鲁士不仅释放了犹太人,还把尼布甲尼撒二世抢掠到巴比伦的"金银容器"归还给了耶路撒冷。居鲁士还重修了耶路撒冷的犹太庙宇,而且显然是自掏腰包进行的。[17]

毫无疑问,居鲁士大帝很受文人的喜爱。从古希腊的记载到居鲁士圆柱再到《旧约全书》,都表明这位阿契美尼德王朝的第一位国王非常宽容,以至于有些他的现代拥护者称他是"人权"的缔造者。但是,这种观点既有时代错误,也有一定的误导性。与古代某些战争记载相比,居鲁士的征服过程更加血腥和激烈。很难想象,米堤亚和巴比伦人还能张开双臂兴高采烈地迎接波斯人。[18]

更为重要的是,大多数历史学家认为,居鲁士的宽容只是一种策略和权宜之计,而不是原则。通过接受本地人信仰的神,不论是巴比伦人信奉的马杜克神还是犹太人信奉的耶和华,都可以帮助居鲁士获得合法的统治者身份。通过尊重当地的传统和习俗,可以有效地降低被征服者反抗和起义的概率。宗教信仰自由被现代人视作是一项"人权"概念,这是居鲁士和他的继任者们根本没有想到的。对于阿契美尼德的国王们来说,宽容只不过是务实的政治手段而已。[19]

疯子和他的王位
THE MADMAN AND HIS CHAIR

居鲁士将自己庞大的帝国交给了他的儿子冈比西斯，后者仅仅在位 8 年（约为公元前 530—公元前 522）。按照希腊文献的记载，冈比西斯没有继承父亲温和的个性。事实上，赫罗多斯认为："我坚信，冈比西斯的脑子有问题，他是个疯子。"赫罗多斯曾经记录过一段趣闻，其中讲到了冈比西斯试图实施法治："有一个名叫西萨姆涅斯的法官因为受贿做出了不公正判决，冈比西斯就把他像宰羊一般处死了，并剥了他的皮。然后，冈比西斯把这张人皮割成条，鞣制以后装饰在了西萨姆涅斯的儿子奥塔尼斯所坐的法官座位上，冈比西斯希望借此严厉警告这位接替其父亲工作的新法官。"[20]

如果说冈比西斯是个疯子，那也是一个富有成就的疯子。即位后不久，他就发动了入侵埃及的战争，公元前 525 年，他占领了赫里奥波里斯（开罗），然后像他父亲那样在那里继续推行尊重当地习俗和宗教的政策。

在埃及，冈比西斯宣称自己是"太阳神之子，且备受蛇神的眷顾"。在他的埃及谋臣吴迦荷瑞斯尼的建议下，冈比西斯赶往塞斯城，祭拜埃及女神奈斯。他接受了埃及传统中的规范和仪式，祭拜当地神灵，帮助人们修复庙宇，等等。在 1851 年埃及出土的著名塞拉皮雍石碑上，冈比西斯的打扮宛然一个埃及王室成员，脖子上缠绕着神圣的毒蛇——埃及人饲养的具有宗教用途的眼镜蛇。历史学家皮埃尔·布莱恩特（Pierre Briant）指出，在埃及时冈比西斯让自己"埃及化了"。冈比西斯没有将波斯文化强加到子民的头上，而是将自己描绘成埃及神明的虔诚信徒，以证明自己是埃及法老的合法继承人。[21]

除了埃及以外，冈比西斯还征服了腓尼基、利比亚和小亚细亚地区的众多希腊城市。完成这些征服以后，阿契美尼德王朝不仅吞并了近东和中亚的所有重要王国，而且通过收编腓尼基和埃及的舰队，建立了世界上最强大的海军，控制着从地中海到波斯湾的大片海疆。公元前522年，冈比西斯死于坏疽或者自杀而死，不同文献说法不一。当年稍晚些时候，他的一个名叫大流士的远亲继承了王位。[22]

大流士大帝
DARIUS THE GREAT

阿契美尼德王朝在大流士的统治下达到了鼎盛，他统治这个帝国近40年（约公元前522—公元前486）。大流士将波斯帝国的版图扩张到了印度，巩固了对希腊的占领，甚至对东欧进行了突袭，他的军队跨过了多瑙河，但是没能征服塞西亚人（塞西亚人来自俄罗斯南部大草原，戴着头盔，擅长骑射。在举行葬礼时，他们常常把大麻籽扔到烧得通红的石头上，然后用鼻子吸食从大麻中飘散出来的烟雾）。在其即位初期，有人质疑他接替王位的合法性并借机叛乱，大流士彻底镇压了叛乱，用他自己的话说，就是"将他们淹死在血海中"。[23]

所有历史文献都表明，大流士是一个非常出色的管理者。在众多战争间隙，他进行了大量工作，发誓将阿契美尼德王朝建设成为有史以来最辉煌、最先进的国家。他亲自监督各地都城的建造，波斯波利斯就是其中之一，被后人称为古代建筑史上的奇迹。他颁布了统一的货币，重新规划了这个庞大帝国的道路网和邮政体系，包括皇家邮政、快递信差和烽火通信等设施。[24]

为了替自己庞大的工程筹措资金，大流士重新完善了帝国税制和进贡制度，要求每一个总督区每年交纳固定数目的税费，主要以金银为主。赫罗多斯指出，巴克特里亚和印度的年供均为 360 塔兰特[25]。埃及的年供为 700 塔兰特，外加摩里斯湖的渔产。巴比伦的年供为 1000 塔兰特，以及"500 名年轻的太监"。此外，至今让人感到不解的是，有些人可以不用交税，只需提供"礼物"即可。例如，科尔奇斯（高加索地区的一个王国）给他送来"100 个男孩和 100 个女孩"作为礼物，而埃塞俄比亚人提供"2 夸脱的粗制金块、200 根黑檀、500 名埃塞俄比亚男孩和 20 根象牙"。根据普鲁塔克的记述，大流士还精通虚拟减税艺术。在为一个总督区制定了纳税定额后，大流士还会和地方领袖进行"协商"，询问他们税额是否过重，然后宽宏大量地宣布税额减半。[26]

在统治期间，大流士继续奉行阿契美尼德王朝文化和宗教宽容的传统，事实上，他进一步深化了这一政策。大流士显然对于自己庞大帝国包罗万象的特质感到骄傲。他为自己发明了一个新的头衔，翻译过来就是"涵盖所有人种、不同国家的国王"，或者翻译为"不同籍贯人民的国王"。他尊重帝国内的多种语言：他的敕令被翻译为好几种语言；各地总督的命令是用希腊、巴比伦、利西亚本，或者通俗语颁布的，相关的翻译人员遍布全国。有趣的是，大流士本人肯定仅懂一种语言，甚至可能是个文盲。[27]

在他发布的一些敕令中，大流士常常称阿胡拉·玛兹达为"至高无上的神，雅利安之神"。历史学家们一直对下述内容充满争论：阿契美尼德王朝信奉什么宗教？大流士和居鲁士是否信奉同样的神？阿契美尼德人是否是索罗亚斯德教教徒？但是，至少有一点大家取得了共识：和居鲁士一样，大流士没有强迫自己的子民信奉波斯神。相反，大流士和他手下的总督们都非常敬重各地的宗教和相关神灵。大流士甚至没有对各地的社会结构进行大的改动。"他统治下的大多数臣民，但可能不包括埃及，并不认为波斯国王是外国统治者或者暴君，而是确保政治稳定、社会秩序、经济繁荣的守护者，保证了人民的正常生活。"[28]大流士以制订和执行当地的法律而闻名。例如，波斯王会支持甚至保证埃及其法官判决的有效性。同样，据称大流士也承认并支持以色列实施自己的犹太律法。[29]

由于实施这些宽容政策，大流士获得了巨大收益。他没有浪费更多的资源迫害被征服人民，或者强迫他们实现"波斯化"，而是充分利用了各个国家不同的技术、智慧和资源。这样，大流士建造了一些世界上前所未有的辉煌都城。

例如，在苏萨建造规模宏大的行宫时，大流士选择了帝国各地最好的材料和最优秀的工匠，动用的劳力至少来自十六个不同的民族。在用三种语言写就的苏萨的"基本法典"中，大流士说：

> 苏萨王官是我下令建造的，它的材料来自遥远之地……巴比伦人挖取了制砖用的泥土，雪松大梁来自一个叫作黎巴嫩的山区，那里的人们历尽艰辛将其运到此地……象牙工艺品来自埃塞俄比亚、印度和阿拉霍西亚……石匠是爱奥尼亚人和萨迪斯人。从事黄金制作的工匠是萨迪斯人和埃及人。烧砖工人是巴比伦人，装饰台基的是米堤亚人和埃及人。

历史学家费耐生(Richard N. Frye)指出："这些工人可能是当时最具国际特征的建筑工程队。"[30]

从帝国各个民族招募最优秀的人才不仅是大流士个人的典型策略，也是所有阿契美尼德国王们的共同特点。皇宫里聚集着埃及的医生、希腊的科学家和巴比伦的星相学家。根据希腊文献的记载，阿契美尼德国王常常以丰厚的回报为诱饵吸引著名的希腊思想家为他们工作。公元前513年，大流士计划建造一座跨越博斯普鲁斯海峡的大桥，以便进入欧洲，为此他选择了一位来自希腊萨摩斯岛的建筑师。30年以后，阿契美尼德国王薛西斯又下令在达达尼尔海峡修建了两座大桥。薛西斯聘请的专家来自几个不同的国家，包括利用白色亚麻制绳的腓尼基人,还有用纸莎草制绳的埃及人。[31]

最为重要的是,只有通过种族宽容,阿契美尼德王朝才能构建起人类历史上最强大的战争机器。在居鲁士大帝统治时期,波斯军队主要由波斯人和米堤亚人组成(米堤亚人和波斯人显然具有非常紧密的关系,以至古希腊人和古埃及人常常将"米堤亚人"和"波斯人"二词互换使用[32])。波斯军队的核心被称为"不朽万人军"(Ten Thousand Immortals),这支军队之所以如此命名是因为它的数量从来没有低于10000人,"一旦有人生病或牺牲,马上就会有一个人替补他的空位"。据赫罗多斯说,这些不朽军士兵"不仅穿戴着饰满黄金的盔甲,而且在行军途中还可以在战车上携带小妾和仆人,同时配有骆驼及其他牲畜为他们驮运美味佳肴"。其中9000名士兵的长矛上饰有白银石榴状装饰,剩下的1000人是国王的御林军,他们的长矛则饰有黄金石榴装饰。[33]

每完成一次新的征服,阿契美尼德军队都会得到扩充,包括完整的骑兵、步兵和海军。到了大流士时期,波斯军队已是一支多国部队了,不过主要由波斯人统领。每一个总督都提供自己的兵员,然后每十人一个班,每百人为一个连,每千人为一个团,依此类推。士兵们都戴有头盔和头饰,而且携带着可以明确表明自己国籍的武器。波斯步兵携带长弓、短剑、柳编盾牌。他们在甲胄外面穿着彩色的束腰外衣,头戴软帽和头饰。相对地,阿拉罗地亚士兵戴木质头盔,帕普哥尼亚士兵戴皱褶形头盔,而彼西底士兵戴有牛角和牛耳形状的青铜头盔。或许,如果不算过分失礼的话,我还可以告诉大家最后这种士兵还戴着紫色的绑腿,让他们看上去显得十分特别。[34]

波斯军队想尽了一切办法让功能与角色完美地对应起来。例如,阿契美尼德海军是波斯强大海上力量的源泉,主要由腓尼基人统领,他们都是非常优秀的水手,形成了波斯舰队的核心力量。波斯人自己虽然不善于航海,但是促进了海上贸易和商业活动,使那些在阿契美尼德统治下的腓尼基商人赚得盆满钵满。同时,阿契美尼德统治者也获得了好处,因为他们从关税和通行费上也获益颇丰。[35]

同时,波斯人也利用了埃及和希腊的海军力量。在大流士统治时期,爱奥尼亚海军上将西拉克斯曾经沿着印度河航行到印度洋,直至埃及。大流士很可能还派遣过其他远征船队,甚至曾经环绕过非洲。此外,波斯人招募了大量的希腊雇佣兵,这些雇佣兵以英勇善战而闻名。至少,在希腊的历史学家们看来,这些雇佣兵最终成了阿契美尼德军队的精锐。[36]

像以往一样,当我们用现代词汇讨论古代帝国时,通常会犯时代错误。虽然阿契美尼德王朝在自己的整个统治范围内招募了最优秀的工匠和武士,但是他们的招募和我们现在大学里招募篮球队员完全不一样。很多工匠或者武士很有可能是通过强制性手段征召的,个人自由和服役自由不在帝国的考虑范围内。而且,有记录表明,对于那些冒犯他的人,大流士常常将他们钉死在木桩上。当沙加迪亚叛乱头目西坎泰克玛被俘虏以后,大流士说:"割下他的鼻子和耳朵,挖掉一只眼睛,把他绑在宫殿门口示众。我要在阿贝拉把他钉死。"对于米堤亚人弗拉瓦提斯，大流士也给予了类似的处罚："割掉他的鼻子、耳朵和舌头，挖掉一只眼睛，用锁链将他绑在我宫殿的大门旁示众。最终，我会在埃克巴塔纳将他钉死在木桩上。"

而且，阿契美尼德王朝的宽容根本不是现代意义上的平等。相反，阿契美尼德王朝奉行等级政治制度，波斯人自然是处在最高处的。权力集中在高高在上的国王手中，而且无论在哪里，他都是权力的中心，包括苏萨、波斯波利斯和孟菲斯（根据季节不同，阿契美尼德统治者会从一个都城转移到另一个都城，而且还有大批随从追随）。国王之下，那些统治自己小王国的总督们无一例外都是波斯人。总督以下，整个帝国内部最高等级的职位也是由波斯贵族担任。赫罗多斯是这样描写波斯人的："他们认为自己比世界上的任何人都优越，然后根据距离远近给予其他民族一定利益，那些距离最远的，在他们看来也就是最差的。"[37]

然而，阿契美尼德国王们成功统治这个面积空前的帝国长达两个世纪，而宽容政策是一个重要的先决条件。通过接受当地的法律和传统，通过保留本地语言、宗教和习俗，阿契美尼德王朝最大限度地减少了被统治人民的反抗和起义。通过充分利用帝国最优秀的艺术家、思想家、工匠和武士等人的专业技能，不因他们的民族和宗教信仰而拒之，阿契美尼德的国王们将文化多元化转变为优势互补和力量的来源。

阿契美尼德王朝的文化极具国际化特征。他们天堂般的花园中收藏了来自整个帝国的最罕见、最珍贵的奇花异草和珍禽异兽；阿契美尼德国王的餐桌上摆满了来自被征服国家的最精美、最奇异的食品：阿拉伯的鸵鸟，卡曼尼亚的莨菪油，波斯湾的鱼，伊奥里亚的阿索斯田野中的粮食，巴戈阿斯原野特供的巴比伦小枣，等等。色诺芬描述道："波斯国王拥有众多的葡萄酒商，他们走遍每一片土地为他寻找最香醇的美酒。"皇家厨师游历到很远很远的地方只是为了搜寻新奇的美食烹饪方法，如果谁能为国王调制出新颖的美食就会得到丰厚的奖赏。[38]

后来，希腊人大肆抨击波斯人在饮食上的奢华和浪费。赫罗多斯写道，当富裕的波斯人过生日时，他们会烤一头牛或一匹马或一头骆驼或毛驴（但是，贫穷的波斯人只有山羊和绵羊）。赫罗多斯也强调了波斯饮食方面的极度丰富，并与希腊人的克制性进行了对比："他们有很多种甜品，不同的菜会分开端上来。正是由于这种风俗，波斯人总是说希腊人餐桌上的菜肴少得可怜，似乎人们总是饥饿得不得了，因为在上了第一道菜以后，他们再也没有什么值得称道的东西了。波斯人认为，如果我们还没吃饱，我们应该接着吃。"

皇家宴会的档次又有所不同。赫拉克利德说："为了给国王准备饮食，他们每天要屠杀一千头牲畜。"（这个数字令人难以置信，至少一位历史学家认为这应该是针对士兵的定额而言的。）国王使用的盘子和酒杯是金银制成的。在宴会上，三百多名皇家歌妓演奏竖琴或者歌唱。[39]

阿契美尼德的宫殿富丽堂皇，是整个帝国的象征，它综合了被征服王国的不同建筑风格。通过将亚述、巴比伦、埃及和其他外国元素融入他们的建筑和纪念物中，阿契美尼德国王宣称他们继承了昔日帝国的风格，并证明他们更伟大。对于阿契美尼德国王们来说，如果想更有效地展示自己的权力，不是通过对人民进行同化或者波斯化，而是通过保护包容、利用帝国庞大的多元民族文化实现的。[40]

第一个超级强国的衰落
THE FALL OF THE FIRST HEGEMON

阿契美尼德王朝是人类历史上第一个世界霸主。居鲁士和大流士已经彻底掌握了战略性宽容的秘诀，这让他们建立了一个包含"已知世界绝大部分的庞大帝国，从非洲火热的沙漠一直延续到冰雪覆盖的中国"。[41] 但是，如果历史以居鲁士和大流士为荣，那么也应该将大流士的儿子薛西斯定为恶棍。事实上，阿契美尼德王朝的衰落可以追溯到薛西斯的"暴虐"统治（公元前485—公元前465），这一时期以波斯的几次大规模军事挫折为标志，并首次预示了希腊的崛起。

我们对于薛西斯的了解主要来自于希腊人，他们告诉我们薛西斯残酷镇压了整个帝国范围内的叛乱活动，捣毁庙宇和神殿，屠杀牧师，甚至奴役国民。除了残暴和狭隘以外，薛西斯生活颓废放荡。他的后宫佳丽不能满足他的欲望，所以他染指了很多其他女人，包括自己的弟妹、儿媳和侄女（这些亲属关系都没能阻挡他的放荡）。希腊文献表明，薛西斯还坚持推行帝国的"波斯"

特征。他提升波斯神阿胡拉·玛兹达为至高无上的神，这是他之前的阿契美尼德国王们从未有过的举动。在埃及和巴比伦，居鲁士和大流士给予了当地人足够的自治权，尊重当地人的风俗习惯，但是薛西斯却让这些国家处于被奴役状态。[42]

当然，希腊古典文献对薛西斯的描述很可能有失偏颇。毕竟，薛西斯曾经发动过针对希腊的大规模战争，并短暂占领了雅典，摧毁了雅典卫城的神殿。但是，古代统治者在镇压叛乱时常常采用这些手段，所以很难说薛西斯是否比以前的阿契美尼德国王更暴虐。根据某些当代历史学家的研究，在战略允许的情况下，薛西斯继续沿用了阿契美尼德宽容的政策，而在波斯统治面临着更严重更广泛的威胁时，薛西斯采用的是铁血镇压措施。[43]

但是，无论如何，薛西斯成功维护了波斯帝国的完整，虽然阿契美尼德王朝后期叛乱四起，尤其在小亚细亚更为严重。大约在公元前400年，阿契美尼德失去了对埃及的统治，过了60年才由阿塔薛西斯三世重新收复，他是阿契美尼德王朝倒数第二个国王。作为一个征服者，阿塔薛西斯三世的统治风格更像薛西斯，而不像居鲁士或者大流士。狄奥多罗斯记载说："在攻陷了埃及主要城市之后，波斯人大肆抢劫了当地的神庙，抢得了大批金银，并带走了神庙中的文字记录。"最后，阿塔薛西斯三世被宫中的一个太监毒死。从很多方面来看，此时阿契美尼德王朝面临的众多问题在之前的王朝中也是存在的。[44]

大流士三世是阿契美尼德王朝的最后一位国王，于公元前 336 年即位。与此同时，一个新王朝正在希腊兴起。公元前 338 年左右，马其顿国王菲利普统一了希腊的城邦。在菲利普去世六年后，他的儿子亚历山大大帝征服了昔日所向无敌的阿契美尼德王朝。

为什么阿契美尼德王朝灭亡了呢？古希腊文献将之归因于该帝国末期国王们越来越残暴的统治和镇压，导致更多的国民叛乱，促使他们转而拥护亚历山大。根据古典历史学家们的观点，当亚历山大抵达埃及时，人们曾兴高采烈地迎接他的到来："因为波斯人对神庙不敬，加之他们残暴的统治，埃及人张开双臂热情欢迎马其顿人的到来。"在腓尼基，"人们心甘情愿地接受了他"。在以弗所祭祀了本地的阿尔忒弥斯神庙以后，亚历山大向希腊的沿岸城市发布了公告，"他命令推翻各地的寡头政治，建立民主制度；他恢复了每座城市原有的法律……所有城市马上派遣使者向国王表示臣服，发誓效忠"。

和居鲁士圆柱一样，几乎可以肯定地说，这些描述包含着相当程度的对亚历山大歌功颂德的成分。很难想象，亚历山大在各地都以解放者的身份受到热烈欢迎。说到底，他还是一个征服者，一个所谓的"历史上最充满智慧（和野心）的军事家"。[45] 但是，可以肯定的是，阿契美尼德王朝末期，这个国家越来越狭隘、动荡、充满暴力，也正好符合了本书的论点：随着波斯的统治变得越来越狭隘，也就越来越难以维持这个庞大帝国的政治稳定，同时也就更难管理这个帝国内的不同民族的国民。

这就是帝国统治的一个双刃剑和最难破解的问题。具有讽刺意味的是，高度的宽容使居鲁士和大流士建立了一个庞大的帝国，同时也为自己的继承者播下了狭隘的种子。作为世界上第一个超级强国，阿契美尼德王朝面临着所有世界霸权国家都会面对的问题，但是它从来没有被解决过。

波斯人将前所未有的、数量庞大的不同民族团结在自己的帝国中，他们之所以获得这一巨大成就，是因为居鲁士和大流士执行了十分明智的政策，既没有对它的国民实施波斯化，也没有压制他们的宗教、语言、社会结构和希望。在开始阶段，部分被征服的人民与波斯人结成了极为密切的关系，包括文化、地理和语言上的，所以波斯人很容易就吸纳了他们。例如，米堤亚人彻底融入了波斯征服者当中。但是，随着帝国的不断扩张，越来越多的不同民族和文化被纳入进来，波斯最高统治者却仍然保持着自己原有的、完整的社会结构。[46]

虽然阿契美尼德王朝通过军事方式实现了统一，但是没有像现代社会那样形成统一的政治身份，也就是说没有共同的宗教、语言或文化将这个松散的帝国紧密联合起来。由于居鲁士大帝奉行的独特宽容政策，"希腊人认为他是说希腊语的希腊人，埃及人认为他是说埃及语的埃及人，其他地区的人也有类似的观点"。阿契美尼德王朝的臣民普遍对帝国没有任何特别的忠诚感，也没有作为其臣民的骄傲感。但是，在公元4世纪时，罗马帝国的臣民对自己的臣民身份表现出了自豪感。"没有形成可能团结各民族人民的阿契美尼德身份，所以其臣民也就不会为了某种共同的东西去支持或者维护这个国家"。

所以,在帝国的核心层面上就存在着强大的分裂力量。随着对抗的不断加剧,那些在波斯宽容政策下保留并强化的不同民族的身份认同感最终阻碍了帝国的统一。因为缺少能够将帝国不同民族团结起来的强大凝聚力,中央集权的统治慢慢失去了控制能力。在阿契美尼德王朝末期,分裂性叛乱一直不断,只有通过军事镇压手段才能维系帝国的存在。当马其顿的亚历山大征服了阿契美尼德王朝的各个王国后,他向各地的精英力量明确表示他们的地位和生活不会改变,而阿契美尼德王朝的臣民则完全承认了统治者。

亚历山大大帝
ALEXANDER THE GREAT

古典作家们对亚历山大的体貌特征进行了具体描述。13岁时,他个子并不很高,但是肌肉非常发达、健壮,走路飞快。他皮肤白皙,头发蓬松金黄,就像雄狮的鬃毛一样。他的两只眼睛不太一样,一只是灰蓝色的,一只是深褐色的。牙齿尖利,就像"小钉子一般"。他的嗓音稍稍有些高,步伐急促。他高昂的头常常偏向左侧,可能是刻意为之。历史学家彼得·格林(Peter Green)说:"在亚历山大早期的画像中,常常流露出几分女性特征,在这种暧昧不明的魅力背后隐藏着一种刻意压抑的歇斯底里。"

亚历山大从小就认为自己是一些英雄和神灵的直系子孙，例如，阿喀琉斯神和赫拉克勒斯神，正是这一信念激发了他毕生的野心。他的父亲重金聘请亚里士多德作为他的老师，并告诉亚里士多德这个男孩"有点儿不太好管"。和那个时代的希腊人一样，亚里士多德具有十分强烈的种族优越感。他认为所有的"野蛮人"，即希腊以外的人，天生就是奴隶，所以希腊人统治他们是天经地义的事情。据说，亚历山大将自己老师批注的《伊利亚特》(Iliad) 作为自己的"战争教科书"。年轻的亚历山大是否在初期接受了老师对"野蛮人"的轻蔑，然后又抛弃了这一观念，至今还值得讨论。无论如何，当他的父亲在公元前336年被暗杀以后，亚历山大马上就登上了马其顿的王位，并在其军士盟友的支持下巩固了自己的统治，然后开始了对阿契美尼德王朝的征服。[47]

那么，亚历山大是不是宽容的呢？历史学家盖伊·迈克林·罗杰斯 (Guy MacLean Rogers) 在最近出版的亚历山大传记中警告说，在描写远古伟人时应避免套用现代观念："我们在认识亚历山大时，不能简单地把他视作一个同性恋或者异性恋（如某些人所言），一个极端民族主义者或者一个入乡随俗的人，一个实施大屠杀的刽子手或者弥赛亚。相反，亚历山大是一个性格复杂的天才型人物，我们不能把他套入某种具体的传统或现代的极端类型。"同时，罗杰斯也使用了一些极具现代意义的概念来描述亚历山大，说他是"一个未被广泛承认的原始女权主义者、有限的多元文化主义者和宗教空想主义者"。他建立了一个由"最优秀"精英统治的庞大帝国。不过，不容置疑的是：随着权力的不断强化，亚历山大越来越像昔日的阿契美尼德国王，采取了战略性宽容政策，以便赢得被征服人民的支持，并从各民族中招募了最优秀的武士和领袖充实自己的军队和政府。[48]

当亚历山大进入波斯之后，他并没有表现为一个外国征服者，而是说自己是为被暗杀的大流士复仇的。事实上，大流士是他以前的对手。这样他顺利地成为阿契美尼德王位的合法继承人。亚历山大对居鲁士表现出极大的尊崇，并恢复了很多总督的职位，虽然这些人曾经与他为敌。他甚至娶了一位波斯女人，并鼓励其他希腊人也这样做。虽然他的这些政策让很多希腊人感到困惑和失望，但是这些做法赢得了波斯贵族和大多数当地居民的支持。

在征服巴比伦以后，亚历山大命令重建据说是被薛西斯破坏的寺庙，包括强大的风暴之神巴力的神庙。在巴比伦祭司的指引下，亚历山大向巴力神进行了祭祀。无论巴比伦人是否真的将亚历山大看作是帮他们摆脱波斯压迫的救赎者，还是仅仅对他心存畏惧，但他们确实是张开双臂来迎接亚历山大的。他们也热烈欢迎了他的马其顿军队。整整一个月，亚历山大的军人在这座城市最漂亮的家庭中食宿，随便享用美酒、美食和美女，包括一些达官贵人的妻子和女儿。职业交际花大行其道，晚餐后的脱衣服表演已经成为时尚。士兵们还参观了这个城市最著名的景点，包括奇妙的空中花园。

在征服埃及之后，亚历山大也参与了类似的出于安抚性质的宗教仪式。在写到亚历山大成功获得埃及人的支持时，彼得·格林补充了一种迷人的心理学解释：

亚历山大获得的远远超过了他的预期。原本认为的一个政治性外交活动演变成了深刻的情感和精神历程……过去，阿契美尼德国王曾经依靠征服当地王朝成了埃及法老。亚历山大击败了大流士，在祭司的眼中，他现在成了这里合法的统治者。公元前332年11月14日，这位年轻的马其顿人被庄严地任命为法老。人们将埃及双冠戴在他的头上，将权杖和连枷放在他的手上。他现在既是神又是国王，是太阳神拉和奥西里斯的儿子……有一些早期迹象表明亚历山大与他的马其顿同胞失去了联系……现在，在埃及金碧辉煌的宗教建筑中，在这个让希腊人感觉既神秘又敬畏的文化氛围中，他渐渐意识到，他确实是一个神，是神的儿子。[49]

公元前330年左右，亚历山大听说一个波斯人正在组织针对他的叛乱。于是，他来到巴克特里亚的王宫，里面布满了波斯侍者和卫士，包括大流士的弟弟奥克塞斯里斯。亚历山大头戴波斯王冠，身着波斯传统的白色长袍和绶带，甚至为自己的骏马配上了波斯马具。有几位古代作家批评亚历山大接受波斯的服饰和习俗，是自甘堕落和"东方主义"的衰落。但是，他的做法实际上和过去的阿契美尼德国王一样，也是明智的宽容策略的一部分，亚历山大在苏萨组织的集体婚礼将这一政策推向了高潮。

公元前324年，亚历山大和大约90名希腊和马其顿官员接受了波斯或米堤亚新娘（当然是在他的命令之下），新娘来自于王室或者贵族家庭。很多学者曾经质疑亚历山大的动机，但是他的这一决策毕竟表明他决心巩固作为阿契美尼德王朝合法继承人的身份，同时希望建立一个混血的统治阶级。无论如何，亚历山大在苏萨娶了两个女人，一个是巴西妮，逝世的国王大流士三世的大女儿，另外一个也是波斯王室成员。亚历山大的第一次婚礼是按照马其顿仪式举行的（他的第一个妻子是一个叫罗克珊的巴克特里亚女人），这次集体婚礼明显具有波斯风格。在简单的仪式过后，为期五天的盛大庆祝活动开始了。根据古文献，亚历山大建造了一个巨大的亭子，其中有100个供新娘使用的房间：

房间装饰得极为富丽堂皇，有华丽的正装和便服，还有其他紫色、红色和金色的衣服……支撑帐篷的柱子每一根都有20个腕尺长，用黄金白银包裹，并镶嵌着珍贵的宝石，四周垂挂的帷帐上用金线绣出各种动物图案，支杆都是用金银制成的。[50]

和阿契美尼德国王一样，亚历山大也组建了世界上最庞大的军队，士兵来自帝国的各个地区。他精选了30000名年轻力壮、英武潇洒的波斯人，然后让他们学习希腊语，学习马其顿军事技能，编入他的部队。他的骑兵不仅包括波斯人，还包括粟特人、阿拉契西亚人、萨兰癸亚人、阿里亚人和帕提亚人。

他的海军同样包含各个地区的士兵，并拥有将近2000艘军舰。他的12000名士兵沿印度河进入了印度。军舰上的士兵有腓尼基人、塞浦路斯人和埃及人，以及主要由希腊和波斯人担任的军官。亚历山大在印度河上进行的为期6个月的战役以残酷闻名。他们虽遭到了顽强抵抗，但至少杀死了80000名印度士兵，并俘虏了大量敌军。

很多希腊人，包括亚历山大的众多士兵都在嘲笑甚至憎恨他们国王依赖外国人以及虚情假意地接受外国习俗的做法。他们对亚历山大被"野蛮化"的担忧引发了俄庇斯兵变。亚历山大成功镇压了这次叛乱，为了庆祝胜利，他举行了一个9000人的盛大庆祝活动。为了安慰希腊人，亚历山大将来宾按种族和等级进行了划分。亚历山大和希腊人坐在一起，旁边是波斯人，再旁边是其他民族的士兵，但这些士兵都是按民族坐在一起的。

如果像某些人指出的那样，亚历山大希望实现彻底的"人类团结"，那他也绝对不会让这些希望阻碍自己伟大政治抱负的实现。正如彼得·格林所说，"亚历山大至高无上的理想就是战争与征服。那种认为他不会用血流成河的残酷战争手段横扫整个大陆，而是以某种神秘方式实现人类兄弟般团结的想法是荒谬的。他终其一生就是为了实现个人的伟大抱负，而且他也确实获得了传奇般的成就。"事实上，在他实现自己远大抱负的过程中，宽容起到了至关重要的作用。

公元前324年，世界霸权已经从波斯人手中转移到了希腊人手中。亚历山大过去是，而且一直是希腊或马其顿历史上最强大帝国的统治者。事实上，他或许是"当时世界上最富有和最有势力的人"。他王宫中的王座是由纯金制作的，他的随从人员包括500名身穿紫色和黄色衣服的波斯皇室禁卫军"苹果军"，1000名穿着深红色和深蓝色斗篷的弓箭手，以及500名被称为"银盾"的希腊精锐步兵。[51]

随着亚历山大的征服，希腊语以及希腊的文学、艺术、建筑和哲学被传播到地中海地区，跨越了大洲，最终跨越了历史。同时，亚历山大从埃及一直到印度都建立了城邦式统治，"野蛮人"的思想被帝国接受并吸收，形成了被称为希腊主义（Hellenism）的融合性文化，对以后的基督教世界和西方世界产生了深刻的影响。尽管亚历山大战功卓著，但是他最大的遗产是实现了跨越大洲的文化统一，这是波斯国王们从来没有做到的。

但是，随着亚历山大的去世，这一地区的政治团结也宣告结束。亚历山大的下一批征服目标是阿拉伯半岛、西地中海地区和欧洲，但是这些都还没有来得及实现，他便在32岁时英年早逝，死于一种神秘的致命性热病。之后，亚历山大帝国出现内讧，后演变为诸侯混战。据说，在他死后，除了一个人之外，那些来自苏萨，和亚历山大一起集体结婚的男子们都与他们的波斯妻子离了婚。[52]

这一地区，直到罗马帝国时才得以重新实现统一。

CHAPTER 2

TOLERANCE IN ROME'S HIGH EMPIRE

Gladiators, Togas, and Imperial "Glue"

第二章

罗马鼎盛帝国的宽容政策

角斗士、托加长袍和帝国"黏性"

只有罗马，以母亲的方式，而不是以女王的姿态，以一个共同的名称，拥抱并养育了被她征服的人民；她称被自己征服的子民为"公民"，并用自己博大而真诚的拥抱将他们团结在自己周围。我们将一切功绩都归功于她追求和平的政策：……我们大家都属于同一个民族。

——公元 4 世纪诗人，克劳迪娅

他们（指被征服的高卢人）彻底顺从了，再也不穿裤子了。

——克劳狄皇帝，约于公元 48 年

如果说在西方存在某个偶像式的帝国，那就是罗马帝国。在地域上，它仅次于阿契美尼德王朝。但是，在其他所有方面，它都超越了以前的各个帝国。阿契美尼德王朝本质上只是一个战争机器，而罗马帝国为我们带来了思想。[1] 即使那些居住在帝国最遥远边陲的居民都希望成为"罗马人"。帝国长达 8.6 万千米的优质道路和桥梁网络将不列颠人和柏柏尔人连接在了一起。在这个广袤的地域内，存在着规格相似的数千个罗马浴场、圆形剧场和寺庙，而且里面的客人都是穿着托加袍的罗马人。希腊语和拉丁语是两种通用的语言，成千上万的商人、士兵和帝国官员通过这两种语言在罗马帝国人所称的"天下"（orbis terrarum）或者说世界里自由交流。

在鼎盛时期，罗马帝国拥有大约 6000 万人口。这个帝国如此巨大，以至于罗马人都相信帝国已经延伸到了人类可居住的极限。在罗马帝国诞生时,边界守护神忒尔弥诺斯肯定是睡着了。[2]

历史学家安东尼·帕戈登(Anthony Pagden)认为,罗马人一直有着"统治整个世界的愿望"。远在公元前 75 年,罗马共和国在铸造钱币时就使用了"权杖、地球、花冠和方向舵的图案",这些都彰显着罗马的世界霸主地位。帝国的全球影响力即使对普通人来说也是显而易见的,他们看到了叙利亚的狮子、希腊的水牛、突尼斯的豹子和英格兰的狗熊,在帝国的圆形剧场中角斗士就是和这些猛兽搏斗的。在这些竞技场中,最为著名的是罗马圆形大剧场,在一般情况下,它可以容纳五万名观众。公元 1 世纪著名剧作家和哲学家塞涅卡说:"阳光照射到哪里,罗马的版图就延伸到哪里。"公元 2 世纪中叶,安东尼·庇护皇帝的称号为 Dominus Totius Orbis, 意思是"天下之主"(Lord of all the world)。[3]

除了强大的军事实力以外,罗马帝国还代表着西方文明的一个顶峰,科学、文学和艺术都获得了巨大成就,即使千年之后也没有被超越。除了像维吉尔和塞涅卡这样伟大的古典诗人和哲学家以外,还出现了为角斗士治病的著名医生盖伦,直到 15 世纪,他的医学教科书还在被欧洲人广泛使用;还有著名的天文学家托勒密;老普林尼死于公元 79 年的维苏威火山爆发,他所著的《博物志》(Natural History)是世界上最早的百科全书之一;罗马建筑师维特鲁威的十卷专著在他去世千年以后对意大利文艺复兴时期的建筑师们仍有所启发。罗马还为代议制政府创建了新的标准。公元212年，卡拉卡拉皇帝将公民权扩展到了帝国内的每一个男性自由民。这种大规模的身份解放政策使罗马在公民参政方面远远超过了希腊或任何其他古代文明社会。

"罗马的辉煌"延续了2000多年，从传说中的公元前753年罗穆卢斯始建罗马城直到1453年奥斯曼土耳其人攻陷君士坦丁堡。罗马的统治者们在历史留名，有的是因为他们的征服伟业，有的则是因为他们的残暴。尤利乌斯·恺撒和奥古斯都·恺撒用自己的名字为我们命名了两个月份的名称（7月和8月）；而卡里古拉的名字实际上是专制和堕落的同义词。但是，大多数历史学家认为，从公元70年至公元192年间的鼎盛时期是罗马文明的最高峰。

鼎盛时期大概与四个前后相连的皇帝统治时间相吻合：图拉真、哈德良、安东尼·庇护和马可·奥勒留，他们都遵循了罗马的惯例——领养儿子然后将他培养成下一任皇帝。在"罗马和平"（Pax Romana）时期，即罗马太平盛世时期，罗马帝国的各个省，从苏格兰南部到西非的农业城镇贸易活动非常活跃。19世纪德国历史学家特奥多尔·蒙森（Theodor Mommsen）揭示了这一时期的本质："世界上很少有政府能在如此长的时间内有序运行。"[4]

本章并非试图叙述罗马帝国的历史，相反，我的重点将放在公元2世纪时该帝国的黄金时期，分析宽容政策如何让它在世界范围内战胜自己的对手成为那个时代的超级强国。我还会着重分析罗马帝国长盛不衰的深层原因，这对当今美国政治具有很强的参考价值,虽然美国成为全球霸主才 20 多年。

世界性罗马帝国:
"唯一包含世界所有民族的祖国"
COSMOPOLITAN ROME:
"THE SINGLE NATIVE LAND OF ALL THE PEOPLES IN THE WORLD"

像阿契美尼德王朝一样,罗马帝国将自己征服的各民族融入帝国之中,将它们划分为罗马帝国的"省"(province)。在鼎盛时期,约有 40 个这样的省。与阿契美尼德王朝类似的是,罗马人也依靠各地精英协助自己管理这个庞大的帝国。他们基本上保留了各地政府的原有结构,让他们继续管理当地人民的日常生活。

但是,与阿契美尼德王朝或者任何其他古代帝国不同的是,各省的政治精英在帝国范围内所能获得的权力是无限的。阿契美尼德王朝的所有国王和几乎全部总督都是波斯人,但是在罗马帝国却并非如此。罗马帝国的最高统治者,包括皇帝本人,可以来自于帝国的各个地区。历史学家克奈里乌斯·塔西佗写道:"除了罗马以外,皇帝也可以来自其他任何地方。"从公元 98 年至 117 年统治罗马帝国的皇帝图拉真出生于西班牙。他的高级顾问包括一个希腊人、一个摩尔人,而盖乌斯·尤利乌斯·亚历山大·比诺尼西亚诺则是以色列大希律王的后代。

图拉真是第一个来自一个省的罗马皇帝,他的母亲是西班牙人,他的登基向人们证明,帝国的最高职位从此"向所有受过良好教育的人开放,不论他是什么种族或民族"。图拉真的继承者同样来自西班牙,而哈德良的继承者安东尼·庇护则来自一个高卢家庭。下一个皇帝马可·奥勒留的父亲则是一个安达卢西亚人,公元193—211年在位的塞普蒂米乌斯·塞维鲁是非洲人,他的妻子是叙利亚人。各种肤色、背景、文化传统的人齐聚在"永恒之城"罗马。

各个省为罗马帝国提供了各个领域的优秀人才。剧作家兼诗人塞涅卡是西班牙人,塔西佗可能是高卢人,演说家和思想家马可·奥勒留是非洲人。在帝国的鼎盛时期,"罗马人"已经变成了一种文化认同,所有公民,甚至包括像西塞罗所说的"来自粗俗和野蛮地区的人",都能参加政治活动,分享帝国的权力和荣耀。[5]

在采取这种宽容民族政策的过程中,罗马人从古希腊人那里汲取了经验教训,他们发现固执己见和民族隔离常常引发仇恨,并最终导致战争。罗马的宽容政策可以通过克劳狄皇帝于公元48年在罗马元老院的一次演讲得到充分解释,他认为刚刚被征服的高卢人应该有权参政。克劳狄对元老院这样说:

除了视被征服人民为外夷这种错误思想以外,还有什么更有害的因素促使了斯巴达和雅典的陷落呢?而我们聪明的始祖罗穆卢斯曾经数次既与对手抗争而又让他们自然融入社会！我们曾使外来者为王。人们通常错误地认为，授予自由民之子高官不是什么稀罕事，但此事只存在于罗马帝国……如果你从整体上审视我们的战争史，没有哪一场战争比征服高卢人的战争时间更短，从那时起，我们之间就有了持续、长久的和平。现在，生活习俗、文化和婚姻已经将我们与他们紧紧地联系在了一起，我们应该鼓励他们把金子和财富与我们共享，而不是自己留着。

克劳狄说服了元老院。之后，就像爱德华·吉本所说："那些曾经在阿莱西亚攻打过尤利乌斯·恺撒的高卢人的子孙现在统领着罗马军团，管理着行省，还可以进入罗马元老院工作。他们希望建设国家而不是破坏它的安宁，这对国家的安全和繁荣有着十分重要的作用。"

罗马帝国创建了宽容的新标准。1790 年，美国宪法起草人之一、美国最高法院法官詹姆斯·威尔逊 (James Wilson) 说："可以这样说，并不是罗马人把自己扩展到了整个世界，而是世界各地的人民心甘情愿地投入了罗马人的怀抱。"在威尔逊看来，罗马的宽容政策完全是"一种扩大帝国版图的最安全的策略"。[6]

当然，在罗马帝国著名的宽容政策和融合政策中也存在着一些局限性。妇女几乎全部被排除在公共事务之外；她们没有投票权，不能担任公职，也不能穿托加长袍。此外，虽然公民身份几乎扩展至帝国内任何一个男性自由民身上，但是能够成为公民的仍然只是所有人口中的一小部分。奴隶占据着人口的绝大多数，他们主要在田野里从事奴役性的劳作，为供养庞大的罗马城市服务。

奴隶的来源多种多样。那些被买卖的奴隶包括战俘、战俘的妻子儿女、被海盗和强盗绑架的受害者、奴隶的孩子、被父母卖为奴隶的子女、税收官员抓获的负债者，甚至包括自卖自身的成年自由人。奴隶的境遇也是千差万别的。有人购买奴隶是为了让他们去放牧，有些人则是为了让他们提供性服务。还有一些奴隶是在主人家中从事家政服务的，这些人需要经过严格的训练和拉丁语学习。最不幸的是斗兽场中的奴隶，他们不是观众而是角斗士。和普通的罪犯一样，成千上万的奴隶在无数观众的疯狂喝彩声中被野兽撕咬而死。"很多受害者被绑到柱子上开膛破肚，所以医生们观看比赛是为了研究解剖学。"女人和男人一样被打，被用叉子叉，被鞭子抽或被剖腹。孩子的双脚被绑住吊起来，受鬣狗撕咬。

但是，即便如此，我们也不能认为罗马帝国的福利永远不能扩展到最底层的罗马公民身上。只要国民支付相对较轻的税赋，罗马帝国允许各地保留自己的风俗习惯。从不列颠到美索不达米亚的帝国子民得益于罗马的太平盛世和罗马法，这也带来了前所未有的秩序和稳定。[7]

帝国的成长过程
HOW TO GROW AN EMPIRE

根据罗马神话，公元前 753 年，双胞胎兄弟罗穆卢斯和雷穆斯一起在靠近台伯河的地方建造了罗马城，当年他们就是被叔父装在篮子里遗弃在这里的，后被一只母狼用自己的奶水养大。显然，罗穆卢斯具有很强的报复心，据说他的兄弟因为嘲笑他修建的城墙太矮而被他杀害。但是，后来罗马以其宽宏仁慈的品质著称于世，尤其对来自意大利的难民仁爱有加。根据历史传说，早期的罗马人同意将邻近的萨宾人并入这座城市，以避免因罗马人诱拐萨宾妇女引起冲突。公元前 56 年，演说家西塞罗曾经写道："罗马帝国的建立和罗马人民的名望主要归功于这座城市的缔造者罗穆卢斯，他利用自己与萨宾人订立的合约教导我们。为了实现城市的发展，即使是让敌人享有罗马公民权利也在所不惜。在他的管理和带动下，我们的祖先从来没有停止过批准并授予外族公民权的做法。"

在以后的几个世纪中，罗马人利用类似的策略兼并了意大利的其他部族，例如伊特鲁里亚人和翁布里亚人都聚集到了罗马的保护伞下。在征服对手之后，罗马人没有抢劫或掠夺对方城市的财富，而是与对方签署和平条约，并且他们所提的条件几乎没有被拒绝过。在大多数情况下，这些条约的条款是相当简单的。那些被征服的城市可以由原有官员按照原有法律进行管理，但有两个前提：其一，每一个城邦都可以自由地与罗马进行贸易,而城邦之间不得自由贸易,这样,那些规模较小的城邦很快就在经济上对罗马形成了依赖;其二,每一个城邦都必须为罗马输送兵员。[8]

这些条约让罗马在军事和经济方面飞速发展起来。公元前275年,罗马成了欧洲最大的国家,面积达1295万公顷,从意大利北部的卢比肯河到意大利南部沿海的墨西拿海峡。10年后,罗马开始巩固自己对西地中海地区的统治。持续了一个多世纪的布匿战争后,罗马征服了西西里岛、撒丁岛和科西嘉岛。公元前202年,在扎马,即今天的突尼斯,罗马击败了汉尼拔富有传奇性的大象军团,布匿战争结束。

布匿战争充分证明了罗马推行民族宽容政策的成功。汉尼拔的军事策略是基于这样一种信念:在迦太基人胜利几次后,罗马拥有的意大利联盟将很快崩溃。但是,让汉尼拔惊讶的是,虽然经过了几次惨烈的战斗,罗马的各个盟友仍然非常团结并最终赢得了胜利。

当然,对于那些特别顽固不肯投降的城市,罗马也做好了充分的战斗准备。例如,在与迦太基的战斗中,加图曾经明确表示:"迦太基必须毁灭。"公元前149年,第三次布匿战争爆发,三年后,迦太基被夷为平地,大部分居民被屠杀,迦太基变成了罗马的一个省。[9]

对迦太基的征服标志着罗马帝国政策的一次重大转变,并永久性地改变了帝国的发展方向。在早期的扩张过程中,罗马一直刻意避免直接兼并,相反,早期的罗马皇帝通常是通过建立附属国或势力范围，以及利用强大的军事实力胁迫潜在的对手等方式实现帝国扩张的。所以，在布匿战争期间，我们很难精确断定罗马帝国的边界。

但是，在公元1世纪左右，罗马的战略发生了变化。奥古斯都和图拉真皇帝率领自己的军队兼并了早已被征服的地区，从威尔士到亚美尼亚，从瑞士到约旦，所有这些地方都逐步被置于罗马的直接统治之下。从此，罗马帝国的边界被明确界定下来，大多是沿着较大水路划定的。在帝国边界划定以后，罗马皇帝动用了大量资源修建边界要塞，例如英格兰北部的哈德良长城。同时，他们还大规模修建了罗马帝国的交通网，这样每当需要镇压起义或者需要抗击外敌入侵时，帝国军团就可以快速调动集结。

但是，即便处于直接控制之下，罗马皇帝也很少干预各地人民的生活，也几乎没有实施大的经济或社会改革。曾有历史文献把罗马帝国描述为"没有官僚主义的政府"。当然，与同一时代的中国汉帝国相比，罗马帝国的统治力度确实较弱，汉帝国统治机构的数量几乎是罗马帝国的20倍。

从公元前150年至公元70年，罗马帝国急剧扩张，吞并了欧洲大陆大部、小亚细亚（现在的土耳其）和中东的很多地方，包括巴勒斯坦、叙利亚和埃及。在这些征服战争中，罗马将公民权扩展至被征服地区的精英分子身上，同时又残酷镇压了那些敢于抵抗罗马统治的国家。在罗马建成600年后，它由一个很小的城邦成长为一个环地中海的全球性帝国，将这一著名的大海变成了罗马的内湖。[10]

罗马帝国的黄金时代
THE GOLDEN AGE OF ROME

对于罗马帝国的黄金年代或者说鼎盛帝国时期(High Empire)的准确时间，历史学家们没有达成共识，但是普遍认为其时间与四位皇帝的统治年代大体相符，从图拉真开始，他的在位时间为公元98年至公元117年，被后世的罗马人视为最好的统治者(optimus princeps)。[11] 作为皇帝，图拉真具有超凡的个人魅力，非常受人民的爱戴，而且极其平易近人，他在军事征服和执政能力上也取得了惊人成就。在图拉真统治时期，罗马帝国的疆域拓展至波斯湾，以前从来没有哪位罗马统帅到过那么远的地方。在征服达契亚(今罗马尼亚)以后，他带回了数百万磅的金银，这是罗马帝国最后一次从战争中获得大笔财富。

同时，图拉真还推行了古代为数不多的一次社会立法，创建了著名的"补助计划"(alimenta)，即借钱给农民以便救助那些贫穷的儿童。由于图拉真是一位公正公平的统治者，以至于在4世纪新皇帝登基时元老院祈祷"希望新皇比图拉真还优秀"。中世纪时，但丁曾经把他想象成一个异教徒，希望通过向教皇格列高利忏悔而从地狱中解脱出来。

哈德良是图拉真的继承者，于公元117年至公元138年执政。他是一个国际主义者，热衷于希腊文化，也是罗马历史上最伟大的统治者之一。哈德良终止了罗马的扩张战争，把精力主要放在了帝国统治的巩固、维护和完善上。除了建造13千米长的哈德良长城以外，他还命令在整个帝国范围内建造新的城市、寺庙、浴室、港口、引水渠、拱门和圆形剧场。哈德良是一位身经百战的军事统帅，酷爱观光，在长达21年的执政期间，他一半以上的时间是在意大利以外的地方度过的，巡视罗马各省，检查军队的训练情况，甚至和士兵一起生活训练。

虽然哈德良以宽容著称，但他的一些行为也被很多人视为不宽容的典型。因为受希腊人身体崇拜的影响，哈德良废除了犹太法律中的割礼（崇拜希腊文化的哈德良可能认为割礼是对人们身体的摧残，他还废除了阉割制度）。这项禁令，以及在耶路撒冷建造一个罗马殖民地的尝试，引发了公元131年至135年由西蒙·巴尔·科赫巴领导的犹太人起义。当起义被镇压后，根据几则古代文献记载，哈德良将犹太人从耶路撒冷驱逐出去，甚至在一个犹太寺庙的原址上修建了一座丘比特神庙，甚至将自己的塑像放在神庙内。为了在犹太人伤口上再撒一把盐，他还下令在寺庙的空地上摆放了一头由大理石制作的猪（显然，这头猪是罗马军团镇压犹太人的象征）。[12]

在黄金时代，这种不宽容是一次例外，并非常规性的统治原则。在哈德良去世后，罗马皇帝重新允许犹太人践行自己的宗教活动，甚至允许当他们的宗教活动与帝国法律发生冲突时可以免予惩罚。在哈德良继任者安东尼·庇护执政期间（138—161），罗马的太平盛世达到了顶峰。图拉真与哈德良都以巡游帝国而著名，与此相反，在成为皇帝之后，安东尼·庇护就从来没有离开过意大利。虽然他也在苏格兰和北非发动过几次小的旨在巩固边疆的战争，多数情况下他更喜欢利用外交或者武力手段来威慑潜在的敌人。他的继任者马可·奥勒留后来是这样描述安东尼·庇护的："他不以迷信的态度对待神灵，也不刻意追求人们的赞美，他不希望自己的人民送礼行贿或阿谀奉承，他在每一个方面都很节制，没有不良行为，也不会单纯为了新奇而求新求变。"

马可·奥勒留于公元 161 年至 180 年在位，和其他所有皇帝不同的是，他也是一位哲学家。马可·奥勒留出生于显赫的参议员家庭，所以有机会见哈德良皇帝，当时哈德良称五岁的奥勒留为"骑士"，并许诺让他获得最好的教育。12 岁时，马可·奥勒留决定选择斯多葛派哲学家的人生道路。他身穿粗布斗篷，睡在地上，最后经过母亲的苦苦劝说才搬到一张铺了几块皮子的小床上。马可·奥勒留成功地引领着自己的帝国战胜种种挑战，包括公元 169 年的一次巨大瘟疫，以及后来的一次日耳曼人入侵。当他在公元 180 年去世时，罗马帝国还处于鼎盛时期，比西方历史上的任何一个帝国都要强大。[13]

那么，罗马的经济状况到底怎么样呢？公元 2 世纪中叶，希腊修辞学家埃留斯·阿里斯提德斯的描述可以让我们一窥罗马帝国的繁荣景象：

如此众多的货船来到这里，源源不断地运送来各种各样的商品，这座城市俨然成了一座世界工厂……赫西俄德曾说大海有涯，而这里是所有东西的源头和终点。这里可以说是万物聚集，精彩荟萃，贸易、航海、农业、洗矿，所有现代和古代的手工艺，所有工业制品和天然作物的产品，应有尽有。如果有人在这里没有看到某种东西，那肯定是还未曾问世。

鼎盛时期的罗马帝国是经济全球化、自由贸易和开放市场的前现代模式，定会让当今芝加哥的经济学家为之叹服。随着罗马国力的增强，原来实行的各城邦之间的进口税和早期的贸易壁垒已经消失了。随着帝国边界的进一步巩固，有些地区已经成了自由贸易区，从苏格兰到塞浦路斯，市场上销售的商品有非洲的橄榄油和备受欢迎的西班牙鱼沙司。商业空前繁荣，所有这些都得益于罗马帝国的太平盛世，以及由欧洲河流、地中海航道和著名的罗马道路所组成的极为完善的交通网络。

罗马的"全球贸易"甚至延伸到了远东地区。罗马商人跨过印度洋，穿越丝绸之路，将异国香料、香水、各种丝绸、奢侈的布料带回到亚历山大港、罗马和伦敦。反过来，罗马产的玻璃器皿、金币和其他货物最远到达了越南和马来西亚。早在公元前289年，罗马人就制作出了青铜币以满足帝国商业的需要，并综合了各种因素统一了货币，最终让罗马变成了一个超级经济大国。[14]

当时，能够自由流通的并不仅仅局限于货物，罗马还吸引了四面八方的各种人才。在罗马的军队中，人们经常可以看到克里特岛的弓箭手、巴利阿里群岛的掷石手、西班牙的剑客，以及希腊罗德岛的水手。大量批发商和零售商，主要是叙利亚人、犹太人和阿拉米人在罗马进进出出，从非洲带来黄金、象牙和珍贵的木材，从阿拉伯半岛带来香料，从印度带来珍珠和宝石，从中国带来丝绸，从中亚和俄罗斯带来皮毛，从德国和斯堪的纳维亚半岛带来琥珀。除了奴隶和农奴被束缚于自己的主人和土地上以外，整个罗马帝国的公民享受着一种前所未有的自由。

同时，罗马为臣民提供了很多发展机会，即使最偏远地区的臣民也不例外。关于这一点，有一个非常有趣的故事，这个故事发生在一个叫作提达斯的北非小镇（位于现在的阿尔及利亚），讲的是当地一个柏柏尔地主的二儿子或三儿子的生活经历。这个男孩名叫昆图斯·洛留斯·乌比库斯，他从北非出发打算前往亚洲、朱迪亚和多瑙河、莱茵河下游，然后一步步出人头地。最后，他成了不列颠的总督，然后带领帝国军队进入苏格兰，为帝国拓展疆土。晚年时，昆图斯成了罗马的行政长官。[15]

上帝的子民
"GOD'S OWN PEOPLE"

现在意义上的种族主义在罗马帝国时期是不存在的。没有证据证明罗马人认为浅色肤种比深色肤种更优越，反之亦然。但是，为了避免误会，我们必须指出，罗马人是很势利的。他们不认为其他民族和自己是平等的。相反，他们认为自己是上帝的宠儿，是"天选之子"。他们对于自己征服的民族有着各种各样的偏见。

所以，按照他们的顽固认识，爱尔兰人"是十足的野蛮人，生活于寒冷之地，过着悲惨的生活"。他们的苏格兰邻居是"赤裸的喀里多尼亚人和迈亚泰人，他们终日生活在潮湿的沼泽地里，只有脑袋露出来，靠沼泽的野草为生"。在帝国的另外一端，生活在非洲热带的埃塞俄比亚人、努米堤亚人和毛里塔尼亚人身材矮小，头发毛茸茸的，声音尖利，双腿强壮，"烈日将他们的皮肤烤得黝黑"，太阳将他们的血液引到头部，所以他们"才思敏捷"，但是因为血虚所以他们害怕受伤，因此不适合当武士。

另外，他们还认为非洲人"性情多变，纵欲过度"，而且非洲女人的生育力特别旺盛，所以常常生双胞胎。埃及女人常常生三胞胎，那是尼罗河水的缘故。

在罗马人看来，外国人的身体结构有奇异之处。例如，据说在印度，有睡在耳朵里的人。同时，罗马人似乎对印度等级制度中最高一级的婆罗门人相当尊敬，认为他们是"素食主义者，不穿毛皮，实际上根本不穿衣服，人们具有很强的身体控制能力，完全禁欲长达 37 年（然后尽可能地多娶妻子）"。

总之，罗马人认为东方人，包括叙利亚人和小亚细亚人，打起仗来都是娘娘腔，穿着女人的衣服，使用的弓箭也都不像人用的东西。在奢侈品、宝石和奇怪食物的腐蚀下，这些东方人身体孱弱、颓废，说起话来满嘴阿谀奉承，对于他们的国王过于谦卑。相比之下，罗马以西的人一般都很原始，未开化，好斗，撒丁岛人"凶残，是可恶的强盗，天生爱撒谎"。

西班牙人因为作战威武勇敢，所以受到了罗马人的尊敬。与那些"特别野蛮的"色雷斯人、亚美尼亚人和帕提亚人相比，西班牙人相对文明一些。除了"兔子四处猖獗"以外，"他们用尿清洗牙齿，甚至用尿洗澡"。

有趣的是，罗马人对于那些身材过于高大健壮的人特别厌恶。总之，北方人"魁梧，野蛮，长着可怕的四肢"。不列颠人和喀里多尼亚人身材大得可怕；和凯尔特人、高卢人一样，日耳曼人也是身材高大的民族。但是，由于"畸形的"身高，他们的智力较为低下，所以这些野蛮人在战争中表现不佳。

即使是在自己的地区，这些身材魁梧的北方人"也不知道如何利用自己的力量"。在温暖的气候下，这些人的表现会更加糟糕，因为在那里"他们吃得太多，渴得要命，所以会喝太多的水，如果碰到不常见的酒就更不要命了，所以他们发福很快。他们忍受不了那里的炎热和灰尘，所以总是拼命寻找阴凉想好好休息一下"。阿尔卑斯山地的高卢人"身材尤其高大，犹如野兽一般勇猛"。一个罗马人说："在进行第一次攻击时，他们像超人，但是之后就会变得像女人一般。就像阿尔卑斯山上的皑皑白雪一样，当战斗刚刚白热化，他们就会大汗淋漓，而且稍微一活动，他们就会在阳光下融化。"

简而言之，罗马人认为自己的身材是最好的，属于黄金分割的比例。令人庆幸的是，罗马士兵的平均身高比高卢人或日耳曼人矮7厘米至15厘米。"罗马人在智力上优于北方人,在体力上又优于南方人。"[16]

但是,虽然存在这些偏见,罗马人并没有停止将这些"野蛮人"吸引到自己的帝国中来,利用他们各自的才能,让他们在帝国社会中尽量发挥,并且能够在总体上与他们和平相处。根据吉本的观点,公元2世纪的罗马"是世界历史上一段难得的时光,人类的生活快乐而富足"。[17]那么,罗马人是如何让不同民族的人团结起来,并鼓励他们为帝国努力工作的呢?

罗马文化和公民身份的魅力
THE ALLURE OF ROMAN CULTURE AND CITIZENSHIP

或许,罗马帝国最让人感兴趣的地方是它的巨大诱惑力。从大不列颠到阿拉伯半岛所有被征服的人都想成为它的子民,都想成为"罗马人"。吉本认为,罗马的地方官员很少"需要军队的辅助",因为"那些被征服的民族都融合成了一个更大的民族,所以他们放弃了重新获得独立的希望或者幻想,并且很少有人认为在罗马帝国中自己与其他人有什么区别"。那么,罗马到底有什么魅力呢?

和其他任何古代强国不同,对于不同民族来说,罗马帝国代表着一种communis patria,即共同的祖国。的确如此,人们认为(至少是罗马人这样认为)罗马文明比任何文明都优越,所以无须强迫，被征服国家的精英会自动投入罗马文化的怀抱，以便获得权力和地位。一旦某个民族被征服以后，被征服者会继续沿用这种思想，通常在两代之内修建罗马城市和圆形剧场，接受罗马价值观和生活方式。各地精英会把自己的孩子送到罗马上学，当这些孩子长大成人以后就会完全变成罗马帝国的公民。[18]

此外，罗马人也非常愿意吸收其他民族的传统、知识和习俗，当然，前提是他们认为有用。"罗马人之所以能成为世界霸主，主要是因为在他们与不同民族作战的过程中，一旦发现了更好的习俗，他们就会放弃自己原来的东西。"这种情况在罗马征服希腊之后表现得尤为明显，罗马精英们普遍承认希腊文化比他们自己的更为优越。在征服了地中海国家以后，罗马人宣称他们是古希腊文化的继承者。他们没有宣扬罗马民族主义或者罗马特质的思想，像哈德良这样的皇帝经常谈论的是希腊—罗马的大文化概念。

效仿希腊文明，罗马帝国也建立了以罗马城为中心的政权。每当罗马帝国的疆域扩张之后，罗马人就会建造新的城市，并以罗马语为其命名，还修建了很多罗马式建筑。虽然罗马继承了大量的文学、绘画、雕塑和建筑遗产，它也创造了很多自己特有的特征，例如角斗士表演和野兽狩猎。罗马文明是一种典型的文化融合，不仅融合了希腊和罗马的元素，还融会了各行省和各地的文化，对帝国各地的精英分子有着强大的吸引力。

所有受过良好教育的罗马人都可以流利地说希腊语和拉丁语，是在阅读大量伊壁鸠鲁学派和斯多葛学派哲学家的作品中成长的。由于这种共同的教育，到公元2世纪时，非洲、意大利和西班牙的上层社会间的共同之处，甚至比那些为他们种植粮食或者饲养牲畜的农民与奴隶间的共同点还要多。随着时间的推移，整个帝国不再以种族为标准划分阶层，文化和种族上的区别被社会、经济上的差异所取代。[19]

更为重要的是，随着成功输出希腊—罗马文化，罗马统治者并没有试图消灭各地的语言和传统。相反，各地在语言和文化上存在着多样性。虽然拉丁语是整个帝国的官方语言，但是希腊语、科普特语、亚拉姆语、凯尔特语和柏柏尔语仍在沿用。在非洲，到了圣奥古斯丁时代，还有人在使用古迦太基语。罗马帝国的大城市，例如罗马或者亚历山大港，其多元化和语言的丰富性就像今天的纽约或者伦敦一样。[20]

罗马文化政策中值得批评的一点就是罗马公民身份的引诱行为。为了安慰被自己击败的对手，罗马抛出了公民身份的橄榄枝，而且几个世纪以来罗马靠这一方法维系了帝国的统一，让它有能力扩张到已知世界的边缘。

从某种意义上来讲，公民身份说明某个人是精英中的一分子，它也提供了某种保护，这种保护对于上层的帝国官员和底层的民众也同样适用。公民权利会随着时间的推移发生变化，但一般而言，罗马公民身份代表着投票权、保有财产和签署合同的权利、免受酷刑的权利、免受死刑的权利和在罗马法律下享有同等待遇的权利。希腊演讲家埃留斯·阿里斯提德斯指出:"你将你帝国中的所有人分为了两部分……而且在每个地方,你们授予公民身份的那些人都是非常成功、地位高和有权有势的……而剩下的只是一些受统治的臣民。"

在《新约》中有一个故事生动地介绍了罗马的公民身份。据《使徒行传》(Acts)记载,罗马的地方行政长官命令鞭打马其顿的使徒保罗。在保罗声称自己是罗马公民后,地方长官顿感恐惧,马上把他释放了,并向他发出一封官方道歉信。后来,再次在耶路撒冷被抓后,保罗宣布:"你们是否有法律依据鞭打一位罗马公民呢?况且,你们还没有找到我有罪的证据。"虽然保罗最后被判处死刑,但是他的公民身份显然让他只能接受砍头惩罚(而不是受酷刑折磨或者钉死在十字架上)。[21]

被征服地区的罗马化始于贵族阶层。当然,公职一般由罗马公民担任,不论种族和民族。公民授予情况导致当地精英分子逐步罗马化,他们开始认同罗马的统治,并将自己的利益与帝国的统一对应起来。正如阿里斯提德斯所说,"根本没有必要动用警备部队来保护他们的大本营,每个城市中最著名和最具影响力的人都为你守护着国家。"

但是,罗马的公民身份并不是只向上层社会开放,很多下层人也可通过服兵役获得公民身份。罗马的传统文化和宗教教义都规定,罗马的兵团,即军队的核心,必须由罗马公民组成。当兵团征兵不足时，就招募外国人，然后授予他们公民身份。在某些极端情况下，这种做法十分普遍，例如恺撒创建著名的高卢兵团时就是这样，即使在平时，尤其是在东方，当兵源不足而公民又不足以补充军队时，也会如此操作。

然后，更为常见的是通过参加辅助军的方式获得罗马公民身份。虽然这些部队主要由非公民组成，如果一个人在这个部队里服役满25年，他就可以自动获得公民身份。每年会有10000人通过这种方式成为公民。通常情况下，罗马军队中的士兵在服役期间不能结婚；因为统治者认为这会干扰士兵履行自己的职责，降低他们的忠诚度。然而，大多数士兵都有妻室和后代，当父亲服役期满，他们的孩子就会获得公民身份。这种做法是底层民众获得公民身份的一种主要方式。

在特殊情况下，一个地方的全部居民可以一起被划归"罗马殖民地"，通常会带来物质好处。在这种情况下，整个社会中的男性自由民就会全部成为罗马公民。逐步地，整个帝国内的罗马公民数量稳步增长，在卡拉卡拉皇帝在位时，这一数量达到了顶峰，公元212年，他发布了一道命令，授予帝国内所有男性自由民公民身份。

罗马帝国不分肤色、不分阶层授予公民身份的做法有力地推动了罗马文化和价值观的传播。在整个帝国内，罗马公民都急于穿上托加长袍，采用三名法(tria nomina)，即由三个部分组成的罗马式姓名，来彰显自己的精英地位。[22]

让世界上的所有人都穿上托加长袍
TO SEE THE WHOLE POPULATION OF THE WORLD IN TOGAS

通过吸收不同民族的人，罗马绝对不是为了强调文化的多样性，而是为了实现民族同化。罗马之所以实施宽容政策就是为了让任何一个群体都愿意接受罗马习俗、规范，让罗马民族精神充分地融入整个帝国当中，融入每一个民族当中。但是，如果罗马人发现某种习俗是野蛮的，他们就不会试图保留、尊重或遵守它。

例如，他们非常讨厌爱尔兰凯尔特人邋遢的外表，他们头发很长，穿着长裤而不是托加长袍。他们批评不列颠人，因为不列颠人喝牛奶，但是又不用牛奶制作奶酪，这让他们百思不得其解。他们讨厌生活在今天葡萄牙境内的卢西塔尼亚人，因为卢西塔尼亚睡在地上，用橡子粉制作面包，喜欢喝水而不是葡萄酒，用奶油而不是橄榄油做饭。

但是，在罗马人看来，这些粗野的习俗是可以纠正过来的。一旦那些野蛮的国民接受了罗马人的生活方式，罗马人对他们的轻蔑就会烟消云散。罗马人并不认为野蛮人应该永远被挡在文明之外，他们必须按罗马习俗生活，才能成为帝国的一部分。所以，在公元48年，当克劳狄皇帝的反对者说，野蛮的高卢人太不开化，不能加入罗马元老院，这位皇帝的回答相当有意思："他们还不错啊，至少他们不再穿裤子了。"[23]

克劳狄的观点是相当明确的：野蛮习俗是可以戒除的。而且，戒除得越早越好。和 2000 年后的英国人一样，罗马人坚信自己担负着传播文明的使命。老普林尼描写道，罗马"为人们扫清障碍，让无数说不同语言的不同民族的人使用同一种语言交流，并为他们带来文明，也就是说所有民族的人都属于同一个国家"。克劳狄希望"让世界上所有的人都穿上托加袍，包括希腊人、高卢人、西班牙人和英国人，等等"。

同样，历史学家塔西佗曾经描写过他的岳父、不列颠总督阿格里科拉是如何"让英国人穿上托加长袍的"。他鼓励自己的人民建造罗马风格的房屋和寺庙，让上层人士的儿子接受文科教育。塔西佗认为，那些原来生活在原始居所并争强好战的不列颠人最终通过学习礼仪习惯了和平与平静的生活。他说："虽然我们的服饰也开始流行起来，但随处可见的仍然是穿托加长袍的人。"随着时间的推移，不列颠人受到了"邪恶生活方式的诱惑，包括宏伟的建筑、温暖的浴室和奢雅的宴会。以前没有接触过这些东西的不列颠人称之为'文明'，实际上这些只是他们被奴役的一部分"。[24]

换言之，罗马人并不是文化相对主义者。罗马官员鼓励被征服的精英接受罗马文化模式，创造一个鼓励同化的政治和经济体系。值得注意的是，国籍和民族身份并不会影响一个人成为罗马人。罗马帝国接受并同化大批新国民的愿望和能力是罗马伟大的秘诀。

鼎盛帝国时期的宗教宽容
RELIGIOUS TOLERANCE IN THE HIGH EMPIRE

罗马帝国黄金时代的一个突出特征是它对宗教的国际性态度。吉本深刻地指出："罗马帝国流行的各种崇拜方式，在人们看来都同样真实，在哲学家们看来都同样虚假，在地方长官看来都同样有用。所以，他们对宗教实行了宽容制度，不仅相互承认，而且很和谐。"[25] 罗马帝国对宗教施加的唯一限制是，他们必须充分尊重罗马帝国的权威和官方仪式。

从某些方面来看，罗马的宗教宽容政策并不奇怪。和波斯人一样，罗马人也是多神论者，认为不同民族的人信奉不同的神灵是很自然的事情。另外，罗马的多神制度几乎完全是建立在希腊神话基础上的，只是宙斯、雅典娜和阿芙罗狄蒂变成了丘比特、弥涅尔瓦和维纳斯。按照希腊—罗马世界观，所有东西都有神灵护佑。如果其他民族信奉新的神灵，那又有什么错呢？

到公元 2 世纪，要想划分出一个"纯粹的"罗马宗教几乎是不可能的了。当罗马大军横扫欧洲和北非时，每当他们征服新的城市和文化，就会发现新的神灵。每结束一次战役，罗马的将军们就会接受被征服者的神灵，以便偷走他们的力量之源。罗马人没有摧毁这些地方神灵，还会带着它们返回罗马，并常常把它们放进自己家乡的神庙中。

除了"俘虏"外国神灵以外，罗马还常常"祈求"外国的神灵来罗马帮助他们处理自然灾害,例如流行病或者侵略。如果干旱或者饥荒特别严重,那么罗马神灵不是特别愤怒就是参与其中。所以,解决的办法就是寻找新的神灵来帮助他们。

大多数情况下,罗马宗教和各地神灵崇拜都能和谐共存。在某些地方,这种共存表现为分等级的宗教承认。例如,在毛里塔尼亚,一个地方市场由丘比特(一个罗马神)、朱巴(一个被神化的当地国王)和范尼斯尼西守护神(地方守护神)共同护佑。在其他地方,也是如此。例如,在北非,人们几乎将塞图恩农神和丘比特混为一体,凯尔特人将他们的拉戈神与墨丘利神结合在一起,而弥涅尔瓦神则与众多的地方女神例如水神苏莉丝联系起来。[26]

不过,罗马对于宗教兼收并蓄的政策也有其局限性。首先,那些被认为"非罗马的"或者在道德上引起矛盾的偶像和习俗被禁止实行。所以,罗马元老院废除了德鲁伊教用活人祭祀的做法,以及弗吉尼亚女神西布莉崇拜者自我阉割的做法。还有一些神灵成了政治的牺牲品。埃及的伊希斯神和塞拉皮斯神被视为安东尼和克利奥帕特拉女王,所以当奥古斯都皇帝征服埃及后,便禁止人们祭拜他们。直到两个世纪以后,卡拉卡拉皇帝才将伊希斯神和塞拉皮斯神归入罗马宗教当中。[27]

总体来说,罗马人非常出色地将各地神灵融入帝国的宗教体系。但是,犹太教和基督教属于同一神教,拒绝接受罗马的多神信仰,给帝国的宗教融合带来了严峻挑战。

古代的犹太人主要生活在其祖先居住地巴勒斯坦和埃及的

沿海城市和地中海东部地区，包括亚历山大港，这里是讲希腊语的犹太人的最大聚居地。犹太人给罗马帝国带来了一个特殊的问题。在罗马各大城市的"欢乐大熔炉"里，犹太人常常在自己的犹太教堂和庭院周围建造独立的居住区，反对用希腊语和拉丁语代替希伯来语。虽然也有大量说希腊语的"希腊化"犹太人，但是他们坚持独立生活的倾向让很多罗马人认为犹太人是"内心野蛮的人"。

开始时，犹太人在帝国很受欢迎，和其他民族一样享受着相同的宽容政策。公元前161年左右，在遭到叙利亚国王安泰阿克斯四世的猛烈攻击后，犹太人转向罗马人寻求帮助。罗马帝国非常渴望削弱叙利亚的实力，于是皇室便发表声明与犹太人交好。在此后的几个世纪中，双方的关系进一步巩固。尤利乌斯·恺撒允许犹太人崇拜自己的神灵，并给予他们法律自治权。为了表示感谢，犹太人为恺撒提供军事支持。在恺撒被暗杀后，罗马犹太人一次又一次地到他的火葬焚化地哀悼。

恺撒的继任者奥古斯都也给予犹太人优惠政策，甚至破例指示不得用罗马政府的征粮和税赋任务干扰犹太人的安息日活动。亚历山大港的犹太哲学家斐洛曾经热烈赞扬奥古斯都的宽容政策：

奥古斯都知道，台伯河一侧的罗马城地区居住着大量的犹太人。很多人是自由民，现在已经成了罗马公民……他没有因为犹太人坚持自己的犹太人身份而禁止犹太人进入罗马或者剥夺他们的罗马公民身份。他没有强迫他们抛弃自己的礼拜之所，或者阻止他们集会或者接受法律帮助……他非常真诚地尊重我们的利益，在几乎全部王室的支持下，为我们修复神庙提供了极大帮助。他还许诺，每天向最高神供奉更多全牲燔祭。

在这件事上，其他皇帝远远没有奥古斯都做得这样好。哈德良禁止他们实行割礼，禁止实行犹太法律。卡里古拉强迫亚历山大港的犹太人吃猪肉。这些挑衅行为和长久以来的关于耶路撒冷的冲突引发了犹太人的三次大起义。第一次发生在公元66年至73年，提图斯皇帝捣毁了耶路撒冷的犹太寺庙；然后在公元115年和131年，由于犹太人抵抗压迫性法律，并有大量希腊人和其他民族的人涌入犹太人聚居区，便再次引发了起义。这些起义导致了罗马和犹太人双方大规模的流血悲剧。

有些历史学家认为，罗马人和犹太人之间的冲突主要是政治性的。还有一些人认为是宗教和文化因素。无论如何，犹太人的命运随着时间的推移变化很大，常常取决于当权皇帝的政策。[28]

基督教也对罗马的宽容政策发起了挑战。和犹太人一样，基督徒拒绝接受罗马的各种神灵，拒绝发誓效忠皇帝。不过，当犹太人被罗马军团征服时，他们的"古老宗教"地位得到了认可，所以犹太人基本上不受约束。但基督教是一个"新宗教"，而且信众在整个帝国范围内不断增加，它也无法与犹太教相匹敌,所以如果基督徒不尊重罗马当局,罗马人就会对他们的宗教下手。

所以,早期的基督徒和当地罗马官员之间时有冲突。基督徒也遭到了犹太人的仇视,他们认为基督徒是异教徒。但是,从实际情况来看,鼎盛帝国时期的基督徒基本上没有受到什么伤害。正如吉本所说:"由于某些王子的漠视和纵容,基督教虽然没有获得完全合法的地位,但是基本上获得了公众的认可,也被他们信奉的宗教所包容。"[29]

狭隘、基督教及罗马的衰落
INTOLERANCE, CHRISTIANITY, AND THE FALL OF ROME

罗马帝国是从什么时候开始衰落的?历史学家们众说纷纭,主要源于他们秉承的衰落理论不同,事实上这种理论有几十种之多。帝国的过度扩张、经济危机、野蛮人的入侵和军力衰落都经常被提及,但是很明显并不是所有这些因素都起了作用。还有一些非常特殊的解释,例如铅中毒,道德腐败,土壤枯竭,隐士、和尚、尼姑还有其他逃避社会现实的人越来越多,以及"纯粹"罗马主义的削弱作用,等等。[30] 分析罗马帝国破灭的各种原因超出了本章的讨论范围。但是,至少有两点是很清楚的,而且这两点也充分支持了本书的主题。

其一,虽然宽容政策对于罗马帝国的兴起和其太平盛世的维持起到了关键作用,但是它同时也播下了罗马帝国最终分裂的种子。正如我们分析过的,通过公民身份、帝国事务的参与权和罗马文化的魅力,罗马帝国比阿契美尼德王朝更成功地实现了对被征服者的同化。但是,在阿契美尼德王朝统治下的人民从来没有被"波斯化",而在罗马帝国统治下的大量的各民族人民却被"罗马化"。

但是,并不是所有人都被"罗马化"了,尤其是那些生活在希腊东部和北方的"野蛮人"没有被同化。出于这样或那样的原因,虽然罗马帝国努力保护这些地区人民的不同传统和文化,但是罗马人与这些人之间的矛盾反而越来越激化。早期的罗马帝国皇帝容忍了这些矛盾,他们的宽容政策在鼎盛时期无疑是成功的,促进了帝国的稳定和发展。但是,也正是由于罗马帝国所奉行的宽容政策,东部和北部地区的人民基本上保持了自己原有的社会结构和文化,甚至接近民族自治。这样,随着时间的推移,他们开始反对帝国统治,开始尝试寻求独立。

历史学家安东尼·帕戈登(Anthony Pagden)说:"随着帝国的不断扩张,民族多元化越来越明显,所以这种复杂的差异性变得越来越难以管理。"到了公元4世纪,说拉丁语的西部人和说希腊语的东部人之间的分歧越来越严重,于是在公元395年,罗马帝国彻底分裂为两部分。同时,"帝国开始慢慢而又不可逆转地发生了内部分裂,原来那些一直保持沉默的国民开始叛乱,而那些曾经忠诚于帝国的国民也抓住机会试图建立自己独立的国家"。[31]

但是,"过度的多元化"只是问题的一部分。更为严重的是,在鼎盛时期之后,罗马越来越残酷地实行宗教迫害,奉行顽固的种族主义政策。这就是我的第二个观点:虽然这并不是罗马帝国衰落的唯一原因,但是狭隘政策进一步加速了罗马帝国的灭亡。

新狭隘主义在罗马对待基督教世界的事务中表现得十分明显,起先基督教只是罗马人攻击的目标,后来则成为狭隘主义的主要根源。公元3世纪,基督教遍及帝国的各个角落,到公元300年时,基督徒几乎占了帝国全部人口的1/10。最初的基督徒非常不受罗马国民的欢迎,不仅是因为他们拒绝承认罗马的各种神灵,他们还被指责乱伦和吃人肉,他们的圣餐被误会是吃人的肉体和鲜血。因为基督徒拒绝参加官方的敬神仪式,人们通常将战争失败和自然灾害的出现,例如瘟疫、地震和饥馑,归罪到他们身上。[32]

公元303年,戴克里先皇帝对基督教发动了所谓的"大迫害"。当时,太平盛世正在消亡,北方的日耳曼人和东方的波斯人不断进攻罗马帝国。此举原本为了恢复鼎盛帝国的辉煌,但是具有讽刺意味的是,他们采用的政策却与鼎盛时期的价值观完全相悖,戴克里先决定根除"非罗马的"基督教这个大毒瘤。在将近10年的时间里,罗马对基督徒进行了系统性的迫害。皇家官员将基督徒排斥在公职之外,并将他们从军队中清除出去。公元304年,戴克里先下命逮捕所有不向罗马神献祭的基督徒。基督教堂被拆毁，经文被焚烧，数千名信徒被杀害。

令人惊讶的是，在强大的罗马和羽翼初生的基督教会的斗争中，基督教竟然获得了胜利。在进行了一系列简短而激烈的战争之后，君士坦丁大帝成为皇帝，而且至今令人不解的是，在公元312年他皈依了基督教。在他转变信仰后，罗马针对几百万基督徒的迫害活动戛然而止，但是对于帝国内的其他国民来说，迫害才刚刚开始。

基督教在罗马帝国灭亡中的作用已经争论了好几个世纪。吉本认为基督教是罗马帝国灭亡的主要原因，或者说是关键原因。[33] 虽然受各种条件的限制，但是吉本仍然提出，基督教强调的"死后生活、绝对服从和禁欲"极大地颠覆了罗马帝国果敢、英武和世俗美德。但是，我不同意这样的观点。罗马官方对基督教的承认为帝国政策引入了致命的狭隘元素，这些元素又进一步削弱了曾经成功团结不同民族、同化和融合不同民族的帝国政策。

首先，异教思想已广为传播，已经不可能通过简单禁止就能消除影响。相反，君士坦丁大帝对罗马教堂停止了大规模投入，转而建设富丽堂皇的基督教教堂。但是，随着帝国的基督化，狭隘思想也越来越强烈。特别是一些著名的"教派"，例如斯多葛教、摩尼教（一种源自波斯的古老宗教）和犹太教都遭到无情镇压。到公元4世纪末，罗马展开了一系列的清除异教的活动，结果所有持不同观点的人，包括那些远离了官方正统思想的"异端"基督徒。有史以来，欧洲第一次出现了官方宗教："现在，中世纪封闭排外的基督教社会出现了。"

毫无疑问，君士坦丁和他的继任者们认为宗教的统一可以重新振兴罗马帝国，抵抗不断增加的野蛮人的攻击。事实上，这种努力却产生了相反的结果。他们对于异教徒和异端者的攻击被证明是自我毁灭性的，反而助长了野蛮人的入侵。例如，在北非，关闭异教寺庙的行为引发了更加激烈的骚乱，而对于异教徒的迫害反而让汪达尔国王盖塞里克获得了广泛的民众支持，让他以解放者的身份夺取了政权。在其他地方，宗教迫害导致了犹太人大规模外逃，重新定居在波斯人的领土上，破坏了罗马帝国的贸易，并与罗马的敌人结盟。正像孟德斯鸠指出的："虽然古罗马人通过容忍各种宗教的存在巩固了帝国的统治，但是其继任者却对各个宗教逐个削弱，只保留某个占主导地位的宗教，结果导致了帝国的崩溃。"[34]

更加糟糕的是，公元4世纪末，一场剧烈的种族冲突就像瘟疫一样横扫了罗马。此时，成千上万的日耳曼"野蛮人"移民到罗马帝国，其中大多数是躲避匈奴袭扰的东北部的哥特人、汪达尔人、勃艮第人、伦巴第人，以及来自西北部的法兰克人、阿勒曼尼人、撒克逊人、弗里斯兰人。

这些日耳曼移民给罗马帝国带来了不安定因素。一方面，他们是潜在的可怕对手，他们的士兵已经跨过了多瑙河直至破烂不堪的边塞。另外一方面，他们也可能是潜在的同盟者，为严重缺员的帝国军队补充了兵源。

起初，罗马传统的宽容和不受限制的同化政策似乎对各种日耳曼部落产生了影响。罗马帝国允许他们在自己统治者的领导下按照自己的习俗和法律生活。男人们加入了罗马军队，而首领的儿子则接受了古典教育，有机会出人头地，甚至可以担任军队最高一级的职位。他们得到了足够的土地，并被同化了。他们没有侵扰或攻击罗马（虽然他们后来确实这样做了），日耳曼人的头目开始非常支持罗马皇帝的统治并希望成为帝国的臣民。西哥特人的领袖阿陶尔夫说："全面恢复罗马帝国的辉煌，并通过哥特式的力量进一步推动帝国的发展。"[35]

但是，对日耳曼移民的同化工作远远没有完成，日耳曼人总会引发社会动荡。从一开始，日耳曼人就时常遭受罗马人的骚扰和羞辱。罗马人常常把日耳曼人的儿子作为人质以确保他们的忠诚，而日耳曼人的妻子和女儿常常被作为奴隶使用。同时，对于常常遭受饥饿之苦的日耳曼人来说，虽然罗马人给了他们土地，但是他们根本不愿意从事农业生产，经常抢劫或攻击更加富裕的邻居。当日耳曼人寻求更大的自治权时，出现了暴乱。双方的不信任和敌视气氛愈发强烈。

最后，著名的罗马宽容传统终于走到了尽头。日耳曼人讨厌本地的罗马人，而罗马人则厌恶日耳曼人身上"令人作呕的味道"，说他们抹在自己黄色头发上腐臭的黄油能把人呛个跟头。即使那些受过良好教育、与"体面的野蛮人"和平相处的罗马人也说："阿勒曼尼人是酒鬼，撒克逊人、法兰克人和赫鲁利人非常残暴，而阿兰人则是贪婪的色魔。"

在4世纪末期，罗马人对自己的国民第一次采取了种族隔离政策，禁止通婚，禁止罗马人穿裤子和其他野蛮人的服饰（相对托加长袍和束腰外衣而言），并斥责野蛮人的基督教信仰是异端邪说。遵守日耳曼传统的官员被认为对帝国不忠，被罢免官职，甚至受到迫害。作奸犯科的哥特散兵游勇越来越多。最糟糕的是，出现了大屠杀和种族屠杀，局势不断恶化，最终致使罗马惨遭洗劫。

冲突中的一个受害者是混血儿斯提里科，他的父亲是一个"野蛮人"，一个汪达尔族的罗马骑兵军官，母亲则是一个罗马人。斯提里科是一个典型例证，说明一个非罗马人完全可以依靠自己的努力在罗马社会中步步高升。公元400年，他是帝国中最有权势的人之一：他是一名罗马将军，也是西罗马皇帝霍诺留的岳父。但是，为了补充奇缺的兵源，斯提里科曾经招募了数以千计的野蛮人加入罗马军队，于是便有谣言说他计划推翻东罗马皇帝，让自己的蛮族儿子取而代之。虽然历史表明斯提里科对罗马帝国忠心耿耿，但是这一谣言还是起了作用。霍诺留与斯提里科的女儿离了婚，罗马士兵叛乱，杀死了斯提里科的支持者，还对他的野蛮人部队进行了一系列的屠杀。野蛮人军队的家眷也惨遭杀害，财产被没收。公元408年8月，斯提里科也被斩首。

敌对情绪不断升级，罗马也以惊人的速度走向灭亡。由于受到罗马人的厌恶与轻视，日耳曼人也开始憎恨罗马人，而在不久以前他们还满怀希望与之共享帝国的辉煌。那些曾经效忠罗马帝国的日耳曼人愤怒地转而与罗马人为敌，加入了叛乱武装。斯提里科的野蛮人士兵加入了哥特国王阿拉里克的军队。公元408年秋天，阿拉里克率领军队包围了罗马城，并在公元410年成功占领。公元419年，西哥特人横扫了高卢。公元439年，汪达尔人占领了迦太基和罗马所拥有的大部分北非地区；公元455年，他们再次攻陷罗马城。

公元476年，西罗马帝国已经不复存在，在它的土地上出现了多个混战的"野蛮人"王国，他们就是现代欧洲国家的原型。东罗马帝国以君士坦丁堡为首都，继续维持了1000年的统治。但是，这个拜占庭帝国对于宗教多元化抱有极端狭隘的思想，不同宗教间的争斗不止，而且一直遭受波斯人、斯拉夫人以及后来的穆斯林的围困，从来没有再现过古罗马的辉煌。[36]

一个世纪以前，正当种族主义理论十分盛行时，有些历史学家认为罗马帝国的衰落是因为罗马"纯正的"血统被其征服民族污染和稀释了。如果我的认识正确的话，其原因正好相反。

罗马之所以能够长盛不衰，正是因为它能够包容、吸收、回馈以及融合不同民族、宗教、背景的人民。在罗马帝国的鼎盛时期，非洲人、西班牙人、不列颠人和高卢人，只要充分同化，都能跻身于权力的最高梯队，甚至可以成为皇帝。当帝国不能同化新吸收的人民时，一则可能是因为他们不容易同化，二则可能是因为他们的文化和习俗超出了罗马帝国宽容的极限，这时罗马帝国就开始没落了。由于宗教和民族狭隘思想的共同作用，罗马内部爆发了一系列不受控制的战争和内讧。在罗马帝国试图保持罗马的血统、文化和宗教纯正之时，也正是重蹈克劳狄和吉本所指出的古雅典人和斯巴达人的错误时，罗马坠入了分裂和衰落的深渊。

CHAPTER 3

CHINA'S GOLDEN AGE

The Mixed-Blooded Tang Dynasty

第三章

中国的黄金时代

混血的唐帝国

当我还是印第安纳州西拉法耶城的一个小女孩时，父亲告诉我，我是一个半神的后代。对于我来说，这可能有点儿难以理解。但是据说我曾祖父曾经是中国福建省一位受人尊敬的政治家和慈善家，在他死后，人们曾经看到小鬼儿，或者如父亲所说，中国的小妖，在他的坟墓上跳舞，于是村民们就开始传扬他是一个神人（罗汉）。

30年后，我将这个故事讲给女儿们听，并在1999年，和丈夫一起带着她们去了中国塘东——曾祖父生活过的地方。根据父亲的描述，我希望在南中国海的一大片白色沙滩旁，找到一座破败但尚能看出昔日荣耀的府邸。据说，如果天气晴好，在那里可以看到台湾。

从厦门乘坐出租车，经过两个小时的闷热旅途后，我们终于来到了塘东。那确实是一个海边的小村庄，而且确实有白色的沙滩，但是却没有所谓的府邸。事实上，海滩上堆放着很多高约9米至12米的牡蛎壳堆，散发着刺鼻的腐臭味道。除了几只骨瘦如柴的母鸡，整个村庄似乎空空如也。尽管可能辉煌过，但让我感到失望的是，1999年的塘东，像一个极度贫穷的村落。

最后，我终于找到了一位村民，他正坐在门前的台阶上，前面就是小镇长长的土质主街。他张着嘴盯着我们，于是我看到他的四个门牙已经脱落了。我操着方言告诉他我的姓氏，并问他是否知道蔡家人居住的地方。

这位村民对着我眨了半天眼睛，然后转身挥了挥胳膊，咕咕哝哝地说："这条街一侧的所有人家都姓蔡，另外一侧的所有人家都姓劳。"

突然一下子找到了将近200名新的近亲族人，使事情变得复杂起来，找到老宅的努力只能宣告失败。不过令人慰藉的是，我们找到了曾祖父的坟墓。令人奇怪的是，尽管曾祖父已经被人们遗忘了，尽管现在它的旁边就是市政排水管道，但是小镇上的人们仍然认为它具有某种神圣的力量。

除了曾祖父，我还执着地希望能追溯到更为久远的中国祖先。有一位远亲，他曾经搬了三次家，收集了很多19世纪的书法名作，其藏品现保存在上海博物馆。我的一个"叔祖父"蔡继琨 (Chua Ge Kun)，是著名的交响乐指挥家、福州音乐学院的创办人，但可能与我没有血缘关系。最后，我们家最值得骄傲的传家宝，事实上是我们唯一的传家宝，是一本写于1655年长达2000页的古籍原件，由一位名叫蔡武能 (Chua Wu Neng) 的直系祖先手书而成，他曾担任明神宗时期的皇家御用天文学家。蔡武能还是一位哲学家兼诗人，1644年清军入关时被皇帝任命为军事参谋总长。现在，一本精装的《武能全集》就赫然摆放在我客厅的咖啡桌上。

很多人都曾经成功地在帝国历史的长河中找到了自己祖先的辉煌成就，例如在中国、希腊、波斯、土耳其或者罗马等国，我也一直将我的身份与一串串古老的历史和灿烂的文化联系起来。中国悠久历史中所包含的书法、科技、诗歌、戏曲、哲学、自然主义和儒家文化一直深深地吸引着我，或许是因为这些东西与儿童时期中国的第三世界身份给我带来的压抑形成了鲜明对比的原因。

对于西方人来说,中国最著名的朝代或许是明朝,这主要归功于那个时期出产的青花瓷,以及最近出版的加文·孟席斯(Gavin Menzies)的著作《1421：中国发现美洲》(*1421: The Year China Discovered America*)。但是,对于散居在世界各地的华人来说,唐朝才代表着中国的黄金时代,这一时期不仅具有空前繁荣的经济和强大的政治实力,而且也代表着中国文学和艺术的鼎盛时期,它的高度一直是后人梦想达到的目标。[1] 从官方记载的人口数量来看,唐朝超过了同一时代的其他任何帝国,包括强大的阿拉伯帝国。并非凑巧的是,唐代也比当时任何一个帝国都更开放,更国际化,在民族和宗教上更加宽容,而且可能超过了中国的任何其他朝代。

中国历史上的狭隘和"野蛮人"
INTOLERANCE AND "BARBARIANS" IN CHINESE HISTORY

在公元前 221 年前的几个世纪里,中国中部的黄河流域出现了众多王国、部落和小型国家,他们一直相互混战,都想争当霸主。在春秋战国时期,分裂和战乱也孕育了大量的文化现象。中国的主要哲学体系,包括儒家、道家和法家,都是在这一时期出现的。正像后世的历史学家们所说的那样,那是一个

"百家争鸣"的时代。[2]

战国时代的混乱局面是由秦朝的第一个皇帝结束的（即秦始皇），他在公元前221年第一次在政治上统一了中国（秦的读音是chin，这是西方人称呼中国的渊源）。和其他伟大的建国者一样，他统一了货币和文字，实施了前所未有的浩大工程，包括超过20000千米的中国长城，据说1000000人为此付出了生命，还有皇帝本人的巨大坟墓，其中藏有7000多座兵马俑。

这位始皇帝极其残忍和狭隘，甚至就连他的崇拜者都这样认为。他禁止进行哲学辩论，焚烧了数以千计的"具有颠覆性质的"书籍，严禁赞扬过去和批评当今。公元前212年，据说这位皇帝杀害了460多名儒生，然后把他们埋葬在了一个坟墓之中。那些公然反抗他的人被活埋，或者被油烹而死，或者遭车裂而亡。[3]

由于秦始皇实行残酷的镇压政策，全国各地出现了多次起义和至少三次针对他的暗杀活动。虽然这些暗杀没有成功，但是想到自己终有一死，于是他便四处寻找长生不老药，并最终死在寻找这种药的旅途上。他的儿子是一个懦弱的统治者，而且仅仅在建国15年后，秦朝的大厦就轰然倒塌，被此后延续了400余年的汉朝所取代。

虽然秦始皇的统治时间短暂，但是他总结了一个强有力的政治原则，除了少数几个例外，包括唐朝，这一原则在中国历史上被多次复制：对多元文化的无情镇压在统一中国的过程中是必要的。在秦朝，被镇压的主要是思想的多元化。在之后的

2000年当中，中国的狭隘统治通常表现为零星的民族和宗教压迫，文化"净化"，对外国人和外国思想的抵制，以及民族优越感和文化优越感。

或许，所有社会都或多或少地存在着民族优越感的思想，但是中国的特殊环境促使这种思想发展到了极致。由于自然屏障的保护，多个世纪以来，中国与欧洲、印度以及中东发达文明的联系十分有限。中国的邻国主要是分散的游牧民族或者部族。所以，多少个世纪以来，中国是这一地区疆域最广阔、城市化程度最高、文化最发达的国家，因此也是技术和文明方面最先进的国家。

同时，中国对自己的邻国存在恐惧也是很有道理的。中国人在数量和技术上都占据着优势，但是那些游牧民族却有着中国人所没有的一种东西：马匹。游牧民族拥有大片的草地，饲养着大量经过特殊育种的马匹，千百年来为他们提供了关键的军事优势。马匹，以及通过狩猎获得的高超骑术，使这些北方的野蛮人有能力向南方过着定居生活的中国人发起进攻，掠夺他们赖以生存的粮食和其他商品，然后再退回到一望无际的大草原。由于这些游牧民族持续不断的屠戮和掠夺威胁一直得不到有效解决，所以这一切塑造了中国人对野蛮民族的认识。但是，野蛮的民族特征并不仅仅局限于草原上的游牧民族，有些外国人比游牧民族更具危险性，而有些则比游牧民族更文明，但是所有中国以外的人在某种程度上都是野蛮人。[4]

即使在今天，在开放的中国，很多中国人与外国人交往时也会觉得不自然，或者觉得那是一种禁忌。那些继承了不同种族外貌特征的人在中国人看来很奇异。例如，我的两个女儿具有一半的中国血统，她们都有着棕色的头发、棕色的眼睛和不太明显的亚洲面部特征，能讲一口流利的汉语。但是，在2004年的中国旅行中，她们每去一个地方，甚至包括上海这个大都市，都能引起人们的围观，人们会盯着她们看，咯咯地傻笑，并且指指点点地议论着"这两个讲中国话的外国小孩"，就好像她们是天外来客一般。在成都大熊猫饲养中心，当我们正在拍摄刚刚出生的粉红色的像小虫子一样慢慢蠕动的可爱的大熊猫时，中国游客们则把我们当成了拍摄对象。

秦始皇给这个在西方以他的国名命名（chin）的国家留下了很多遗产。他建造的长城一直是中国最伟大的历史纪念性建筑。很久以来，长城是中国的标志，代表着中国的统一、领土的完整、排他性，以及将其优秀文化与"野蛮人"隔离起来的努力——不论是来自中亚的凶悍游牧民族，还是来自欧洲、日本以及美国的"帝国主义者"。

所以，非常具有讽刺意味的是，被称为中国黄金时代的唐王朝竟然是由一个带有部分"野蛮人"血统的混血人开创的。而且，唐王朝最突出的特点是它的国际性，对各种文化的包容性，以及前所未有的对外国人的开放性。

唐王朝的兴起
（618—907）
THE RISE OF THE TANG DYNASTY
（AD 618–907）

公元220年，汉朝灭亡以后，中国进入了长达300年的分裂局面。6世纪末，中国北方出现军阀割据和门阀士族统治的局面，其人口大多是北方汉族人和突厥人混血的后代，而南方人则是"更为纯粹的"中国人。

公元581年，隋朝统一了中国，但是他们的统治持续时间很短。由于经常遭受北方草原突厥人的袭扰，内部起义频繁，加之连年征战，隋王朝建立仅仅30余年便灭亡了。公元618年，一位北方汉族和突厥人混血的贵族将军李渊宣布不再效忠隋朝，向首都长安（现在的西安）进发，并自封皇帝，庙号高祖。由此，唐朝建立，并统治中国长达300年。

唐高祖征服隋朝的过程非常值得一提：他和野蛮的东突厥人达成了军事同盟，然后才取得了胜利。在他写给突厥统治者的信中，高祖使用了"启"这个字，这是地位低的人对地位高的人所使用的敬称。对于一个想要做中国皇帝的人来说，以平等甚至卑微的语气称呼一个野蛮人实在是一件有失颜面的事。他的儒家顾问十分反对，但是高祖是这样解释的："古人曰，'能够一人之下，才能万人之上'，在这个比喻中，塞外的那些野蛮人相当于什么呢？他们只是相当于一个普通人而已。

此外,'启'这个字并非价值千金,即使是千金我也愿意给他。为什么我们对一个字纠缠不清呢?"

高祖精明的外交策略反映了 7 世纪时中国新的现实。中国当时四周都遭受着强大的非汉族人的威胁,包括东西突厥、回鹘、契丹和鲜卑,他们都来自中国北方的大草原;此外还有南诏和来自朝鲜半岛的高句丽。面对所有这些威胁,要想维持一个统一的中国不仅需要建设长城,而且还要处理好与不同野蛮民族的关系甚至要与其联盟。[5]

此外,在汉朝灭亡后,中国的宗教版图彻底发生了变化。从公元 618 年唐王朝建立开始,源自印度并由商人和僧侣介绍到中国的佛教就成了中国的主要宗教,其信徒比中国本土的道教还要多。通过吸收本土元素,佛教进行了中国化改造。虽然佛教徒和道教徒常常激烈对立,但是大多数中国百姓完全可以同时信奉佛教、道教以及本地其他宗教。对于世俗人来说,佛教宣扬的"极乐世界"比中国传统的来世观更具吸引力,因为这种传统观念认为只有极少数人可以长生不老,而其余的人则只能进入阴森可怖的地狱。[6]

最后,至少在北方,中国人和野蛮人之间原来的鲜明界线开始模糊了。在公元 220 年至 581 年间的混乱时期,一些"野蛮人"统治者征服了中国北方的部分地区,并建立了独立的王国。这些统治者很多接受了中国的风俗习惯并和中国社会地位较高的家庭开始通婚,从而产生了一批混血的游牧贵族,他们信奉佛教,既说汉语又说突厥语(因为多数游牧民族没有书面语言,所以掌握汉语成了他们做官的一个关键因素)。由于北方为已经中国化且具有较高文化的前游牧民族所控制，加上通婚盛行，使得那种认为中国人文明野蛮人落后的传统观点发生了变化。事实上，虽然唐朝皇帝宣称自己的祖先是汉朝大将李广利和道教哲学家老子的后裔，但他们实际上是中国北方的混血贵族，充其量只有一半的汉族血统。[7]

由于这些以及其他因素的共同作用，唐朝成为中国历史上对外来文化、宗教和势力最具包容性的王朝。这种宽容性在太宗皇帝的身上得到了充分体现，唐太宗是唐朝的第二个皇帝，很多中国人都认为他是最聪明、最英武的中国统治者。历史学家们常常把唐太宗描写为唐王朝的真正缔造者，虽然他的登基过程伴随着相当残酷的斗争。

帝国缔造者
THE EMPIRE BUILDER

唐太宗名叫李世民，是唐高祖的次子。公元617年，当时只有17岁的李世民便鼓励父亲起兵反抗隋朝皇帝。在父亲攻占长安后，刚刚成立的唐王朝面临着数百次叛乱以及其他有势力贵族的挑战。在随后的7年里，李世民带领军队在一次又一次决定性的战斗中获得胜利，同时令北方的突厥人保持了中立。公元624年，李氏家族巩固了自己在北方和南方的统治地位。显然，能够成功利用外族是唐朝军事胜利的关键。在李氏家族巩固自己军事实力的过程中,他们吸收了外族军队,允许其原有将领继续统领其部族的军队,并统治其原有的土地。[8]

从唐王朝建立的那一刻起,为了争夺权力,李世民就和自己的兄弟们展开了斗争。公元626年,李世民谋杀了他的哥哥,即皇位的法定继承人,并默许他的一个将领杀害了他的弟弟。然后,他逼迫父亲退位,并开始了20余年(626—649)的统治。虽然李世民对待自己的家人很残忍,但是在中国历史上却很受百姓的尊敬——竟然是因为他的仁慈。

唐太宗的人生目标是建立一个庞大的帝国,让唐人和野蛮人平等相处,而他则是最高统治者,既是皇帝又是突厥可汗。唐太宗自己说:"自古以来所有皇帝都亲近汉人远离蛮夷。只有我认为他们是平等的。这就是为什么他们敬我如父母的原因。"和他的父亲一样,唐太宗也把归降自己的部族纳入了帝国的统治,尤其重用了突厥和其他外族首领,给他们冠以中国式头衔,与他们联姻,甚至赐予他们皇姓。他说突厥人将他视为父亲的说法绝非空洞的吹嘘。唐太宗非常熟悉中国和突厥的习俗,孩提时代,他就与一个西突厥王子和东突厥可汗成了朋友。这些经历对他统治游牧民族很有帮助。

唐太宗是一位非常出色的军事家,在他的统治阶段大批土地并入了中央王国的控制版图。虽然汉族皇帝很高兴让游牧民族占据长城以北的草原,由他们自己的可汗统治,但是唐太宗的抱负远不止于此。630年,因为唐太宗"具有超凡的个人魅力,通晓游牧民族的风俗习惯,以及战功卓越",由此给突厥人留下了极好的印象，所以他们的领袖尊称唐太宗为"天可汗"。唐太宗接受了这一称号，成为中国历史上第一位统治北方草原地区的皇帝。[9]

唐太宗同时拥有天子和天可汗的称号是史无前例的。突厥人所用的天可汗这个头衔在游牧民族传统中可谓源远流长，令太宗皇帝正式成为长城以北广大地区的统治者。更令人惊奇的是太宗皇帝不同凡响的宽容政策。他说："夷狄（草原人民）同样也是人，他们的本性和汉族本性没有什么区别。一个统治者应该关心自己的仁德是否能荫庇他们，而不是因为民族不同而怀疑他们。"[10]

当然，我们不能完全相信太宗皇帝平等主义的言论。这可能只是宣传而不是对政策的真实描述，这主要是讲给突厥人听的，而不是针对汉人的教诲。但是，我们必须注意到，唐太宗的声明与历史先例，以及当时中国人的思想形成了鲜明的对比（甚至可能与当今中国人的思想也有着很大不同）。

通过结合突厥人和汉人的力量，唐太宗控制的版图越过了中亚，越过了帕米尔山区，到达了今天的阿富汗。撒马尔罕、布哈拉和塔什干都变成了中国统治下的行政区。西藏和西部最远到达里海的突厥部落都向他表示臣服。如果没有游牧部落作后盾，这些征服活动是不可能成功的。唐太宗的继承者进一步拓展了唐朝的统治版图，征服了东北地区、朝鲜半岛大部、越南中部和今天伊朗的部分地区。在唐太宗统治时期，没有哪个帝国能在版图、人口和军事实力方面与之争雄。

从登基之初，唐太宗就意识到贸易的潜在好处。在更早的时候，虽然他的帝国还在战乱后的恢复期，但是唐太宗仍然倾尽国库修复丝绸之路。同时，他还努力征服西部地区以及西突厥的绿洲小国，并于公元658年征服了西突厥帝国。由于唐帝国的控制和保护，丝绸之路变得比以往任何时候都更安全，所以来自中亚和南亚的外国人和外国商品大量涌入丝绸之路东端的长安城。然后，外国商品和风尚再从长安传播到中国各地。向唐朝派遣使者的国家最西可以远至拜占庭帝国和萨珊波斯帝国。

最后，中国与300多个国家和地区建立了外交关系。外交和商贸交织在一起，常常很难明确分清二者的关系：商品交流大多来自于进贡制度，外国传教士和商人常常结伴而行。唐朝建立了一个复杂的行政机构管理外交关系，包括与外国使节的通信联络，安排外国使者在中国的旅行和食宿，为外国国王授予中国式头衔，登记造册进贡给皇帝的贡品和礼物，聘用翻译，编撰有关外国风俗习惯、地理和产品的书籍，等等。唐朝统治者希望所有出使外国的使节、官员，甚至和亲的公主都能带回一些国外的信息。

伴随着大规模的外交活动，唐朝人也开始喜欢上了外国的东西："社会各阶层和日常生活的各个方面都表现出中国人对新奇的外国事物的浓厚兴趣。"在长安和洛阳的中国人开始穿着突厥和波斯服装，男女老少都喜欢上了野蛮人的帽子，尤其喜欢在骑射时使用。效仿突厥人的生活方式甚至成了某些人的时尚，有些汉人甚至在首都的闹市中支起了帐篷并住在里边。来自南亚的罕见木材被运到中国，制成了博彩用具、家具、装饰性和宗教性的雕塑，用来建设华宅宫殿、寺庙和修道院。外国药品、食物和香料特有的药用价值和神奇功效，吸引了很多中国人争相购买。优质的印度香料成了很多人追逐的对象。据说，宫中女眷使用了大量香料，以至于香气在几里外都能闻到。

统治阶级和普通百姓都很喜欢观赏外国动物，例如狮子、犀牛和大象，它们都是外国使节送给中国皇帝的礼物。有时，外国人本身也被当成了"商品"。富裕的中国家庭购买外国奴隶在自家做事，外国统治者也常常把乐师、舞者、侏儒、歌妓等作为礼物送到唐朝。虽然中国人偶尔试图控制外国奢华品对自己的腐蚀，但是因为奇货可居，外国商品仍然很受欢迎。[11]

然而，喜欢外国货不能等同于喜欢外国人。大多数中国人虽然喜欢外国人的产品，但是对于他们又心存猜疑和仇恨。事实上，唐太宗与野蛮民族结盟遭到了大部分儒家官员的反对，他们总是顽固地坚持中国人固有的保守思想。

这种民族优越感在影响甚广的《唐律》中也有所体现，这部法律是唐太宗的法律顾问们编纂制定的，后代王朝，以及日本、朝鲜、越南曾经部分或全部地采用了它的内容。至少，在纸面上，唐律对中国人和非中国人是区别对待的。根据唐律，外国人的聚集区通常被限制在一些贸易中心城市，例如长安、洛阳、广州和扬州，以及开放的陆上贸易走廊周围。而且，外国人不能和中国人说话,除非他们之间存在贸易关系。如果未经允许,和外国人通婚的话,会被流放2000里。

但是,这些条款并没有被严格执行。事实上,我们很难将种族隔离性质的唐律和唐皇室的具体现实对应起来。唐太宗本人就是汉人和野蛮人通婚的后代,而且出于政治目的与草原上的统治家族通婚也是唐朝获取重要联盟的常用手段。此外,唐太宗特别乐于接受外国人和外国文化。例如,唐太宗曾经将70000名朝鲜人迁移到了中国境内,并给予那些在中国定居的朝鲜贵族和官员荣誉称号。从另外一方面来看,鉴于一些顾问的强烈反对,唐太宗专门迁移了100户突厥人到长安,以检验他们是不是可以融入中国文化。他还专门制定政策,确保联合军队中的汉族士兵和外族士兵能团结一致,并肩作战。

此外,唐太宗对外来宗教持开放态度。公元645年左右,中国一个非常著名的和尚玄奘在中亚和印度游历16年后返回长安,带回了650多部印度佛教经文和150件佛教珍宝。太宗皇帝举行盛大的仪式欢迎这位回家的和尚,赏赐了大量礼物,并赐给他一个头衔。在皇帝的要求下,玄奘记录了自己的旅行经历,生动描述了自己经由巴克特里亚、波斯、阿富汗、克什米尔,最终抵达印度的经历,在那里他受到了印度国王戒日王的热情接待。[12]

在太宗皇帝的支持下,玄奘终其余生翻译了他带回国的梵语经文。这个和尚的经历深深打动了太宗皇帝。在太宗皇帝去世的前一年,当健康恶化促使他试图寻找佛教的长生不老药时，他宣布佛教优于中国的宗教（现在的一些历史学家们认为，当时一位自称200岁的印度医生为太宗提供的佛教长生不老药，可能致使其中毒身亡）。[13]

事实上，太宗的统治时期是中国历史上宗教最为多元化的时期之一。唐太宗不仅欢迎佛教，而且还热情鼓励来自西方甚至更远地区的外国人，将他们更加新奇的宗教带到中国来。在他统治期间，索罗亚斯德教（拜火教）、犹太教、伊斯兰教、基督教都通过丝绸之路由旅行者介绍到了中国，而且这些宗教的信徒可以自由地举行宗教仪式。在长安西面外国人聚居的市场上，波斯商人在索罗亚斯德教的火坛上用活牲畜祭祀，而早晨和晚上，穆斯林宣礼员则站在尖塔上呼唤穆斯林进行祈祷。今天，在长安还有一座当时修建的写有中文和阿拉伯文的大型清真寺。[14]

景教（聂斯托里基督教）是基督教和近东宗教的一种融合性宗教，也在唐太宗统治时期被介绍到中国的。公元635年，一个被中国人称为阿罗本（O Lo Pen，可能是 Ruben 的译音）的景教教徒来到唐朝皇宫。唐太宗接见了他好几次，并询问了很多关于景教的问题，还要求他将携带的经书翻译成中文。对景教产生兴趣之后，唐太宗不仅下令在长安建造了一座景教寺院，甚至还颁发了一道圣旨：

道不止一种名称，圣人也不止一个。各个国家的宗教教义不尽相同，但是它们可以泽被所有苍生。来自罗马帝国的大德之人阿罗本从远方把他的图像和经卷带到了国都长安。研习之后，我们发现其教义博大精深，奥妙无穷。分析之后，我们发现其原则劝人向善，彰显人生大义。他的教诲深刻而不散乱，他的逻辑充分而不牵强。这一宗教将惠及众生，故准予在我大唐帝国自由传播。[15]

唐太宗的统治对中国的传统社会结构产生了深远影响。公元632年，唐太宗下令对帝国的重要家族编纂家谱。但是，这一举动让很多人感到羞耻。虽然中国人和非中国人之间的通婚在唐代并不罕见，但是中国的大多数贵族仍然保持着"纯正的"中国血统，对于西北部地区的"半野蛮人"家族，不论多么汉化，贵族们仍然对其怀有鄙夷之心。让唐太宗感到震怒的是，报告将皇室放在了第三等。唐太宗对这一结果表示不满，命令重新编纂。不用说，第二次编辑后，皇家血统排在了第一位。

这个新版的族谱汇编还产生了另外一个重要影响，那就是提高了唐太宗特权大臣及其家族的社会地位，而这些人是皇帝根据他们的能力和儒家学问选拔出来的，他们的地位甚至超过了一些中国传统意义上的名门望族。这种变化产生了两个重要意义。第一，它让一些文职官员的地位超越了传统贵族。第二，进一步鼓励知识精英通过科举制度出任官员。后一种制度不仅改变了中国的社会结构，而且对东亚各国也产生了重大影响，但它并不是由唐太宗一个人制定的。这一制度的完善和发展更多地得益于武则天——她原来是一个妃子，后来成为中国历史上第一位也是唯一一位女皇帝。[16]

女皇和春药
THE EMPRESS AND THE APHRODISIACS

唐太宗最初选定的太子性格古怪，甚至可能精神上有些问题。他拒绝说汉语，坚持说突厥语，遵循突厥习俗，穿着突厥服饰。他恋上了一个同性的宫廷戏子，这让唐太宗十分恼怒，下令将这个戏子处死。最后，这个太子被杀，太宗的另外一个儿子登上了皇位，即高宗皇帝。但是，唐高宗性格软弱，懒于朝政，他在位期间（649—683），实际上绝大多数时间是他的妻子武则天在掌权。

武曌（武则天为自己造的名字）是一个极其美丽、聪明的女人，又是一个残酷的政治投机主义者。14岁时，她成为老皇帝唐太宗后宫中的一个才人。按照习俗，公元649年唐太宗死后，和其他没有生育的妃子一样，武曌应该削发为尼。对于她是否确实削发为尼一直是人们争论的一个焦点，但是无论如何，武曌很快迷住了唐高宗，成了他最喜爱的妃子，并在公元652年为他生下了一个儿子。公元655年，她被立为皇后。不久，为了扫清掌权道路上的威胁，据说她杀死了高宗的前皇后和另外一名妃子。她命人将她们的四肢砍去，然后放进酒缸里。公元660年，当高宗中风瘫痪之后，她实际上担负起了皇帝的职责。公元690年，高宗去世七年后，武曌正式登上皇位，改国号为周，史称"武周"。这是中国历史上第一次也是唯一一次，一个女人接受了上天的任命，成为皇帝。[17]

一个女人公然以皇帝身份统治中国，这严重违反了妇女三从四德的儒家思想（毫不奇怪，传统历史学家大多数为儒家学者，对武则天颇有微词）。但是，武则天巧妙地利用佛教证明了自己的合法统治。武则天有一个情人，原来是贩卖胭脂水粉和春药的小贩，后来当了和尚。在他的帮助下，公元694年，武则天宣称自己是弥勒佛转世，而弥勒佛是救世主，未来天堂的统治者。武则天还建造了一些著名的佛教建筑，例如，用巨石雕刻的十六七米高的龙门石窟大佛。在这位女皇帝的统治之下，中国佛教已经演变成了一支强大的经济和政治力量，越来越中国化，演化成新型的具有高度影响力的中国教派和流派。公元8世纪时，中国已经成为佛教传播的主要力量，很多外国朝圣者，甚至包括印度的和尚，都来朝拜中国的菩萨。[18]

武则天还进一步改革了中国的传统社会结构。她清除了政府中的西北贵族官员，因为这些人数百年来已经垄断了中国的政治。她甚至曾经下令处死了数百名贵族。这位女皇还系统地发展了科举制度，通过竞争而非血统创造了一批新政府官僚阶层。但是，这种改革结果并没有造成一种纯粹的精英政治：只有出身富裕家庭的人才有机会接受儒家教育，而接受儒家教育是科举考试的前提。然而，无论如何，女皇的改革是中国历史的一个转折点。新建立的国家科举制度体现了一种崭新的政治原则，即政府官员的录用应该完全根据他们的教育程度和文学素养，而不是世袭特权。[19]

但是，武则天本人并没有一直遵从这种原则。虽然她的政府内有很多受人尊敬的学者型官员，但是她也任命了一些才能平庸的亲信担任重要职务。她有自己的密探，很多人都是她的亲戚，这些人用残酷的手段帮她消除了敌人。围绕着她的私人生活出现了很多惊人的谣言，说她在 80 岁时，还与两个同父异母的男子有着疯狂的性关系。据说，这位女皇服用了太多的春药，结果"又长出了新的牙齿和眉毛"。[20]

公元 705 年，武则天终于退位了。经过长达 7 年的内耗，李氏家族重返皇位，公元 705 年大唐的名号得以恢复。7 年后一位新皇帝——唐明皇，统治了唐王朝。在他统治期间，中国的璀璨文化达到了顶峰。

唐帝国的鼎盛时期
THE ZENITH OF TANG POWER

和唐太宗一样，唐明皇被认为是唐朝最伟大的皇帝之一。登基之后，他立刻整顿了武则天奢华的宫廷生活，取消了死刑，并在整个帝国范围内进行了改革。他的统治在唐朝是最长的，持续了近半个世纪 (712—756)。和唐太宗一样，唐明皇充分地将军事扩张和有力的外交政策结合起来。在他的统治之下，中国在国外的影响达到了顶峰，从克什米尔到朝鲜，从伊朗到越南，这些国家都承认了唐帝国的霸主地位。

唐帝国的首都长安位于王朝的中心地带，是当时世界上人口最多的城市，也是国际化最高的城市。这座城市中 1/3 的人口是外国人：阿拉伯的传教士，印度、波斯和叙利亚的商人，朝鲜和日本的和尚及学生，尼泊尔、西伯利亚的民族领袖，布哈拉、撒马尔罕、塔什干的艺术家和表演家，等等。

在长安的中国居民中，外国音乐、时装和香料风靡一时。那里的马球游戏几乎可以肯定地说来自波斯，是唐朝上流社会最喜爱的游戏。在某些特殊场合，来自中亚的乐团女演员骑在骆驼上，演奏一些新奇的乐器，例如琵琶，供帝国官员欣赏。来自贵族家庭的中国妇女穿着中亚款式的紧身衣和披肩。其他时候，她们也穿着宽松的裤子，骑马游猎，这与后世上流社会妇女形成了鲜明的对比——后世上流社会妇女因为缠足连走路都成问题。[21]

长安并非只是浮华和多种文化交融的地方，它也是学问和高尚艺术的中心。在唐明皇统治时期，文学、绘画、历史和美学理论，尤其是诗歌出现了前所未有的繁荣。中国历史上最著名的诗人李白、杜甫、王维等都生活在这一时期。一位历史学家这样写道："长安不仅仅是一个伟大帝国的首都，它还是一个国际大都市，世界上最大的城市；它是东亚文明的辐射中心。"[22]

和唐太宗一样，唐明皇也以对外国人开放、支持文化和宗教多元化而著称。公元713年，唐明皇接见了来自倭马亚王朝哈里发瓦利德寻求军事合作的阿拉伯使团。阿拉伯人没有遵守中国觐见皇帝的规定，没有行跪拜礼，即以头触地的跪拜姿势。这些陌生人坚称，他们只对神灵跪拜，对人间的王只行鞠躬礼。

唐明皇表现出极度的克制，放松了礼节要求："各国的宫廷礼节不尽相同。"(1000年以后，中国的满族统治者则做出了相反的决定。当英国大使阿美士德勋爵拒绝跪拜礼后，清朝政府便给他吃了闭门羹，令他无功而返。)在唐朝的黄金时代，外国商人和传教士、穆斯林、佛教徒、犹太教徒、基督徒、景教教徒、摩尼教徒都可以自由地在自己的寺庙中做礼拜活动，不用担心受到迫害，甚至有时还受到帝国军队的保护。[23]

与同一时代的另外两个帝国相比，唐帝国的宽容也是十分惊人的，这两个帝国是倭马亚帝国和拜占庭帝国，它们在宗教方面都更加教条。

倭马亚帝国(661—750)是建立在伊斯兰正统基础上的，所有其他宗教都被看作是异端邪说。虽然在倭马亚帝国初期，对于非穆斯林的迫害还相对较轻，但是在公元704至705年，哈里发瓦利德将亚美尼亚的基督教贵族都聚集起来并将他们烧死在了教堂中，其他人则将被钉死在十字架上，或者斩首。几年以后，哈里发欧麦尔二世发表了如下声明："所有信众，那些非穆斯林只是一些卑微的尘埃。阿拉创造他们只是为了让他们做撒旦的党羽；他们的行为极其有害；他们所有卑贱的努力都是无用的，虽然他们自认为他们所做的工作是高尚的。阿拉、天使和世人都诅咒他们。"非穆斯林不得担任公职(相比之下，波斯萨珊王子是幸运的。当他被阿拉伯人击败以后，于公元674年逃到中国，在长安受到了热烈欢迎，并成为御林军的一位将军)。[24]

信奉基督教的拜占庭帝国在对异教徒的迫害方面更是有过之而无不及。7世纪时，异教几乎被彻底根除，其迫害手段包括强迫改变信仰，折磨挨饿，甚至无情屠杀。反犹太主义在帝国盛行，不同的拜占庭统治者，包括希拉克略和圣利奥三世，都强迫犹太人接受洗礼。查士丁尼二世（685—695，705—711）统治时期，持续不断的恶性迫害浪潮一直在进行，敌对的亚美尼亚东正教的教徒被活活烧死。吉本说，查士丁尼对宗教迫害到了疯狂的地步，他甚至让一个高级幕僚鞭打自己的母亲。结果，在他被罢黜以后，他的鼻子被人们割掉了，所以人送绰号"没鼻子的查士丁尼"。到8世纪中期，拜占庭帝国已经极为衰落，大部分土地被阿拉伯人占领了。

基督教和伊斯兰教伟大宗教帝国的兴起，以及他们一神论所产生的危害，我们将在第二部分进行讨论。但是，现在我们只需知道，在公元600年至800年期间，欧洲和中东地区的最大帝国都是在它们各自的正教思想基础上建立起来的，"每一个帝国都深信，对于真正的信教者来说，那些不信教者毫无价值"。这些国家在宗教问题上的僵化思想与中国唐朝奉行的宽松而不太教条的宗教政策形成了鲜明的对比。唐朝，"可能是中国漫长历史长河中最具活力和最多元化的文化繁盛时期"。[25]

和其他中国王朝不同的是，唐帝国统治者对于同时代的其他帝国非常感兴趣，并试图了解他们的日常生活。在唐帝国的史料中，对拜占庭帝国进行了极其详尽的描述，当时中国人把拜占庭帝国称为"拂菻"：

拂菻是古罗马帝国，位于西海，东南与波斯接壤，东北与西突厥比邻。这一国家人口密集，城镇林立。都城城墙用石材筑成，城中居民超10万户。它的一个城门高达60多米，全部用青铜包裹(黄金门)。在皇宫中，有一个用黄金制作并饰以玻璃、水晶、象牙和珍贵木材的人像。水平的屋顶上覆盖着水泥。炎热的夏季，水力驱动的机械将水引到屋顶之上，然后再从窗户前瀑布般流下，冷却空气。

在王宫中，有12个大臣辅佐国王。当国王从王宫出来，陪同他的随从会带着一只大口袋，任何人有诉状都可以投到里面。男人们的头发很短，穿着绣花长袍，裸露着右臂，女人们的发型则像皇冠。拂菻人崇尚财富，喜欢饮酒和甜食。每七天有一个休息日(基督教的星期天)。

这个国家出产亚麻、珊瑚、石棉和很多珍奇的东西。他们有很多魔术师，有的可以从嘴里喷出火来，有的可以从手上流出水来，有的可以从脚上滚出珍珠。他们还有非常高明的医生，他们可以通过提取脑部的蠕虫来医治某些疾病。

同样，唐朝的文献也记载了阿拉伯半岛和伊斯兰教的起源：

(阿拉伯半岛)是前波斯帝国的一部分。男人长着大鼻子和黑色的胡须。他们在银制的腰带上佩戴着银制的短剑。他们不喝酒，不喜欢音乐。女人穿白色衣服，出门时会用面纱遮盖住脸。他们建有大型礼堂供数百名信徒进行宗教礼拜活动。每天，他们礼拜上帝三次。每七天（星期五）他们的国王（哈里发）会坐在高高的宝座上，向国民演讲："那些在战争中死去的人将在天堂中重生。那些勇敢作战的人将会获得幸福。"所以，他们的男人都是勇敢的士兵。他们的土地贫瘠，不能生长谷物，以狩猎为生，他们在岩石上收集蜂蜜。他们的住房就像马车上的帐篷。他们种植的葡萄有的像鸡蛋般大小。

在隋朝……一个波斯男人（穆罕默德）在麦地那附近的山上牧羊。一个狮人（大天使加百利）对他说："在这座山的西边有一个山洞，里边有一把短剑和一块刻着白字的黑色石头（卡亚巴的黑石）。谁获得了这两件宝物，就拥有了统治人类的权力。"于是，这个人去了那里，找到了宝物……之后，阿拉伯人变得非常强大。他们灭亡了波斯帝国，击败了拂菻王，入侵了印度北部，进攻过撒马尔罕和塔什干。他们的帝国从西南部的海洋一直延伸到我们帝国的西部边界。[26]

尽管这些针对拜占庭和伊斯兰的描述存在着不准确甚至歪曲的地方，但在很大程度上反映出唐帝国的自信和好奇精神，以及尝试了解外国文化的努力。虽然这些叙述对于现代读者来说不够详尽，但是比起其他王朝，例如，1000年后满族人建立的清朝（1644—1911），唐朝对外部世界的了解要详尽得多。虽然世界在通信和技术方面已经取得了巨大进步，但是清帝国的皇帝们顽固地，几乎是故意忽视了欧洲帝国的不断崛起，并将欧洲人一概称为"进贡的野蛮人"。一个18世纪中期的清朝皇家文件中包含了如下混乱的记录：

1. 意大利（实际是荷兰）在1667年向中国进贡，教皇在1725年进贡（并非事实）。

2. 法国和葡萄牙是同一个地方。

3. 瑞典是荷兰的属国。

4. 生活在菲律宾群岛的西班牙人是占领了马六甲海峡和澳门的葡萄牙人。

5. 瑞典和英格兰都是荷兰的简称。

公元1818年，即将征服中国的英国、俄罗斯和法国这些强大的帝国，与吉兰丹、丁加奴（今登嘉楼）和其他马来半岛上的小国一样，被清王朝列为自己的属国。实际上，有些历史学家认为，清朝统治者对西方的极端无知是中国无法抗击欧洲侵略的主要原因。[27]

黄金时代的唐帝国是否和阿契美尼德王朝和古罗马帝国一样，也是一个世界霸主，或者超级强国呢？这个问题不太容易回答，因为在7世纪和8世纪时，中国周围的王国或者部落联盟都比它小得多，不能对它构成严重的威胁。但是，由于唐帝国实在太大了，它在边境上部署的军力往往不足，所以周边小国的军队也可击败唐朝的军队，而且这种情况在唐帝国的整个统治时期是一直存在的。公元678年，在争夺西部控制权的战争中,唐朝的18万军队在青海湖附近被吐蕃军队击败。公元751年,在靠近今天的撒马尔罕附近与阿拔斯哈里发王国(黑衣大食)的塔拉斯战役中,一支规模较小的唐朝军队被敌军击败,这场战争可能只是边境上的一次小型冲突,但是阿拉伯军队的数量确实远远超过唐朝军队。

更为复杂的是,唐朝常常通过威胁而不是真正的流血冲突辅以巧妙的外交活动来慑服自己的对手。这个策略非常成功,但是也让唐帝国经常处于危险的境地,它的统治地位常常取决于外族王室及其人民对它的忠诚度,而这些人常常被唐人所轻视,于是这些外族人便对唐帝国怀恨在心,虽然不甚明显。

虽然存在这种脆弱性,但是唐帝国的世界霸主地位却是不容置疑的。事实上,与同时代的其他国家相比,例如与罗马帝国陷落后的欧洲"强国"相比,唐帝国的优越性达到了令人吃惊的程度。强大的法兰克帝国可以说是8世纪和9世纪时西欧最强大的国家,查理曼大帝统治下的人口可能在500万到1000万人之间。但是,唐明皇时期,中国的人口高达6000万。几乎在同一时期,拜占庭帝国的人口只有1000万到1300万。即使晚于唐帝国的中东地区人口最多最强大的倭马亚帝国,其人口最多也不过才3600万。唐帝国拥有的常规军总数大约在50万到75万之间,远远高于倭马亚帝国。总之,在鼎盛时期,唐帝国在人口、财富和总体军事实力方面都远远超过当时世界上的其他国家。[28]

垂暮的唐帝国和狭隘思想的出现
THE TWILIGHT OF THE TANG AND THE RISE OF INTOLERANCE

与古代的罗马帝国和波斯帝国一样，塑造了唐帝国巨大版图和影响力的宽容政策同样播下了它衰落的种子。具有讽刺意味的是，唐帝国的没落可以追溯到一个外族人的攻击：他掌握了过大的权势。一旦唐帝国开始衰落，狭隘思想就越来越明显。

唐帝国所奉行的宽容战略体现在这个帝国从来没有尝试将汉人身份强加给非汉人国民的身上。因此，在庞大的唐帝国版图内，没有一种共同的政治、语言，或者文化"黏性"将"野蛮人"和中国人团结起来。相反，早在 8 世纪初，唐明皇就发现自己统治的庞大臣民队伍由非常不同和具有独立性的社会群体组成，而且这些人对于中国缺乏忠诚和善意。

为了维护帝国的正常政治秩序，唐明皇不得不依靠不断增长的外族军队，尤其是鲜卑人和契丹人的军队。这些部落的首领被唐王朝任命为地方行政、军事官员，他们控制着大量永久性编制的边防军，并拥有几乎无限的民事、经济和军事管理权。在公元 712 年至 733 年之间，唐朝建立了九个这样的都护府。都护府的将军常常根据自己的意愿拓展唐朝的边界。因为成功的进攻性军事行动常常得到奖赏，所以类似的独立军事行为越来越普遍。因此，在唐明皇统治时期，中央控制权不断丧失，外族人掌握军事权力的情况越来越严重。

从某种角度来看，唐帝国赋予非汉族军事统帅掌握军权和行政权的行为，是唐统治者试图弥合汉人和草原"野蛮人"之间隔阂的成功尝试。但是，唐帝国招募的庞大外族军队一直保留着外族人的身份。这些突厥人或者蒙古人在本族将军的带领下，一旦认为自己被汉人利用和受到支配时，他们很快就叛离了唐朝。最后，大唐帝国被那些从来没有认为自己是中央帝国一部分的外族人所削弱。

公元755年，安禄山领导的叛乱给唐帝国带来致命打击。在8世纪40年代，唐明皇年近60岁时，疯狂地爱上了自己儿子的一个妃子杨贵妃。在很短的时间内，杨贵妃就几乎完全控制了这位晕头转向的皇帝，并在皇宫里安插了令她声名受损的亲戚和党羽。正是由于杨贵妃的影响，安禄山，这个普通的肥胖军官才掌握了军权，并且最后发动了叛乱，永远地改变了唐帝国的命运。

对于安禄山的准确民族身份，历史学家们有着不同观点。据一个历史文献记载，他属于突厥族契丹部落；还有另外一些资料认为他是突厥和粟特系突厥的后代。但是，有一点是公认的，即他不是汉族人，身材很胖，没有什么文化，性情粗俗。还有一点非常清楚，安禄山是一个诡计多端的人，非常善于逢迎他的上司。公元750年，他获得了将军的头衔，得到了皇室宠信和杨贵妃的赏识，并且通过滑稽的表演迎合了皇帝的嗜好。[29]

虽然皇室中的其他成员察觉到了安禄山的阴谋，但是杨贵妃成了他的保护伞，甚至将他认为义子。结果，他有权在内宫拜见杨贵妃，这可是前所未闻的特权。这意味着，就像很多历史学家们所怀疑的那样，他们之间可能存在着什么风流韵事。不管怎么样，尽管他出身卑微，还拥有外族血统，安禄山还是掌握了庞大的军权。公元754年，让皇帝的亲属们非常震惊的是，安禄山被任命为"闲厩使"，这是一个重要的军事职位。在叛乱前夕，安禄山握有北方三道节度使的军权，包括今天的北京、山西和山东，有权调动20万军队和3万匹战马。

同时，在皇宫中，安禄山继续像个傻瓜一样自我作践地表演着，以赢得皇室的欢心。但是，他准备造反的流言还是传到了皇帝的耳朵中。在被皇帝召见时，安禄山马上号啕痛哭，跪在皇帝脚下，信誓旦旦地表达着自己的忠心，说那些都是敌视自己的人的诽谤。于是，皇帝便深信不疑，并给了他新的奖赏。[30]

不久，公元755年，安禄山发动了叛乱。长安和东都洛阳很快便落入安禄山之手。唐明皇和杨贵妃在一小部分军队的保护下狼狈出逃。出逃途中，军队发生了哗变，要求唐明皇杀死杨贵妃，说正是他们的婚姻造成了帝国的危机。无奈之下，悲痛欲绝的唐明皇不得不命令自己的总管太监勒死了自己的爱妃，她的尸体被扔进了一条臭水沟。不久，一蹶不振的唐明皇便把皇位让给了自己的儿子。直到八年之后，即公元763年，安史之乱才最终被镇压下去，李氏家族才恢复了对全国的统治。

安史之乱是中国历史的一个转折点，标志着唐帝国从此开始走向没落。在安史之乱发生前，唐朝皇帝一直试图弥合汉人和外族人之间的隔阂,不断制定民族和文化融合的政策。多年来,这一政策相当成功。唐帝国的疆域越来越广,但它在经济、军事和文化方面的兴盛也离不开各阶层的外族人的参与。然而,所有这些都变了。在8世纪末,唐王朝所奉行的针对外族人和外族思想的开放政策不再是力量的源泉,反而引发了分裂、动荡和暴乱。[31]

即使在安史之乱前,外族人的侵扰和叛乱也时有发生,例如在唐帝国的边远地区就发生了多次叛乱。由于安史之乱的打击,这些地区的动荡进一步加剧了唐朝边境地区的分裂。吐蕃政权进一步吞并了西部地区,唐朝统治者失去了对丝绸之路的控制权。同时,各地军事首脑,大多是外族后代,越来越藐视中央政府的权威。伊斯兰教在唐帝国统治的中亚地区迅速蔓延,最终取代了佛教的统治地位。过去,唐朝统治者曾经热情欢迎穆斯林和清真寺的建立,并将之视为自己国际化的一部分,但是,现在伊斯兰教已经成了唐帝国的敌对力量和重要威胁。[32]

公元8世纪末,狭隘思想开始在唐帝国盛行,并像癌细胞一样肆意蔓延。汉人的上层阶级和底层阶级把国家面临的所有问题都归结到外族人的身上。最后,一个没有文化的突厥人几乎导致了唐帝国的灭亡。此外,唐明皇允许野蛮人控制军队领导层也让汉人感到耻辱。

或许,人们最反感的"野蛮人"是突厥人。在安史之乱时,为了获得他们的支持,唐帝国绝望的皇帝们给突厥人送了很多礼物,赐予他们皇家头衔,并将唐朝公主嫁给他们。突厥人还垄断了输送马匹的业务。关于马匹的安排是这样的：每年突厥人向唐帝国输送几万匹马，大多都是老弱病残，而且每匹马价值40匹丝绸。这个交易对于唐帝国来说非常不公平，不久唐帝国的国库就空虚了。但是，这并没有阻止突厥人骚扰唐朝官员、抢掠朝廷、绑架孩子、杀害百姓。

最终，唐太宗试图建立一个"世界帝国"的试验宣告失败。唐王朝终于没能克服中国人几百年来形成的对野蛮人根深蒂固的轻视和恐惧。和罗马帝国不同，中国从来没有形成一种平等适用于中国人和非中国人的政治公民的概念。相反，将中国统一起来的、覆盖整个国家的政治和社会身份从根本上来说一直是民族性的，野蛮人一直被排除在外。

公元760年，数千名阿拉伯和波斯商人被中国歹徒在扬州杀害。公元779年，唐德宗驱逐外国使节，并禁止外国人穿着中国服装。帝国针对草原民族的政策也发生了变化。北方游牧民族和汉人是"平等伙伴"的面纱被彻底撕了下来。这些野蛮人最多只是帝国的"爪牙"，他们只是为中央王国守护边疆的武士而已。

由于排外思想的兴起，唐帝国奉行的国际理念迅速消失。来自于中国东南部通过科举制度获得地位的官员和学者开始宣传，中国优秀的道德标准和灿烂的文化被来自北方的腐朽的野蛮贵族所污染。文人中出现了一种新思潮，希望振兴中国的传统价值观和古代文学风格。外国的影响和思想被认为是具有腐蚀性的，通往中亚的道路也被关闭了。在一种可能会多次重现的历史模式中，唐帝国转向了自我毁灭的内向型，将自己与世界隔离开来，试图通过摈弃外国元素实现民族"净化"。[33]

公元9世纪，唐朝的狭隘思想更加强烈。公元836年，唐帝国颁发圣旨，禁止中国人和"有色人种"交流，"有色人种"指的是东南亚和帕米尔高原以外的外国人，包括阿拉伯人、波斯人、印度人、马来人和苏门答腊人，等等。更为严重的是，唐武宗是一个虔诚的道教信徒，在他统治期间，中国爆发了宗教迫害。摩尼教是众多突厥人信仰的一种宗教，成为宗教清洗的第一个受害者。公元840年，唐武宗下令处死70名摩尼教尼姑，捣毁摩尼教寺庙，没收摩尼教土地。5年后，在公元845年开展的灭佛运动中，波及了所有外国宗教。基督教和索罗亚斯德教均遭镇压，其信徒被禁止从事宗教活动，"以防他们继续腐蚀帝国的简朴和纯净的道德观念"。

佛教虽然已经进行了深刻的中国化改造，并且在中国人当中具有广泛的群众基础，但仍然受到了猛烈打击。唐朝末期，佛教越来越腐化，帝国政府的经济每况愈下，而佛教寺庙却非常富足。佛教的富足让一些腐败的和尚中饱私囊，违反了清修的誓言，生活非常奢侈。佛教的大部分财产被用来建造大型寺庙建筑和用贵重金属铸造佛像、大钟和其他宗教器物。唐武宗发布的宗教驱逐令中，专门斥责了佛教，称它是在道德和经济上腐蚀帝国的外国宗教。[34]

此外，也是为了增加帝国的收入，唐武宗强迫260000名和尚和尼姑还俗，让他们重新进行税籍登记。4000多座佛教大寺院和40000座小寺庙被关闭或转为俗用。佛教的大批财产被充公，青铜塑像被熔化用来铸造钱币。但是，唐武宗试图根绝佛教的尝试没有成功。很多官员对佛教表示同情，并暗中违抗皇帝的命令。公元847年，在武宗颁布毁灭佛教的诏令两年后，新皇登基，修改了武宗的灭佛政策，重修了受损的寺庙，甚至还新建了寺院。虽然佛教的鼎盛时期已经过去了，但是在随后的1000多年间，它一直保存了下来。相比之下，摩尼教、景教、索罗亚斯德教则没有那么幸运，它们彻底从中国境内消失了。[35]

公元9世纪，唐朝统治者的名望和权力不断衰落，地方军阀开始各自为政，中央政府失去了财政控制权。在公元875年至884年间，又爆发了新一轮的起义，彻底动摇了唐帝国的统治。唐帝国最后灭亡的过程漫长而血腥。长安遭到抢劫和破坏。在广州，叛乱者杀死了120000名外国商人，包括穆斯林、犹太人、基督徒和索罗亚斯德教教徒。公元904年，一个名叫朱温的地方军事首领抓住了皇帝，然后将他、他的随员以及仆人全部杀死。长安被拆毁的宫殿材料沿着渭河一直漂流到洛阳，在那里朱温建造了自己的新首都。唐朝的灭亡一般都记录为公元907年，以朱温杀害唐朝的最后一位小皇帝为标志。[36]

在唐帝国灭亡后，中国变得越来越封闭和排外。中国北方因为面临野蛮人的巨大威胁，无数百姓举家迁往南方，使那里成为中国人口最集中的地区。具有讽刺意味的是，几个世纪以后，野蛮人反而对中国人实施了宽容政策，并创造了下一个世界霸主。

CHAPTER 4

THE GREAT MONGOL EMPIRE

Cosmopolitan Barbarians

第四章

蒙古帝国

横扫世界的"野蛮人"

> 上帝赋予手以不同的手指，他同时也给予人以不同的生活方式。
>
> ——蒙哥汗，约1250年

> 在成吉思汗及其子孙的强大攻势面前，世界为之战栗：苏丹被推翻，哈里发被打倒，恺撒坐在王位上不住地发抖。
>
> ——爱德华·吉本，1776年

800多年前，在蒙古大草原上有一个高地，过去是帐篷林立的皇家城市哈拉和林，如今则只剩野草、牧民和偶尔光临的加拿大探矿队。在牦牛毡制作的蒙古包——蒙古人称作毡包的圆形白色帐篷中，那些没有文化的蒙古可汗们统治着一个庞大的帝国，版图远远超过罗马人曾经统治的领土。游牧的蒙古人没有科学技术，没有文字，没有农业，也不会烤制面包。但是，他们统治了半个世界，包括当时最繁华的城市：巴格达、贝尔格莱德、布哈拉、基辅、莫斯科、大马士革和撒马尔罕。[1]

公元1162年，在哈拉和林建立7年前，一个名叫铁木真的男孩出生在大草原上最荒凉的一个山坡上。当时，蒙古人是通过宗族关系组成的部落和氏族，散落在大草原上。多年来，他们仇杀敌对方的男人，绑架敌对方的女人，盗窃敌对方的牲畜。铁木真的母亲诃额仑就是被"偷来的"：铁木真的父亲在诃额仑刚刚嫁给一个敌对部落的男人后，就把她抢了过来。铁木真9岁时，他的父亲就被人杀害了，但是他父亲在世时曾经给铁木真定了一门亲事，女孩叫孛尔帖。丈夫死后不久，诃额仑和5个饥饿的孩子便被族人抛弃了。当寒冬来临时，一家人只能以浆果和草根为食，以狗皮和鼠皮制作的简单衣物蔽体。16岁时，铁木真杀死了自己同父异母的弟弟，这违反了蒙古道义，所以一直受到人们的指责。[2]

那么，这样一个被驱逐者是如何成为成吉思汗，如何统一大草原上的各个部落，然后不断征服其他国家和人民，成为历史上最大帝国的王的呢？这些没有任何先进技术的蒙古人是如何组建庞大的战争机器，包括弩炮、投石器、炸药、便携式舰标，攻破中世纪中国、波斯和东欧国家的高大城墙的呢？这样一个相对较小的游牧民族，是如何建立了一个从维也纳到日本海的庞大帝国并统治了150年呢？

毋庸置疑，成吉思汗是一个天才战略家，蒙古人在战争中也极其残忍。他们曾经将熔化的银水灌到敌人的眼睛和鼻子里。对于那些背叛他们的女人，他们会将她们的七窍缝合起来，折磨致死。成吉思汗曾经说过，人生快事就是"击败你的敌人，看着他们匍匐在你的脚下，拿走他们的马匹和财物，聆听他们女人的呻吟"。[3]

同时，成吉思汗还实施了非常宽容的政策，即使按现代标准来看，都是非常开放的。当年，欧洲人曾经在火刑柱上杀害异教徒，但是成吉思汗却下令任何人都可以自由选择自己的宗教信仰。他还支持民族多元化，积极消除导致蒙古族分裂的部落隔阂，每征服一个地区，他就会选择最聪明能干的人为自己服务。两代以后，他的孙子蒙哥、旭烈兀和忽必烈进一步发展了这一政策，最终建立了人类历史上陆地面积最大的帝国。与蒙古人的嗜杀成性相比，民族和宗教宽容在很大程度上帮助他们获得并维持了世界霸权。

征服大草原
CONQUERING THE STEPPE

第一个进入蒙古大草原的欧洲人可能是修道士普兰诺·卡尔平尼。公元1246年，经过一年骑马跋涉，穿越欧洲大陆，这位修道士最终来到了蒙古帝国的首都哈拉和林。事实上，卡尔平尼是教皇英诺森四世的间谍，他被指派到蒙古来了解这个让欧洲闻风丧胆，并征服了大片土地的民族。卡尔平尼是这样描述戈壁草原的：

这里根本没有乡镇和城市，到处都是充满沙子的贫瘠土地，肥沃的土地连十分之一都不到，除非有河流灌溉，但是这里河流罕见……这里几乎没有什么树木，但是非常适合放牧。皇帝、王子和所有人都用牛马粪取暖和做饭……这里的气候非常恶劣，夏天经常有可怕的雷电和风暴，很多人死于这些灾难。还有暴雪和风暴，有时人在马上都坐不住。这个时候，我们必须趴在地上，地上升起的满天尘土挡住了人们的视线。这里经常下冰雹，明明寒冷得令人战栗，不一会儿却又变得酷热难当。[4]

公元1178年，16岁的铁木真可能就面临着这样恶劣的自然条件。但是，当时的社会条件与蒙古帝国时期完全不同。公元1178年，根本没有蒙古帝国，甚至连首都都没有，实际上，也没有一个完整的蒙古民族。在这片大草原上，生活着几十个关系模糊，经常处于战争状态的部落和部族。与蒙古人关系最为密切的民族有东部的鞑靼人、契丹人和女真人，而西部则是中亚地区的突厥部落。鞑靼人和中亚部落都团结成了强大的联盟，但是在公元1178年，蒙古人则分散成众多相互对立的部落，分别拥有自己的首领或者可汗。[5]

在草原民族中，蒙古人几乎处于最底层，"就好像低贱的食腐动物一样，和狼群一起捕食小动物为生"。但是，在蒙古人内部，有些部落，例如泰赤乌部，声称自己地位比其他部族更高，并通过残暴手段巩固自己的优势地位。后来，铁木真打破了这种基于血统的草原等级结构，根据战功和忠心构建了一个新的社会秩序，取代了原来的宗族制度。但是，16岁时，铁木真只不过是一个普普通通的孩子而已。而且，泰赤乌部一直想抓住并惩罚他，因为铁木真在他们的土地上杀死了自己同父异母的兄弟。[6]

关于这一时期的历史记录特别模糊不清。据说，铁木真曾经被泰赤乌部的人抓住了，受了一段时间奴役之后，又逃脱了。不久，铁木真来到自己未婚妻孛尔帖的部族，希望迎娶新娘。虽然明知铁木真和泰赤乌部有矛盾，孛尔帖的父亲还是履行了7年前自己和铁木真父亲订下的这门亲事。有位传记作家认为，16岁时，铁木真已经"表现出了一些吸引人的魅力和能力"。不管怎么样，孛尔帖的父亲给了他一件黑貂皮的大衣作为结婚礼物，这是大草原上最珍贵的皮毛。这个礼物让铁木真向着自己的权力迈出了第一步。

事实上，铁木真没有留下这件貂皮大衣，而是把它献给了一位富有影响力的长者，脱斡邻勒，不过人们一般称他为王罕，他是强大的克烈部的首领。因为与中亚有贸易往来，作为突厥人后代的克烈部的文化要比其他部族先进得多。克烈部人也信奉隶属景教的一种衍生宗教，在帐篷中拜萨满神，他们认为萨满神能救死扶伤，驱走死神。铁木真之所以如此，是因为克烈部实力强大，控制着戈壁草原上的大片土地。通过将自己的结婚礼物送给王罕，铁木真表明自己视对方如父亲一般，这样他就巧妙地建立了自己的第一个联盟。[7]

事实证明，在之后的25年中，这次联盟对于铁木真的兴起以及日后统一大草原起到了至关重要的作用。最初，克烈部帮助他救回了自己被蔑儿乞部族抢走的新婚妻子。此时，铁木真已经聚集了一小批忠实的追随者。铁木真和王罕的部下一起开始征服大草原上的较小部落，包括那个将儿时的铁木真及其家人抛弃的泰赤乌部。每获得一次胜利，铁木真都按照同一个基本原则处理俘虏。他将被击败部族的首领全部杀死，包括大部分男性"贵族"，然后将剩余的人纳入自己的队伍，不过不是奴隶而是平等的成员。

通过不断壮大自己的实力，铁木真和王罕也击败了鞑靼人，一个远比克烈部富足的部落联盟。据说，鞑靼人拥有的财富深深地震撼了铁木真，银制摇篮、缀有珍珠的毛毯、缎子、织有金线的衣物，这是他们从来没有见过的。进一步消除部族矛盾以后，铁木真鼓励不同部族之间通婚，他自己也率先垂范，娶了两个鞑靼姐妹做妾。他还鼓励母亲象征性地从被征服部落中挑选孤儿作为自己的养子。这样，铁木真的"兄弟"有蔑儿乞人、泰赤乌人、主儿乞人、鞑靼人，等等。[8]

虽然仍是王罕的部下，铁木真现在统领着一支强大的跨部族、跨民族的军队，其数量已经超过了八万。公元1203年，铁木真下令进行改革，正是这次改革极大地改善了中亚大草原的社会结构。多少代以来，大草原上的人都是通过父系亲属维系社会关系。如果两个男人血缘关系密切，那么这两个人彼此间的忠诚度就应该更高。为了彻底消除基于传统宗族和血统所造成的部族分裂，铁木真重新改组了自己的军队。他将自己不同部族的武士分成十个人一组的阿尔巴特，命令他们像兄弟一样一起生活，相互保护。除非大家另有建议，一般是年龄最长的人作为领导。十个阿尔巴特组成一个札古图，十个札古图组成一个名安图，十个名安图组成一个图门或者军，图门的将领由铁木真亲自挑选。这种跨部族跨民族的十进制的军事结构最终成为蒙古军队和整个社会的组织形式。[9]

传统的草原首领总是将自己最亲近的亲属聚集在自己周围，铁木真根据才能和部下表现出的忠诚度选择军官和幕僚。很多铁木真最亲近的亲信和高级将领，例如，在阿尔泰山区统领一个图门,最后征服波兰和匈牙利的速不台,都与他没有亲属关系。反过来,铁木真在清除那些不忠诚的"血亲"时也决不手软。事实上,与蒙古传统形成巨大反差的是,铁木真的叔叔、兄弟和侄子起初都未担任重要军事职务。由于铁木真重战功轻宗族关系,一些原本地位卑微的放牧娃成了将军。所以,很多鞑靼人成为蒙古帝国的高级首领,以至于几百年以来"鞑靼人"和"蒙古人"有时成了同义词。

铁木真在选择将军时判断非常准确,极为巧妙。他不仅要考虑部下的勇气,而且还要看他们是否足够聪敏,是否有耐心。英勇但谋略不足的人不允许率领军队,而是被安排担任保护后勤供应的重要职务。据说,有一次铁木真拒绝提升一位武士,并做出了如下解释:

没有谁比也速台更勇敢,没有人比他更有天赋。但是,因为最漫长的征战也不能让他感到劳累,不会感到饥渴,所以他也认为自己的军官和士兵也不会有这些痛苦。这就是为什么他不能担任重要职务的原因。一个将军应该考虑到军队的饥渴,体察部下的疾苦,他应该充分掌握士兵和马匹的体能。[10]

公元1203年,铁木真大胆地向王罕提议,希望王罕将女儿嫁给自己的大儿子术赤。此时,王罕和铁木真已经联盟20多年了,在王罕的领导下,铁木真已经征服了草原大部,只剩西部的乃蛮部。不过,虽然铁木真被认为是草原上最伟大的军事统帅，但是王罕觉得铁木真及其家人不配做克烈部贵族。王罕可能也受了铁木真对手札木合的蛊惑，铁木真对克烈部老酋长的巨大影响力让王罕心存嫉妒。无论如何，按照100年后马可波罗的记述，王罕对铁木真的提亲感到愤怒："他竟敢想让自己的儿子娶我的女儿？他不知道他是我的部下和奴才吗？回去告诉他，我宁愿将女儿烧死也不会嫁给他儿子。"

不久，王罕又给铁木真捎去口信，说自己改变了主意，同意了这桩婚事。在去参加婚礼的路上，铁木真获悉这是个阴谋，王罕已经命令自己的部队伏击铁木真的营地，并计划在帐篷中杀死他。因为寡不敌众，铁木真命令自己的武士分散逃亡，然后他和几个亲随军官逃命，最后抵达了巴勒渚纳湖。下面发生的事带有很浓的蒙古民间传奇色彩。

突然间出现了一匹野马，饥饿的人们认为这是神灵显圣，他们杀了这匹马，剥了它的皮。然后，利用古老的烹饪方法，躲过了饥饿：

他们将马肉切成碎块，用马皮做了一个大口袋，把马肉和水倒进袋子里边。他们捡了一些牛粪生起了火，但是又不能直接将马皮做的袋子放在火上。于是，他们将捡来石头放进火里烧，直到石头烧得通红，然后再放进马肉和水里……几个小时之后，这些饥饿的人终于吃上了煮好的马肉。

然后，大家发誓永远相互忠诚，并推举铁木真为首领。令人惊讶的是，这群人虽然只有20个人，却来自9个不同的部落，而且信奉不同的宗教，例如，佛教、基督教、伊斯兰教，信奉万物有灵论者的铁木真和他们一起对着蓝天和圣山不儿罕合勒敦进行了盟誓。这次跨民族跨宗教的盟誓预示着一种新型社会的诞生，并且铁木真，也就是日后的成吉思汗，最后将它变为了现实。[11]

但是，首先，铁木真必须击败王罕。就在巴勒渚纳湖，铁木真向大草原上的人们宣称自己计划攻打王罕。几天以后，他的部队从草原四面八方来到他的身边。一些武士作为先锋在一些重要的地点驻守下来，铁木真和他重新组织起来的旧部如暴风骤雨般向王罕的领地扑去。

最后，铁木真伏击了王罕。正当克烈部认为战胜了铁木真，为欢庆胜利喝得东倒西歪时，铁木真和他的武士袭击了克烈部。经过三天三夜的激战，铁木真获得了胜利。王罕和少数亲随仓皇而逃，克烈部的大部分士兵都投降了铁木真。按照以往的政策，只要没有背叛过旧主人的士兵都被接收了过来。在征服克烈部补充实力后，铁木真继续征服乃蛮部，这是大草原上唯一没有归降他的部族。公元1204年，铁木真征服了草原上的所有部落。他的疆土从戈壁沙漠一直延伸到东北，再到北极的苔原地区。但是，这些地区人烟非常稀少。牲畜数量可能有2000万头，而人口则只有100万。

公元1206年，为了正式宣布自己统治的合法性，铁木真召开了一次大会，即"忽里台大会"，参加会议的代表来自草原的各个部落。他们举行了一系列大型的户外活动,既有严肃的讨论,又穿插着庆祝、运动和音乐表演,成千上万的人目睹了铁木真就任成吉思汗的典礼。"成吉思汗"来自蒙古语 Chinggis Khan,意思是"强大,坚毅,不可撼动,无所畏惧的所有部族的统治者"。他为自己帝国选定的官方名称是"蒙古帝国",但是他坚持称自己的子民为"毡帐内的人民",因为所有游牧民族都使用毛毡建造自己的帐篷。成吉思汗将草原上连年征战的各个部落、宗族和世家团结起来,创造了一个新的"民族"。[12]

掌权以后,成吉思汗采取了一系列措施,有些是非常大胆的做法,确保了整个帝国的团结统一。他严禁盗窃牲畜和绑架妇女,这是多年来造成草原矛盾冲突的两个主要根源。违反了这两个规定将受到严厉的惩罚,例如,盗窃了一匹马或一头牛就会被判"腰斩"。同样,通奸者、间谍、巫师和声名狼藉作恶多端的人也会被判处死刑。非常值得注意的是,成吉思汗下令,每个人享有绝对的宗教自由,他们可以自由信仰佛教、基督教、伊斯兰教或萨满教。所有宗教领袖、和尚、清真寺宣礼者,以及献身于宗教的人,都可以免除税赋和公共服务。但是,成吉思汗本人仍然保持着万物有灵的信仰,崇拜自然神灵。[13]

同时,成吉思汗继续兼并不同的部落和民族,例如朝鲜族和西伯利亚森林地区的部落,让他们加入蒙古帝国。为了消除民族隔阂,成吉思汗将他们的武士吸收进自己的军队,并让自己的子孙与归降部落首领的后代通婚。他还在这些民族中挑选了一些非常能干的人才，让蒙古人掌握了前所未有的知识和技能。正是通过这种方式，蒙古人才拥有了自己的书面文字。

据说，公元 1204 年，当成吉思汗征服了乃蛮部以后，他的一个畏吾儿书记员将他的正式声明记录了下来，这让很多蒙古人感到十分新奇。畏吾儿人和蒙古人具有很近的血缘关系，畏吾儿人的文字是在基督教传教士的帮助下根据古叙利亚字母创建的，并且最初采用横写的方式，书写顺序为从右至左。成吉思汗将乃蛮部的畏吾儿书记员当作亲随，命其一直跟随自己。更为重要的是，他命令这些人创造一种新的文字，在畏吾儿文字的基础上建立了蒙古文。新畏吾儿—蒙古文字几乎和古畏吾儿文字完全相同，只不过书写方式变成了竖直方向，从上到下书写，就像古汉字一样。之后的很多年中，成吉思汗一直依靠畏吾儿书记员撰写文件，向整个帝国发号施令。[14]

公元 1206 年，原来那个被人认为怕狗和爱哭的小男孩铁木真，在 44 岁时，成了整个草原的最高统治者。但是，此时的成吉思汗仍然只是游牧民族的皇帝，征服文明世界还是以后的事。

征服东方
CONQUERING EASTWARD

13 世纪初，中国正处于分裂和混乱的局面，"它就像一个年老的妇人，终日沉默寡言，穿着极其考究的衣服，被很多孩子包围着，但她似乎很少关注他们"。但是，与大草原部落相比，中国仍然非常令人向往，充满了美丽的佛塔、翠绿的湖泊、镶嵌着绿宝石眼睛的银制苍龙、雕刻的玉石工艺品、象牙做的棋子和凤凰形状的花瓶。与成吉思汗那些非常原始的猎人和牧民相比，中国有着完备的语言、学者、诗人、书画、桥梁建造者、青铜铸造工匠、贵族和王子，当然还有皇帝。[15]

然而，这一时期，中国有不止一个皇帝。中国北方由女真人建立了金朝统治，女真族原来也是东北地区生活在森林里的游牧部落。女真人的首都是中都，也就是今天的北京，他们统治的人口数量高达5000万。面积更大的中国南方地区则由更加强大的宋朝统治者统治，首都在杭州，那里的中国天子统治着将近6000万人。女真皇帝和宋朝皇帝都比成吉思汗拥有更加强大的军队，而且他们的大城市还有护城河和高大的城墙保护，有坚固的要塞和先进的武器。因此，这两个皇帝都没有重视蒙古游牧民族的崛起，他们两个正忙着相互攻伐。

公元1210年，刚刚登基的年轻的女真皇帝派遣了一个使团前往蒙古草原。他们要求成吉思汗俯首称臣并向女真人进贡，而女真人给他的称号仅仅是"讨逆将军"，受女真皇帝统治。据说，成吉思汗没有向女真使者行叩头礼，而是向地上啐了一口，称女真皇帝是"笨蛋傻瓜"，然后上马就走了。蒙古首领这样藐视女真皇帝，无异于公然宣战。

历史学家认为，成吉思汗企图侵犯金国的目的是为了掠夺对方国土上无尽的财富。而且，成吉思汗刚刚征服了西夏，虽然西夏比起女真要好对付一些，不过他们的要塞也有非常坚固的城墙，这让他进一步增强了信心。虽然发生了内部叛乱，成吉思汗还是成功击败了西夏人。蒙古人曾经试图让黄河水改道淹没西夏首都，但是由于缺乏工程技术知识，反而淹没了自己的军营。无论如何，成吉思汗最终与西夏国王达成了联盟，对方赠给了他大批唐古特骆驼（作为蒙古骑兵的后勤储备），还把自己的女儿嫁给了成吉思汗。[16]

同时，女真皇帝虽然对成吉思汗的无礼行为感到不满，但是显然对于蒙古威胁女真的想法不以为然。据说，他夸口说："我们的帝国就像大海，你们只是一把沙子。我们怎么可能会对你们感到恐惧？"女真皇帝有理由充满自信，他们的城墙如铜墙铁壁，使用原始武器的蒙古人怎么是他们的对手呢？女真武士的数量也远远高出蒙古军队，是其数量的两倍。

但是，成吉思汗是一位罕见的军事天才，他的军队也与传统军队完全不同。他们几乎全部由骑兵组成，因为没有步兵，他们不仅具有极高的机动性，而且可以突然发起攻击。成吉思汗的武士们也非常顽强，纪律严明，而且足智多谋。马可波罗说，蒙古军队仅依靠干肉、干奶和饮水，就可以连续十天不用生火做饭。如果什么东西也没有，"他们就可以割开马的血管，喝几口血，然后再缝好伤口"。有时，武士们也可以弄到新鲜肉食，例如屠杀随军出征的贮备牲畜，或者依靠打猎及抢劫。[17]

最后，成吉思汗利用欺诈、心理战，或许最重要的是，毫不留情地利用女真人自己的人口数量和技术击败了他们。在进攻大城市之前，蒙古人首先进攻周围的村庄，然后付之一炬。惊恐的农民逃到城市里避难，于是道路人满为患，妨碍了女真人的后勤供应。突然涌入的100多万难民挤满了高墙内的城市，引发了混乱和疾病。不久，城市中的粮食消耗殆尽，随着饥饿降临，抢劫、暴乱、人食人的现象越来越严重。女真士兵曾经一次就屠杀了3万村民。同时，在城墙之外，蒙古军队又抓捕了很多农民，在蒙古士兵的监督下拉水，挖战壕，制造木制或石头战具。蒙古士兵完全不怜惜这些人的生命，甚至利用他们做肉体盾牌。当这些肉体盾牌死后，蒙古人会用他们的尸体填充壕沟。[18]

同时，成吉思汗还大力招募掌握新技术新工艺的老百姓充实自己的军队。每次战斗结束以后，蒙古人会认真分析自己抓获的俘虏，挑选有技能的人。而且，对于那些主动投诚的技工，蒙古人会给予丰厚待遇。这样，成吉思汗招募了大量有技能的中国人进入自己的部队，他们为他建造了强大的攻城设备，例如便携式云梯、弩炮、火球投掷器、带火长矛、投石器、炸药等，所有这些都可以帮助他们摧毁看似坚不可摧的城墙。这些新式武器也逐步成为蒙古军队的常备工具，而那些制造了这些工具的中国人也被编入了军队。每次打完胜仗，蒙古的战争机器都会变得更加先进，更加可怕。[19]

即便如此，征服拥有大批军队的女真王国也绝非易事。更为糟糕的是，中国北方炎热的夏季也让蒙古人难以忍受，在人口密集的城市里，蒙古士兵常常患病。1214年，经过3年无数次的战争，成吉思汗才最终包围了女真人的首都中都。

女真皇帝没有抵抗，接受了成吉思汗提出的停战协议。为了换取蒙古退兵，女真人承认成吉思汗是他们的最高统治者。为了安抚成吉思汗，女真皇帝送给他大批礼物，包括金银、绸缎、3000匹马、500名青年、500名婢女，并将自己的女儿送去与他们和亲。[20]

满足了要求的铁木真和他的军队退回了大草原。和对待畏吾儿、西夏和契丹王国一样，他也给了女真人很大的自治权，但前提是必须承认蒙古的权威，并持续不断地进贡。事实上，蒙古人既没有兴趣也没有能力管理这些被自己征服的定居性社会。但是，蒙古人撤退后不久，女真皇帝便逃往南方，在开封建立了一个新朝廷。成吉思汗认为女真人背叛了自己，于是马上又返回了中原。这次，他攻陷了中都，放纵士兵烧杀抢掠，并将这座城市夷为平地。根据当时的一个文献记载："被屠杀军民的骸骨堆积如山，尸横遍野，腐肉引发了瘟疫。"另外一个文献则说："60000名少女跳城墙自尽……因为她们不愿遭受蒙古士兵的蹂躏。"

1215年，蒙古人完成了对中国北方的征服，并从中得到了极大好处。返回大草原的途中，成吉思汗军队的简易马车上装满了当时最珍贵的财物：用金线绣有牡丹的真丝长袍、美玉雕刻的牛和菩萨、青瓷花瓶、雕漆家具、挂毯、棋盘、手绘木偶以及镶嵌着珊瑚、翡翠、钻石和天青石的首饰。为了收藏这些珍宝，成吉思汗下令在大草原上建造了几座建筑。虽然这些大型建筑被称为黄宫 (Yellow Palace)，其实主要是用来储存这些战利品的。成吉思汗和他的将领们仍然居住在可移动的毛毡帐篷里边。

不过，真正的战利品是人力资源。除了大批工匠以外，成吉思汗还带回了成建制的士兵和军官，其中很多人是主动投诚到蒙古这边的。在他带回的中原人当中，有杂技表演者、魔术师、柔术演员、乐师、歌手、舞蹈师，以及裁缝、药师、翻译、制陶师、首饰匠、星相师、画师、铁匠、医生，等等。尽管自己是文盲，或许正是因为自己是文盲，成吉思汗还招募了民族学者，例如，博学而又通晓数种语言的耶律楚材。耶律楚材来自契丹皇室，终生忠于成吉思汗，并向他提供了大量好的建议。

宗教宽容一直是成吉思汗统治的一个突出特点，同时也是帝国建设的一个强有力的手段。例如，当成吉思汗从中国返回草原后不久，穆斯林使团就从中亚即今天吉尔吉斯斯坦境内的巴拉沙衮城（布拉纳）来到蒙古草原。他们告诉成吉思汗，巴拉沙衮的穆斯林正在承受着信奉基督教的屈出律可汗的残酷迫害，他禁止穆斯林宣礼官招呼人们礼拜，也禁止信众举行宗教活动。他们希望蒙古可汗能够提供保护，当然他们也乐于效劳。蒙古军队入侵了巴拉沙衮城，杀死了屈出律可汗，把他的国土并入了蒙古帝国。之后不久，成吉思汗宣布在屈出律原来统治的地区实行宗教自由政策。从此，被欧洲人称为"上帝之鞭"的成吉思汗响彻东方，从西藏到咸海，人们都把他看成宗教的守护者，中世纪波斯编年史学家志费尼说："他是仁慈上帝的使者，是上天给我们的恩赐。"[21]

征服西方
CONQUERING WESTWARD

现在，成吉思汗已经控制了从中国到阿拉伯半岛的整个丝绸之路，战争给他带来了丰厚的回报，他似乎应该满足了。或许，正像众多历史学家所指出的那样，年近60岁时，他已经积累了足够的财富，似乎应该在大草原上安静地度过余生了。但是，不管出于什么原因，公元1219年，成吉思汗建议与花剌子模的穆斯林苏丹穆罕默德二世建立和平贸易关系。

在13世纪，伊斯兰世界出现了分裂。塞尔柱突厥占据着小亚细亚，在巴格达还有一个阿拉伯哈里发[22]。不过，身为突厥人的花剌子模苏丹统治的地域最大，他的帝国从印度一直延伸到伏尔加河，其中包括一些非常著名的城市，例如，尼沙布尔、布哈拉和撒马尔罕等。伊斯兰世界是世界上最富裕的地区之一。从全体国民受教育的比例来看，当时这里的比例是最高的，他们在数学、语言学、农艺学、文学和法学等方面都处于领先地位。所以，虽然花剌子模苏丹表面上接受了成吉思汗的和平建议，但是在花剌子模境内每年都会有450名蒙古商人被杀害。当成吉思汗听到这个消息后，他派遣使者去见苏丹，要求苏丹给予补偿。但是，苏丹却杀害了使团首领，残害了其他使者的面孔，然后将他们遣返去见成吉思汗。苏丹的这个错误不仅葬送了他的帝国、他的生命，而且"让整个世界都变成了废墟"。[23]

和女真皇帝一样，花剌子模苏丹根本不认为蒙古军队会对自己形成严重威胁。花剌子模的大城市都有重兵把守，可谓固若金汤；而且，在蒙古草原和花剌子模之间还有长约3200千米的高山和沙漠，从来没有军队穿越过。但是，成吉思汗偏偏不信邪，等到冬天便开始了长途跋涉。他知道自己可能面临刺骨的寒风、暴雪和坚冰覆盖的峡谷峭壁，但是，蒙古人喜欢寒冷的天气，与夏季穿越贫瘠的沙漠相比，冬季更适合他们。成吉思汗进军中亚，路上肯定会有成千上万的士兵死去，但是他的确完成了这次有史以来最令人叹服的壮举。

但是，如果没有中国工匠在现场设计和制作的各种强大攻城设备，就算成吉思汗的士兵再坚毅勇武，他们也不可能攻破花剌子模用石头垒起的坚固城墙。和传统军队不同，蒙古骑兵没有携带重型装备，因为那样势必行动迟缓。相反，他们携带了大批工匠，无论需要什么装备，他们都就地取材进行建造。所以，在跨越沙漠之后，成吉思汗的军队砍伐了他们最早遇到的树木，工匠们利用这些木材建造了折叠式云梯，还有装着轮子的巨大石弩、发射石块和燃烧弹的绳拉投石机（单臂扭转弹射器），以及其他"野蛮人"以前不可能有的复杂攻城设备。[24]

花剌子模帝国的主要防线是一些大型绿洲城市，例如，布哈拉和撒马尔罕，以及一串小型要塞。再往东，他们还控制着一些波斯城市，例如内沙布尔、大不里士、加兹温、哈马丹和阿尔达比勒。但是，所有这些城市，在无坚不摧的强大蒙古军队面前一个又一个地陷落。具有巍峨清真寺和大型书院并有30里格[25]城墙环绕的布哈拉城成了蒙古人攻击的第一个目标，之后蒙古人对它进行了彻底掠夺。下一个目标是撒马尔罕城，这座城中有很多豪华的园林和高大坚固的城墙，沿着城墙还有12座铁门，铁门两侧还有角楼，由20只穿铠甲的大象和110000名突厥和波斯武士守卫。当蒙古兵摆好巨大的喷火武器准备攻城时，吓破胆的撒马尔罕军队和居民乖乖投降了，因为他们听说蒙古人特别残忍，如果抵抗他们必将遭受磨难。

当然，毫无疑问，蒙古人屠杀了大量当地人，也制造了难以估量的巨大破坏。当成吉思汗的女婿在尼沙布尔战役中阵亡以后，据说这座城市的所有居民全部被杀。相传，被砍下的男人、女人和儿童的头颅有高高的三大堆，"甚至连小猫小狗都没有幸免"。这些有关蒙古人疯狂报复的说法肯定有夸张的成分，不过，成吉思汗显然主动支持了这种传言，因为这样可以达到军事宣传的目的。而且，蒙古人也可能夸张了自己屠杀敌人的数量，这样可以进一步震慑下一个被打击的目标。[26]

虽然每次攻城的细节可能不同，但是成吉思汗的基本战略是一样的。和在中国北方一样，在中亚他首先袭扰城市周围的农村地区，抓获俘虏，大规模杀戮，制造极度的恐怖气氛，从而制造了大批难民，然后给城市带来可怕的混乱、饥饿和恐惧传言。于是，那些被围困的城中居民就面临生死抉择：那些不抵抗的将得到宽大处理；拒不投降的，例如内沙布尔居民，将死得很惨。

因此，很多老百姓，例如布哈拉和撒马尔罕的民众，都打开城门，投降了蒙古人（花剌子模的很多居民是波斯人和塔吉克人，所以他们对于突厥苏丹没有太多的忠诚感，也可能是原因之一）。像往常一样，贵族、总督和抵抗的士兵都被处死了。相比之下，宗教人士则受到了成吉思汗的保护，任何有技能的平民，玻璃器皿吹制者、制陶者、木匠、家具匠、厨师、染工、医生、商人和赶骆驼者都很受蒙古人欢迎。或许，对于成吉思汗进行帝国扩张最为重要的是，他接受了花剌子模多民族的知识分子：拉比、伊玛目、学者、教师、法官和任何可以以不同语言读写的人。[27]

公元1223年，成吉思汗完成了对花剌子模的征服。（据说，那位苏丹和蒙古牧民一起步行逃离了帝国，然后在孤独和贫困之中死在了里海的一个偏远小岛上。）成吉思汗再次实现了一个不可能的目标：穿越长约3200千米的冰川和沙漠，攻陷异常坚固的要塞，击败远比自己强大的军队，将世界上最强大、最富有和具有灿烂文化的国家置于自己的掌控之中。而做到这一切的就是那个吃牛羊肉住帐篷的成吉思汗。

当时，他已经60多岁了，统治着地球上最大的帝国，再次回到了蒙古草原。公元1227年，在家人和朋友的陪伴下，在所有忠诚的将军关注之中，一代天骄与世长辞。按照蒙古习俗，人们在一个秘密的地方为他举行了一场秘密的葬礼（传说，在成吉思汗下葬以后，800名士兵骑着马在他的坟地上不断踩踏，以免留下有关他坟墓的任何蛛丝马迹。然后，这些骑兵被另外一批武士杀死，这批武士之后又被另外一批武士杀死，最后一批武士也要被杀死）。爱德华·吉本认为："成吉思汗去世时，已过花甲之年，战功赫赫，可谓人生圆满。在弥留之际，成吉思汗要求自己的儿子一定要征服中国。"[28]

"欧洲的悲哀"
"THE SORROW OF EUROPE"

然而，成吉思汗的儿子们没有履行他的意愿，这也在成吉思汗意料之中。在人生的最后几年，成吉思汗越来越关心如何保住自己创下的庞大帝国。虽然最早期的战争都是以劫掠来激励士兵，但是年老的时候，他的愿望则变成了统一整个世界。他告诉自己的儿子们："一个人如果没有目标，那么他就不能掌控人生，当然更不能控制他人。"不过，让成吉思汗最为担心的还是儿子们可能会内讧，尤其是在谁接替他做大汗的问题上，极有可能爆发冲突。他的担心终于应验了。他的儿子没有一个像他那样聪明、睿智，有能力激发部下的忠诚。两个大儿子之间的争斗尤其激烈，老二认为老大不是成吉思汗亲生的，因此不同意立他为接班人。结果，为了实现妥协，成吉思汗立了三儿子窝阔台为继承人，窝阔台为人和善，特别喜欢饮酒。[29]

窝阔台生活奢侈，慷慨大方得近乎病态，自登基之日起，便开始挥霍起来。在就职当日，据说他就命人打开国库，将珍宝分散给自己的臣民。他下令建造了新国都以及众多花园，这些都由中国建筑师设计，由中国工匠装饰，并用围墙围了起来，这在大草原的历史上可是第一次。首都的名字为哈拉和林，意思是"黑石头"或"黑色墙壁"。尽管皇宫建造得十分富丽堂皇，但还是主要用作仓库和工匠的住所，皇室仍然喜欢住在他们的蒙古包里面。1/3的首都专门用于外籍行政官员的居所，包括来自被征服地区的书记员和学者，他们主要负责书信工作，但是实际上是代替没有文化的皇家来治理国家。窝阔台还下令为宗教信徒修建漂亮的寺庙，包括清真寺、基督教教堂、佛教寺院和道教道观，使简朴的哈拉和林变成了世界上宗教多样化程度最高的首都。

窝阔台的首都管理起来费用特别昂贵，他的日常生活也非常奢华。蒙古人基本上还是牧民，生产的产品没有什么价值。所以，附属国的贡品成了这个帝国唯一的收入来源，在窝阔台宽松的统治下，贡品也开始逐步减少。此外，窝阔台也不是一个善于管理经济的统治者。为了吸引商人来他遥远的首都经商，他花大价钱买了一些没用的商品，例如象牙、珍珠、猎鹰、金制酒杯、镶宝石的腰带、柳编马鞭手柄、印度豹等，高价购买之后，他常常赐给部下。公元1235年，成吉思汗多年积累的巨大财富几乎被他挥霍殆尽。对于蒙古人来说，解决这一问题的唯一办法是征服更多的地方，抢劫更多的财富。

为了确定一个攻击目标，窝阔台专门举行了一次"忽里台大会"，会上出现了巨大分歧。有些与会者主张入侵印度，另外一些人建议攻打巴格达和大马士革等大城市。还有另外一些人，包括窝阔台，希望攻打摇摇欲坠的宋帝国，蒙古对它的征服已经推迟30年了。最有经验的是年长的速不台，他是成吉思汗最信任的将军之一，在蒙古获得的众多重大胜利中，他都起到了重要作用。速不台坚持认为应该征服欧洲，但是这个地方是绝大多数蒙古人连听说都没有听说过的。

12年前，速不台曾经偶然去过欧洲，当时他和另外一名将军正在追捕花剌子模苏丹。在苏丹死后，速不台接到成吉思汗的命令，让他进一步了解里海以北的未知地区。在那里，他发现并征服了基督教国家格鲁吉亚，将它变成了蒙古帝国的一个附属国。再往北，速不台来到今天的俄罗斯和乌克兰，当时这些地方由不同的公爵和王子统治，每个人都有自己的封地和军队。速不台一一征服了这些城邦，杀死了它们的统治者。当他正准备穿越第聂伯河进入东欧时，却被成吉思汗召回了。现在，在公元1235年的忽里台大会上，速不台建议向西方进攻，因为那里有广阔的草原可以饲养蒙古马，当然也有大量的财宝。[30]

因为在忽里台大会上没有取得一致意见，窝阔台做出了一个惊人的决定，如果他父亲活着可能也会惊讶万分。他决定兵分两路，分别攻击欧洲和中国。攻打宋朝的一路失败了，窝阔台最喜欢的儿子死于战争。但是，在欧洲，速不台却节节胜利。

尽管窝阔台有很多缺点，但是在征服欧洲的过程中，蒙古军队在很多方面表现得非常优秀。他们的主力部队由15万骑兵组成，其中5万是蒙古人。速不台对成吉思汗一生总结完善的所有战略战术都烂熟于胸,并进行了充分运用。蒙古统帅中还有成吉思汗两个最出色的孙子,蒙哥和拔都。最重要的是,蒙古的军队使用了伊斯兰和中国最先进的技术,使用的武器是欧洲人闻所未闻的。在攻打有城墙的欧洲城市时,他们不仅使用了欧洲人较为熟悉的弹弩和攻城铁锤,而且还使用了他们根本没有见过的投掷器、爆炸性石脑油、原始的火箭发射器和散发出可怕味道的烟雾弹。

俄罗斯和东欧首先陷落。公元1204年,斯拉夫世界珠宝和宗教中心基辅被占领,恐慌气氛迅速在欧洲弥漫。据说,蒙古骑兵还有他们的火龙铺天盖地涌来(可能是指蒙古人的燃烧弹)。同年,在遥远的英格兰有一位本笃会修士马修·帕里斯这样写道:"无数可恶的撒旦子民横扫了东欧。他们身穿牛皮做的衣服,拿着铁制的长矛,身材矮小而强壮,肌肉发达,力大无比。他们英勇善战,似乎永远不知疲倦。他们后背没有铠甲保护,只是护着自己的前胸。他们吸吮牲畜身上流出的鲜血,并觉得美味无比。"[31]

之后,蒙古人涌入了德国、波兰和匈牙利。这些富有欧洲"骑士之花"美誉的国家遭到惨败,近10万士兵阵亡,预示着欧洲封建社会的终结。蒙古人征服匈牙利的战争极为惨烈。当时一个文献曾这样记载道:"死人东倒西歪,就像冬天的树叶一样散落满地,蒙古人所到之处无不留下大批被害者的尸体,鲜血如暴雨般流淌。"还有一些更为歇斯底里的暴行。当然这种描述似乎不足信。

面对蒙古人的突然袭击，欧洲的基督徒表现出令人震惊的狭隘思想。连连失败让他们绝望，不知如何解释从天而降的大批蒙古人，于是欧洲牧师将罪责全部归结到他们之中的犹太人身上。牧师们说，蒙古人就是摩西时代消失的希伯来部落，当初上帝把他们贬为了残忍的野兽。而且，这些野兽受到了欧洲最具影响力的犹太领导人的支持和资助，这些犹太领导人和他们的鞑靼同胞希望统治整个世界。更为糟糕的是，公元1241年与犹太历的5000年正好重合，这难道不是正好说明"犹太人巨大的邪恶、伪善和可怕的谎言吗"？虽然非常荒谬，但是这些论调引发了可怕的悲剧。在约克、罗马和欧洲的其他大城市，基督徒将怒火倾泻到了犹太人身上，对他们周围的犹太人进行了残酷迫害。他们烧毁了犹太人的房子，并进行了大规模屠杀，他们的行为与蒙古人完全相似，只不过借助了上帝的名义。

13世纪，基督教控制下的欧洲已经四分五裂，宗教狂热高涨，由于十字军东征、宗教对抗、反闪族运动和对异教徒的迫害，整个欧洲已经极度颓废没落。欧洲的分裂和狭隘帮助了蒙古人。尽管他们在战争中非常残忍，但是欧洲的宗教狂热和偏执并没有阻碍他们的征服活动。因为欧洲统治者对具有精湛技艺的非基督徒的迫害和驱逐，使这些人很容易转投蒙古人的阵营，而蒙古人也敞开怀抱欢迎他们，根本不考虑他们的种族与宗教信仰，这给蒙古人带来了巨大利益。从欧洲人那里，蒙古人获得了更多的书记员、翻译、建筑师、工匠，还有来自萨克森地区的矿工,他们知道如何为蒙古大草原带来无穷的财富。在哈布斯堡王国被征服前,哈布斯堡士兵俘虏了一个蒙古军官,结果他们发现这个军官竟然是一个能说多种语言的英国人,因为罗马天主教会的迫害,他选择了为蒙古人效劳。最后,哈布斯堡士兵将他杀害了。[32]

公元 1241 年年末,酗酒之后的窝阔台突然离世。几个月以后,他的哥哥,也是成吉思汗的最后一个儿子,也去世了。于是,大汗王位继承人问题再次成为焦点,蒙哥和拔都迅速从欧洲撤离,返回蒙古大草原,从而结束了蒙古人的第二轮征服战争。现在,蒙古帝国的版图向西已经扩展到了维也纳,但是,以后它的版图会更大。

蒙古人的全球统治
MONGOL WORLD DOMINANCE

成吉思汗的孙子们要比他的儿子们能干多了。窝阔台没有留下大位继承人,所以,经过一番激烈的宫廷斗争,成吉思汗战功显赫的孙子们都来自他的小儿子拖雷一支。在这些新可汗,包括蒙哥、旭烈兀、阿里不哥和忽必烈的领导下,蒙古人发起了第三轮也是规模最大的一轮对世界的征服战争。

公元 1251 年,年龄最长的蒙哥就任蒙古大汗。之后不久,他便命令弟弟旭烈兀征服中东,弟弟忽必烈征服中国南方。忽必烈不是一个非常好强的武士,所以他并不急于完成自己的征服任务。相反，争强好胜的旭烈兀则不同，在随后的七年中，他横扫了伊斯兰世界，征服了那些曾经与祖父成吉思汗为敌的国家。

尽管速不台充满希望，但是对欧洲的征服战争并没有给蒙古人带来多少战利品。与强大的伊斯兰帝国和中国文明相比，13世纪的欧洲还相当原始、落后和贫穷。旭烈兀的主要攻打目标是巴格达、大马士革和开罗，这些当时属于世界上最富足的城市。尤其是巴格达，它是伊斯兰世界的商业、艺术和文化中心。这里到处都是金碧辉煌的宫殿、清真寺和犹太教堂，还有商品极为丰富的集市和博彩中心，这个天方夜谭般的城市似乎遍地黄金和财宝。

巴格达还是五百年前建立的阿拔斯王朝的首都。这个王朝的统治者是先知穆罕默德的第三十七任继承者，非常软弱、虚荣、无能。出于极度的傲慢，旭烈兀向哈里发发出最后通牒，要求他马上投降，否则只有死亡。哈里发自信地回答说，上帝站在我们这边，所有伊斯兰世界必将团结起来，杀尽这些异教徒。事实证明，这位哈里发错了。

阿拔斯王朝是一个神权政体国家，信奉伊斯兰教，属逊尼派。13世纪中叶，阿拔斯王朝国内充满了很多心怀异志的少数民族，包括什叶派教徒、犹太人，尤其是基督徒，他们非常渴望看到逊尼派统治者倒台。蒙古人巧妙地利用了这个国家的宗教和教派矛盾。巴格达的什叶派少数民族当中，很多重要人物，甚至可能包括哈里发自己的维齐尔（高官头衔）和总理大臣，都与蒙古人串通起来，扮演了信使和间谍的角色。此外，数千名巴格达的基督徒干脆直接加入了蒙古军队。[33]

相比之下，蒙古人在宗教政策方面更加开放宽容。在旭烈兀的军队中有来自伊斯兰教和基督教各教派的信徒。非常著名的什叶派天文学家纳西尔·艾德丁·图西就是他的顾问之一。此外，旭烈兀的母亲和两个妻子都是基督徒，这让他很容易倾向于扶持中东的基督教势力，因此很多基督徒称他为拯救者。公元1257年，旭烈兀向巴格达进军（他于公元1253年离开蒙古大草原，用了几年时间才清除了强大的阿萨森派，控制着从阿富汗到叙利亚的大批山区要塞）。公元1258年2月5日，经过一个星期的水淹和炮轰，蒙古军队攻破了巴格达的东城墙，几天之后，哈里发便屈服投降了。在这次战争中，阿拔斯王朝是被蒙古人打败的，因为这支军队中还聚集了"中国北方、中亚、俄罗斯、高加索和伊朗等地的人力、财政、物质和技术资源"。[34]

巴格达陷落以后，蒙古军队进行了大肆掠夺，大街上到处都是尸体，散发出令人难以忍受的恶臭。但是，基督徒和伊斯兰教什叶派教徒基本上没有受到伤害。据说，旭烈兀试图强迫哈里发吞金自杀，但是没有成功。于是，旭烈兀便下令将哈里发和他的男性子嗣裹进地毯中，用群马踩死，这是旭烈兀发明的专门用于名门望族的一种惩罚方式。

征服阿拔斯王朝之后，蒙古人仅仅用了两年的时间就成功控制了这一地区，而基督教十字军过去用了两个世纪都没有实现这一目标。为了庆贺胜利，巴格达的基督徒开始屠杀穆斯林，并捣毁清真寺。在整个中东，从大马士革到阿勒颇的基督徒以近乎疯狂的热情欢迎蒙古人的征服。首先，他们祈祷蒙古军队能够解放耶路撒冷，并跃跃欲试地希望报复过去的那些穆斯林统治者。[35]

虽然蒙古军队表现得非常残忍，但是在他们中间没有狂热的宗教行为。相反，在哈拉和林，蒙古皇廷对各个宗教一视同仁。修道士威廉·鲁布鲁克是基督教圣方济会的一个成员，他于公元1254年曾经到过哈拉和林，他说蒙哥汗曾经主持过高水平的宗教辩论，期间每个人都有平等的发言权，他希望大家能找到共识。鲁布鲁克本人是一个非常顽固的天主教徒，心胸非常狭隘，甚至容不得其他基督教教派。当鲁布鲁克告诉蒙哥汗自己是来传播上帝教诲时，蒙哥汗让他在三个裁判面前进行了一次答辩：一个佛教徒、一个穆斯林和一个基督徒。这次辩论是在严格的监督之下进行的，最重要的一个规则就是，"任何人不得说轻视其他宗教的话"。人类学家杰克·威泽弗德（Jack Weatherford）对这些辩论活动进行了生动的描述：

在第一轮辩论中，来自中国北方的一个和尚首先向鲁布鲁克发问，问他世界是怎么形成的，人死后灵魂又去了哪里。鲁布鲁克回答说，佛教和尚提的问题是错误的，最先讨论的问题应该是上帝如何创造了万事万物。这一轮，裁判组判鲁布鲁克获胜。

他们的辩论围绕邪恶与美德、上帝的本质、动物的灵魂、轮回的存在，以及上帝是否创造了邪恶等话题展开……每一轮辩论后，这些博学之人就会痛饮几杯，然后准备下一轮的争论。

……随着酒精作用越来越强烈，基督徒们不再试图利用逻辑辩论说服对方，而是变成了歌唱。穆斯林倒是没有歌唱，他们只是大声地背诵《古兰经》，试图压过基督徒的歌声，而佛教徒则陷入沉默打坐之中。在辩论结束的时候，因为不能说服对方，又不能杀死对方，所以和大多数蒙古庆典活动一样，以每个人都酩酊大醉告终。[36]

虽然这些辩论在 21 世纪显得有些滑稽，但是与 13 世纪其他"文明"世界存在的宗教冲突形成了鲜明的对比。1252 年，教皇英诺森四世发布了一个可怕的训令《特殊消灭》（*ad exstirpanda*），批准动用折磨手段彻底消灭异教徒。接到教皇训令之后，多米尼加的修道士们，就像"上帝的猎狗"一样，急不可耐地四处游荡，利用极其残忍的手段迫使受怀疑的对象屈服。整个欧洲，那些背负着十字架的国王们，包括爱德华一世和腓特烈二世都举起了抗击穆斯林的屠刀，他们以耶稣的名义对异教徒施以割舌和砍头的惩罚。在法国，鲁布鲁克的靠山路易九世因为一系列神圣行为被追封为圣徒，包括他焚烧 1.2 万册《塔木德》手稿的壮举。十字军的怒火不仅发泄在穆斯林身上，甚至还波及基督教东正教教派。在君士坦丁堡，"十字军战士屠杀了他们遇到的每一个人，不分性别，不分年龄……修女、少女、妇女都被他们蹂躏侮辱……他们还对东正教教徒实施了残酷迫害。"[37]

相反，蒙古人却非常开放，具有极高的国际化思想，包容了各种不同的文化。在蒙哥的朝廷中，鲁布鲁克不仅见到了来自各个不同国家的宗教思想家、商人和外交使团，而且还结识了来自叙利亚、俄罗斯、匈牙利、德国、法国等地的艺术大师，包括来自巴黎的金匠大师纪尧姆·布歇。虽然严格来说这些工匠们属于战俘，但他们受到了最大程度的尊重。在50名助手的协助下，布歇对蒙古首都按照当时欧洲流行的风格进行了重新装饰。可以肯定地说，蒙古人对于自己的生活充满自信：蒙哥和成吉思汗一样，认为蒙古人是上帝的宠儿，并且认为他们天生就是来征服世界的。但是，由于缺乏艺术、科学、专业知识和行政能力，所以蒙古人似乎毫无偏见地利用被征服民族所掌握的任何有用的东西。

最终，蒙古人没有攻占耶路撒冷，他们对西方的征服终结于公元1260年对巴勒斯坦的进攻，在艾因贾鲁，旭烈兀的部队被以埃及人为基础的马穆鲁克士兵击败。不久，旭烈兀接到了哥哥蒙哥去世的消息。旭烈兀本人没有争当大汗的野心，听到这一消息他十分伤心。或许，他感到蒙哥的死预示着蒙古帝国的分裂。[38]

蒙古人对中国的统治
THE MONGOL RULE OF CHINA

在蒙哥去世前几年,他的弟弟忽必烈在征服中国宋朝的过程中进展不利,而且忽必烈总为自己找借口,这让蒙哥对忽必烈失去了信心,所以让自己最小的弟弟阿里不哥留在哈拉和林管理政务。公元1258年,蒙哥利用爷爷成吉思汗曾经使用过的策略,带领部队穿过黄河向南中国的腹地扑去。虽然大宋现在已经没落,但是反抗却极为猛烈,是蒙古人遭遇到的最难以对付的对手之一。结果,在四川省,蒙哥可能患上了痢疾或者霍乱,死去了,此时距离蒙古人兼并宋朝的疆域还有整整20年。

蒙哥去世之后,蒙古帝国内部爆发了残酷的内战。最富有戏剧性的是,公元1260年,忽必烈和阿里不哥分别在夏都和哈拉和林召开了忽里台大会,并宣布自己为大汗。他们之间的斗争导致了蒙古帝国的彻底分裂。

在兄弟中,忽必烈总是给人一种卓然不群的感觉。他的兄弟们都特别顽固地坚守着大草原的传统生活习惯。他们首先是游牧民族和武士,就像成吉思汗一样,他们认为定居民族的奢华生活都是有害的诱惑。相反,忽必烈则更喜欢宫殿和城市,喜欢舒适的生活和享乐,很早他便开始发胖并患上了痛风。

最后,忽必烈战胜了阿里不哥。他的胜利可以看作一个农民战胜了一个牧民。当阿里不哥最困难的时候，由于寒冷，蒙古草原出现了饥荒，导致牲畜大批死亡。阿里不哥的臣民不得不忍饥挨饿，所以只能依赖忽必烈给他们提供粮食，因为忽必烈统治的农耕地区可以提供足够的食物。公元1264年，阿里不哥向忽必烈投降，并对自己的失败辩解道："我们的日子过去了，现在是你们的天下。"忽必烈宽恕了弟弟（但是，两年后阿里不哥明显因中毒而死），但是毁掉了哈拉和林。忽必烈选择了女真人以前的首都中都作为蒙古帝国的新首都，中都于公元1214年被成吉思汗占领。

但是，现在的事实是，蒙古帝国已经出现了分裂。蒙古皇室中原来支持阿里不哥为大汗的人拒绝承认忽必烈的合法地位。同时，旭烈兀和他的后代统治着阿拉伯和波斯，称为伊利汗国；成吉思汗大儿子术赤的后代控制着俄罗斯和东欧，也公开拒绝承认忽必烈为他们的大汗。[39]

虽然没有得到自己家人的全力支持，但是忽必烈还是完成了祖父未能实现的夙愿：他征服了中国南方，完成了中心帝国的统一。从很多方面来看，忽必烈对宋朝的军事胜利还在其次，更重要的是对百姓民心和思想的征服。与成吉思汗的闪电战相反，忽必烈对宋朝的征服采用了渐进式的战略，持续了将近40年的时间。在这段时期，忽必烈表现得非常有耐心，进行了大量宣传，出台了很多明智的政策，说服宋朝老百姓，与腐朽的宋朝统治者相比，他有着更多中国的传统美德。

在与宋朝的战争中，无论获得多么小的一场胜利，忽必烈都大力宣传说，上天的旨意已经降临到了他的身上。对于一个"野蛮人"来说，这种策略非常难得。结果，每年都有越来越多的宋朝百姓、儒生、士兵，甚至将军投诚到蒙古这边。更为重要的是，虽然蒙古人以骑兵著称，但是在海战中也屡屡胜利。同样，忽必烈招募了大量非蒙古籍的人建造军舰，充当海军。他还成功获得宋朝海军将领的支持，这些人控制的海防和内陆水网对蒙古人的胜利起到了关键作用。[40]

忽必烈在位时间很长 (1260—1294)，而且相对稳定。公元1276年，宋朝繁华的首都杭州终于落入了蒙古军队的掌控中。由此，忽必烈获得了大批财宝，占领了众多城市和繁忙的港口，仅仅在长江上往来的商船每年就有20万艘次，以及大批训练有素的海军。此外，统一后的中国是世界上人口最为密集的地区，他统治的人口数量约在1.1亿至1.2亿之间。

虽然蒙古帝国已经分裂，但是成吉思汗的子孙几乎统治了整个文明世界。单单忽必烈统治的人口就超过了以往任何一个帝国的规模。为了更好地统治人数众多且比蒙古人文化水平普遍更高的人民，忽必烈实施了一系列融合性的统治政策。但是，另一方面，他又采取了很多看似狭隘的政策。最显著的是，忽必烈禁止蒙古人和汉人之间通婚，禁止汉人学习蒙古语，禁止他们携带武器。还有，忽必烈取消了中国传统选拔官员所依赖的科举制度，而且一般情况下禁止汉人出任最高级别的政府职位（但是，这并非蒙古人的普遍政策，例如，在波斯，波斯人就可以出任这些职位)。

　　对于忽必烈采取的排斥性政策，有很多种解释。有人可能简单地认为他是一个反汉人的蒙古最高统治者，然而，事实并非如此。因为几乎终生在中央帝国生活，忽必烈非常欣赏中国的灿烂文化、美丽的建筑和科学合理的社会结构。形成鲜明对比的是，他的前辈们对中国北方曾经进行过野蛮的杀戮和掠夺，但是当忽必烈征服南方以后，几乎对那里的一切都没有进行破坏。相反，他还下令维修寺庙、神殿和其他毁于战火的公共建筑。他的周围有很多汉族顾问，并用中庸思想教化统治国家。忽必烈政策中同情中国的成分激怒了他的很多保守的亲属，这些人仍然抱着老一套的做法不放，只是想对中国进行掠夺和压榨。

　　此外，忽必烈表现出了最大程度的民族宽容。他不仅没有将蒙古人的习俗强加到中国人身上，而且至少在表面上，他本人，他的朝廷和他的统治阶级接受了中国文化。他接受了一个中国式的头衔，并为他的祖先们起了中国式的名字。他按照中国模式建造了一个中国风格的首都，接受了中国皇宫中的仪轨，建立了一个中国式的朝代，即元朝，意思是"元始"，或者"伟大的开始"。他积极推动中国艺术、音乐和戏曲的发展，奠定了京剧的雏形。虽然他本人可能一直没有文化，但是他支持中国文学和学问的发展繁荣，重新修建了中国的学校，再次启用了翰林院——这个研究机构一直是中央帝国知识分子的最高学术机构。历史学家戴维·摩根（David Morgan）说："与那些

'令人景仰的'朝代相比,在蒙古人的统治之下,中国文学艺术家可能拥有更多的言论自由。"[41]

有趣的是,虽然忽必烈禁止中国人担任最高等级的政府官职,但是担任这些职位的并不是蒙古人,而是除汉人以外的其他族人以及外国人。鉴于蒙古人缺乏统治经验,而且也没有足够的人力统治这个庞大的帝国,忽必烈招募了优秀的畏吾儿人、契丹人、波斯以及中亚和欧洲人担任中国各地的封疆大吏和关键职位的大臣。所以,一个(非常腐败的)塔什干人担任忽必烈的财政大臣达二十年之久,一对来自中亚的父子相继担任了云南省的总督。甚至,马可波罗也成为一位元朝官员,在南京附近的扬州工作。后来,马可波罗向他威尼斯的同胞吹嘘说,自己曾经担任过扬州都督,但是事实并非如此。很有可能,他帮助朝廷管理那里的盐政事务,但这个职位和扬州都督是风马牛不相及的。

在那些由外国人担任的高级官员之下,中国人继续担任着较低等级的行政职务。事实上,忽必烈保存了大部分中国现有的(而且是非常有效的)统治机构,此外,还建立了一些专门处理蒙古事务的机构,例如,专门负责寻找失踪牲畜的部门。在每个部门内,忽必烈系统地将中国人和外国人结合在一起:每一个部门按各民族人口比例安排人口数量,尤其是中国北方人、南方人和外国人的比例。至少在某些情况下,忽必烈会指派两个官员,一个中国人、一个外国人,来担任政府中的同一职务,让他们一起管理政务。

总之，忽必烈的统治思想更多的是开放而非狭隘。(他经常派遣使臣去会见教皇和欧洲统治者，邀请他们派遣最优秀的学者来中国，但是对方拒绝了。)从这个角度来看，忽必烈奉行的禁止汉人与蒙古人通婚，禁止汉人学习蒙古语和担任重要政府职务的政策，应该另有原因。这绝不是种族沙文主义，很有可能是政治上的权宜之计，以保护数量不多的蒙古人不被庞大的汉族人口吞没或同化。还有一些历史学家认为，或许忽必烈是站在更高层次上考虑问题的，是希望不同民族之间达到相互制衡的目的。

无论如何，忽必烈的政策导致了不同文化、民族和宗教的大融合。在皇宫的高墙内，蒙古统治者继续按照蒙古人的生活方式生活：说蒙古语，饮食也遵循蒙古的传统做法，甚至在皇宫内的蒙古包地板上睡觉。在皇宫外边，元帝国的首都，中国人称之为大都，或者"伟大的首都"；欧洲人称之为"汗八里"，或者"可汗之城"，到处都可以看到阿拉伯人、亚美尼亚人、西夏人、突厥人、波斯人、中亚人和欧洲人。这些国际侨民从事的行业五花八门：小贩、医生、妓女、厨师、水利工程师、占星师、雕塑师、守门人、书记员、翻译、宗教顾问、批发商和经销商，等等。

在这里，你可以找到世界上几乎所有的宗教。在大都熙熙攘攘的大街上，人们可以看到拉比、印度贤人，以及更多的佛教徒、穆斯林、聂斯托里基督徒和天主教徒。虽然忽必烈本人信奉佛教，但是他的皇室成员中很多人却是基督徒，经常参加弥撒仪式，不过在中国的大部分蒙古人仍然信奉他们传统的萨满教。蒙古人的一些德高望重的顾问则是道教和儒教信徒。[42]

虽然受过儒家教育的中国南方上流社会可能一直讨厌野蛮人的统治，甚至感到是一种耻辱，但是毕竟蒙古人给他们带来了和平和政治统一，这是自公元907年唐朝灭亡之后从来没有过的。中国的港口城市成了进出口贸易的中心，杭州成为食糖中心，扬州成为大米中心，而刺桐（今天的泉州）则盛产珍珠和宝石。

蒙古人新疏浚的大运河长1770千米，从杭州一直延伸到今天的北京，从经济上将中国南方和北方联系起来。中国的商船频频造访越南、马来西亚、爪哇、锡兰和印度南部，然后带回大批的食糖、象牙、肉桂和棉花。中国与蒙古统治的波斯、中亚和欧洲之间的陆路和海路国际贸易达到了前所未有的繁荣。在这个中央帝国，各个宗教和各个民族的商人在蒙古治世（Pax Mongolica）的良好氛围之中聚敛了大笔财富。[43]

同时，占绝对数量的中国农民的日常生活几乎没有太大的变化，他们只是向一个新的朝廷纳税罢了，但同样还是受着原来地主的压榨与剥削（为了获得地主的支持，忽必烈没有破坏中国南方大地主的资产）。另外，如果元朝皇家档案可信的话，忽必烈创建了2.1万所公立学校，以促进全民教育。此外，农民可能从忽必烈实施的中国法律的改革中得到了好处，因为宋朝时刑法非常严苛。忽必烈规定，对于那些具有悔罪表现的轻罪犯实施特赦，而且还用罚款代替肉体惩罚。欧洲统治者越来越多地使用刑具拷问罪犯，或者用巨轮压死他们，但是忽必烈反对酷刑。他还反对使用死刑，在其统治时期，死刑数量大大降低，每年执行死刑的数量甚至比现代的比例都低。[44]

有人认为，蒙古帝国的全球统治是第一次全球化浪潮。在蒙古人统治之下，欧洲和远东地区第一次通过贸易线路和"札木"（蒙古驿站）连接起来：这种驿站网络大约每隔48千米一个，遍布蒙古帝国的各个地区。根据马可波罗的记述，如果传递的信息比较紧急，这个系统的传递速度每天可达483千米。此外，札木也帮助了国际商人，可以为他们提供住宿之所，有时甚至可以让他们享受丝绸被褥的待遇，此外还有食物、额外的马匹、饲料，甚至旅行向导，等等。

威泽弗德写道，蒙古人是"无与伦比的文明的传播者"。他们在中国建造基督教教堂，在俄罗斯建造伊斯兰学校，在波斯建造佛塔。他说："因为他们没有可以强迫国民接受的宗教和哲学体系，所以他们乐于接受并融合来自不同地区的文化。"蒙古人将大米、小米和其他谷物新品种从中国带到波斯，然后带回各种柠檬和柑橘品种。在蒙古帝国内部，豌豆、豆角、葡萄、扁豆、坚果、胡萝卜、蔓菁、瓜果和各种带叶蔬菜得到了广泛推广。新型染料、油料、香料、建筑风格、印刷方法、纸牌游戏，以及绸缎、平纹细布、锦缎等贸易也十分普遍。当时最高水平的穆斯林外科手术也在中国流行起来，而中国的内科和中药专家也在中亚和美索不达米亚平原治愈了很多疾病。俄罗斯商人来到中国北方，热那亚商人来到黑海，中国商人来到东南亚，他们建造的庞大商业网络一直延续至今。从阿拉伯数学到塔吉克丝绸，再到中国的针灸，"蒙古人一直在寻找最优秀的东西，而且一旦他们找到，他们就会将这些东西传播到其他国家"。[45]

作为蒙古帝国最后一位伟大的君主，忽必烈在统治了34年后，于1294年平静地离开了人世。在很多方面，他与成吉思汗都存在着不同。他缺乏祖父的军事天才和扩张的野心，他也更具有人道主义思想，即使在他统领的战役中，他从来没有像自己的前辈那样残酷杀戮。但是，和祖父一样，忽必烈没有受民族和宗教沙文主义的束缚。他充分尊重并利用了自己国民的知识、创造性和文化成就。他让各种信仰共存共荣，视中国文化为珍宝，甚至鼓励来自印度和穆斯林世界的知识和技术融入中华文明。

或许，与祖父成吉思汗相比，忽必烈更有意识地变成了一个世界人，试图创造一个世界性的帝国体系，而他的祖父从内心来说一直是一个草原牧民。通过融合阿拉伯、中国和希腊文明，忽必烈的天文学家和地图制作家制作出了世界上最先进的地图、航海图表、地球仪，远远超过了同时代的欧洲人。他鼓励国际贸易、宗教共存、自由通信和文化交流。忽必烈有两个最热切的期望：建立一个世界性字母表，将世界上所有的语言都统一起来；建立一个世界性日历，将阿拉伯阴历、欧洲太阳历和中国十二属相为周期的纪年方式统一起来。[46]

狭隘与没落
INTOLERANCE AND DECLINE

和任何一个帝国一样，蒙古帝国的灭亡受到了很多因素的影响，例如，无能的统治者、腐败、起义、颓废、内部争斗、刺杀、外部攻击和坏运气，等等。但是，蒙古帝国的各个部分并不是同时衰落的。公元1368年，蒙古人结束了在中国的统治，汉族明朝统治者将成吉思汗的后代赶回了大草原。蒙古人在波斯地区统治的伊利汗国因为长期处于混乱之中，已在30年前灭亡了。相反，统治中亚的蒙古人则在14世纪末发起了新一轮血腥的征服，并最终建立了莫卧儿帝国，一直统治印度直到19世纪英国人征服这一地区。同时，被称为金帐汗国的俄罗斯蒙古人，也慢慢地失去了统治实力和国土，并在随后的四个世纪里分成了越来越小的政权。

但是，在蒙古人控制的所有版图内，各地的衰落惊人地相似：狭隘思想出现，尤其是宗教思想的狭隘，不论官方或普通蒙古人都是如此。出于各种各样的原因，最主要的可能是鼠疫的流行（鼠疫导致了7500万人死亡），致使国际贸易终止，并断送了四个蒙古可汗的领地，14世纪的蒙古统治者与自己国内的主要宗教势力形成了联合。抛弃成吉思汗建立的宗教自由原则以后，这些统治者开始奉行宗教狂热思想，迫害异教徒，有时甚至实行大规模屠杀。

在每一个汗国内，具体的狭隘思想还存在着一些差别。俄罗斯的蒙古人首先转信了伊斯兰教，他们很快加入埃及马穆鲁克军队，参加他们反对基督教统治的战争，有几次还攻击位于波斯的蒙古同胞，因为这些人对穆斯林国民的压迫越来越严重。公元1295年，波斯蒙古可汗合赞也皈依了伊斯兰教，这是他统治的大部分国民所信奉的宗教。不幸的是，合赞的一个具有极大影响力的顾问纳兀鲁斯是一个极端主义分子。

纳兀鲁斯清洗了伊利汗国的佛教信徒，捣毁了佛教寺庙和塑像，并迫使佛教徒改信伊斯兰教。犹太人和基督徒必须穿带有特殊标志的服装，这样暴徒就可以很容易识别并攻击他们。宗教暴乱频频发生，教堂被毁，基督徒被捕、惨遭殴打和杀害。甚至蒙古人最早信奉的萨满教也遭到了残酷镇压。最后，纳兀鲁斯失宠于合赞，被腰斩处死。但是，波斯的蒙古人仍然以伊斯兰教的名义实施统治，宗教冲突也一直不断削弱伊利汗国的国力，该国于公元1335年最终灭亡。[47]

在中国，忽必烈后代的不满情绪越来越高涨，认为他们"过度的中国化"已经严重削弱了自己的实力。元朝朝廷越来越倾向于执行成吉思汗的遗训，采用更加残忍的手段进行统治。无论什么原因，元代末期皇帝越来越远离他们的国民，将自己孤立了起来，强调自己的蒙古人身份，拒绝中国语言和文化。曾经受忽必烈大力支持的传统评书和戏曲被严令禁止。和其他可汗王国一样，蒙古人放弃了祖先奉行的宗教中立政策。黄教成为国教。

元朝在中国统治的最后几十年非常腐败混乱。在紫禁城外（其实这一名称是从明朝开始的），暗潮涌动，排外思想甚嚣尘上。黄教喇嘛和富有影响力的外国人获得了朝廷给予的优厚特权，成了普通老百姓的主要仇恨对象。公元1333年，13岁的元顺帝妥欢帖木儿登基，成为元朝皇帝。这一时期，鼠疫爆发，河北省9/10的人口死于此病。公元1351年，中国2/3的人口死于鼠疫。同时，贸易和商业活动终止，恶性通货膨胀爆发，各地不断爆发农民起义。

根据妥欢帖木儿的一个大臣巴彦的说法，所有这些问题都是因为过度汉化造成的。为了解决这一问题，他建议将国内所有姓张、王、刘、李、赵的人全部杀光。这样，汉族人口就会减少 9/10。虽然这一计划没有实施，但是也充分说明元朝末年蒙古统治者狭隘思想的严重程度。

妥欢帖木儿是中国元朝的最后一位皇帝，抗击蒙古人的起义在中国南方大规模爆发，起义军领袖朱元璋自立为帝。1368年，在将妥欢帖木儿的军队从北京赶出去以后，朱元璋建立了明朝。

在随后的 300 年当中，中国越来越深地陷入了种族主义政策。当明朝皇帝发现不能征服周围的"野蛮人"时，他们重新修建了万里长城，将自己保护起来。外国商人被驱逐出境，中国人也被禁止和国外做贸易。同时，明朝统治者开始镇压非中国的习俗、宗教和思想。外国语言被禁止，中国传统的儒教和道教思想被确定为官方思想。[48]

在成吉思汗的领导下，蒙古草原上原来四分五裂相互仇杀的部落变成了一个统一的民族。和阿契美尼德王朝不同的是，成吉思汗成功地建立了一个新的政治身份，蒙古帝国，或者"毡房内的民族"，但是这个身份只是被大草原上的游牧民族接受了。最初，在建立这种身份时，蒙古统治者并不是想同化非蒙古民族和国家，他们也没有这个吸引力，因为被征服地区的人民认为当时的蒙古统治者是最落后的野蛮人。

在成吉思汗子孙不断兼并大片波斯、中国、印度、俄罗斯以及东欧土地时，这些地区的人民从来没有认为自己是蒙古人、"毡房内的民族"，或者以作为蒙古帝国的子民而感到骄傲。

蒙古统治者没有把这一身份强加给整个帝国，而是逐渐接受了被征服"文明"的文化。在中国，忽必烈采用了一个中国式的头衔，建立了一个中国式的王朝，接受了中国式的艺术、音乐和戏曲。在中亚，蒙古可汗们变成了穆斯林，并将波斯语作为自己的官方语言。但没有一种有效的"黏性"将越来越异化的王国团结起来。在很短的时间内，曾经统治世界的蒙古帝国分裂成了四大部分，而且每一部分都变得越来越狭隘，越来越极端宗教化。不久，蒙古帝国便分崩离析了。

PART II
THE ENLIGHTENING OF TOLERANCE

第二部分
宽容的启示

CHAPTER 5

THE "PURIFICATION" OF MEDIEAL SPAIN

Inquisition, Expulsion, and the Price of Intolerance

第五章

中世纪西班牙的"净化"

宗教裁判、放逐和褊狭的代价

> 宗教法庭法官，以及很多人，包括宗教人士、基督教信众，或者非信教人士，一直告诉我们，在与犹太人的接触、交往和交流过程中，基督徒受到了巨大的伤害，因为犹太人总是试图以各种方式引诱忠实的基督徒脱离我们神圣的天主教信仰……我们命令所有犹太人，不论男女，全部离开我们的王国，永远不得返回……如果他们不遵守这一规定，或者被发现还继续停留在我们国内或者再次返回，将被判处死刑。
>
> ——《阿尔罕布拉法令》，1492年3月

1469年10月19日，在一次秘密仪式中，西班牙阿拉贡王国的17岁的男继承人和卡斯提尔王国18岁的女继承人结为夫妻。刚刚认识四天的费尔南多和伊莎贝拉的婚姻实现了西班牙的统一，也拉开了西班牙王国辉煌的序幕。在此之前的200年中，在基督教盛行的欧洲，西班牙是一个宗教多元化的国家。费尔南多的母亲具有犹太血统。[1]23年后，当犹太人资助的西班牙船队抵达美洲大陆时，费尔南多和伊莎贝拉却正在驱逐西班牙的犹太人。由于西班牙奉行越来越狭隘的宗教思想，他们不仅排斥犹太人，而且排斥改变了宗教信仰的犹太人；不仅排斥穆斯林，还排斥改变了宗教信仰的穆斯林以及清教徒，甚至耶稣会会员，从而严重削弱了西班牙崛起的势头，令它错过了统治世界的机会。

与任何一个北欧邻国不同，中世纪的西班牙拥有大量信奉伊斯兰教的少数民族，这是过去几百年受伊斯兰统治的结果。

在阿拉贡王国，20万总人口中有大约35%是穆德哈尔人（这是基督教国家对穆斯林的称呼）。在某些农村地区，穆斯林甚至占多数。在不同历史时期，由于英国（1290）和法国（1306，1322，1394）对犹太人的驱逐和德国（1298，1336—1338，1348）对犹太人的屠杀，西班牙也成了欧洲基督教国家犹太人的避风港。由于多宗教社会并存，与其他欧洲人相比，西班牙人对于非基督徒具有更高的宽容性。"没有哪个伊比利亚作家像德国人沃夫兰·冯·艾森巴赫那样异想天开，认为一对基督徒—穆斯林夫妇生下的孩子会带有黑白斑点。"[2]

当然，西班牙的宽容不应该被过分夸大，也不应该与21世纪人们所谓的"尊重差异"混为一谈。犹太人和穆斯林常常要在指定的区域生活，戴有特定身份标识的徽章。若他们与基督徒通婚，就会被监禁、折磨或者处死。虽然不用担心后代皮肤上出现黑白花斑，但是穆斯林妇女若被发现与男基督徒通奸，有时会被剥光了衣服在大街上遭受鞭刑。在牧师的唆使下，大众的反闪族情绪常常演化为暴力行为和强制异教徒改变信仰。信仰转变后的犹太人形成了一个被称为"康法索人"（Conversos，改变了信仰的犹太人）的群体，但是基督徒仍然怀疑他们偷偷地从事犹太教活动，事实也的确如此。时而发作的反犹太暴力活动极其残忍。1391年6月，塞维利亚发生了针对犹太人的大屠杀，而且迅速蔓延到科尔多瓦、托莱多、巴伦西亚和巴塞罗那，导致大批犹太人被杀，数千人被迫改变宗教信仰。[3]

但是，重要的还是"相对"宽容问题，虽然西班牙存在着这些可怕的暴力行为，但是在14和15世纪的大部分时期是西欧最适合，有时是唯一适合非基督徒生活和繁衍的地方。很多西班牙穆斯林可以享受特殊待遇，有权从事自己的宗教活动，并按照自己的法律管理自己的社会。在像巴伦西亚这样的地方，穆德哈尔人基本上处于自治状态，只和穆斯林来往，只说阿拉伯语。在其他地方，穆斯林很好地融入了当地的基督教社会。例如，在阿拉贡和加泰罗尼亚，穆斯林和基督徒和谐地生活在一起，相互购买对方的商品，使用对方的服务。穆德哈尔人掌握着当地的某些行业，最突出的是建筑行业。[4]

但是，犹太人的境遇则截然不同。穆德哈尔人绝大多数是农民，因为大部分穆斯林精英已经搬到了伊斯兰国家居住，而西班牙的犹太人则主要生活在城市中，而且已经相当程度地融入了当地社会。所有西班牙犹太人都说一种特殊的西班牙语，当然他们的主要语言还是希伯来语和阿拉伯语。虽然大部分穆斯林是封建和教会领主的附庸，但是西班牙犹太人直接受国王控制和保护，直接向国家交税。

西班牙犹太人参与的经济活动十分广泛。犹太男人从事的职业有鞋匠、杂货匠、裁缝、商店主、铁匠、银匠、屠夫、药剂师、养蜂人、染布工和首饰匠。他们的主顾中有很多基督徒和穆斯林。犹太妇女则从事纺织、纺纱、助产等工作。有些犹太人是大型牧场主，有些是地主，他们出租的财产包括小型农场、大型房产以及大型葡萄园和果园。

虽然大部分西班牙犹太人和大部分西班牙基督徒一样，都是社会的中下层，但是仍然有一小部分犹太人有着体面而富有影响的地位，甚至有些人掌握着极大的财富和权力。在西班牙宫廷著名的天文学家、哲学家、制图师和医生当中，有不少是犹太人。在15世纪，每一个卡斯提尔国王的护理医生当中都有一个犹太人。在西班牙税收官员当中有很多犹太人，而犹太商人在西班牙进出口贸易中起着举足轻重的作用。很多特别富有的犹太人是皇家财政和金融官员，他们为西班牙王室或者贵族提供金融咨询和资金支持，甚至（作为康法索人）和这些上流社会人士通婚。卡斯提尔王国的犹太人在安排伊莎贝拉与一个具有犹太血统的王子结婚一事中显然起到了关键作用。在费尔南多和伊莎贝拉数十年统治的早期，宫廷核心阶层不仅包括康法索人，甚至还有相当多的犹太人，例如，老亚伯拉罕曾担任伊莎贝拉女王圣兄弟会（Santa Hermandad，由中央控制的民兵组织）的财务部长，同时也是西班牙最有影响力的重要人物之一。[5]

西班牙奉行的相对宽容政策对于其领土扩张和帝国的兴起起到了关键作用。除了对文化和知识无形的促进作用外，西班牙非基督教国民还带来了另外两个有利条件：人力资源和资金。

当西班牙国王们重新征服了伊斯兰国家之后，最初他们也奉行了阿契美尼德王朝和古罗马帝国的成功政策：这些少数民族可以继续保持自己的习俗，信奉自己的宗教，甚至有些时候可以自己管理内部事务。这些政策最直接的结果就是导致了西班牙人口的急剧增加。例如，在13世纪，阿拉贡王国的领土通过军事征服扩大了一倍。通过包容已经在西班牙定居的穆斯林，而不是试图驱逐或消灭他们，西班牙不仅获得了领土，而且还增加了劳动力，耕种西班牙南方肥沃的土地。事实上，对于农业劳动力的需求正是西班牙国王与被征服穆斯林社会达成共识的一个关键因素——西班牙允许他们继续从事伊斯兰教活动。

同时，通过接纳犹太人，虽然十分勉强，中世纪的西班牙还是获得了巨大的经济收益。这一时期的犹太人有机会参与世界上最大规模的商业、贸易和租赁活动。犹太人控制了世界的钻石生意，同时也是国际金融形成初期的主要参与者。从13世纪到15世纪，犹太人为众多西班牙国王、贵族、主教和大主教，甚至天主教分会担任了财务主管和税收官员的职务。犹太人的贷款业务，既有向皇室的直接借贷，又是税收的主要来源，对于维持西班牙皇家财政的正常运转起到了关键作用。（为了获得付息贷款特权，所有犹太人的贷款必须向国王交税。）

犹太金融家们的重要作用在14世纪卡斯提尔国王"残酷者"彼得和他的非婚生同父异母兄弟拉斯塔马拉的亨利伯爵之间的内战可以得到充分说明。彼得国王的财务总管是势力很大的犹太金融家塞缪尔·哈列维，他在托莱多建造的巨大犹太教教堂一直保存到今天。作为篡夺彼得权力策略的一部分，亨利将自己对王位的争夺比喻为向王室中犹太金融家和税收官员等"邪恶势力"发起的十字军东征。在击败彼得以后，亨利同样发现自己离不开犹太人的资金和金融管理才能，结果他的王室财政主管仍然是一个犹太人,而且他的私人医生也是犹太人。100年以后,正是由于犹太金融家的资助,西班牙人才得以进行了第一次新大陆的探险活动。[6]

宗教审判和狭隘思想
INQUISITION AND INTOLERANCE

1478年,西班牙宗教法庭在教皇训令的支持下成立,标志着西班牙相对宽容政策的结束。

在多明我会的领导和执政官的支持下,西班牙宗教法庭开始清除国内的异教徒。有趣的是,"异教徒"不仅是指从事犹太教和伊斯兰教活动的信徒,更指的是那些假冒的基督徒。从1480年开始,宗教法庭就一直追捕、审判,甚至常常折磨和杀害康法索人,尽管他们声称自己是基督徒,但是人们怀疑他们总是偷偷地从事犹太教宗教活动。然而,不久西班牙就开始了更加残酷的镇压活动,发誓将国内任何一个犹太人和任何一个穆斯林都清除掉。

1492年,费尔南多和伊莎贝拉发布了著名的《阿尔罕布拉法令》,要求犹太人在皈依天主教和四个月内离开西班牙之间做出选择。据估计,有20万犹太人离开了西班牙,其中约有12万人去了葡萄牙,其余的去了意大利和奥斯曼帝国。1502年,卡斯提尔王国也要求穆斯林改变宗教信仰或者离开。几乎所有穆斯林选择了改变宗教信仰,从而形成了一个叫作摩尔人的新社会阶层。不久，阿拉贡王国也发布了类似法令。1526年，宗教法庭开始迫害那些不从事基督教宗教活动的摩尔人。西班牙王室公开宣布自己的狭隘宗教政策，对于一个试图获得世界霸权的帝国来说，这是一个非常错误的决定。[7]

宗教法庭的第一项措施是大量屠杀西班牙的康法索人。1494年至1530年，在巴伦西亚，近1000名康法索人被判"犹太化"并被杀害。几乎同一时期，在塞维利亚，大约有4000名康法索人被绑在火刑柱上烧死。惊恐之下，成千上万的康法索家庭逃离了西班牙。

康法索人和犹太人大批离去之后，西班牙出现了可怕的金融真空。卡斯提尔文化不推崇金融或贸易活动。在西班牙卡斯提尔上流社会中存在着一股强有力的反贸易倾向，他们崇尚的是武士、牧师和贵族地主。在1492年前，外国金融家在西班牙几乎没有什么地位。西班牙人认为："我们的国王……不需要外国金融家。我们有自己的亚伯拉罕、艾萨克和塞缪尔就足够了。"犹太人和康法索人控制金融从很多方面来看是有利的：犹太人非常重视维护西班牙的强大，因为这样他们才能获得足够的安全保护。在14世纪和15世纪，这种共生关系也适用于西班牙王室。到15世纪末，在费尔南多和伊莎贝拉结婚以后，西班牙成为欧洲最富有的国家之一，犹太人认为西班牙"是世界上最强大的国家"。

但是，通过打击国内的犹太人和康法索人，西班牙毁灭了自己的金融系统，之后不得不完全依赖外国银行家，包括荷兰、德国、法国，尤其是他们痛恨的热那亚金融家（一个西班牙人曾经蔑称他们是"白色摩尔人"）。获得资金的成本越来越高。1509年，热那亚人的贷款利息高得吓人，以至于塞维利亚的大主教不得不考虑禁止他们从事放贷业务，但是费尔南多支持他们，因为他离不开这些人。

几十年以后，热那亚的金融家们控制了西班牙海军的资金供应，而且出现了"外国银行家管理王室财政的局面"。这种对于外国金融家的依赖非常危险，因为这一时期正是西班牙最为活跃的帝国扩张期，尤其是在美洲的扩张，海军远征和各种战争必须依靠看似无穷无尽的外国资金支持。所以，出现了一种十分奇怪的现象，当它发现并开采储量巨大的珍贵金属时，这个庞大的帝国竟然到了破产边缘。[8]

中南美洲大量的金矿和银矿矿石被源源不断地装上西班牙货船，但这些矿石首先是抵押给了外国银行家，因为他们为西班牙的商船、军队和皇室奢华的生活提供了资金保障。1557年和1575年，西班牙王室两度在财政上破产。突然之间，西班牙王室意识到犹太金融家的重要作用。

1580年，西班牙兼并了葡萄牙，因为急需资金，腓力二世开始接受来自葡萄牙犹太人和"新基督徒"（葡萄牙的康法索人）的贷款。这些新基督徒积累了巨额财富，成为西班牙国际贸易的重要投资者，在巴西食糖、亚洲香料和非洲奴隶业务中赚取了大笔财富。有些葡萄牙新基督徒移民到了西班牙在美洲的殖民地，例如，他们在利马控制了太平洋上的贸易。其他新基督徒则返回了祖先在一个世纪前逃离的西班牙，他们认为那里的宗教迫害已经过去了。[9]

但是，他们错了。意料之中的，西班牙爆发了新一轮的宗教迫害。16 世纪 90 年代，原本已经沉寂的宗教审判再次死灰复燃，首先对拉曼恰地区的新基督徒进行了迫害、折磨和杀害，宗教审判所指责他们是秘密的犹太人。Limpieza de sangre 译为"纯正血统"，再次成为战争口号，过去的法令再次启用，禁止任何具有犹太血统的人担任政府、大学或学院、军队或宗教机构的职务。1600 年，利马的宗教审判所攻击了秘鲁的葡萄牙裔新基督徒。1609 年，西班牙开始了新一轮大规模驱逐活动，这次的攻击对象不仅是犹太人，而且还有穆斯林和"秘密的"穆斯林。1614 年，西班牙驱逐了近 25 万摩尔人，摧毁了其南部地区的农业基础。[10]

17 世纪，虽然起起伏伏，但是西班牙一直奉行极端的、自我毁灭的狭隘宗教政策。1625 年，在科尔多瓦的一次宗教法庭判决中，39 个新教徒被处死。1632 年，宗教法庭在马德里的一次信仰宣誓行动中，在腓力四世面前，烧死了 7 名"犹太主义者"。1672 年，在格拉纳达，又有 79 名异教徒被烧死在火刑架上。1680 年，还是在马德里，21 名"背信弃义的犹太人……上帝最糟糕的敌人"在查理二世和其他王室成员面前被处死。汇总起来，宗教审判所在火刑柱上烧死了将近 3.2 万名"异教徒"。同时，西班牙帝国承担起了欧洲宗教信仰维护者的责任，花费了大笔资金用于对德国、法国和荷兰新教徒的讨伐战争。1767年，查理三世驱逐了西班牙的耶稣会信徒，据说是因为这些人的阴谋诡计极其"讨厌"，以至于这位国王不得不"保持在这一问题上的绝对沉默"。[11]

为什么16世纪西班牙的衰落成为历史学家们最爱讨论的一个话题呢？技术落后，巨大的外债，缺乏工业和商业基础，人口下降，软弱的国家机器，长期的预算危机，历史学家们认为以上因素是其衰落的原因。[12]事实上，这些原因大部分都直接或间接地归结于西班牙王室在15世纪80年代实施的宗教清洗和迫害活动。

这并不是说，宗教审判所是西班牙所有问题的根源，就像19世纪一位作家曾经嘲讽的那样："为什么西班牙没有工业？因为有了宗教审判所。为什么西班牙人懒惰？因为有了宗教审判所。为什么西班牙出现了斗牛？因为有了宗教审判所。为什么西班牙人中午要午睡？因为有了宗教审判所。"[13]

然而，事实上，西班牙人的狭隘，包括建立宗教审判所、驱逐异教徒、"纯正血统"立法，所有这些都对西班牙帝国造成了巨大伤害。即便抛开残酷的杀戮和迫害不说，西班牙的宗教迫害也造成了资源的巨大浪费。例如，为了驱逐25万摩尔人，西班牙必须动用自己全部的海军和民兵组织。宗教审判所的审判和迫害机构也产生了极大的消极作用，没有产生知识或财富，只是引发更大的仇恨和偏执。此外，伴随着每一轮新的宗教狂热活动，西班牙破坏和失去了宝贵的人力资源、金融资源和社会资本。最后，西班牙执行的"纯净化"运动深入到社会的各个层面，农民、手工艺者、医生、科学家、商人、金融家，甚至包括天主教贵族，很多人（绝大多数）都有犹太血统。

或许，仅仅是出于做做姿态的需要，但费尔南多还是在一定程度上意识到自己下令驱逐犹太人的运动是自我毁灭性的。在发布驱逐令当天发出的一封信中，费尔南多写道："宗教审判所神圣办公室劝说我驱逐犹太人，尽管这也会给我们自己造成巨大损失。我们是以国家和个人的利益为代价来拯救这些人的心灵的。"[14]

无论如何，1640 年，西班牙已经走到了崩溃边缘，再也不是昔日那个欧洲的强国了。之后，西班牙继续衰落，在世界舞台上越来越被边缘化。虽然不能说一个宽容的西班牙就一定能成为超级强国，但是为了进一步强调我的论点，宽容仅仅是获得世界霸权的一个必要但非充分的条件，不过，毫无疑问，西班牙王室奉行的狭隘政策妨碍了它的进一步强大，并加速了它的衰落。

虽然西班牙是"驱逐异教徒的急先锋",但是它并非是唯一受极端宗教主义破坏的欧洲国家。相反,在启蒙运动之前的欧洲,宗教迫害和战争是普遍现象,绝非个案。1524年,在德国,受宗教改革运动激励的农民杀死了几十个罗马天主教教徒,结果引发了天主教徒的猛烈报复,从而引发了所谓的农民战争,最终导致了10万人死亡。1569年,在意大利,教皇庇护五世将所有犹太人从教皇国驱逐了出去。1572年,法国在欢庆圣巴多罗买日时,1万名胡格诺教徒被杀害。1648年至1654年,在波兰,超过5万名犹太人被屠杀。

而且,也不仅仅是西班牙统治者试图强迫自己的国民实现宗教上的统一。在德国,执政的王子们竞相在自己的领地内强制推行绝对的加尔文教派或路德教派。在瑞典,只有一个国立教会,不参加教会活动的人会受到严惩,宗教教育也在国民中被强制推行。1627年,波西米亚天主教统治者驱逐了国内全部的新教教徒。在匈牙利,统治者强制推行天主教信仰。在英国,天主教则常常受到攻击,英国圣公会则通过法律被确立为国教,那些不遵守的国民将受到刑事处罚。[15]

在17世纪初,法国的人口大约是1600万。西班牙和葡萄牙合起来的人口可能有1000万。德国各个公国的人口加起来可能有2000万。荷兰人口不超过200万,比这些国家都少。但是,正是这个很小的荷兰共和国将在半个世纪内超越所有这些欧洲国家。

CHAPTER 6

THE DUTCH WORLD EMPIRE

Diamonds, Damask, and Every "Mongrel Sect in Christendom"

第六章

荷兰人的世界帝国

钻石、绸缎和基督教各教派的融合

因此，阿姆斯特丹通过上帝之手在国家繁荣和国家实力方面达到了顶峰……整个世界都惊讶于它的巨大财富，从东方到西方，从北方到南方，他们四处寻找可资利用的财富。

——荷兰作家，1662 年

这座城市并不像我们这里一样划分成教区，人们可以随意地去任何一个自己喜欢的教堂参加活动。除了英国教堂、法国教堂、路德派教堂、再洗礼派教堂和犹太教教堂以外，只有八九个公共教堂……有的教堂还有风琴，但是在信众离开前不会演奏，所以风琴的作用似乎是催促信徒离开……他们执行的假日很少，只有圣诞节、复活节、圣灵降临节和星期日，但是星期日礼拜制度遵守得也不好。所有宗教教派在这里都会被接受。

——英国人彼得·芒迪（Peter Mundy）笔下的阿姆斯特丹，1640 年

荷兰出名的东西很多，包括木底鞋、风车、郁金香以及著名画家伦勃朗、维米尔，但是，现在人们常常忘记荷兰人曾经统治过世界海运贸易，在他们之后大英帝国才逐步兴起。此外，人们也常常忘记荷兰是世界上最大的麝猫香生产国。

麝猫香取自麝猫（果子狸），麝猫实际上不是猫，而是属于猫鼬科，原产于亚洲和非洲。在中国南方，果子狸肉是人们非常喜爱的一种美味，是著名的龙虎凤汤中的"虎"。2003 年，果子狸导致了 SARS 的暴发，数千人遭受了巨大痛苦。除了在饮食上的重要地位，果子狸的肛门附近还有一个腺体，可以分泌

出一种麝香味的黄油状物质。这种分泌物被称为麝猫香，很久以来是生产世界著名香水的重要原料。

中世纪，麝猫香就被用来制作香囊，人们认为它可以驱邪祛病。16世纪，它成为高档香水的原料之一，是巴黎香水商追逐的目标。在出现沐浴露和除臭剂之前，强效香水可以掩盖身体异味，所以在上流社会中需求量很大。事实上，优质麝猫香的价格极为昂贵，有时甚至高于黄金。

因此，17世纪麝猫香在国际贸易中变得越来越普及，很多商人试图利用它发财。例如，英格兰的丹尼尔·笛福（Daniel Defoe），在写作《鲁滨孙漂流记》以前，就是通过饲养果子狸谋生的。17世纪20年代，荷兰人垄断了麝猫香贸易。

阿姆斯特丹的大型商贸公司派遣船队抵达印度、爪哇和几内亚，带回了几千只果子狸。在阿姆斯特丹果子狸被放在笼子里饲养，人们用牛奶和蛋白喂养它们，这样它们就能产出白色的麝猫香，不再是自然的黄色或褐色。几天以后，经过严格训练的工人就会刺破活果子狸肛门附近的腺体，小心地挤出分泌物。然后，麝猫香会很快装瓶，因为如果暴露在空气中它很快就会变黑变浓。之后贴上品质标签的麝猫香便很快被运送到欧洲的奢侈品市场。

麝猫香仅仅是欧洲"奢侈贸易"中的一个商品，但却是一种利润非常高的奢侈商品，17世纪，荷兰人控制了这一贸易。麝猫香的制作十分简单。荷兰商船将麝猫香运送到世界各地，然后从东印度群岛带回胡椒和香料，从巴西和圣多美带回食糖以及突厥的马海毛、卡斯提尔的羊毛、印度的棉花和钻石原料。荷兰人将这些商品销售到欧洲各地，也运回自己国内，然后再将这些原材料加工成产品出口，例如昂贵的挂毯、各种图案的丝绸、精纺亚麻布、精心雕刻的宝石，从中获得了巨额利润。这些全球贸易利润实在诱人，所以英国人、法国人、德国人、威尼斯人，尤其是西班牙人都竞相参与并试图垄断。[1]

这里我们先要进行一下名词解释，因为有关荷兰人的词汇常常引起误解：如今，欧洲国家对荷兰王国的官方称呼是Holland，甚至很多荷兰人自己也使用这一称呼。然而，从技术层面上来讲，Holland仅仅指荷兰在经济和政治地位上最重要的两个省，北荷兰省和南荷兰省，其中的大城市有阿姆斯特丹、代尔夫特、哈勒姆、海牙、莱顿和鹿特丹。

更为复杂的是，荷兰的边界和行政区划过去发生了巨大变化。中世纪，它的国土覆盖着现在的比利时、卢森堡和法国北部，而且荷兰被称为"低地王国"。（19世纪30年代，比利时和卢森堡获得独立。）宗教改革运动使荷兰发生了剧烈变化。例如，有一段时间，荷兰南部曾经受天主教哈布斯堡王朝的统治，而新教徒控制的北方地区被称为"合省联邦"，后来又被称为"联省共和国"。[2]

本章，我会根据不同历史时期使用如下词汇，低地王国、荷兰、合省联邦、荷兰共和国。而荷兰则通常指使用这一名称的省份。

荷兰兴起之前
BEFORE THE RISE

和蒙古帝国一样，17世纪成为世界霸主的荷兰共和国开始时地位也相当卑微。1200年以前，荷兰的Holland地区和西部低洼地区实际上确实是在水下（荷兰的海拔是从东到西下降，一直延伸到北海。荷兰海拔最高的地方在东南部。如今，荷兰仍有将近27%的国土、60%的人口处于海平面以下）。在三条河流的入海口所形成的沼泽型三角洲地区，都是"冰川时代留下的泥沙"，因为常常洪水泛滥，非常危险，所以几乎无人居住，也不适于农耕。

从13世纪开始，荷兰的主要地区，包括现在的阿姆斯特丹和鹿特丹，都是通过修建大坝、堤防和排水系统围海造地而成。虽然风车并不是荷兰人的发明，9世纪时波斯人就制造过原始的风车，后来荷兰人进一步完善了这一技术，利用风力将水排放到安全地带。英国杂文作家欧文·费尔特姆（Owen Feltham）曾经称荷兰共和国是一个"满地沼泽的地区，是泡菜上长绿毛的干酪"，但是他也不得不承认，"荷兰人在某些方面得到了神灵的护佑，因为他们驯服了海洋，让它按照自己的意志流淌"。[3]

然而，直到1350年，荷兰的低洼地带在欧洲庞大的地图上还是一个非常不起眼的地方，主要依靠农耕生活，总面积还比不上美国田纳西州。和西班牙与法国强大的君主统治不同，荷兰低洼地区都是各自为政，没有中央集权。就宗教宽容，或者说对异教徒的排斥程度来说，荷兰与其他国家也没有什么不同之处。和整个欧洲一样，当黑死病在荷兰肆虐时，人们将其罪恶根源归结到很多东西上，例如，可怕的行星连珠排列，世界的罪孽，等等，但是他们将主要责任归到了犹太人身上：

> 黑死病如此可怕，这肯定是针对人类的一个阴谋。除了犹太人以外，还有哪些人制造了这场阴谋呢？当时的每一个基督徒都知道，犹太人是基督教的死敌……他们试图毁灭整个基督教世界并取而代之。犹太人就是罪魁祸首，据说，他们利用蜘蛛、猫头鹰、蜥蜴、蛇怪、婴儿的血和圣饼制成了毒药，然后投放到井水之中。这种毒药是托莱多城那些富有的西班牙犹太人调制的，然后用小袋或小皮包包好运送到荷兰，并将之投放到井水之中。[4]

即使在瘟疫过去之后，留在荷兰的少量犹太人也被人们指责并遭到迫害。和英国与法国一样，荷兰也迫使犹太人在衣服上打上黄色补丁以标识自己的身份（同一时期，德国的犹太人也被迫戴上红色的尖顶帽）。1439年，一个非常英俊的犹太小伙子因为引得年轻女孩"频频回头"而遭到谴责。这个被称为"长着漂亮头发的犹太人"被罗曾达尔公爵囚禁在一个城堡中，并最终被驱逐出了阿纳姆。从15世纪开始，荷兰通过法律限制犹太人的贷款业务，极大程度上断绝了犹太人的生活来源。16世纪末，荷兰的犹太人一直遭受压制。[5]

天主教徒与新教徒之间的斗争：
荷兰共和国的形成
CATHOLICS AGAINST PROTESTANTS: THE FORMATION OF THE DUTCH REPUBLIC

在16世纪大部分时间里，荷兰是哈布斯堡帝国的一部分，当时这个帝国的版图从奥地利一直延伸到西班牙。费尔南多和伊莎贝拉共有五个孩子，其中有一个被称为"疯子乔安娜"。乔安娜嫁给了"美男子菲利普"（菲利普是哈布斯堡王国和勃艮第王国的王位继承人），他们生下了查理五世。1516年，当其祖父阿拉贡的费尔南多去世后，查理成为西班牙的第一任哈布斯堡国王。1519年，由于他具有多种王室血统，查理还是勃艮第国王、奥地利大公和荷兰国王。同年，查理五世还成了神圣罗马帝国皇帝。

查理五世出生于根特，对荷兰人有较深的感情。在他的统治之下，荷兰获得了无限的贸易权，控制了世界的大部分贸易活动。但是，由于宗教改革运动的出现，和欧洲其他国家一样，荷兰也出现了分裂。基督教加尔文教派横扫了整个荷兰地区，使南方省份和北方省份的新教徒和天主教徒之间发生了对抗。1556年，双方的矛盾进一步恶化，当年查理五世将荷兰和西班牙的王位传给了儿子腓力二世。

和父亲不同，腓力二世出生于西班牙并在西班牙长大，不说荷兰语，甚至公开轻蔑荷兰。他还是一个狂热的天主教徒。腓力二世认为终止宗教改革运动蔓延的态势是自己的神圣使命，从而发起了"现代欧洲历史初期一次最富有戏剧性、最血腥、最混乱的运动"。[6]

腓力二世要求人们绝对忠诚于罗马天主教，并指派不说荷兰语的天主教徒担任荷兰各省的总督。16世纪60年代，在奥兰治王室"沉默者"威廉的领导下，荷兰的很多省开始反对西班牙的统治。于是，腓力二世派了1万名士兵，由西班牙阿尔瓦公爵率领，镇压那些捣乱分子。一位作家曾经这样描绘阿尔瓦公爵："他是一个毫不动摇的，甚至狂热的镇压新教徒的急先锋……他非常残忍，但是常常失于计算，他的世界观很奇怪，既有人道主义的国际性理念，又有顽固的仇外心理……他对荷兰贵族和普通民众持有毫不掩饰的怀疑态度。"

受这种缺乏人道主义情绪的驱使，阿尔瓦公爵一到荷兰便马上组织了一个审判委员会，人们通常称之为"流血委员会"(The Council of Blood)，然后处死了1000名荷兰人，包括很多社会名流，更有很多人被捕入狱或者财产被没收。此外，他还加大了荷兰人的税赋压力。从1572年开始，荷兰北方地区爆发了很多次起义。对此，阿尔瓦都进行了残酷镇压，摧毁了哈勒姆城，并对马林、纳尔登和聚特芬等地的市民进行大肆屠杀。由于被英国驱逐的反天主教类似海盗的"海洋乞丐"荷兰人的加入，这次暴乱持续了整整4年时间。这场暴乱引发的结果是所有人没有预料到的。[7]

1576年，遭受饥饿之苦的西班牙士兵发生叛乱，因为腓力二世已无力支付他们军饷，所以他们就离开了北方转移到了南方,抢劫了安特卫普,杀害了7000名普通民众。这次事件称为"西班牙狂怒"(Spanish Fury)。虽然屠杀发生在南方,但是对北方产生了更持久的影响,成为当代众多诗人和艺术家作品的来源,并成为荷兰民族诞生故事的一部分。阿姆斯特丹著名诗人皮耶特·霍夫特(Pieter Hooft)曾对此有过一段经典的描述,一个新娘在新婚之夜被一个施虐成性的西班牙上校强奸并杀害,"他将她的衣服一件件剥掉,摘下她的项链,脱掉衣物,脱掉内衣,将那个纯洁身体上的所有东西都剥得一干二净"。在虐待这个女孩之后,这位上校"让她一丝不挂地跑出去玩追捕游戏,因为身上有多处伤口,她的鲜血滴得满地都是,最终上校找到了她,并将她杀害了"。

"西班牙狂怒"直接促成了"根特协定"(Pacification of Ghent)的签署,然后荷兰南方和北方联合起来,赶走了西班牙军队。但是,这个协议不久便失效了。1579年,在一些有名望的天主教贵族的领导下,南方各省宣布重新效忠西班牙腓力二世和天主教教会。于是,北方各省宣布自治,声称自己享有宗教自由。两年后,他们通过了"弃国宣誓"(Oath of Abjuration),公开宣布独立,200年后美国的《独立宣言》与其有着极大的相似之处:

众所周知,一个王子受上帝指派成为国王统治人民,是要保护他们免受压迫和暴力,就像牧羊人保护羊群一般;然而,上帝创造的人民并非是国王的奴隶,并不是不问是非盲目听从他的命令。相反,国王应该为他的国民着想……如果一个国王不能做到这一点，而是压迫他的人民，总是伺机破坏他们古老的习俗或者权利，强迫人民像奴隶一样服从，他就不再是人民的国王，而是一个暴君，所以人民……不仅不能让他继续统治，而且还要为了维护自己的权利另外选择一位称职的国王。这是……自然法则赋予人民的自卫权利，我们还要传至子孙后代，甚至流血牺牲也在所不惜。

此后，7个北方省份组成了荷兰的合省联邦，而另外的10个南方省份仍在西班牙的统治之下。[8]

但是，腓力二世是绝对不会承认失败的。相反，他拿出2.5万枚金币悬赏"沉默者"威廉的首级，并派出更多的军队去镇压北方的合省联邦。认识到西班牙具有军事优势，威廉将新共和国的领导权送给了法国国王的弟弟安茹公爵，前提是对方必须为他们提供足够的法律保护。这位公爵接受了威廉的提议，但是面对西班牙军队的强大攻势，不到两年便逃跑了。1584年，"沉默者"威廉被一个名叫巴尔萨泽·杰拉德的西班牙人刺杀了。但是，杰拉德却一直没能拿到自己的赏金。对于刺客，荷兰人非常残忍，惩罚也是无人能比的，当杰拉德被捕之后，他尝到了荷兰人火红烙铁和热油浇身的滋味。

威廉死后，荷兰人准备将统治权直接交给法国国王。但是，因为忙于内战，而且不愿与西班牙为敌，亨利三世拒绝了荷兰人的请求。然后，荷兰人向英国的伊丽莎白女王求助，但是对方也拒绝了。[9]

混血儿和毒蛇：
荷兰共和国宽容政策的诞生
MONGRELS AND SERPENTS: THE BIRTH OF TOLERANCE IN THE DUTCH REPUBLIC

现在，时间已经走到了1588年。合省联邦因为缺乏自卫能力，试图将统治权交给法国和英国，但是都没有成功。这个时候，荷兰人怎么看也不像世界霸主的样子。但是，到了1625年，荷兰共和国已经成了"资本主义世界的经济霸主，第一个真正意义上的全球帝国"。[10] 那么，到底发生了什么呢？

17世纪时，荷兰共和国这个小小的国家通过接纳被欧洲其他国家驱逐的企业家，变成了一个超级经济大国。此外，还有其他几个因素推动了这一宏伟目标的实现。例如，西班牙、英国和法国之间的战争让这些国家无暇顾及这个比邻的小国，这些战争耗空了它们的财政，而且西班牙的侵略也被迫暂时停了下来。但是，在荷兰崛起为世界经济霸主的过程中，最为关键的还是其经济实力的迅速膨胀。在这一过程中，荷兰共和国出色的宗教宽容政策推动了这一目标的实现。

鉴于17世纪整个欧洲都在忙于宗教战争、宗教迫害和狂热的宗教活动，荷兰共和国奉行的宽容政策显得尤为突出。合省联邦几乎是欧洲唯一没有设定国教的地区，可以说是绝无仅有的。1579年的乌得勒支联盟成立宪章规定："每一个人都有宗教信仰自由……任何人不得以宗教原因受到调查或迫害。"

合省联邦不强迫人民接受基督教归正会,也不会对该教之外的任何人罚款或者惩罚。

当然,很多牧师在自己的教堂中宣讲正统教义,严厉谴责在教堂中演奏风琴的做法,反对"异教徒"节日和农村集市的宗教活动,对于"17世纪40年代风靡共和国的卷曲长发行为"表示深恶痛绝。此外,荷兰的归正会一直享有特权地位。非归正会成员不得担任政府职位,而且其他宗教不得在"公共场合"举行宗教活动。

但是,实际上,非正统宗教活动和宗教宽容政策还是相当普遍的。各个教区有权选择他们认为正统的教义,而且大多数可以灵活选择。除了加尔文教派这一主体之外,天主教、犹太教、基督教路德教派、基督教门诺派和基督教抗辩派都可以建立自己的"不引人注意的"礼拜场所,开设神学院,印刷自己的神学或者学术书籍。此外,很多政府官员只是名义上的归正会成员,而且很少掩饰自己反正统教的倾向。[11]

所以,在1616年,当欧洲其他地区的犹太人遭受攻击和迫害时,拉比伊扎克·尤塞尔给一位朋友写信说:"目前,我们在阿姆斯特丹的信众生活得很好。这座城市的居民能够正确对待人口数量的增加,他们制定的法律和法令支持宗教自由。每个人都可以信奉自己的宗教,但是一般不能公开表明自己的信仰与城市的主要信仰不同。"虽然犹太教宗教活动开始时一般只能在私人家中举行,但是在17世纪20年代,阿姆斯特丹已经出现了几座犹太教堂。事实上,早在1612年,阿姆斯特丹的市政厅"就变成了一个犹太人可以公开自由举行宗教活动的场所"。1675年,壮丽的塞法迪犹太教堂在阿姆斯特丹建成。这座教堂的设计灵感来自于耶路撒冷的所罗门神殿,可以容纳两千名信众,有着高大的立柱、黑色橡木教堂座椅和巨大的黄铜枝形吊灯,完全不是什么"不引人注意的"建筑了。同一时期,德系犹太人在街对面也建立了自己的教堂,同样拥有相当的希伯来权威、饮食规定和意第绪语(一种犹太语)出版社。[12]

荷兰共和国卓尔不群的宗教自由政策成为欧洲的热门话题。敬仰者有之,例如,法国著名作家巴尔扎克在1631年写给笛卡尔的信中说:"难道还有哪个国家可以让你享受如此完美的宗教自由吗?……还有什么地方能够让我们前辈的善良美德得以延续吗?"但是,大部分外国人对于荷兰共和国实行的放任自流的宗教政策感到震惊。一位英国布道者指责说:"还有什么歪门邪道的基督教孽种不能在荷兰耗子居住的沼泽里怀崽、生产,并大肆疯长呢?"另外一个则激愤地表示:"有时,在一个家庭中,你甚至可以发现他们信奉七种不同的宗教,真乃咄咄怪事。"即使那些从荷兰共和国宗教宽容政策中受益的人也对各种宗教共存的局面表示不满,就像历史学家所说的,"这里似乎成了宗教信仰的廉价市场,什么宗教都可以粉墨登场",他们觉得自己的国家就像一个英国人所说的"盘踞着几条大毒蛇的兽窝一般,只要不是头上长角的怪物,任何人都可以来这里生活"。[13]

但是，荷兰的宗教宽容政策更多的是出于利益考虑才得以实施的。很多荷兰著名政治家都公开支持宗教自由政策，因为这会给他们带来巨大的经济利益。例如，荷兰经济学家皮耶特·德·拉·考特（Piter de La Court）在《荷兰的利益》（Interest of Holland）一书中写道："宗教宽容政策对于维持荷兰城市经济和社会发展急需的移民起到了极为重要的刺激作用。"虽然荷兰的宗教宽容政策是出于策略考虑，但是却产生了极为成功的效果。

荷兰共和国就像一块磁石，吸引着来自欧洲各国的大批宗教难民，包括来自荷兰南部的基督教新教教徒、来自法国的基督教雨格诺派教徒、来自德国的基督教路德派教徒、来自西班牙和葡萄牙的塞法迪犹太教教徒、来自东欧的德系犹太教教徒，以及来自英国的基督教贵格会教徒和清教徒（清教徒是英国宗教迫害时期从基督教禁欲主义者中分化出来的一个群体，在荷兰躲避了12年以后，于1620年登上"五月花号"轮船奔往新大陆）。还有很多移民来荷兰纯粹是出于经济目的。大约在1570年至1670年间，很多欧洲城市出现了经济萧条，而阿姆斯特丹的人口反而从3万上升到了20万；莱顿的人口从1.5万上升到了7.2万；哈勒姆从1.6万升至5万；鹿特丹从0.7万发展到4.5万。总之，这些移民就像一台巨大的发动机一样，在短短半个世纪，让荷兰在世界经济的各个领域占据了支配地位。[14]

资本主义精神：
西班牙的损失和荷兰的收获
THE "SPIRIT OF CAPITALISM":
SPAIN'S LOSS AND HOLLAND'S GAIN

荷兰经济的爆炸式发展主要得益于犹太人的贡献，从更大程度来说，还包括新教徒的贡献，他们都是为了躲避西班牙哈布斯堡王朝的迫害来到荷兰的。随着这些人在荷兰的发展，他们将荷兰共和国变成了世界贸易、加工和金融中心。

例如，单从钻石贸易，我们就能窥一斑而见全豹。1725年以前，也就是人们在巴西发现钻石以前，几乎世界上的所有钻石原料都来自印度。世界上最著名的钻石很多都来自印度，包括传奇性的"希望钻石"——一块非常罕见的重达44.5克拉的蓝色钻石，280克拉的"大莫卧儿钻"（目前还不知道出自何处）和100多克拉的"光之山"，最后这一块现在镶嵌在英国皇冠上。（2000年，印度议会议员曾经要求英国政府归还"光之山"钻石，当时，它仍然镶嵌在伦敦塔中英国女王的皇冠上。）印度最初开采钻石的工艺非常原始。来自最底层的印度工人，沿着河床开挖很浅的矿坑，通过手工筛选被挖出来的石块来寻找钻石，有时一个工作场地就有6万人在工作。

将这些非常原始粗糙的钻石原料转变成做工精湛、璀璨夺目的珠宝，并最终悬挂在欧洲贵族脖颈上的这一重要过程是被犹太人所控制的。早在1000年时，犹太商人就形成了一个巨大的网络，从马德拉斯到开罗，再到威尼斯，自那时起他们就控制了世界钻石贸易。从古代开始，犹太人就从事金融借贷业务（各国禁止他们从事其他业务），而宝石常常作为贷款抵押物，所以他们积累了先进的宝石鉴赏、切割和销售的专业知识。因此，犹太人在哪里定居，他们就会把钻石业务发展到哪里，还有不断扩大的贸易和金融网络，从而将欧洲、地中海、亚洲、非洲，以及美洲联系起来。

1492年，当西班牙驱逐犹太人时，很多犹太人定居到里斯本，后来又转移到安特卫普（当时这个地方仍在哈布斯堡王朝的统治之下）。无独有偶，这两个城市都成了国际贸易和国际金融中心。里斯本成了销往欧洲各地钻石的总入口，而安特卫普则成了世界著名的钻石切割加工中心。1550年，安特卫普港业务极其繁忙，以至于入港的商船必须排队才能卸货：这座城市成了整个哈布斯堡王朝股票债券的交易中心，事实上，应该说是整个欧洲"最大的金融市场"。[15]

但是，不断增长的种族和宗教狭隘思想极大地影响了哈布斯堡王朝的发展。16世纪40年代，当宗教审判所在葡萄牙肆虐时，以及50年代对异教徒和少数民族的驱逐在安特卫普异常激烈时，犹太人和康法索人开始大量移居较为宽容的荷兰。这些伊比利亚的犹太人和康法索人，与那些贫穷的、没有受过良好教育，为了躲避波兰和德国大屠杀大量涌入荷兰的德系犹太人相比，属于世界上最富有的商人和金融家。这些西班牙系犹太人（塞法迪犹太人）将大笔资金投资在荷兰共和国，充实了银行储备，夯实了国家资金，推动了荷兰殖民主义扩张，而且在建立著名的阿姆斯特丹股票交易所过程中起到了关键作用。到17世纪中叶，阿姆斯特丹已经取代里斯本和安特卫普，成为欧洲的钻石中心，以及全世界犹太人金融和贸易网络的中心。

犹太人还控制了其他一些高利润行业，例如，卷烟、食糖加工、丝绸纺织、巧克力制作、麝猫香和钻石加工等（德系犹太人为西班牙系犹太人充当劳工的情况十分普遍。例如，贫穷的德系犹太人经常到阿姆斯特丹城外购买便宜的肉食以喂养麝猫）。很多犹太人，包括贝尔蒙特、洛佩斯·苏埃索、努内斯·德·科斯塔和平托家族也是大慈善家。他们资助艺术家、诗人和音乐家，建立了福利救济制度，为宗教和世俗学术机构提供资金支持。他们常常在自己家里举办音乐会和歌剧演出，这些住宅非常豪华，摆满了艺术品、珍贵的书籍和手稿。[16]

犹太人给荷兰共和国带来的巨大经济利益也被西班牙人注意到了。所以，很多王室顾问强烈要求西班牙国王改变宗教审判所制度，吸引康法索人重新返回西班牙。例如，1637年，迪亚哥·德·西斯内罗斯（Diego de Cisneros）就警告说，阿姆斯特丹接受的犹太新移民已经让荷兰共和国变得过于强大：

荷兰反抗者已经仰起头颅，凝聚他们的力量，犹太人帮助他们在战争、征战、谈判和其他军事主张中获取胜利。犹太人逐渐成为他们陛下的臣民，反抗者的密探。他们渗入贸易的中心、军舰部队的统帅地位和国家的税收之中……吸吮着核心财富（来源于西班牙和葡萄牙）。[17]

尽管犹太人对于荷兰的经济繁荣起了重要的作用，但是由于他们人口少，相比其他族群，他们的贡献又显得苍白无力。在16世纪后期，蜂拥而至的新教徒商人、技工和企业家们扮演起更重要的角色，他们带着马克思·韦伯所谓的"资本主义精神"进入了尼德兰。

中世纪时，位于尼德兰的西部，拥有传统的纺纱、染布和纺织工艺的根特和布鲁日，正在蓬勃发展，上乘的纺织品大多出自这里。而到了1500年，安特卫普附近便是欧洲的纺织贸易市场和主要的工业中心。西班牙哈布斯堡王朝、安特卫普、根特和布鲁日的部分地区是加尔文教派的孕育之地，尤其存在于工商阶层。菲利普二世时期，随着迫害新教活动的加剧，这些城市的新教技术人才和资本出现了灾难性外逃。在1560年到1589年期间，安特卫普的人口从8.5万急剧下降到4.2万。大约在同时期，根特和布鲁日各自失去了一半的常住居民。

大部分的流亡者迁移到了尼德兰北部，尤其是在阿姆斯特丹、莱顿和哈勒姆，在那里他们可以自由地信仰宗教。他们中的大多数人都是高度熟练的纺织工人，他们都拥有专业的纺织技艺（弗米尔的父亲擅长纺织带图案的绸缎，雅各布·凡·雷斯达尔的父亲擅长为挂毯设计卡通图案）。这些外来移民带来的不仅仅是技能和经验，他们还带来了最先进的原材料加工工艺和技术。到了16世纪90年代，大部分富有的新教商人和企业家也已经定居在荷兰安特卫普地区。荷兰共和国丰富的劳动力、浓厚的商业氛围、繁荣的经济和开放的社会以及众多的机会受到了人们的青睐。[18]

因为外来技术的引入，几乎在一夜之间，荷兰政府急切致力于控制规模庞大的工业体系，从炼糖工业到军工厂再到化工产品。至关重要的是，荷兰取代了安特卫普成为欧洲纺织品整染和生产的领头羊。由于安特卫普人才和技术的直接引入，"哈勒姆成了生产中心，进口德国的粗亚麻漂白后再制成成品……"阿姆斯特丹从英格兰、莱顿等地进口白色半成品布料，对其进行染色和加工设计。南尼德兰移民振兴了布料加工产业，逐渐成为最大的加工中心，这就是17世纪欧洲所谓的"新布料"时期。

不久，荷兰便完全垄断了欧洲的商业贸易，在这之前，欧洲的贸易都是由汉莎同盟（北欧贸易联盟）、英国人和早期的威尼斯人共同管理。一艘艘载满上乘的亚麻布、天鹅绒、羽纱、锦缎和绸缎的商船，从荷兰驶向西班牙和葡萄牙大港口。在这些港口，荷兰人把上乘的纺织品换成西班牙银币，再用这些银币向来自印度和新世界的人购买原材料和奢侈品：胡椒粉、糖、香料、铁、咖啡粉、茶叶、珊瑚、棉花、丝绸、木材和马海毛。凭借金钱和高效率的船舶，以及北欧在波罗的海沿岸无可匹敌的贸易网络，荷兰迅速成为如丹尼尔·笛福所说的，"世界的运输者，贸易的中介商，欧洲的代理人和经纪人"。[19]

因此，荷兰在贸易中积聚了巨大的财富。在1598年，西班牙人对荷兰商船下达禁港令，禁止他们进入伊比利亚港，希望能切断荷兰对殖民产品的使用。但是这些都被证实是致命的错误。当财富受到威胁，资金力量又不断投入时，聪明的荷兰人决定完全绕过西班牙和葡萄牙，直接将他们的货物运往东印度和美洲大陆。因此就诞生了东印度联合公司和后来的西印度公司，凭借它们，荷兰共和国不断发展壮大，成为强大的世界殖民国家。[20]

帝国："金钱就是你的上帝"
EMPIRE: "GOLD IS YOUR GOD"

到 1601 年为止，这里已经建立了 8 家荷兰公司，一共拥有 65 艘船。它们彼此之间疯狂竞争，不断地从东印度群岛购买商品。最初，荷兰商人们都获得了巨大的回报，但是他们转而发现，他们相互间的竞争无形中抬高了商品的价格，而这恰恰威胁到了他们的利益。与此同时，他们的船只在远洋途中又遭遇了海盗、敌舰以及武装民船抢劫，损失惨重。除此之外，相比西班牙和葡萄牙，荷兰在亚洲、非洲，甚至是新世界地区，并没有任何有组织的、能独立自主的军队。反观西班牙和葡萄牙，在东、西印度地区，都拥有各自的殖民地，统治和剥削着那里的人民，而这些都给他们攫取贸易所需的原材料提供了非常便利的条件。荷兰商人们看到了这些优势，并从中汲取了宝贵的经验。

在 1602 年，荷兰商人、市民和外交使节们相互勾结，在东印度群岛成立了东印度公司。这个股份制公司利用独立主权垄断经营。公司有权行使外交权，签订政府间的条约，结成军事联盟，拥有军队，任命总督，甚至拥有发起战争的权力。公司里的所有理事，不论是海军中校还是侨民，都必须向联合公司和联合省的最高领导人宣誓，以表效忠。

在东印度公司里，那些投资创始人不停地钩心斗角。在最重要的阿姆斯特丹商会里，就有超过1000个原始投资人，其中81人就提供了一半左右的资金。在这81个主要投资人中，一半左右是富裕的新教难民，而且一般都是荷兰本土人，他们逃过了西班牙的迫害。东印度公司创造了更多的财富，对荷兰的发展做出了巨大的贡献，其中包括著名的安特卫普商业银行家族，例如巴特洛蒂斯、柯梅司、苏格兰和沃格雷斯。荷兰本土人并不非常富裕（至少早期如此），但是却受到更多的政治影响，包括啤酒商的儿子杰拉德·比克、粮食贸易商的儿子雷纳尔·堡和煮皂工的儿子杰拉德·雷斯特。这些人在长途贸易中都获得了巨大的财富。其中也有3个主要投资商，他们来自德国，包括大资本家乔·波彭，截至1631年，他的家族一直是阿姆斯特丹的首富，紧随着是巴特洛蒂斯家族和柯梅司家族。尽管10%~20%的荷兰人是天主教徒，但是东印度公司主要的投资商却是新教徒。[21]

尽管如此，荷兰人的海外扩张并没有受到宗教狂热分子的阻挠。同西班牙和葡萄牙截然不同的是，荷兰很少派传教士去东印度地区或美洲地区"拯救异教徒"。当然，荷兰帝国的建立者中也有虔诚的加尔文教徒，其中就包括无敌海军部队的司令皮特·海恩和荷兰东印度公司总督科恩。但是像他们这样的人会经常埋怨那些在亚洲的荷兰侨民对宗教不够虔诚。曾经有个牧师发牢骚说："荷兰水手对《圣经》的了解和对《古兰经》的了解一样少。"荷兰帝国的扩张烈焰不是因加尔文主义而是被利益驱使。在17世纪早期，正如西非部落成员对荷兰商人所说的，"金钱就是你的上帝"。在几年之后，瑞典的查理十世对此也持相同看法，"当一位荷兰外交使节对荷兰的宗教信仰自由发表言论时，查理十世从自己口袋里拿出一个硬币说：'这就是你的宗教信仰！'"[22]

17世纪早期，人们见证了荷兰商业和殖民化在全世界范围的膨胀和扩张。1605年，荷兰从葡萄牙手中夺取了印度尼西亚群岛作为自己的殖民地。1610年，东印度公司在爪哇岛建立了第一个总督机构，将爪哇岛作为德那第、蒂多蕾、安汶岛和班达等临近岛国的交易场。1619年，荷兰攻占了雅加达，重新命名为巴拉维亚并使其作为公司新的总部所在地。在同一时期，荷兰取代了葡萄牙成为西非海岸线上新的主导力量，掌管着这一区域黄金和象牙的交易。更具戏剧性的是，在1599年至1605年之间，荷兰派出了768艘船舶到达加勒比海和南美洲的北海岸，之前这些都是西班牙的控制区域，荷兰人从那里成功地获取了大量的食盐、烟草、皮革、糖和银条。

同时，回到欧洲，荷兰为了主权独立，反抗西班牙的统治（荷兰独立战争从1568年开始到1648年结束，也被称为"八十年战争"），荷兰在战场不断地获得胜利。在经济利益的不断驱使下，荷兰采用一系列军事改革并迅速向欧洲地区扩张，因此军队获得了高额的报酬。越来越先进的武器被引进，军事武器变得更加标准化。战场训练和技术不断革新，例如，战士在军事训练中练习同时装弹和开火，要求步兵并排连续齐射。荷兰士兵在战场上的优越性不断体现，1597年，在蒂伦豪特战役中，大约有2250名西班牙士兵战死，然而荷兰可能只有4名士兵牺牲——或者，最多100人。

1607年，荷兰战舰在自己的海湾直布罗陀海峡摧毁了西班牙舰队。1609年，西班牙与"荷兰叛徒"签订了《十二年休战条约》，再次允许荷兰船舶进入西班牙、葡萄牙和弗兰德斯，从此往返于国际海域，再也不必担心遭到西班牙战船和私掠船的攻击。荷兰的货运和运输保险迅速跌入谷底。荷兰所获利益又到达了一个新的高度，共和国的商业优势远远超过了巅峰时期的波罗的海诸国、地中海地区和北欧地区。当条约到期时，西班牙也没有要求修订其中任何条款。1621年，战争再次爆发，西班牙重新实行了封港令。在同一年，荷兰的西印度公司正式建立，荷兰在新世界开始了新的殖民扩张。

到了17世纪30年代，荷兰几乎已经从葡萄牙手中完全夺取了巴西和北欧的食糖贸易。1634年，荷兰从西班牙手里夺取了库拉索岛并在加勒比海建立了永久性的基地。1648年时，荷兰的国旗已经插上了阿鲁巴岛、博内尔岛、半个圣马丁岛和其他岛屿，大概相当于今天的荷属安第列斯群岛。而早在1609年，受雇于荷兰的英国人亨利·哈德逊就代表他的新雇主占领了纽约州的大部分土地。到17世纪中期，荷兰通过新阿姆斯特丹（今曼哈顿）基地和奥兰治堡（今奥尔巴尼）控制了北美利润丰厚的皮毛贸易市场。[23]

和东印度公司一样，荷兰西印度公司大体上也是由那些逃亡的移民建立的，这都是因为相对自由的宗教信仰制度。同样，这其中也有许多富有的新教难民。当然，西印度公司比东印度公司拥有更多狂热好战的加尔文教徒。另一方面，与犹太人在东印度公司起到的微小作用相比，这次他们在西印度公司的扩张活动中做出了巨大的贡献。

在荷兰语和伊比利亚语的共同影响下，又因他们致力于食糖和其他热带原材料的贸易，荷兰的犹太人特别擅长在西印度公司扮演荷兰殖民者的角色。截至1644年，在荷属巴西地区，荷兰犹太人约占白人市民的1/3。[24]

荷兰犹太人也协助殖民圭亚那、巴巴多斯、马提尼克岛和牙买加，以及一些相对较小的岛屿，例如尼维斯岛、格林纳达和多巴哥。犹太人在新世界占据的最大最重要的岛屿是库拉索岛，紧随其后的是500名犹太人组织占领的苏里南，截至1694年，他们已经拥有40座制糖工厂和9000名奴隶。

到17世纪中期，荷兰共和国"无可争议地成为世界上最大的贸易国，从阿尔汉格尔到累西腓，从新阿姆斯特丹到长崎，分布着各式各样的贸易前哨和强化工厂"。成千上万的奢侈品流入荷兰。1634年6月27日，大量的货物在阿姆斯特丹港口卸货：

326733磅的马六甲胡椒粉；297446磅的丁香；292623磅的硝石；141278磅的靛青料；483082磅的苏木木材；219027件明朝家具；52箱的韩日陶瓷；装在75个大瓶罐里的久制蜜饯，里面大多添加了姜汁香料；660磅的日本铜币；241件上乘的日本漆器工艺品；3989块粗制大克拉钻石；93箱珍珠和红宝石；603捆柔滑的丝绸和罗缎；1155磅的中国生丝；199800磅的锡兰糖。[25]

荷兰人的黄金时代
THE DUTCH GOLDEN AGE

荷兰人因拥有长久的盛世繁荣而闻名。欧文·费尔萨姆指责荷兰人"过分节俭"。在1688年至1670年，英国驻海牙大使、尼德兰联邦德高望重的威廉·坦普尔先生愤怒地表达荷兰人是"如此轻而易举"发家致富的：

从没有任何一个国家拥有如此多的贸易却消费得这么少：他们是印度香料和波斯丝绸的专业户，但却穿着普通的棉织品并食用自己养的鱼和种植的菜根。他们把最好的布料卖给法国人，然后自己却穿着向英国人购买来的粗糙布料。简而言之，他们提供无尽的奢侈品，自己却从不使用；用山珍海味款待客人，自己却从不食用。

其实，尽管荷兰共和国中有人可能穿着"普通的羊毛制品"和食用"菜根"，但是其他人并不这么做。正如西蒙·沙玛 (Simon Schama) 在《财富的困窘》(*The Embarrassment of Riches*) 中描写道，很多荷兰人，无论是贵族阶级还是普通劳工都能毫不费力地将加尔文主义的严格规定与饕餮盛宴、奢侈的节日庆典和超前的消费主义生活调和起来。

17 世纪是荷兰共和国的黄金年代，和美国的历史大体相似，荷兰也因为充满了机会而闻名于欧洲大陆：被称为"新耶路撒冷"，一块富饶的乐土。荷兰也存在大量的贫民和不公平，在 1500 年和 1700 年之间，大量的移民涌入荷兰共和国，当中不仅有金融家和大资本家，还有流浪儿童、妓女以及来自挪威和瑞典身无分文的水手。尽管如此，荷兰共和国仍然是欧洲最富有的国家，而且遥遥领先于其他国家，即使是技艺笨拙的工人也享受着比其他国家人民更高品质的生活和饮食。[26]

就像美国作为当今世界的暴食者一样，荷兰也因囤仓积货而闻名世界。在 17 世纪，英国自然主义学者约翰·雷见到荷兰人民便感到厌恶，认为他们"肥胖臃肿，身体粗犷"，"几乎时时刻刻都在进食"。而且不仅仅是只有富人才过着这样奢侈的生活。贵族和平民吃着惊人相似的早餐，尤其是面包、奶油、乳酪、鱼、糕点、酸奶和啤酒——啤酒甚至被作为早餐饮料"广为推荐"给成人和孩子。

中餐和晚餐也同样丰盛。1664 年 4 月 24 日，一张来自大约十二名教授在赫罗纳的标准晚餐账单显示：一只火鸡、一只大野兔、一根威斯特伐利亚火腿、一大块羊肉,以及烤牛肉、小银鱼、面包、黄油、芥末、奶酪、柠檬和十二大杯葡萄酒。在1703年,据说七个来自阿纳姆的牧师一次吃掉了包括"十四磅的牛肉、八磅的小牛排、六只鸡、大量的白菜、苹果、梨、面包、饼干、什锦坚果、二十瓶红酒、十二瓶白葡萄酒和咖啡"。即使在济贫院里也有蔬菜沙拉、炖肉、面包和黄油,偶尔有鸡,以及给病人准备的新鲜的水果和红酒。

在特殊的场合,荷兰人甚至吃得更多。除了那些主要的节假日,例如圣诞节、圣马丁节和肥美星期二狂欢节(当天人们必须吃华夫饼、煎饼、三明治、火腿派),荷兰人也为庆生、洗礼、襁褓、婚约、葬礼、开学、中彩、拜师、新机构成立、商船抵港,甚至为节气的变化举办盛宴,那时候男女主人也会扮演仆人的角色。在宴会上,宾客会受到周到的款待,菜肴多达一百多道。一个守丧人,除非死去的人不值得纪念,一般会收到西蒙·沙玛所说的"丰盛的送别",即乡民给予的赠品:

二十箱法国和莱茵的顶级葡萄酒、七十桶麦芽酒、一千一百磅在柯宁广场烤制的烤肉、五百五十磅里脊肉、十二只全羊、十八大桶白酥皮鹿肉、两百磅鼠肉,最后一般都是面包、黄油和奶酪。

就算食物多到堆积如山,也引发不了宗教争端。毕竟连《最后的晚餐》中都出现面包了。"哪怕在最狂热的牧师看华夫饼本身也没有什么罪恶。"问题是荷兰的酒鬼和烟鬼同样臭名昭著。"男人会因为小小的借口酗酒,"一位牧师哀叹道,"甚至听到铃声或磨坊转磨的声音,就会喝酒……恶魔化身成了啤酒商。"在1613年,仅仅在阿姆斯特丹就有518家酒馆。与此同时,据估计,在哈勒姆人们每天消耗1.2万升啤酒,其中2/3是在家中喝掉的。同一时期,不分男女,无论社会阶层高低,吸烟甚至嚼烟已经成为国家性的痼疾。"荷兰共和国之味,"沙玛写道,"就是烟草的味道。"外国游客特别厌恶荷兰女人满嘴的烟渍牙,甚至连当地人也说"绝不可能有不吸烟的荷兰人"。[27]

这些恶习和毫无节制的生活给严谨的加尔文教徒造成深深的苦恼。在1655年,阿姆斯特丹一位虔诚的市长颁布了一道禁止举办奢华婚宴的法令。另一方面,代尔夫特城下令禁止姜饼人。许多城镇的牧师则全力禁止人们在安息日饮酒。

但是这些措施最后都毫无效果。这不单单是因为这些方案不受欢迎(曾经有人因尝试在圣尼古拉斯宴会上禁止食用甜点而引发了11岁儿童的暴动),资本主义力量也毫不留情地反对它们。烟草和酒是荷兰共和国两大最重要的商品。在高达城,大约有一半的劳动力被雇佣来生产烟管。即使在西印度公司——以加尔文主义的强硬路线为核心——从殖民地的烟草贸易中获得了巨大的利益。这些经济利益轻易就战胜了教会的镇压努力。举个例子,在鹿特丹城,一项禁止周末喝酒的法令刚一出台就受到当地有影响力的啤酒商的反对。当然,教会和这些肮脏的交易者也有瓜葛。当地牧师在布道训诫时偷偷地吸一口烟是非常普遍的，自治区的烟草巨头布兰特·凡·斯勒契特赫斯特本人就是归正会（基督教）的执事长。[28]

到了17世纪中期，荷兰共和国以高度的自由闻名于欧洲——社会上、道德上、政治上和智力上。外国游客经常被仆人、妻子和平民对主人、丈夫和贵族的不尊重所震惊。17世纪90年代，德国人海因里希·本特姆访问了荷兰，他嘲笑荷兰女仆的打扮和举止与主人的情妇非常相似，以至于他都分不清谁是主谁是仆。他也注意到，在德国男人们进入教堂的时候，他们的妻子会跟在后面照顾孩子，但在荷兰却恰恰相反："这里的母鸡得意扬扬，公鸡只能喋喋不休。"在荷兰共和国，女人——不论老少，不分阶段，都是极其独立的，"来去自如，没有随从和长辈的跟随，可以像男人一样参与工作、管理生意和参加各种交际"。

更为糟糕的是，荷兰仍然没有对人们变得富裕做出一些限制——而在同一时期其他的欧洲国家，往往有非常严格的社会等级制度。在荷兰，暴发户和奶酪商住在奢华的宫殿里，那里装饰着"富丽堂皇的大理石、雪花石膏打造的柱子"和"嵌金的地板"。他们衣着华丽，用西班牙丝织品、巴西的翡翠和东印度的蓝宝石给他们的妻子装饰打扮。即使是出身普通的门卫和补鞋匠也拥有昂贵的亚麻制品，穿着天鹅绒和锦缎。"每一位先生都有权穿着任何衣物，只要他们买得起，"一名愤慨的批评家说，"当你看见一名裁缝的房间或客厅里挂着金皮衣或挂毯，你能忍受吗？或者到处可见布商或工匠把他们的房子装扮得与绅士或市长的房子一样，你能接受吗？"

　　荷兰的宗教包容和高薪待遇吸引了来自整个欧洲的高技术和有才能的人才，包括德国人、法国人、英国人、苏格兰人，甚至是土耳其和美国人。法国在1685年废除了《南特赦令》之后，胡格诺新教徒前往荷兰成功开辟了丝绸、裁缝、制帽、制假发和制表业。荷兰的主要城市和大学成为欧洲的大都会。在1700年，据估计约1/3的莱顿大学学生是英国人，数千名的苏格兰和英国学者涌入格罗宁根和乌得勒支。到1685年，移民和移民的子孙占据了荷兰人口的绝大部分。[29]

　　就像中国的大唐盛世，荷兰共和国见证了17世纪非凡的文化、艺术和学术创造力。这一时期的荷兰画家——伦勃朗、弗米尔、弗朗斯·哈尔斯、扬·斯蒂恩、雅格布·凡·雷斯达尔——都是著名的艺术家，避开传统宗教中神圣的人物，荷兰大师们以新颖、极其现实的风格，给那些之前在伟大作品里被严禁的国家主题和中层阶级主题带来了空前的辉煌。（伦勃朗选择居住在阿姆斯特丹的犹太居民区。）这一时期的荷兰也带动其他地区的文化和学术取得了很大成就：博学者和人类学家胡果·格劳秀斯在17世纪初制定了现代国际法律的基础，当时他才20多岁。

　　最后，启蒙运动中那些最杰出的思想家在荷兰创作或生活，深深地被荷兰的学术自由所吸引。这些人包括笛卡尔、斯宾诺莎和约翰·洛克——"17世纪三大杰出的思想家"。法国天主教乡绅笛卡尔发现了荷兰安逸的氛围，并在那里完成了他伟大的著作。(他也描述了令人神迷的商城阿姆斯特丹："在这座城市里，除了我之外，所有人都在从事贸易。所有人都失去了自己的人性，我必须过着自己的生活而远离这些凡人。")犹太哲学家斯宾诺莎在17世纪20年代，携带自己的家眷来到了尼德兰；英国人约翰·洛克被詹姆士二世驱逐出境，他完成的关于政府和宽容的伟大著作深受这段在荷兰流放日子的影响。其他伟大的思想家，例如意大利的格雷戈里奥·列地和法国人皮埃尔·贝尔都居住在荷兰，荷兰成了"哲学家的天堂"。[30]

荷兰共和国是超级强国？
WAS THE DUTCH REPUBLIC A HYPERPOWER?

拥有无法匹敌的海军战队和无法超越的商业地位，在它的鼎盛时期可以创造太平盛世，大约从1625年到1675年，荷兰共和国拥有主宰世界的力量。但是明显的缺点是荷兰军队并不是欧洲最强大的——尽管它是世界上最大、最精良和最专业的军队之一。即使是在17世纪的衰落期，西班牙还是拥有更多的部队，尼德兰是否具有侵略和攻占哈布斯堡王朝领土的力量都令人质疑。荷兰共和国真的是所谓的超级强国吗？

如果仅关注荷兰的军队或许会让人们误解荷兰战胜敌国的原因。荷兰从未企图攻占欧洲大陆。然而西班牙、法国和英国早已在相互的战争中筋疲力尽，而荷兰建立的一支常备军足以从哈布斯堡王朝中获得主权和保卫自己的边界——正如他们在1672年所做的，他们击退了英法联军的入侵，令所有欧洲国家感到震惊。与中世纪早期的威尼斯相似,荷兰是毗邻海洋的帝国,受商业利益的驱使,而非追求版图的扩张。[31]

到17世纪,海军可能已经成为荷兰通往世界强国的捷径,而且荷兰控制着大片海域。荷兰共和国的海军控制区域范围是令人惊讶的。在1639年,在唐斯战役中,荷兰战舰使西班牙一支强大的海军部队蒙羞,摧毁了西班牙由近百艘战舰和两万人组成的海军部队,"大大地提高了荷兰海军的声誉"。在1677年,荷兰击败了英国人,也许那是英国历史上最糟糕的一次海上败战。从商业的角度来说,荷兰海军的支配力度更强大。据估计,在17世纪中期,两万艘船参与了世界的商贸往来,其中荷兰就有1.5万至1.6万艘。到1670年,荷兰拥有的船舶吨位比英格兰、法国、葡萄牙、西班牙船只加起来的总数还要多。在巅峰时期,荷兰海军差不多等同于法国和英国海军联合部队——更值得注意的是,荷兰人口仅占法国人口的5%~10%。[32]

在中世纪早期,荷兰人最早发现了取得全球统治地位的新途径。历史上超级强国发家都是从侵略邻国开始的,扩大它的劫掠部队,通过与更多人的合作来大幅度增加自己的人口,通过战略包容吸引这些追随者为荷兰帝国贡献自己的力量和才能。

荷兰的宽容政策扮演着非同一般的角色。当时整个欧洲遭受了残忍的宗教迫害,而1492年至1715年是有史以来范围最大的熟练技术工人大移民时期。[33]正如美国在两个世纪后所做的那样，荷兰用宽容政策吸引来了欧洲各地的人才和受迫害的流浪者。结果证明这是成功的战略，这吸引了世界上一些最具经济活力的团体——带来了无价的贸易网络、尖端的工业技术和大量的资金——这些都进入了小小的荷兰，创造了繁荣的经济，使荷兰共和国的经济实力远远超过了它的版图竞争力。之后，荷兰利用这些财富开始了全球扩张。

先进的技术和资本主义的兴起已经大幅度扩大了对世界认知的范围，改变了霸权的目标。对邻国的领土扩张已经变得不那么重要了。加勒比海的食糖和其他"赚钱的行业"——从波罗的海到地中海、到非洲的咖啡、茶叶、可可粉、纺织品、烟草、珠宝和其他奢侈品，都是新型的、利润丰厚的产品。荷兰把未来赠予了后来的胜利者——例如拿破仑和希特勒——以梦想带来的不可思议的摧毁力和自我毁灭能力，重新开始了征服欧洲的荒唐梦想。

新型、现代的世界统治战略不是以攻占掠夺为手段而是凭借军事力量资本主义化。尽管荷兰成功地在印度尼西亚、加勒比等地区取得了殖民地，但是荷兰更多的还是在半私有的东、西印度公司管理下，将其作为贸易网络中的贸易前哨，以战舰保护公司在世界上利润最丰厚的贸易航线上的垄断地位。给予其明确的"多产的、商业化和经济的优势"，还有那先进卓越和不可战胜的海军。[34]

荷兰"征服"英格兰
THE DUTCH "CONQUEST" OF ENGLAND

在 1688 年，一支强大的荷兰战舰进攻英格兰，并攻占了伦敦，尼德兰总督奥兰治公爵威廉三世成了英格兰的国王，和妻子玛丽联合统治英国。荷兰政权好像已经达到了至高无上的境界，它的商业和军事向外扩张的能力无法阻挡。事实上，当威廉成为英国君主时，这标志着世界霸主之位从荷兰转向了英格兰。[35]

光荣革命，或"不流血的革命"，这是由英国国会在 1688 年策划发动的。10 年前，荷兰野心家威廉和他的堂妹——国王詹姆士二世的女儿玛丽·斯图亚特结婚，而后继承了荷兰王位。威廉和玛丽都是新教徒，但是詹姆士二世却是天主教徒，这使得他在英国很不受欢迎。

即使在国会的默许下，威廉期望从他的叔叔（继父）手里夺取王位也是非常冒险的。尤其是因为威廉二世和法国的路易十四结成同盟，这对威廉动员和迁移部队迅速通过航道非常重要。1688 年，威廉的荷兰海军部队——一支由 500 艘船组成的舰队在英国登陆。这支舰队由一小部分荷兰犹太人提供装备和经费。成为英国国王之后，威廉立即召集他的犹太金融家来加强部队的实力，其中包括如今的英国陆军和海军部队。威廉紧接着受到很多荷兰纺织技师、科学家，甚至是荷兰画家和雕塑家的追随。因此大量资金、人力从荷兰开始涌入英格兰。[36]

作为一个具有讽刺意味的结果，英格兰从荷兰人和英国人融合的力量中获得了至高的利益——来自荷兰共和国输出的宽容政策和那些有魄力的金融家、完整的"商业模式"，之后英国取代荷兰成为欧洲移民和宗教少数派向往的充满自由和机遇的圣土。不久，英格兰取代了尼德兰成为世界的海上霸权，统辖着整个世界的商业和规模空前的殖民地。在这种情况下，英格兰也继承了荷兰未曾解决的问题。

荷兰的宽容政策原则上是一项内部政策。虽然最著名的宗教信仰自由政策在尼德兰和它的周边地区实行，但荷兰却从没有以种族和人种平等的方式对待海外殖民地的人们。从苏里南河到爪哇，再到西非地区，荷兰人把当地居民当作自己种族和文化上的附属品，对他们进行奴役、种族隔离和文化破坏等殖民迫害。这就是荷兰国内宽容政策和海外殖民偏执政策的矛盾之处——而矛盾在英国体现得更加明显。

委婉些说，荷兰人从没成功地使印度尼西亚或锡兰成为荷兰帝国忠诚的臣民。当然，荷兰人也从没这样追求过。英格兰却尝试将启蒙信条、欧洲民族优越感和罗马战略组合在一起，建立不列颠附属世界，充实不列颠的军事力量，管辖不列颠的领土，让其殖民地以效仿不列颠的方式，为不列颠帝国的兴盛贡献自己的力量。

CHAPTER 7

TOLERANCE AND INTOLERANCE IN THE EAST

The Ottoman, Ming, and Mughal Empires

第七章

东方的宽容和褊狭

奥斯曼帝国、大明帝国和莫卧儿王朝

在讲述荷兰共和国的继承者——大英帝国之前，让我们来简述一下西方以外的世界。这一章将简单介绍三个非西方社会——奥斯曼帝国、明朝和莫卧儿王朝。他们从15世纪到17世纪发展迅速且被历史铭记，但仍未达到实现世界统治地位的地步。在那最宽容的时代里，以上这三个帝国都达到了权威和繁荣的巅峰。相反，偏执就像癌症一样存在于每个国家的历史发展进程中，阻挠帝国的胜利，促成帝国的衰落。

奥斯曼帝国
THE OTTOMAN EMPIRE

从7世纪开始，伊斯兰教以惊人的速度发展壮大，但几乎从一开始就伴随着内部的分裂和战争。拥有同基督教一样的宗教基础，伊斯兰教可以同时在种族和人种上表现得宽容——对任何肤色或任何阶层的人开放——但涉及宗教时却变得不宽容。因为穆斯林的心中只存在一个真主和一种真理。

纵观整个中世纪，伊斯兰世界被紧张的内部宗教分裂所笼罩——包括什叶派和逊尼派的分裂（如天主教和新教之间的战争一般血腥）以及为了控制伊斯兰世界而发动的王朝、哈里发和宗派斗争。在750年的大马士革，倭马亚王朝的所有执政成员都被敌对的阿拔斯王朝杀掉了，仅有一位王子幸免于难。尽管存在这种自相残杀的斗争，伊斯兰世界中强大的地方王权仍不断涌现。在这些伊斯兰国家中，最强大和最持久的就是奥斯曼帝国。

奥斯曼帝国由奥斯曼的土耳其家族建立，其历史大约从1300年开始，直至第一次世界大战结束。在奥斯曼帝国的鼎盛时期，领土从维也纳边境延伸到红海，从东非拓展至巴尔干半岛。奥斯曼帝国最明显的特征之一就是实行宗教信仰自由政策。

伊斯兰帝国虽然偶尔屠杀穆斯林和非穆斯林"异教徒"，但仍然有悠久的宽容政策。在荷兰共和国成为第一个将宽容纳入其统治原则的欧洲国家的1000年之前，征服了8世纪的伊斯兰统治者仍然允许基督徒和犹太人继续信奉他们的信仰——只要他们承认伊斯兰教是至高无上的。在某种程度上，这是个精明的政策，但同时它也影响了伊斯兰教保护"圣经人民"的宗教原则——那就是伊斯兰教认为同为一神论宗教的基督教、犹太教的著述中包含天启内容。奥斯曼帝国是在这一传统上建立的，以深谋远虑的宽容政策统治着这片种族和宗教多样化的区域。[1]

有趣的是，奥斯曼统治者敏锐地意识到通过相对宽容的政策，他们可以从基督教竞争对手那里获得直接收益。尤其是当他们看见西班牙系犹太人和地中海地区庞大的商业贸易，认为可将其作为潜在的征税对象。1492年，在听到西班牙的驱逐法令后，苏丹·贝里斯二世发表声明欢迎流放者的到来并命令帝国所有管理者"不要把犹太人拒之门外"，要给予"热烈的欢迎"。那些不服从命令的官员将被"处死"。据说贝里斯幸灾乐祸地说："基督教君主斐迪南误判了智者，因为西班牙的衰落和土耳其的兴盛都是由被驱逐的犹太人造成的。"[2]

奥斯曼帝国的势力和光辉在伟大的苏莱曼大帝时期（1520—1566）达到了巅峰，这一时期被认为是奥斯曼历史的黄金年代。苏莱曼是一位杰出的军事指挥官，他始终坚持亲自指挥军队。苏莱曼攻占了匈牙利、伊拉克和北非，在地中海地区建立了强大的奥斯曼帝国，将帝国的疆域扩张到极限。苏莱曼也是位传奇的统治者。1525年，一位威尼斯大使称苏莱曼是"所有君主中最公正的人"，苏莱曼以他的智慧、公正和显著的宽容心而闻名（这些品质不能归功于他的父亲暴君塞利姆一世。塞利姆一世为了巩固王位处死了自己的兄弟、6个侄子和3个亲生儿子）。

苏莱曼继续实施奥斯曼宗教信仰自由政策，允许犹太人和基督徒自由信仰宗教和管理社区。作为交换，非穆斯林必须缴纳特殊税费，尽管这是帝国财政收入的重要来源，但也是依据实际情况缴纳的，并不会特别繁重。在苏莱曼的管辖下，犹太人和基督徒的生活和工作没有受到太多限制，至少在城市是这样的，穆斯林和非穆斯林在日常生活中偶然也会相互往来。犹太人和基督徒共同参与穆斯林商业公会，也可在穆斯林法院向穆斯林提起诉讼。

跨越宗教界限的友谊是存在的，来自不同信仰的家族组成的政治和商业同盟也很常见。在宗教节日上，穆斯林和非穆斯林经常友善地相互问候。举个例子，在复活节，基督徒会赠送红蛋给穆斯林邻居，后者也会用为穆斯林古尔邦节准备的食肉回赠友人。更有说服力的是，无论犹太人和基督徒选择和追求怎样的生活，都能使经济更加繁荣。确实，奥斯曼主要城市中最富有的人大部分是非穆斯林。[3]

当然，即使在仁慈的苏莱曼统治下，奥斯曼帝国也只是启蒙运动前的强权——附属者都没有政治权利——而且因此会扭曲穆斯林、犹太人和基督徒间的相互尊重。来自不同信仰的人一般都生活在自己的社区里，排斥甚至禁止异族通婚。因为犹太人、基督徒和穆斯林都有不同的历法，"月份的区分和年份的编号也不同，不同社会的时间分配也不相同"。更根本的问题是，土耳其人在宗教的基础上维持着一种清晰的阶级制度，但制度中并没规定伊斯兰教是至高无上的。无论犹太人和基督徒变得多么富有和成功，他们的社会地位总是低于穆斯林，就像女人的社会地位总是比男人低一样。[4]

为了强调这种阶级关系，非穆斯林必须公开表示服从，从而在整个社会设立了象征性的限制。原则上，非穆斯林必须穿指定颜色的衣服，比如蓝色的上衣或红色的鞋子，而且他们不能穿着绿色、先知风格的衣服，或者戴白色头巾。另外，至少书面法律条文禁止基督徒和犹太人携带武器，骑马或骆驼（他们只能骑驴子和骡子），购买土地，居住的房屋也不准高于穆斯林的房子，不允许担任管束穆斯林的职务。

然而实际上，大部分的限制形同虚设。许多非穆斯林掌握实权且具有一定的影响力。约瑟夫·纳西的职业就证明了这一点。纳西出生在葡萄牙一个富有的银行家族，银行的客户遍布整个欧洲，包括西班牙君主和法国君主。1554 年，纳西离开了哈布斯堡来到了伊斯坦布尔，在那里他和他的家族重新加入了犹太教，并成了奥斯曼犹太人社区的领导者。短短几年，纳西家族就成了奥斯曼帝国的主要金融家，掌管贯穿帝国内外的垄断部门和商业集团。

大约在1570年，约瑟夫·纳西——已经是帝国最领先的企业家之一——也是奥斯曼法院最有实权的人员之一，作为土耳其皇帝的高级顾问，对国外事务起着重大的影响（在1569年，他劝导荷兰人在奥斯曼的协助下反抗西班牙），纳西被奖赏授予纳克索斯和基克拉迪斯群岛的总督职位，还有意大利公爵的荣誉头衔。纳西的事迹不仅说明了一个"异教徒"在奥斯曼帝国能获得的成就，也说明了非穆斯林所要遵循的官方限制是如此的松弛（至少在某些方面）。纳西不可能骑着驴和骡子去帝国法庭，他那在伊斯坦布尔附近的官邸也不可能比穆斯林的平民房还要矮。此外，作为帝国最杰出的纳税人之一，纳西实际上——如果完全忽视法律——早已拥有比其他穆斯林还要高的权力。[5]

奥斯曼帝国宽容的另一个主要组成部分是它对穆斯林皈依者的宽容。尽管有像纳西这样非凡的个人，奥斯曼社会还是阶级社会，最高权位的领导者或统治阶级，仅允许穆斯林担任。但是几乎来自帝国任何种族或社会阶层的人，都可以成为穆斯林和领导层的一员。而且，穆斯林的皈依者完全和"天生"的穆斯林平等，其事业的发展完全不会被限制。因此在苏莱曼时期，哈布斯堡王朝派到奥斯曼帝国的使节布斯别克，写下了以下赞词：

人民根据工作的能力提升职位，这项系统确保职位都能分配给有能之士……奥斯曼人不相信高素质是天生或遗传的……良好的素质一部分是上天赐予的，另一部分则来自于后天良好的训练、工业振兴带来的新知识、高涨的工作热情，以及努力的奋斗……荣誉、高职位和实权职位都是作为对雄才和优秀服务的奖励。这就是他们事业成功的理由。

上进的穆斯林的事业发展几乎没有受到任何限制，这和信仰天主教的西班牙人形成了鲜明的对比。在西班牙，即使是已经皈依基督教的犹太人，在谋取高位时仍经常受到阻碍，只是因为他们"血液不纯"，而且几个世纪以来都冒着被处以火刑的生命危险。[6]

奥斯曼的宽容战略政策明显超越潮流，但它不是建立在人类权利或自由基础之上的，而是作为奥斯曼帝国对雇佣和训练的帝国的特种部队即土耳其禁卫兵进行测验的一种手段。每年，奥斯曼人都会从攻占的基督教领地抓捕一定比例的8至20岁男孩作为一种纳税的形式。穆斯林没有资格成为禁卫兵，因为他们认为如果年轻的基督徒有机会在异乡皈依和崛起，他们会更加热情和忠诚。直到17世纪，雇佣的新禁卫兵主要来自巴尔干农民家庭，包括阿尔巴尼亚人、保加利亚人、克罗地亚人、塞尔维亚人和希腊人；之后，也有来自俄国和乌克兰的男孩。

为了保护苏丹的财富，青年完全脱离了他们的家族，改信伊斯兰教，他们被训练成奥斯曼官僚机构的战士、管理者和官员。但他们被迫接受了苛刻的限制条件。作为"国家的奴隶"，所有新成员必须终身单身并服务于国家。对他们来说，最好的前途便是成为精英和进入管理层。在这些精英学校里，学生熟练掌握波斯语和阿拉伯语，学习《古兰经》，并被推荐为军事领导者。最杰出的人才可以一路走上令人向往的职位，成为高贵的大维齐尔（苏丹的首席部长和军事顾问）。苏莱曼的九个大臣中，除了一个例外，其余的都是信基督教的奴隶，都有着最卑贱的背景。

那些没有加入帝国管理者的新成员都被分配到土耳其禁卫兵部队，这支精英步兵部队是国王的私人卫兵。16世纪，是他们效忠帝国的巅峰时期，他们的实力比任何一支欧洲军队都要强大。土耳其禁卫军大约包括两万人，全部都是非本土的土耳其人。土耳其禁卫兵享受高品质的生活，因为他们继承了已故禁卫军的财富，积累了巨额的财产。因此，一些基督教家族认为这些年轻的"税金"是奥斯曼最恶劣的压迫手段，其他人却把它看作提升社会和经济地位的捷径、为家族成员提升社会地位的手段。[7]

奥斯曼帝国从宽容政策战略中获取了巨大的利益。首先，这给他们从特兰西瓦尼亚到也门再到伊朗高地，带来了协作或者至少是顺从的奴隶子民。与其他帝国类似，偶尔也有叛乱发生，这些都被奥斯曼帝国狠狠镇压了。但是基本上来说，宽容政策对于奥斯曼帝国是不可多得的战略资产。敌国一旦战败，就有大批的基督徒皈依伊斯兰教。也有些是受到先知的教诲感化，但是对大多数人来说，皈依伊斯兰教是最实用的。

对于奥斯曼帝国，这种"色盲"式的宗教转变意味着抱着或多或少合作态度的臣民的数量开始膨胀，这带来了大量的农业和军事的有效劳动力，在最高阶层，优秀的核心人才通过精英选拔被挑选出来。正如土耳其禁卫军和苏莱曼大臣所描述的，奥斯曼帝国有能力通过转变部署，为帝国培养出忠诚杰出的服务人才。

至于那些没有改变信仰的教徒，奥斯曼帝国的宗教宽容政策对他们的工作也相当有利。各种非穆斯林教派——基督教马龙教派、雅各教派、埃及科普特人、聂斯托利派、希腊正统基督教派、亚美尼亚正统基督教派、希腊犹太教和伊比利亚犹太教，还有一些宗教小团体——对经济的发展和帝国的强盛做出了巨大的贡献。尤其是从哈布斯堡王朝逃亡的犹太人，给土耳其人民带来了宝贵的贸易和经济网络，帮助奥斯曼的城市如伊斯坦布尔、开罗、阿勒颇和萨洛尼卡成为国际贸易的中心。

欧洲犹太人也为奥斯曼帝国提供了科学知识和医学知识，带来了工业技术、武器和弹药制造技术。尼古拉斯和贝隆证实了杰出的犹太人为奥斯曼的成功做出的巨大贡献。他们是欧洲著名的旅行家，于1550年到达土耳其：

犹太人的手艺和技术是最优秀的，尤其是因为宗教迫害被西班牙和葡萄牙驱逐的犹太人，他们教会了土耳其人各式发明、工艺和兵器制造技术，以生产大炮、火枪、弹药、枪支和其他武器；他们还在那里开设了印刷厂，这在其他国家是从没见过的。

许多希腊人、亚美尼亚人、黎巴嫩马龙教徒和其他基督徒也极具创业精神，在银行业、造船业、木材和烟草加工业、奢侈品贸易中占据着重要的地位。[8]

在苏莱曼大帝的全盛时期——领土无限扩张，文化繁荣兴旺——奥斯曼帝国看起来似乎将成为历史上第一个伊斯兰主宰力量。然而它并没有成功。即使是在它的巅峰期，奥斯曼帝国也只是区域力量，被势均力敌的对手所包围——从波斯王朝到哈布斯堡王朝，再到沙皇帝国。

如果苏莱曼还能再活一百年，历史可能大不相同。但是强盛的苏莱曼帝国却由十三位无能的君主继承，因为严格的阶级制度和奥斯曼帝国的揽权专制，一位无道君主便是一场灾难。在16世纪后半期，各种各样的因素导致帝国开始衰落，但苏莱曼的宽容政策也是导致他失败的一个原因。[9]

或许最具意义的是，苏莱曼之后的帝国无法凌驾于宗教分裂之上（逊尼派教和什叶派教的分裂）。尽管奥斯曼帝国盛行的是逊尼派，但什叶派也逐渐得到了苏莱曼的尊重。苏莱曼死后，帝国的主流宗教变得强硬。政府开始镇压自由思想，其中包括对什叶派的思想镇压。印刷厂也被帝国强行关闭。什叶派的反抗运动在伊拉克和波斯爆发，不久就遭到了帝国军队的摧毁，但这些运动也增强了什叶派萨法维王朝的力量，甚至萨法维王朝与欧洲国家结盟，共同对抗奥斯曼帝国。[10]

同时，以善待外国人和非穆斯林闻名的帝国鼎盛时期开始出现了动荡。一直以来都有一种伊斯兰思想在批判商人和贸易，尤其是和非穆斯林的贸易往来。这些商业厌恶情绪也许可以解释犹太人和其他穆斯林之所以可以掌管如此多的帝国贸易。然而事实上，正是如此多的外籍商人、企业家和金融家组成了不稳定的社会。无论是出于愤怒还是真正的神学顾忌，商人们在16世纪后期开始受到了批判，常被莫名地抽税，资产被充公，而且禁止向国外出口货物。经济和技术改革受到压制，这不仅阻碍了贸易的发展，还削弱了帝国的军事实力，武器和战舰逐渐落后了。[11]

在16世纪后期，非穆斯林仍然在奥斯曼帝国享受着比欧洲非基督徒更好的待遇和更好的发展前景，但裂痕开始出现并最终爆发。在整个帝国中，犹太商人和摊贩遭到了攻击、抢劫和谋杀。当一位犹太侍医死去后，主医主张由穆斯林教徒来取代他的位置，因为帝国内已经有太多的犹太人了。在接下来的50年内，犹太侍医的数量从41人降至1人。可以肯定，奥斯曼犹太人更担心来自敌对国基督徒的威胁。1594年，当瓦拉齐亚的勇士迈克尔王子开始反抗奥斯曼的统治时，他立即在布加勒斯特开始屠杀每一个罗马尼亚人的犹太债主。但是随着冲突的不断恶化，犹太人也受到了迫害。在17世纪

60年代，犹太救世抵抗运动的领导人沙巴太·查维被迫必须选择死亡或加入伊斯兰教(他选择了伊斯兰教)。1688年，在另一场和奥地利的战争中，帝国禁卫军烧毁和掠夺了贝尔格莱德的犹太人社区。[12]

和其他帝国一样，奥斯曼帝国衰落的原因是复杂的，且引发了激烈的讨论。随着时间的推移，帝国军队不断受到挫败，领土逐渐被占领。西方欧洲国家在经济和技术上取得了巨大的优势，并开始了他们在美洲和亚洲的殖民运动，而这些都是奥斯帝国从未做过的。内部争斗的不断扩大和民族主义的上升发挥着关键和破坏性的作用。同时，奥斯曼帝国的最终崩溃正是可怕的宽容政策所造成的。1922年，在帝国被彻底摧毁之前，由于民族和宗教偏执、宗教主义和暴力造成了帝国全面瓦解，尤其是在巴尔干地区。穆斯林之间的争斗，希腊正统基督教对希腊东仪天主教会的迫害，和其他宗教对犹太人的屠杀，这些宗教恐怖令亚美尼亚人在第一次世界大战中惨遭种族灭绝，据估计约有80万奥斯曼的亚美尼亚臣民在帝国动乱前后遭到屠杀。[13]

中国大明帝国
MING DYNASTY CHINA

在15世纪早期，明朝政府派穆斯林——宦官郑和，带领由300只"宝船"组成的舰队，承载2.8万名官兵，穿过印度洋开始了七大洋的征程。在当时，明朝军队的射击水平比其他欧洲帝国更为先进。从元朝人继承而来的明朝政府统治的人口数量比奥斯曼帝国和欧洲君主统治的总量还要多。从技术发展的角度来看，中国的发展水平远远超过了落后的欧洲，已经发明了印刷术、火药和指南针。15世纪的中国在其他方面也远远超过了欧洲：在明朝新首都紫禁城的典礼仪式上，2.6万名贵宾在宴会上享受最好的瓷器盛放着的食物；而在英格兰亨利八世和瓦卢瓦·凯瑟琳的婚宴上，600名宾客食用的是盛在"普通碟子"中的盐渍鳕鱼和干面包。

到了1421年，明朝强大的海军部队足以摧毁世界上的各种力量。大明王朝精良的舰队拥有多达4000艘战舰，其中不仅包括九桅宝船，还有1350艘巡船、400艘战船和用来运输粮食、水和马匹的400艘货船。与之对比，亨利八世用来攻打法国的"皇家舰队"仅包括4艘渔船，每次仅可装载100名士兵通过运河。明朝舰队由柚木制造，以巨大的钢铁加农大炮武装，运输量是欧洲最大战舰的400倍。单单是船舵就和哥伦布的舰船一样长。[14]

但是中国明朝并不渴望统治世界。1424年后，明朝皇帝转向了病态的内敛，解散了自己的海军部队，拒绝一切贸易活动和国际往来。到了1600年，明朝在科技、军事和商业方面已经远远落后于欧洲。

在1368年覆灭元朝后，早期的明朝统治者着力发展农业改革，抑制一切商业贸易。明朝建立者朱元璋，当庭宣布禁止效仿欧洲人的发型和服装，两次命令臣民追崇7世纪唐朝的风俗礼仪。(具有讽刺意味的是，皇帝朱元璋认为唐朝才是真正的中华帝国，却不知建立唐朝的王子有一半的突厥血统。)大明王朝的唯一创始人朱元璋来自贫苦的农民家庭，他始终相信政府最根本的责任就是保护臣民，而臣民也是国家强盛的保障。他制定了宽松的土地税收政策，为所有百姓登记注册，将他们的税收固定在14世纪的水平。他也多次禁止私人商船进行远洋贸易。

1403年，朱元璋的儿子永乐皇帝(明成祖朱棣)登基后，政策出现了重大改变。与侄子的宫廷夺权政变后，永乐皇帝被臣民认为是篡位者。为了建立起他的正统地位和威严，永乐皇帝立即实施了一系列不朽的规章制度。一部分原因是为了保卫国土免遭北方蒙古的侵犯，永乐皇帝下令将首都从南京迁到北京，下达了修复长城的艰巨任务，修建了46所船闸连接杭州与北京，来往运送了235000名士兵和他们的家庭。同时，永乐皇帝意图将帝国的力量扩展到现有的边境之外。他派出军队北上进入蒙古高原，南下进攻现在的越南地区(都以失败告终)。正是永乐皇帝派出将军郑和开始了探索海洋的盛世之旅，令周遭的小国进献贡品和展示明朝的国威和辉煌。

郑和是中国的穆斯林，他的父亲和祖父曾经去过圣城麦加。永乐皇帝委任他为将军是因为他熟悉国外的风俗，尤其是伊斯兰教国家。因为早在数世纪前，唐朝皇帝曾派人出使国外，因此郑和航行时所用的地图已经是非常精确的——其中一张长约6米，包括详细的航海方向，例如非洲沿海城市蒙巴萨和马林迪（现今的肯尼亚地区）。郑和的船舶具有独立的防水隔舱，能在航行的同时进行修理。隔舱里也储存着新鲜的饮用水和鱼供船员使用。[15]

郑和的宝船是世界上最大的，承载量2500吨，其体积和船员配置是欧洲船只的10倍。郑和的船上有：

868名官员，26800名战士，93名军官，2名高级军官，140名千夫长，403名百夫长，1位高级户部秘书长，1名风水师，1名军事指挥官，2名军事法官，180名医护人员和助手，2名勤务兵，7名高级宦官大使，10名小太监和53名太监侍从。

另外还有若干名翻译、记事员、技工、谈判者和厨师。中西医共有180人——相当于达伽马整个团队的人数。与哥伦布的船员喝肮脏的饮用水、吃蘸海水的干面包相比，郑和的船员享用的是充足的粮食、干净的水、食盐、酱油、茶、酒、油，还带着蜡烛、火柴和木炭。[16]

最后，宝船也带来了财富。郑和舰队给明朝带回了来自外国君主的最宝贵的异国货物。但是和之前的蒙古或者后来的葡萄牙不同，郑和从不掠夺他国。相反，他们会赠送给当地统治者一些特色礼品——多彩的丝绸、雨伞、书籍或者日历——来交换"龙液"（龙涎香）、珍贵的马匹、鹦鹉、孔雀、檀香木、黄金、银器、巨大的猫眼石、红宝石和其他珍贵的宝石、大珊瑚、琥珀和玫瑰油，也有奇异的"珍禽异兽"如鸵鸟、长颈鹿、犀牛、金钱豹、斑马和狮子。[17]

到了 1424 年，帝国陨落的速度几乎与兴起一样快。永乐皇帝去世，明朝政府取消了一切远洋行动。在勉强允许下，1433 年郑和开始了他最后一次远航。帝国朝廷下令禁止建设任何远洋舰队。那些宝船都被"储存"，最后全部腐烂。郑和的船员作为收税员被委派去了大运河。最后，帝国下令禁止保存两桅以上的船舶，而且令人惊讶的是，郑和远航的官方史料也遭到破坏。

各种原因导致帝国"战略收缩"。从帝国的角度来说，由于无法再支持庞大的远航费用，儒家官员将宝船全部封锁了。但是历史学家普遍认为这是官员从竞争对手、宫廷太监手上夺取帝国海军权力的托词。和明朝第一任皇帝一样，儒家官僚也对贸易采取保守、敌对的态度，而且抵制一切社会改革，包括远洋扩张。最重要的是来自蒙古的新威胁，在永乐皇帝去世后，蒙古重整军队，开始对明朝领土进行新一轮的进攻。

1449 年，蒙古瓦剌部在土木堡地区攻击明朝军队，明朝军队在战争中溃不成军。令人羞辱的是，蒙古人抓获了明朝皇帝并带回了蒙古。尽管蒙古人在次年就释放了被俘虏的皇帝，但是土木堡之战永远地改变了明朝的对外政策。从此以后，明朝皇帝制定了更加排外的政策，重新营造"大中华是唯一的文明社会的古老观念，四周环绕着危险的蛮荒之地"。由于担忧来自蒙古军队的威胁，明朝皇帝全力封锁国土，重新修建了长城并不断下令禁止外贸往来和与外国的任何接触，到了 1500 年，朝廷不仅下令禁止臣民建设海运船舶，而且严禁臣民出国。

明朝政府一直残存至1644年，具有讽刺意味的是明朝最终不是被蒙古攻占而是被满族攻破的（满族是东北的"荒蛮民族"）。即使是在15世纪中期的转折时期，在人口平稳增长和国内贸易持续发展的推动下，尤其在长江中下游平原地区和南部的福建和广州，明朝政府的经济仍得到了快速发展。

但是到了15世纪后期，明朝政府无法——在许多方面都不能——和世界上其他国家竞争。相比较于西方，中国的技术落后，遗忘了很多发明，再也没有经历过欧洲的科技和工业革命。同时，庞大的海军部队逐渐衰落，拒绝一切远洋扩张并将世界海洋的霸权地位拱手让给了欧洲。[18]

莫卧儿帝国：穆斯林君主，印度教臣民
THE MUGHAL EMPIRE:
MUSLIM RULERS,HINDU SUBJECTS

阿逾陀是印度北部的一座小城市，据说是罗摩王子的出生地。罗摩王子被认为是印度教守护神毗湿奴的第七代化身，是赋予真理和美德的完美圣人。在1992年12月6日，一名印度民族主义分子拿着锤子和锄头强拆了阿逾陀的拥有500年历史的清真寺，并认为这亵渎了罗摩王子的出生地。被毁坏的清真寺始建于莫卧儿第一任国王巴布尔统治时期。清真寺的毁坏也导致了穆斯林教和印度教之间的激烈战争，1000多人被杀

死。印度的极端主义者认为这是对"巴布尔之子"的屠杀，是报复穆斯林统治者几百年来的压迫。

莫卧儿帝国建立时间比大英帝国还早，是由成吉思汗的后裔建立的。("莫卧儿"是波斯文字，代表"蒙古"。)在成吉思汗的巅峰时期，蒙古帝国统治了整个印度次大陆和部分现今的阿富汗和巴基斯坦地区。和同时代的奥斯曼帝国国王一样，莫卧儿的君主也是穆斯林。然而他统治1亿多的臣民长达200多年，而且其中的85%是非穆斯林——主要是印度人、印度锡克教徒和基督徒。[19]如今，印度的民族主义者始终坚持认为莫卧儿王朝是非穆斯林臣民野蛮和偏执的压迫者。他们是吗？

莫卧儿帝国的创始人巴布尔，的确是通过流血战争获得了王位。为了战胜印度拉其普特国王——当时他们的军队实力是巴布尔的10倍，巴布尔以讨伐异教徒和圣战的名义激发他的穆斯林军队来对抗印度人。为了表达他对伊斯兰教的忠诚，巴布尔拿出自己的陈年葡萄酒洒在广场上，在他的军队面前把酒杯和酒壶全部打碎。这样的行为给他的军队注入了宗教狂热血液，在决定性的坎奴战役中取得了胜利。毫无疑问，巴布尔军队拥有火枪，这给他们的胜利带来了巨大的帮助。不管怎样，经过几天的屠杀后，拉其普特人逃离了战场——巴布尔军队占领了印度北部。

但是巴布尔在死之前只统治了4年时间(1526—1530)，帝国便落入他的儿子胡马雍手上，那时的帝国已经是支离破碎，政局动荡，并陷入四方公开反抗的窘境。胡马雍失去帝国的统治时间长达15年，在这期间阿富汗国王占据了他的王位（期间建立了高效的税收制度）。最终，经过在波斯地区的多年流放之后，1555年，胡马雍重新夺回了帝国。然而，仅仅在七个月之后，可怜的胡马雍，在匆忙做祷告时，不慎被自己的长袍绊倒，从楼梯上滚下，不幸身亡。[20]

在胡马雍的儿子阿克巴和他的几位继任者的统治下，莫卧儿帝国的力量才得以巩固，直至成为当时最强大的帝国之一。但这绝非偶然，阿克巴和莫卧儿帝国黄金时期的其他君王一样，都是采用了最为宽容的宗教和种族政策。的确，没有宽容政策，莫卧儿帝国也不可能维持那么长的时间，也无法创造如此绚烂的文化。反之亦然，帝国的衰落也和野蛮的宗教和种族迫害有关。

作为一名年青的国王，阿克巴先是由充满野心的监护人教导，后来由他的奶娘玛罕·安嘎教授他如何进行派系斗争。当阿克巴逐渐长大，他在尝试遏制权力时遭到挫败。1560年，即他17岁的那年，阿巴克下令将他的监护人辞退并佯装派他去麦加朝圣（监护人在途中被谋杀）。在玛罕·安嘎的儿子杀死了阿克巴的一个首相后，阿克巴下令将他的义兄弟在皇宫屋顶和庭院间来回抛丢，直至死去。13岁之前，阿克巴就在皇宫中明确建立了自己的权威。

但是稳固统治帝国是非常困难的。为了防止帝国分裂，阿克巴牢牢控制了军权。他的对手包括阿富汗、波斯和中亚地区的贵族，印度民族和洛迪的穆斯林王子。

阿克巴的解决方法包括一部分灵活的外交政策，一部分的多文化融合政策。就像亚历山大大帝一样——妻妾成群，阿克巴也娶了对手家的女儿。或许他伟大的功绩正是因为娶了安伯首领的大女儿，而安伯首领是印度最独立的国王之一。印度的公主和穆斯林苏丹结婚并不常见，但这在印度却并不少见。然而，阿克巴坚持得最久。他允许公主继续信仰印度教并在皇宫中的印度圣坛祭拜，阿克巴偶尔也会参加宗教仪式。这些非比寻常的宗教宽容政策鼓励印度首领们把女儿许配给苏丹从而加入帝国的上层。到阿克巴逝世那天，他的妻子已经多达三百位，包括拉其普特人、阿富汗人和来自印度南部王国的公主、土耳其人、波斯人，甚至有两名是葡萄牙裔的基督徒。

联姻能创造和妻子男性家属的联盟，这能给他带来支持和帮助。通过这样的联盟，阿克巴获得了上万名拉其普特士兵的效忠并成功防止了他们的叛乱。拉其普特人也受益匪浅。他们成了帝国的将军和官员；大部分的人拥有相当大的影响力并获得了自己的封地。但也有一部分拉其普特人抵制莫卧儿帝国——却付出了惨痛的代价。位于齐多尔和伦滕波尔的拉其普特要塞被莫卧儿军队彻底摧毁，而这些军队都是由拉其普特人率领的。阿克巴施恩于所有信仰的人。因为他本人目不识丁，他（效仿远亲忽必烈汗）努力在宫殿中任用博学之人。其中最杰出的九个人就是著名的九瑰宝，或莫卧儿王冠上的九位穆斯林。其中有四个人是印度人。他们之中有阿克巴的财政部长、军事指挥官、顾问和宫廷弄臣比尔巴尔罗阇,他的智慧改变了帝国。另外还有一名是印度歌手——作曲家坦森,据说当坦森开始演唱拉格——和西方完全不同的一种复杂曲调时——夜幕马上降临而且开始下雨。

阿克巴对比较神学也非常感兴趣。在1575年,他建设了一所大会堂进行宗教辩论。参与人员包括穆斯林牧师、印度圣徒、耆那教徒、帕西祭司,甚至有葡属殖民地热那亚的耶稣会信徒。在宗教宽容的氛围里,锡克教,一种融合了印度教和伊斯兰教因素的联合宗教,在旁遮普地区涌现。民间文化见证了风俗、礼仪和神话的融合。巴克提和苏菲派信徒分别联合印度教和伊斯兰教的运动,各自享受来自宗教的互惠,共同倡导神的一致。(即使在今天,印度人仍在阿杰梅尔和法塔赫布尔·西格里的穆斯林圣坛朝圣,而穆斯林也经常向当地的印度教神灵朝拜,例如印度的天花女神湿婆。)事实上,在那个时代的印度歌曲和诗歌中,阿克巴,即使在穆斯林面前,也经常被拿来和印度的罗摩神作比较,但具有讽刺意义的是,正是以罗摩的名义,印度民族主义者在1992年拆除了阿逾陀的清真寺。

阿克巴非常愿意和世界上其他的统治者分享自己从宗教中获得的启示。在他口述写给西班牙菲利普二世的信中(1582)这样说道:

绝大部分人受到传统的束缚,盲目模仿父辈、祖先和亲朋好友,每一个人都这样循规蹈矩,从不研究缘由和理性,仅仅追随与生俱来和教育所给予的,因此而排斥一切追寻真理的可能，而这些才是人类智慧最崇高的目标。因此我们在适宜的时候联合各宗教的博学之才，从他们的金玉良言和宏图伟略中吸取治国之策。[21]

菲利普二世的回信记录已经丢失，据我们了解，菲利普二世忙于消除新教徒邪说论而期盼荷兰的"血液纯化"。

令人吃惊的是，阿克巴对穆斯林并没有好感。在战争中，他野蛮镇压了反对派，无论它们是从属于印度教还是伊斯兰教。他攻击穆斯林官员的腐败，开始进行大刀阔斧的改革，使所有虔诚的圣徒享有平等的土地特权。在穆斯林节日期间，他庆祝排灯节，一种印度的节日灯会。他违抗正统伊斯兰教宗教教条，授予非穆斯林权利，允许他们修复寺庙和建设新的朝圣地。他也颁布了这样的法令，允许被迫皈依伊斯兰教的印度人重回本教而且免受死刑的处罚。最富有戏剧性的是，在1579年，阿克巴废除了人头税[22]，一种对非穆斯林强制征收的税收制度。

阿克巴在位50年（1556—1605），他被认为是莫卧儿帝国最成功的统治者。他的很多顾问都是波斯人，这时期的哲学、绘画艺术和文化深深地影响了他。他最致命的错误便是尝试缔造新的"信仰秩序"，称为"丁—伊—伊拉希"（Din-i-Ilabi），企图融合伊斯兰教、印度教和索罗亚斯德教。阿克巴的目标似乎不是想取代现存的信条，而是建立"普遍性的宗教，本质上的一神教而不是崇拜穆罕默德、基督或者克利须那神"，要求"无条件忠诚于阿克巴本人"。但是丁—伊—伊拉希似乎没有太多的接受者，即使是在君主自己的家族成员中。这也激怒了正统伊斯兰教领导者，他们认为这是异教邪说并企图发动反抗。帝国的战士无情地镇压了这次反抗。[23]

随后的两位继承者大致沿用了阿克巴的宗教宽容政策。阿克巴的长子和继承人贾汗·吉尔在宗教上兼收并蓄，以致英国大使说"他所信仰的是自己虚构的宗教"。和他的父亲一样，贾汗·吉尔也举办公开的宗教讨论。他尤其喜欢耶稣会信徒和穆斯林牧师对于教义的争辩，经常在争论高潮时拍腿称好。有一次，他在皇宫中遇见了一名显赫的印度修道者，被深深地感动了。"我们谈论的是高尚的语言，"贾汗·吉尔后来写道，"万能的神赐予了他慈悲。"同时，贾汗·吉尔对肉和酒的消耗即使在伊斯兰教的斋月日也不断增加，而这在伊斯兰教是被禁止的。

贾汗·吉尔也被基督教深深地吸引，尽管在教条方面他更喜欢宴会典礼。每年的圣诞日他都会参加弥撒，偶尔也会借基督教堂来举办盛宴。尽管他从没皈依基督教——他始终认为相信耶稣是上帝的儿子和印度相信轮回一样荒谬——但他却允许他的三个孙子这样做，而且为他们在阿格拉举办了盛大的户外洗礼仪式。贾汗·吉尔不仅允许耶稣会信徒在帝国内自由祷告，而且从国库中给予了他们每个月50卢比的津贴。

贾汗·吉尔的继承者"世界领主"沙贾汗因建造震惊世界的泰姬陵而闻名，这是给他爱妻穆塔兹·玛哈尔建造的陵墓。陵墓由2万名工人花费20年时间建造，白色的大理石纪念碑融合了波斯和印度建筑的风格，以及印度教和穆斯林的主题。

在沙贾汗的统治下,"莫卧儿"一词逐渐体现了文化的伟大。也许他是那时代最富裕的人,而且他对奢侈品有特殊的嗜好,可以不惜一切代价——确实到了对财政不负责的地步——他命令全国上下建设华丽的城堡、宫殿和清真寺。他给自己建造了著名的孔雀宝座,上面镶嵌了宝石和2500磅纯黄金,据说是千年前最奢华的宝物。

沙贾汗依然允许非穆斯林信仰自己的宗教,但是他比以前的帝王更为传统和严厉。和祖父阿克巴的政策相反,他禁止非穆斯林修复和建造任何寺庙。他禁止穆斯林皈依其他任何宗教,却为那些转入穆斯林的人提供补贴。同时,沙贾汗开始了一系列的对中亚地区和波斯领土的军事侵略。这些代价昂贵而且失败的扩张企图不仅耗尽了国家的财富,而且几乎阻止了之前大量涌入印度的波斯移民。[24]

1658年,莫卧儿王朝落入了奥朗则布·阿拉姆吉尔之手,他是沙贾汗的第三个儿子。奥朗则布杀死了自己的长兄达拉,成为国王——达拉的头颅被放在盘子里送给了死去的父亲。达拉曾经是个充满好奇心、思想开阔的学者,尤其是对印度教、犹太教、锡克教和基督教特别感兴趣。但正如奥朗则布所说的,"如果达拉继承了王位,不会愿意看到伊斯兰教在印度受到压迫",就是这一点促使奥朗则布夺取了王位。

虽然是一名残暴的弑兄者,但奥朗则布也是个非常虔诚的信徒。与之前腐败的继承者相比,他生活简朴,亲自编织祈祷帽、抄写《古兰经》并且一遍一遍地牢记背诵。

奥朗则布扩大了对沙贾汗时爆发的暴乱的镇压。渐渐地，正统伊斯兰教占据了整个帝国。奥朗则布下令禁止饮酒和吸食鸦片，也禁止举行非穆斯林仪式。7世纪以来唯一一次在宫廷中没有庆祝印度排灯节和波斯春节。为了执行逐渐增加的教条条例，奥朗则布在全国上下委任主管和公共道德审查官。

和早期的宗教宽容政策不同，奥朗则布在帝国上下颁布实施伊斯兰教的教法。他拆毁了数千座印度寺庙和圣坛，其中包括马图拉的神庙。曾经赐予印度教的领地被重新分配给了穆斯林官员。1679年，奥朗则布修订了人头税，引起了全国上下激烈的反抗。

奥朗则布的褊狭政策是帝国的一场灾难。起初，对印度教徒的迫害影响了贸易的发展。当奥朗则布的一名修鞋匠在苏拉特强制要求一名印度教工匠皈依伊斯兰教后，8000名印度贸易家族的领导者愤怒地离开了港城苏拉特，造成商业停滞不前。

但这些还不至于造成彻底毁灭，奥朗则布的穆斯林狂热将莫卧儿帝国脆弱的宗教和政治统一摧毁得粉碎。他邪恶的镇压运动彻底根除了锡克教——包括对寺庙的破坏，并强迫他们皈依伊斯兰教——这引起印度北部成千上万群众对土耳其人的憎恶，为锡克军国主义铺平了道路。

同时期的南部地区，一部分的印度马拉地人联合起来对抗莫卧儿帝国。他们的领导者西瓦吉，是一名具有传奇色彩的战士，至今仍被印度人民奉为游击战的创始人。西瓦吉成功地在德干地区（今马拉塔）将土耳其人驱逐出境，并在1674年成为马拉塔联盟的首领。在之后的20年内，奥朗则布竭尽全力对抗马拉塔，然而马拉塔利用游击战术以及对地形熟悉的优势，给予强大的莫卧儿军队惨痛的回击。奥朗则布不仅没有和印度拉其普特人加强关系——那些仍是同盟关系或曾经是莫卧儿帝国的建设者——反而掠夺了他们的寺庙，最终与之决裂。

不仅仅是印度人面临着奥朗则布的伊斯兰正统教的挑战，伊斯兰什叶派也面临同样的问题。虔诚的逊尼派教徒奥朗则布派出军队到达比贾布尔和戈尔康达，而什叶教派已经在那里统治了上百年。

直至1707年逝世，为了保持帝国的完整，奥朗则布一直部署部队对敌军进行残酷打击，镇压异教徒并实施对什叶派和印度教的统治。在奥朗则布逝世那天，莫卧儿帝国的领土空前广大。但是由于持续不断的战争——对外和对内的——帝国几乎面临破产。不仅如此，奥朗则布制造的仇恨和分裂使得印度再次成为分裂的牺牲品——成就了大英帝国的伟大胜利，印度从伊斯兰帝国变成了空前强大的西方帝国皇冠上的一颗宝石。

也许虔诚的奥朗则布明白自己留下的后患。他死时给儿子写了封信："我独自来到世界，又像个陌生人一样离开。我不记得我是谁，也不知道自己曾经做过什么。我罪孽深重，也不知道等待我的是怎样的处罚。"[25]

CHAPTER 8

THE BRITISH EMPIRE

"Rebel Buggers" and the "White Man's Burden"

第八章

大英帝国

"反叛的贱民"和"白人的负担"

> 以伦敦皇家交易所为例，这是一个比法庭更受人尊敬的地方。在这里，各国代表为造福人类齐聚在一起。犹太教、伊斯兰教和基督教似乎都来自同一宗教，只有破产者才是"异教徒"。在这里，长老会的信徒信任再洗礼派信徒，教士则指望着贵格会教徒。一切都很完美。
>
> ——伏尔泰，1733 年

> 无论发生什么事情，人类都要坚守自己的种性、种族和种源。白人走白人的阳关道，黑人过黑人的独木桥。
>
> ——拉迪亚德·吉卜林（Rudyard Kipling），超越灰色，1921 年

> 克服偏狭，需要坚定对事业的信念。
>
> ——穆罕默德·甘地（Mahatma Gandhi），1921 年

在前两章讲到英国时，已经是 1688 年了。当时奥兰治·威廉三世是尼德兰的总督，而且刚刚成为英格兰的国王。威廉和玛丽接管的是一个怎样的国家呢？这个国家几乎和欧洲的其他偏执的基督教国家一样。

在 16 世纪和 17 世纪的大部分时间里，英国都充斥着邪恶的宗教和种族的战争。新教徒屠杀天主教徒，反过来天主教徒又杀戮新教徒。英国国教徒迫害持不同政见者，而英格兰人对爱尔兰人、苏格兰人和威尔士人的屠杀，也引来了报复。英国当时的状况就和成吉思汗崛起前的蒙古差不多：相互之间残杀

报复，陷入无尽的杀戮和相互毁灭之中。当时的人都说："英国人让自己遭受了更多的砍头、割喉……（以宗教和改革为借口）用比土耳其人、鞑靼人或者食人族所曾采用的更野蛮、更不人道、更残酷的方式相互毁灭。"[1]

从威廉和玛丽统治开始，这一切都将发生巨大的变化。1689年，英国国会通过了《权利法案》(the Bill of Rights)和《宽容法令》(the Act of Toleration)两部革命性的法令。尽管两者都有着很大的限制——比如，《宽容法令》只保护新教的反对者，而不包括天主教——但这两部新法令标志着新时代的来临。虽然偏执和野蛮依然存在，尤其是对于天主教来说，但是在接下来的两个世纪，英国将因此成为世界上最宽容开放的国家。

的确，英国的崛起生动地证实了这些理论。1689年后，英国转向了显著的宽容政策，尤其是对于三种族群——犹太人和胡格诺派教徒，特别是苏格兰人，能自由地进入英国社会，而且不受任何限制。正如前面所讨论的，这三个族群在英国的经济和工业改革中扮演着不可缺少的角色，并使英国迅速攀升至世界主导地位。

但是一旦获得了世界主导的地位，英国对国内外人民的统治又截然不同。在国内，英国人因多元的价值和宽容氛围而得意扬扬。同时期，在印度、津巴布韦、牙买加和几乎所有的海外领域，英国政府像个西方暴君统治着这些地区，认为白种人、基督徒是优秀的民族，公开实行种族歧视。

换句话说，在英国殖民统治的道路上发生了有趣的事情——

启蒙运动。这听起来有些冒失,但是事实上,大英帝国和之前世界上的任何一个主导力量都不尽相同,具体表现在以下方面:在进入现代世界的大门之时,英国到达了全球强国的巅峰——伴随着自由、平等和民主的基本理念。在维多利亚的全盛期,大英帝国面临着成吉思汗甚至17世纪的荷兰公民都未曾遇到过的困境,所以他们从没想过国内的宽容政策竟要求他们和爪哇人民保持平等关系。自认为是全世界最自由、最宽容、最文明的维多利亚时代的英国,怎么能统治一个由降服的臣民组成的帝国呢?

在现代世界,宽容的意义已经改变。但古代帝国的宽容政策,纯属是一种手段,将技术工人和人才"牢牢锁住",使他们像马和驴一样为帝国服务,完全偏离了自由、平等、自治理念。因此英国历史的发展引发了一个很有趣的问题:在现代的"开明"意义上,一个主宰世界的国家能否实现真正的宽容,这个问题的回答对现今的世界强国美利坚合众国意义重大——美国的前身就是殖民地。

"各式各样优秀杰出的人才":
英国的犹太教徒和胡格诺教徒
"THE PRODIGIOUS MULTITUDE OF EXCELLENT PEOPLE OF ALL KINDS": JEWS AND HUGUENOTS IN BRITAIN

自1290年驱逐犹太人后,在接下来400年里英国再也没出现过犹太人。在17世纪早期,托马斯·雪莱怂恿詹姆士一世邀请犹太人回英国——或者,如果这太令人反感的话,至少邀请他们回爱尔兰,那里到处都是野蛮人和恶棍——可以利用他们的贸易关系和商业技巧。雪莱的建议并没有被采纳。一直到17世纪下半期,尤其是在1688年奥兰治·威廉到来之后,一个重要的犹太人社会才再一次在英国扎根。

威廉和荷兰的犹太家族保持着牢靠的互惠互利关系。在追随威廉来到英格兰的荷兰犹太人中,其中一部分是财力雄厚的马沙杜和佩雷拉家族。安东尼奥(摩西)·马沙杜和雅各·佩雷拉是荷兰共和国的主要军备供应商,给荷兰军队提供面包、粮食、马匹和马车。在英国,新到的荷兰犹太人继续充当威廉的军备供应商。军需承包商所罗门·梅迪纳,是马沙杜和佩雷拉的代理人之一,曾于1699年将威廉国王邀至他在列文治山的家中用膳,这充分证明他在威廉心中的地位是无可替代的。次年,梅迪纳成为第一个在英国被公开授予爵位的犹太人。[2]

但是英国的犹太人不只是提供军备,他们还在资助英国人对抗18世纪强大的对手法国中起到了关键作用。

在1689年到1763年之间,甚至在更长的时间里,英国和法国进行着顽固而持久的对抗。战事不断恶化,而且,似乎遍及每一种可能的领域:地面战争,海域争夺战,远洋殖民,以及在非洲和美洲进行的奴隶交易。在许多方面,法国比英国都更有可能继承荷兰在欧洲的霸权地位。1689年,法国的人口是英国的4倍多,拥有更多的军队,一支与英国实力相当的海军，一系列的优良港口和位于大西洋、地中海的海军基地。除此之外，如果非要比较的话，1689年，法国的工业制造似乎比英国更加发达。那英国是怎样获胜的呢？[3]

简单地说，英国能战胜法国是因为它有更好的赚钱途径。纵观17世纪，欧洲各帝国不断争抢资源，为庞大的战争开销提供资金。在这段时间里，欧洲大部分的国库都亏空了。参战的军队得不到足够的供应，战士们忍饥挨饿却得不到报酬。到1603年，英国的金库实际已经亏空了（据克拉伦登伯爵说，"伊丽莎白女王的至理名言"是，作为1558到1603年的统治者，"她最宝贵的财富就是受到人民的爱戴，所以她宁愿钱放在人民那里也不愿意它们落入国库"）。"能够瞬间筹集大量钱财并且秘密地转移，对执行国家突然大胆的举措至关重要。"犹太人特别擅长这么做：他们能够筹集大量资金，通过国际性的家族网络，从全世界各地提取资金。

犹太人为威廉三世扮演的正是这样的角色。犹太人不仅仅直接为国王提供资金，而且为接近破产的西班牙人提供贷款。具有讽刺意味的是，由几十年前逃离宗教法庭的犹太家族提供的贷款使得英国、尼德兰和西班牙的反法同盟得以形成。[4]

然而，那些来自富有个人的贷款，对于绝望的君主来说，马上将成为历史（指的是个人的贷款）。1694年，国会创立了英国银行，该银行是建立在荷兰人首创的现代私人金融公共债务体系之上的。在这里，英国的犹太家族也起到了重要的作用，尽管不那么直接。

1689年到达伦敦后，马沙杜和梅迪纳做的第一件事就是建立股票市场，就像荷兰那样。正是他们，帮助英国建造了在100年前阿姆斯特丹就已经完善的复杂投资机构。结算日和交隔限期日，买卖股票的期权，期货溢价、现货溢价，等等，现代股市交易中的所有细节都被一一完善。从根本上来说，伦敦交易所是国外资本家的主要交易手段——普通的英国市民最后才参与，从而投资英国的海上扩张、工商业的发展，或者长期的政府债券，以此来资助国家战争。[5]

英国银行一旦建立，犹太人将作为政府债券的经纪人，专门将政府的短期债券卖给小户。因此萨姆森·吉迪恩投机政府债券和股份公司，赢得了人生的第一桶金，到18世纪50年代，他成了英国政府贷款的最大承销商和国内最富有的犹太人；在他去世的那天，身价已高达58万英镑，在当时来说简直是天文数字。（在此情况下，吉迪恩娶了一名新教徒，而他们的孩子则成了基督教，后来他还把女儿嫁给了英国贵族；尽管吉迪恩自己拒绝了男爵爵位，保持着犹太教徒的身份，但是当他在伊顿公学念书的儿子长到13岁时，他让儿子接受了这项荣誉。）同样的，另一个来自阿姆斯特丹的移民大亨艾伦·戈德斯米德，是英国银行短期债券最重要的经纪之一。在19世纪的最初10年内，正是戈德斯米德寻找国库券的私人投资者，帮忙筹措了上百万英镑，使英国在对法国的战争中占据着绝对的优势。

通过引进证券交易所，发展新的资本市场和经营大额的公共和私人债务保险，犹太人梅迪纳、吉迪恩和戈德斯米德，还有孟塔古、斯特恩以及其他著名的犹太财阀家族成员，帮助伦敦成为世界卓越的金融中心。自1815年之后，"正是从伦敦开始,世界的金融系统逐渐完善,而阿姆斯特丹已经沦落到从属地位了"。[6]

为避免让您认为所有犹太人在英国的生活都光明而美好,应该强调的是,犹太家族极其富有,在英国只是个别现象,并不常见。到19世纪30年代,大约有200户这样的犹太家族,而英国的犹太人口总量则达到了3万。19世纪前,大多数的英国犹太人——其中大部分来自德国、波兰和中欧,在这些地方,犹太人经常成为替罪羊,被迫进入犹太人聚居区——贫困而且受教育程度低,勉强从事街头小贩和商人等职业以维持生活。另外,社会广泛流传着反犹太的偏见和歧视。犹太人始终受到牵制,例如,仍然被禁止担任公职或进入最古老的大学学习(比如牛津大学和剑桥大学,都要求向基督发誓)。[7]

尽管如此,但和其他欧洲国家相比,1688年后,英国成了犹太人的避风港。英国犹太人一般不需要支付特殊的税金,英国国会对犹太人的移民、工作、经商和居留权也没有任何的限制。出生在英国的犹太人被认定为英国公民,被赋予和基督徒一样的财产权。1860年,官方批准犹太人进入牛津和剑桥学习,可以担任市政官员,甚至有权参与议会竞选。在1881年到1914年之间,多达15万的犹太人从东欧移民来到英国,尽管在那时候美国已经取代英国成为最受青睐的居住地。[8]

对于有进取精神的少数教派来说,英国是充满机遇的天堂和圣地。作为法国的新教徒派系,胡格诺派深受约翰·加尔文的影响，强烈反对天主教会的等级制度和仪式。1555年左右，第一个胡格诺教会在巴黎成立。从此以后，胡格诺教会发起的各种运动迅速展开；到巅峰时期时，胡格诺教徒人数已经高达一两百万，而当时的天主教徒也不过1600万。社会各阶层中都可见到他们的身影，包括技工和教授，还有富有的金融家和贵族。有时候，胡格诺派会得到波旁王朝的援助，他们拥有自己的战舰并掌握着法国数十座设防城镇。[9]

在17世纪中期，路易十四对新教徒发起了一场残忍的迫害运动，1685年《南特赦令》被废除，而这一法令曾给予了新教徒很大的宗教自由。在废除运动结束之后，新教牧师被处以绞刑，教堂遭到破坏，财产被政府没收。受到牢狱、死刑和酷刑的威胁后，大量的胡格诺派皈依了天主教，或者假装改信天主教。其他人——大约15万至20万人——逃离法国。这些人当中大约有5万人到不列颠群岛寻求庇护。

法国的经济逐渐衰落，尽管衰落的原因很复杂，但一些历史学家相信胡格诺派的离开影响重大，对法国钢铁工业、造纸业、运输业和纺织工业的发展都造成了消极的影响。不过有的学者认为大部分的胡格诺派教徒留在了法国，秘密进行宗教活动。粮食歉收、路易十四的军事扩张等一系列的因素对法国经济造成了严重的伤害。

然而，英国却理所当然地成为受益者。胡格诺的钟表制造商帮助英国成为世界最领先的钟表制造中心之一。大批的皮帽商从法国科德贝克镇移民到了英国，采用新型技术生产上乘的防雨毡（技巧在于混合羊毛和兔毛），并开始生产自己的"科德贝克"帽子。胡格诺教徒也给他们带来了造纸、吹制玻璃、蕾丝生产、印刷、金属制造以及亚麻和丝织品技术。[10]

随着时间的推移，胡格诺派在英国兴盛一时，逐渐融入英国社会，并与之通婚。一些最富有的胡格诺家族名字逐渐英国化，以至于不再被认为是外国人。事实的确如此，例如伯纳德、詹森、夏米尔、佩蒂特和奥利维尔银行家族。英国办事员的语法错误也是出错的原因之一。英式名字 Ferry 和 Fash 原来分别是 Ferret 和 Fouache。和犹太人一样，胡格诺教徒对英国做出的最大贡献便是促进经济的发展。

在 1740 年至 1763 年之间，由于和法国的持续战争，英国的负债几乎翻了 3 倍，在 1763 年大约达到了 1.2 亿英镑。其中的 1/5 来自于胡格诺国际家族，包括已定居在英国和其他国家的——荷兰、瑞士和德国——和他们有紧密的联系。众所周知，被流放的胡格诺更愿意选择入户英国而不是法国。富裕的胡格诺派拥有多年的法国金融和借贷背景，因而比英国本地人更愿意投资英国公债，英国本土人则更希望投资房产，或者把钱"锁在家中的保险柜里"。

尽管英国犹太人和胡格诺教徒发挥了重要作用，但是如果把英国成为全球霸主的功绩归功于他们，则是荒谬可笑的。相反，正如一名历史学家所证实的，他们的贡献只是英国崛起的部分"催化剂"。[11] 而且，他们的作用与另一少数团体——苏格兰人所注入的巨大的经济和知识活力相比，这些贡献则显得微不足道。

来自"地球底端"的帝国建设者
EMPIRE BUILDERS FROM THE "SINK OF THE EARTH"

  威廉·帕特森是一个"能言善辩的苏格兰人",1658年出生在邓弗里斯郡的一个农场里。[12] 年轻时,他在美洲和西印度群岛进行了一次豪华旅行——具体做了什么人们至今仍不清楚。人们对他的职业有各种各样的描述,牧师、商人或是海盗,而且有可能他做过所有这些事情。他也是个金融梦想家。1694年,在伦敦停留的一段时间里,帕特森给英国银行提交了一份提案,之后他和一些伦敦商人一起,成了英国银行的创办负责人之一。但是尽管他的银行独创理念成为英国在全球领先的关键,但是帕特森还是因为与同事的争执,最后回到了爱丁堡。

  那时候,苏格兰的经济传统而落后,大部分地区是农村。相比之下,英国的经济正通过与世界各地的殖民地和前哨的贸易往来,资金的注入和企业家的投入,例如英国银行和东印度公司等新机构的投入,逐渐兴旺繁荣。帕特森在创建英国银行之后又全身心投入到东印度公司的运作中。1695年,帕特森构想了达里恩计划 (Darien scheme),导致了苏格兰历史上最悲惨的一幕。

  帕特森劝说苏格兰国会在巴拿马建立苏格兰殖民地,该地位于达里恩地峡。新的殖民地作为贸易中心连接大西洋和太平洋。这样可以绕过南美海峡,来自欧洲的货船可以直接在达里恩卸货。之后货物将被运往另一个地峡，再重新装上货船运往亚洲。作为中间商，苏格兰自然能从双方获得高额佣金。同时，苏格兰能控制住所谓的"海洋的门户，宇宙的钥匙"。

达里恩计划看起来如此前程远大，初期它不仅吸引了来自苏格兰的投资商，而且还吸引了英国和荷兰人。然而，在东印度公司大力游说后，英国国会以提起诉讼相要挟，甚至以重罪指控帕特森和联合投机商，导致英国和荷兰投资商纷纷退出。作为报复，上千名愤怒的苏格兰爱国人士，无论来自哪个阶层，一拥而上都来补充资金的不足。贵族们抵押财产，而平民们则献出了微薄的积蓄。在短短的两个月内，帕特森的公司筹集到了风险投资需求全额——40万英镑，接近一半的筹款来自苏格兰人。1698年7月18日，5艘苏格兰商船起航去了新世界，船上载着帕特森和他的家人以及1200名乘客。

很难相信有比这个灾难更悲惨的结局。传奇的帕特森曾这样描述巴拿马——尽管他从未到过那里——富饶的土地，居住着渴望贸易的友好的本地人。然而，殖民者完全没想过他们面对的会是什么——一块充满瘴气的沼泽地，暴雨连绵，寸草不生。没有足够的食物，他们只带来了5000本《圣经》、4000束假发，而且为了交易，还带了上千枚化妆镜和梳子（后来证明印第安人对这些完全不感兴趣）。很快殖民者只剩下1磅发霉的面粉来维持一星期的生活："什么也没有，就和少许的水一起煮了。"其中一人回家后写道："然而面对这么短缺的物资，我们每个人……白天还在工作，拿着斧头、手推车、镐、铲或锤子……我的肩膀因挑担而磨伤，皮肤脱落而且长满了疮……我们的身体日渐憔悴消瘦，在那样的条件下生存，我们变得如骷髅一般。"

伴随着酗酒，很多人开始发烧，死亡率上升到每天超过了10人。最后的打击发生在英国人拒绝与饥饿的苏格兰人和西班牙人交易，并以攻击相威胁时。1699年6月，仅仅在离开苏格兰一年以后，殖民者就放弃了这块土地。5艘船仅剩1艘，载着不到300名幸存者回到了苏格兰。帕特森的妻子也死在了那里。

达里恩计划惨败使苏格兰面临破产，帕特森和其他幸存者被视为贱民。1707年，混沌的、面临饥荒的苏格兰和英格兰签订了《联合法案》，创建了新的国家，命名为大不列颠。《联合法案》的签订是由一部分面临崩溃的苏格兰贵族策划推动的，而其中大部分的贵族已经被伦敦一股神秘贿金收买。无论如何，苏格兰国会解散，苏格兰枢密院放弃了税收权、海关权、军事权和外交事务权。作为回报，英格兰为苏格兰的债务支付了大约4万英镑，基本上填补了达里恩计划的损失。对于大部分坚决反对联合的苏格兰人来说，联合法案是"一次彻底的投降"，一种"恶魔的交易"，将导致国家的灭亡。[13]

从英国的角度看，1707年后的最大问题是怎么处理苏格兰人。尽管达里恩计划崩溃了，但是苏格兰人向来以雄心抱负和商业禀赋而闻名。许多英格兰人对苏格兰人感到恐惧，认为他们精明、狡猾和好斗。生活在高地的苏格兰人以勇敢和好战著称。在其他方面，有些不一致的刻板印象。"大多数的苏格兰贵族是专横跋扈的，而平民则都是奴隶。"一位厌恶苏格兰的人说。然而其他人却持相反的意见，责骂这些"苏格兰的反叛分子"为危险的激进主义者。自始至终，英格兰人都坚决相信他们优于"贫穷而好战的"北部邻居。正如一名王公贵族所说，苏格兰是"地球的沉沦之地"。

签订了《联合法案》之后，英国人必须决定是帮助苏格兰人崛起还是压制他们：努力实现一体化，赢得忠诚，从而利用苏格兰人；或者，因为苏格兰让人害怕，应当镇压他们。英国人选择了前者，并从中获得了不可估量的利益。[14]

18世纪和19世纪，英国以惊人的速度向外扩张。正是如此，在1815年至1865年之间，大英帝国以平均每年1000万公顷的速度向外扩张。一个帝国以如此空前的速度扩张，最基本和最重要的是人力：战士、殖民者、农民、办事员、商人、医生、官员和管理者。而在英国，愿意或者有能力胜任这些职位的人远远不足。在大洋彼岸，到处是热带病和并不总是友好的当地人，而且英国的殖民地未必能吸引英国人，因为英国国内经济很繁荣。

而苏格兰人的处境则截然不同。他们比英国人更为贫穷。由于达里恩计划的惨败，大部分的贵族和上层阶级早已破产。面对落后的经济情况，人们对苏格兰的前景并不乐观。苏格兰人想在英格兰发展并不容易，好的工作往往只提供给英格兰人。于是一无所有的苏格兰人决定冒险投身帝国的建设来壮大自我。

对于英国人来说，这简直是天赐良机。英国政治家做出了一项战略性决定，雇佣苏格兰人为帝国服务。统一之后，和那些灾难预言家所谓的"英国的奴隶"截然不同，苏格兰人感受到了"前所未有的自由和动力"。令许多英国人沮丧的是，1747年，首相亨利·佩勒姆宣布："每一名服务君主的热情而能干的苏格兰人，必须和英国臣民一样被接纳。"

不但没有成为英国人的敌人，"坚忍的"苏格兰人还积极地应征进入英国军队——尤其是苏格兰高地人，他们因英勇和服从而受到重视。到18世纪，大约1/4的英国军队的团长是苏格兰人。同时，苏格兰人在安大略湖低地种植大麦，在新南威尔士饲养绵羊。他们掌管着美洲利益丰厚的烟草贸易，货船驶向尼日尔，在远东地区贩卖鸦片。18世纪80年代，孟加拉60%的英国商人是苏格兰人。很多苏格兰人晋升到了高级职位，包括詹姆士·默里，1760年，他成为加拿大第一任总督，而詹姆士·达尔豪西则于1848年至1856年担任印度总督之职。"在英国的殖民地，从加拿大到锡兰，从达尼丁到孟买，"一名19世纪的英国政治家写道，"你们每遇到一个没有外部援助、白手起家的英格兰人，便会发现有10个苏格兰人也在这样做。"事实如此，大量的苏格兰人代表英国进行殖民扩张，一些(苏格兰)作家认为大英帝国更确切地说应该是苏格兰帝国。[15]

苏格兰不仅为帝国提供了人力资源，而且还是英国18世纪和19世纪主要思想家、作家和发明家的发源地。18世纪英国最著名的哲学家大卫·休谟，是苏格兰人。同样，被称为经济学之父的亚当·斯密，也是苏格兰人。休谟和斯密，以及那些不太知名的苏格兰知识分子，比如威廉·罗伯逊、亚当·弗格森、弗兰西斯·哈奇森和卡姆斯勋爵，都是苏格兰一流大学的学子，不同于牛津和剑桥，这些大学对于平民来说价格相对便宜而且更容易就读。苏格兰人对教育和博学相当重视。18世纪末，苏格兰人的识字率比世界上任何国家都高，即使是普通商人也能阅读拉丁文和希腊文。第一版大英百科全书是在爱丁堡出版的。历史学家托马斯·卡莱尔、诗人罗伯特·彭斯和作家詹姆斯·鲍斯韦尔、沃尔特·斯科特爵士和罗伯特·路易斯·史蒂文森都是苏格兰人。

很明显，苏格兰人也是英国工业革命的驱动力。到19世纪30年代，苏格兰是世界领先的铁产品生产国，而且苏格兰拥有先进的造船厂。除此之外，这时期最伟大的发明——蒸汽机，是由苏格兰人詹姆斯·瓦特和英格兰企业家马修·博尔顿联合完成的。世界上第一个独立能源来源瓦特蒸汽机，给现代经济生活带来了翻天覆地的变化，工厂也不必再建在瀑布附近。瓦特的发明最终彻底改变了那些无名的工业城市，如伯明翰、利物浦和曼彻斯特。蒸汽机也刺激着苏格兰做进一步的改革，包括整合纱厂、汽锤、高炉和标准化机床。最后，正是苏格兰人，爱丁堡的詹姆斯·内史密斯在1839年发明了广受欢迎的现代设备，牙医的牙钻。[16]

宽容政策的丰硕果实
THE FRUITS OF TOLERANCE

20 世纪之初，大英帝国的领土已经达到 31 亿公顷，占据全世界陆地面积的 1/4。如果包括海洋——英国当时在海上的霸权无可匹敌——数据则接近全球的 7/10。和荷兰帝国一样，大英帝国的主导力量来源于它无可匹敌的海军力量、商业和财政实力。英国皇家海军比其他三至四支海军的总体实力还要强大。确实如此，1815 年后的 8 年内，任何国家（或国家联盟）都无法挑战英国海上霸权的力量。

1860 年，"超过全世界 1/3 的商船聚集在英国旗下而且数量稳步上升"。另外，英国成了世界的银行、工业和制造业巨头。维多利亚中期时，英国仅拥有全世界 2% 的人口，但"拥有现代工业的产能相当于全世界潜在产能的 40%~50%、欧洲的 55%~60%，承担着全世界 40% 的制造业生产总值"。[17]

1689 年后，宽容政策对英国上升到世界支配地位究竟起了多大作用呢？当然，答案不得而知。但我们应该注意到，仅靠英格兰是远远不够的，虽然在 18 世纪和 19 世纪，英国大部分重要的银行家、商人、贵族、将军和总督都是英格兰人，但苏格兰人在技术方面也做出了很大贡献。举个例子，正是英国人杰思罗·塔尔发明了播种机，其他英国人发明了飞梭（织布）、珍妮纺纱机、水力纺纱机和走锭纺纱机——他们是英国工业革命的主要推动者。

然而，来自于犹太人、胡格诺派和苏格兰的贡献——如果没有英国的宽容政策，这些都不可能存在——虽然比例不同但是至关重要。例如，英国银行，"世界上最强大国家中最有实力的金融机构"，也是英国战胜法国的一个主要原因。这家银行是由苏格兰人创立、胡格诺派教徒提供的资金，而犹太人则充当了最大的贷款中间人（其他荷兰资本家也在英国银行投入了巨资）。同样，犹太人创立了伦敦证券交易所，将钻石和黄金交易带到了英国，几乎是凭借一己之力使伦敦而不是阿姆斯特丹成为世界金融中心。[18]

没有苏格兰那两项重要的发明——蒸汽机和高炉热风炼铁技术——英国也无法建设如此强大的海军"怪兽"，比如"勇士号"战舰。尼尔·弗格森将其描述为"维多利亚中期实力的最高表现"：

蒸汽动力机，饰有由厚约13厘米的装甲钢板制成的"金属装甲"，配以最先进的后装式（后膛装填的）炮轰机枪。"勇士号"是世界上最强大的军舰，以至于没有任何外国舰队敢同它交火。而它仅仅是240艘战舰中的一员，由4万名水手组成——致使英国皇家海军迄今为止都是世界上最强大的海军部队。由于造船厂无与伦比的生产能力，英国几乎拥有世界上1/3的船舶总吨数。历史上还从没有过任何国家能像英国一样完全统治整个海域。[19]

总之，尽管不能给予准确的定量，大英帝国的利益来自于对非英国的人才、资金和创造力的利用，比如在对苏格兰人、犹太人和胡格诺派的招揽中，英国受益匪浅且意义深远。

19世纪英国的宽容政策完全超越了单纯的战略考量。令人惊讶的是，英国人接受并将宽容政策的教化启示付诸行动：他们支持普遍平等的原则，允许不同种族的宗教成员成为大不列颠的公民，并和英国本土人享受相同的社会和政治权利。

事实上，"英国"这个概念本身就打破了长久以来存在的国家和民族界限。尽管大不列颠是一个独立的国家，但它至少是由三个不同民族组成的：英格兰人、威尔士人和苏格兰人，他们可以不断宣称自己的民族身份。贵族间的异族通婚是传统障碍倒塌的强有力的象征。18世纪下半期，苏格兰贵族的女儿与英格兰人的婚姻数量增加了一倍以上，创建了新的"英国"上层阶级。当苏格兰的女继承人萨瑟兰女伯爵，嫁给了英格兰人格兰维尔伯爵，后者在苏格兰购买了约32万公顷的顶级房产。然而在1770年之前，关于英国贵族的书籍几乎都将英格兰人、威尔士人和苏格兰贵族视为不同主体，而且分别记录在不同的卷册里，在1770年至1830年之间，大量关于贵族阶级的指南在英国出版——多达75册这样的指南——把英国的贵族阶级视为一体。

随着19世纪的发展，苏格兰人和威尔士人逐渐将在内阁中的地位提升至最高。犹太人成为骑士和男爵。最值得注意的是，本杰明·迪斯雷利在 1868 年当选为英国的首相，又在 1874 年再次当选。尽管他的家族已经皈依英国国教，但人们都知道迪斯雷利是犹太人。第一次世界大战时，喜剧作家约翰·海·比思 (John Hay Beith) 在他的滑稽剧《郁闷的英格兰人》(The Oppressed English) 中这样写道：

今天一个苏格兰人领导英国军队与法国作战，另一个苏格兰人在指挥英国舰队进行海战，然而还有第三个英格兰人在家里指挥帝国参谋部；大法官是苏格兰人，财政大臣和外交部部长也是苏格兰人。而首相是威尔士人……但没有人提交苏格兰自治法案。[20]

同时，令世界震惊的是，在 19 世纪 30 年代，英国在其仍有利可图的时候废除了奴隶贸易。纵观 19 世纪，皇家海军管辖着世界海域，打击其他国家从非洲向美洲贩卖奴隶的贸易，英国的废奴运动不仅使它在道义上战胜了主要对手法国，更令人欣慰的是它也战胜了它的前殖民地美国。恰恰在同一时期，英国以数百万英镑为代价实现了全球统治，从此英国开始以世界上"最人性"的国家著称。正如历史学家琳达·科利 (Linda Colley) 所说："成功的废奴主义运动成为维多利亚时期英国霸权的重要基石之一，它宣告——正如它想告诉世人的——无可辩驳的证据证明大英帝国是建立在宗教、自由和道德水准之上的,而不仅仅是因为充足的军备和资金。"[21]

然而,症结依然存在。从一开始,英国身份的认同就是建立在新教的基础上的,而新教教义恰恰和西班牙、法国的天主教教义相左。[22] 英国身份认同的核心宗教成分已经种下了帝国无法克服的祸根。事实上,英国的新教给帝国带来了一个致命的问题:爱尔兰天主教问题。

天主教问题和"英国式"宽容的局限性
THE CATHOLIC PROBLEM AND
THE LIMITS OF "BRITISH" TOLERANCE

在英国,爱尔兰人从没受到过和苏格兰人、威尔士人一样的待遇。主要是因为宗教问题。到 1700 年,苏格兰人、威尔士人和英格兰人大多是新教徒,然而,爱尔兰人仍然固执地信奉天主教。大不列颠失去爱尔兰,从多个方面看都是因为缺少宽容和执迷不悟所导致的悲剧。

回顾英国的历史,已经无须再夸张天主教和新教之间仇恨的时间和强度了。无数的宗教战争只留下了仇恨和愤怒。就像早期的女巫一样,在英国的天主教徒经常被当作替罪羊,忍受人身攻击,或者被投入水中,直到几近溺死为止。即使是约翰·洛克[23],在著名的《关于宽容的一封信》(Letter on Toleration, 1689)中,也把天主教排除在外,因为天主教"对于除罗马教皇之外的各国政府具有绝对的破坏性",天主教不仅被描述成是亵渎神明的，而且是守旧和迷信的。正如英国一家报纸在1716年所刊登的："天主教徒是偶像崇拜者，他们崇拜雕像、绘画、血统和石器，这些人类的杰作；召唤圣母玛利亚、圣人和天使，并为他们祈祷；追崇遗风，'以圣餐变体的伎俩 (Trick of Transubstantiation) 吞食上帝'并'对上帝誓死效忠'。"[24]

在同时期，大多数的英格兰人怀疑天主教的"叛徒"和"阴谋家"正在谋划推翻新教的君主政体。这些担忧并不是无稽之谈。1601年，西班牙的一支由3000多名士兵组成的入侵部队受爱尔兰天主教首领的邀请，在爱尔兰南海岸登陆（在这里他们在圣诞前夜金塞尔大战[25]中被英格兰部队击败）。爱尔兰贵族再一次和西班牙、法国天主教结盟，企图驱逐英格兰君主。1708年、1715年和1745年，欧洲军队在苏格兰登陆，意图向伦敦推进，以恢复天主教斯图亚特王室的君主地位。

反天主教暴徒遍布18世纪的欧洲，从格拉斯哥到伯明翰再到巴斯。最令人恐惧的暴动是1780年的戈登暴乱。《宽恕法案》(Catholic Relief Act) 允许天主教参与国会活动，此法案一经提出，6万名愤怒的伦敦暴民就迅速采取了暴力行动。"这场可怕的大火简直无法形容，"一名目击者说，"整夜都不能安睡；街上挤满了人，骚动、混乱和恐怖充斥着每个角落。"戈登暴乱持续了整整一个星期。最后，至少有100座天主教堂和私宅被烧毁或惨遭洗劫。近300人死于动乱——多数被活活烧死。

那么，英格兰人和苏格兰人能接受爱尔兰人作为英国人吗？新教的英国能否把宗教自由和政治权利扩展至"无知"、

"懒惰"和"专制"的天主教徒？在戈登暴乱结束之后，英国在这方面采取了重要举措。1800年，新《联合法案》(Act of Union)使爱尔兰加入了大不列颠。1829年，《天主教徒解禁法》(Catholic Emancipation Act)允许天主教徒参加选举和担任国会职务——尽管，像犹太人一样，他们仍然无法进入历史悠久的高等院校学习和担任高级官职。截至1831年，大约有58万名爱尔兰人居住在英格兰和苏格兰，大约占了英国劳动力的5%，这比1780年增长了12倍。1834年国会大厦烧毁后，威斯敏斯特新宫成为大英帝国力量的重要象征之一，而它的一名主要建筑师则是虔诚的罗马天主教徒。[26]

尽管如此，在爱尔兰，天主教徒面临的实际情况仍然是冷酷无情的征服和瓦解。17世纪和18世纪的《惩戒法》(Penal Laws)不仅阻碍天主教徒担任公职，限制他们受教育和剥夺他们的选举权，而且有效地阻断了他们发家致富的道路。再加上一连串的"种植园"浪潮——政府资助新教对爱尔兰殖民——已经在英国形成统治阶层。到1829年，爱尔兰"解放"时，大多数的爱尔兰人仍生活困苦，仅依靠马铃薯和乳酪生存，而且必须向拥有超过全爱尔兰90%地产的一小撮英格兰贵族缴纳租金。爱尔兰的文化，尤其是爱尔兰的语言，被贬低且不断地被边缘化。在19世纪40年代，爱尔兰遭遇毁灭性的马铃薯枯萎病。尽管发生了"饥荒"，但事实是大量的救命粮食仍源源不断地被生产出来。不幸的是，爱尔兰的英国地主将这些救济物持续运往国外谋取私利，徒留上百万的爱尔兰人（几乎都是天主教徒)被活活饿死。

因此，在 19 世纪，爱尔兰的天主教徒并没有受惠于英国的新型"宽容"政策。1800 年的《联合法案》被认为——可能是正确的说法——对于大多数的爱尔兰人来说，这不是一种包容性的拥抱，而是废除国会的政治策略。尽管在 1829 年天主教徒似乎获得了权利，但这只是一句空话，他们在现实中继续屈从并完全依靠新教统治者。在 1916 年的复活节，英国早已陷入了战争，武装的天主教徒在都柏林发动起义，攻占大楼并宣布独立。反抗最终被镇压，但是在 20 世纪 20 年代，英国最终同意成立爱尔兰自由邦(但仍然保留北爱尔兰作为英国的一部分)。爱尔兰自由邦在 1949 年宣布成立爱尔兰共和国。[27]

在爱尔兰人眼里，获得民族的独立是长久而艰难的胜利——爱尔兰人骄傲的源泉和值得庆祝的事(暂时撇开北爱尔兰问题)。而从帝国的角度来看，爱尔兰的丧失在政治上是毁灭性的打击。1776 年英国人失去美国殖民地在很多方面都更容易为人们所接受，这对于英国人来说只是无法再继续统治一个 4800 千米之外、人口众多且蛮横、相隔一片海洋的殖民地，和英国现在失去了自身一部分的意义是完全不同的，爱尔兰距离英国不过一箭之遥。

毫无疑问，语言、文化、民族和政治分裂都能使爱尔兰从英国分离出来。然而这些都不能解释英国失去爱尔兰的原因。英国人把征服的威尔士人变成了大不列颠人。他们使伦敦成为长期受压迫的犹太人的聚居地。他们包容和同化了 5 万名移民,包括说法语的胡格诺派。他们吸引之前受藐视、令人害怕的苏格兰人到来,并使苏格兰人成为英国最努力、最勤奋的帝国建设者。在上述事件中,英格兰人克服偏见,巧妙地赢得拥戴,帝国的建设也受益于这些群体中的优秀人才。

与之形成鲜明对比的是,爱尔兰人的处境严峻且悲惨。在某种意义上,失去爱尔兰对于大不列颠来说是宽容政策失败的体现。19世纪,英国人开始对天主教采取真正的平等政策——尽管直到今天天主教徒还是无缘英国王位——但这一切来得太晚太慢了。经过几个世纪的战争和剥削,英国新教徒已经将爱尔兰天主教徒变成了贫穷的社会底层,贬低他们的文化和宗教,没收他们的土地,几乎灭绝了他们的语言,麻木不仁的行为造成了上百万爱尔兰人的死亡或者逃亡。大多数爱尔兰人从未将自己视为英国人,这并不奇怪。

可以想象的是,事情本可以不同,尽管这需要一点幻想。如果英国人以对待苏格兰人那样的宽容政策对待爱尔兰人,那如今经济繁荣的爱尔兰仍会是英国的一部分。但是英国人并没有这样做,可能也不会这么做,不会以同样的方式向爱尔兰天主教徒敞开大门。

有趣的是,同样的事情发生在英国管辖的非白人国家。当新教对19世纪英国身份认同的重要性减弱后,随着帝国在全球的扩张,英国人越来越把自己定义为"白人"和"文明人",这与他们所征服的殖民地的人民形成了鲜明对比。这种基于种族和人种的傲慢自大反而限制了英国在亚洲和非洲执行宽容政策，反天主教迫害也始终存在于爱尔兰。这一点在"帝国的宝石"印度表现得最为明显。

启蒙运动和帝国：统治的兴盛和衰落
ENLIGHTENMENT AND EMPIRE: THE RISE AND FALL OF THE RAJ

1858年，当大不列颠即将到达权力的巅峰时，维多利亚女王发表了一份著名的声明，宣布终止英国人的特权，会"将此信念强加于每一个臣民"，并承诺"完全的平等……存在于欧洲人和英国人之间"。女王的美好誓言是被一些不那么乐观的情况推动的。就在一年前，印度西北部暴动的穆斯林和印度教教徒屠杀了上百名英国妇女和儿童。为了报复，英国士兵将印度人捆绑在大炮上，将他们炸得粉碎，肆意地绞死和射杀上千人，也许是成千上万的印度人民。

维多利亚女王声明的"绝对平等"，最后被证明只是一句空话。英国继续着对印度人民绝对的统治，没有给予女王统治下的印度臣民任何政治权利。不仅仅是在印度，也包括英国所有的非白人殖民地，英国都没有实现它所推崇的宽容启蒙理想。另一方面，当涉及战略宽容时，英国人却用各种方法征募、奖赏和利用来自各民族和宗教的人，以促进帝国的发展。

当英国东印度公司的理事到达印度时，莫卧儿王朝正处在最后的挣扎中，它正因自身的不宽容而分崩离析。东印度公司的主管窥探到莫卧儿帝国瓦解后的权力真空——他们迅速占领了印度。在本质上，东印度公司重现了波斯王朝和唐王朝时期的宽容开放策略。他们根据地区来区分人民——比如来自北方的拉其普特人，他们拥有悠久的军事传统——并积极地招募他们，利用他们攻城略地，统治远超英国所能控制的更广阔的地区和人口。在鼎盛时期，公司的军队大概有32万名战士，其中只有4万来自欧洲。到19世纪中期，东印度公司拥有次大陆上最强的实力，管辖着最大的行政部门，指挥着最强大的军队和管理着将近2亿的人口。正如历史学家希思科特(T.A.Heathcote)所说，"东印度公司接替莫卧儿王朝成了又一个印度帝国。"[28]

和莫卧儿的正统君主奥朗则布不同，东印度公司以宽容的手段管辖——并不是出于理想主义而是权谋——遵循惠灵顿原则，即干涉印度的"传统法律、习俗和宗教"在政治上是危险的。英国的印度军队包括穆斯林、印度教徒、基督徒和印度锡克教徒，也包括一部分非洲人和阿拉伯人。所有人都被允许追崇自己的信仰。英国官员奉命参与本地人的宗教仪式。军队和大炮可以在庆祝当地节日时使用。事实上，东印度公司的主管经营着印度寺庙并从朝圣者那里获取税收。[29]

相同的宽容法规成为东印度公司在印度进行商业贸易和行政管辖的基础。从一开始，东印度公司从与本土少数企业家的合作中获得了巨大的利益，大多数企业家曾效忠莫卧儿王朝的统治者。只有通过和这些当地的资本家合作，东印度公司才能打入印度内部。东印度公司的英国商人允许相当部分的印度合作者发财致富，在这个过程中这些人变成了"印度殖民地化中不可靠的合作者"。同时，东印度公司雇用了更多的印度人作为小官僚，管理不断扩张的领土。东印度公司的宽容政策是成吉思汗时期宽容政策的现代变体。东印度公司挑选和训练印度官员和中坚分子作为支持英国的核心，在英国的管理下处理日常政务。[30]

有趣的是，在涉及男欢女爱时，东印度公司的成员也同样持开放态度。在东印度公司统治印度的时期内（大约在1757年至1858年间），英国男人和印度女人之间的婚姻非常普遍。当然跨种族生育子女的人数相比异族通婚数量更多。"我当时经常去找当地女人。"一个英国人回忆起他16岁时在东印度公司的实习生活。另一个公司员工补充道："那些曾和当地女人生活过的人后来不再和欧洲人结婚……相当有趣，他们对印度女人产生好感并积极取悦她们。一旦他们习惯了那里的社会，就不再对英国女人存有幻想或拜在她们的石榴裙下。"

东印度公司在性和宗教上的不端行为，激怒了福音派。福音派新教徒并不讳言基督教优于在印度盛行的"令人憎恶和堕落的信仰"。"我们的信仰是崇高的、纯洁的和仁慈的，"威廉·威尔伯福斯在1813年向众议院声明，"而他们的宗教是卑鄙的、无耻的和残忍的。"威尔伯福斯要求国会解除东印度公司对印度地区基督教皈依者的限制。随着时间的推移，新教运动逐渐影响了整个英帝国的政策。

为了解决印度情妇的问题，公司开始劝说并输送年轻的英国女人到印度。"女人船"的到来成为加尔各答市19世纪社交日历上的重要事件。在由加尔各答市的英国名流举办的盛大派对上，怀着希望的单身女子会"正襟危坐"成一排并等上三夜时间，看着各年龄层的合格士兵和官员来来往往。一年以后，那些没有成功取得男人欢心的女子将会被送回英国。

更加致命的是，在1829年，传教士帮助促成了针对"撒提"(sati)的禁令，这是一种在丈夫葬礼上焚烧献祭其妻子的印度习俗。这项禁令是英国首次明确干涉印度重要的宗教活动，而且正如东印度公司官员所担心的那样，这激起了印度人民广泛的不满。1833年，传教士获得了在印度传教和设立学校的权利，而且不需要得到东印度公司的允许。1850年，尽管在直接违背印度法律的情况下，英国仍然通过立法允许皈依基督教者继承遗产。1856年，英国立法承认印度寡妇二婚合法。尤其令印度穆斯林深恶痛绝的是，牧师将教育扩大到妇女，并收养弃婴和改造孤儿院。[31]

并不是只有英国新教徒对英国化和"教化"印度人感兴趣，一些现代化主张者，例如苏格兰总督詹姆士·达尔豪西将铁路、电报和精巧的现代发明引入了印度。具有讽刺意味的是，正是其中的一项发明引发了帝国历史上最严重的暴乱。

苏格兰人发明的埃菲尔德式步枪于1857年引入印度。这是一项技术上的胜利品。每一位战士要做的就是咬掉枪支的弹筒顶端，这种新式的后膛装填的步枪的射击速度和距离是旧式前膛枪的两倍。不幸的是，谣言——也是事实——埃菲尔德式步枪的弹筒涂有猪油和牛油混合物的谣言迅速传播开来。对于印度军人来说，用嘴巴咬掉弹筒是种人格上的侮辱——猪肉是穆斯林的禁忌，而印度教忌讳牛肉。的确，印度人坚信埃菲尔德式步枪是"阴险的传教士阴谋亵渎他们"，以把基督教强加给他们。除此之外，英国刚刚占领了乌德省富有的城市，无耻地废除了它的总督——考虑到军队中有7.5万名来自乌德省的士兵，这可以说是一种极其傲慢的行为。

印度士兵都拒绝给埃菲尔德式步枪装弹药。拒绝执行命令的印度士兵遭到了开除，并被剥夺了装备、武器以及养老金。1857年5月9日，85名来自密鲁特第三装甲师的士兵因不服从命令被关押起来。第二天，英国官员在教堂做礼拜时，整个军团发动暴乱，强攻监狱并释放了他们的战友。当时的英国士兵说：

> 一场突然的暴动……冲向马匹，迅速装上马鞍，向监狱飞奔而去……打破监狱大门，当场释放犯人，包括上军事法庭的暴徒，还有1000多名各式各样的杀人犯和恶棍，印度士兵开始发起进攻，屠杀英国官员，残杀妇女和孩子，其残暴程度令人发指。

暴怒的战士联合平民暴徒，动身前往德里，"烧毁平房，杀害每个来自欧洲的男人、妇女和小孩"。到5月底，所谓的"兵变"已经蔓延至整个印度。

在接下来的两年中，英国人和印度人相互屠杀。在坎普尔地区，甚至在英国驻军投降后，仍有200名英国妇女和儿童遭到杀害，大部分人被直接砍死。作为报复，英国人开始了最残酷无情的复仇行动。"捕杀平民"对于镇压者来说已经是"最佳的运动方式"，他们将30厘米的坚铁刺刀插入了印度俘虏的身体，这一举动被称为"坎普尔晚餐"，因为它"直接刺入胃部"，英国人以此取乐。在白沙瓦，嫌疑犯被捆绑在大炮上炸得粉碎；回到伦敦，画家绘画作品中描绘了印度人支离破碎地散落在硝烟中的可怕景象。在德里，英国人"绞死了所有那些残忍对待逃亡者的市民，直到每棵树上都挂满尸体"。在坎普尔，穆斯林和印度教徒在行刑前被嘲弄他们的英国士兵强迫吃下猪肉和牛肉。不仅仅是暴徒，还包括孩子、老人和忠实的家仆，都被冷血地射杀。"我感觉自己心若铁石，脑袋像火烧一般狂热。"一名英国中尉后来回忆起当时的情景这样说道。当天他已经杀害了12名平民并极度渴望屠杀更多。[32]

暴动激起英国国内的相互指责和自我反省。英国人，不太情愿地承认，上百万生活在英国统治下的黑皮肤的异教徒已经开始厌恶英国的统治者了。那么英国人在印度或者牙买加这样的地方做了什么？1865年，牙买加发生了类似事件，反抗者是忘恩负义的被释放的黑奴。

人们展开了激烈的辩论，但是到19世纪70年代，有件事情是肯定的。英格兰人丝毫没有退却，他们坚决拥护大英帝国的理念。东印度公司被废除了，印度人民由国王直接统治。1876年，维多利亚女王，在盛大的典礼和嘹亮的号角声中，宣布成为印度女皇。在一次著名的演讲中，迪斯雷利让他的同胞在"舒适的英格兰"和赢得世界敬意的"伟大的帝国"之间做出选择。迪斯雷利选择了后者。大英帝国比以往任何时候都更成为英国人民、劳动阶级和贵族民族自豪感的重要源泉。

但这是个怎样的帝国呢？英国两个重要的政党持有不同的答案，但都扑朔迷离，前后矛盾。保守党和托利党对罗马帝国和莫卧儿王朝极尽美化，并与印度王子和封建地主结盟。同时，他们经常公开宣称白种人的优越性。19世纪后期，对于大多数的英国保守党来说，一成不变的种族差异——这成为大多数伪科学研究的主题——不仅用来解释英国拥有与生俱来统治黑皮肤印度臣民的权利，也被用来分析印度社会内部分裂的原因。因此，作为人类学家和印度人口统计局局长的里斯利（Risley），发明了一种"鼻指数"，为白人优越性的谬论和印度的种姓制度辩护。例如，他写道："我们接受一系列种姓……按照人鼻指数来排序，那么拥有最好的鼻子的英国人位于阶级的最上层，鼻子粗劣的人将位于底层，我们会发现这样的顺序基本符合公认的社会优先次序。"

而与之对立的自由党（辉格党），则至少在言辞上不愿做帝国主义者。和保守党不同的是，自由党施以口惠或偶尔真诚地追求贯彻全球人类平等的原则。对他们来说，英国的统治制度是正当合理的,不是因为印度人种族低劣,而且因为历史和文化的原因(也许还有气候问题),印度人笨拙、野蛮而且没有做好自治的准备。像孩子一样,他们需要得到监护。正如著名的哲学家和印度理事约翰·斯图尔特(John Stuart)所说的,自治并不"适合"所有英国臣民,其中的一些人属于"与文化和发展有关……相当于高级的野兽"。值得庆幸的是,发展对所有种族都适用,而且在一定帮助下——主要是通过教育和法律——总有一天印度人(在遥远的未来)可以和英国人一样高贵。

暴乱之后,至少有一点是自由党和保守党都认可的。英国最大的错误在于"干预宗教"和"引进了违背人民习性和意愿的制度"。保守党政治家迪斯雷利发布了对宗教信仰自由和不干涉当地习俗的宣言,而不是努力劝说印度人皈依基督教。〔当时,维多利亚女王也发表了重要宣言,不再"强加(英国式)信念"于任何英国臣民。〕这项承诺起到了一定的作用,但是它也适用于分裂和征服战略。没有什么能比英国在暴乱后重建印度军队更能说明这一切。[33]

英国人着意重组印度军队,将印度士兵按不同的地区、背景和世袭阶级分隔成不同的部队。设计新的制服来着重区分印度士兵不同的宗教和区域背景。举个例子,更倾向与英国人交往的廓尔喀人通常穿着步枪绿的西式定制制服,其他的印度兵则穿着宽松的黑裤。在多数情况下,英国人都明确要求印度士兵穿着明显的传统装束。正如很多历史学家所指出的那样,英国官员意图形成独立的印度锡克教身份标志,锡克教战士被要求携带短剑或匕首，并戴上老式头巾。当锡克教士兵没有配备这些装束，英国人会提供给他们；数千条头巾在谢菲尔德生产制造并运往海外。英国人以这种方式尊重了各地区的各式风俗，但也加速了印度内部的分裂。[34]

同时，英国官员艰难地适应着当地的宗教仪式。英国允许印度教徒在战争前夕向迦梨神献祭。上等印度兵被允许进行漫长的食物准备仪式，甚至以降低整个部队的行军速度为代价。"要尽一切努力保证印度军队的满意度和忠诚度，要谨慎处理他们的风俗和宗教。"1885年至1893年担任印度陆军司令的罗伯茨勋爵强烈要求认真执行此规则。

英国人的这些调整和措施产生了很好的效果。"上校先生已经做好充分安排，为我们穆斯林煞费苦心，"一名穆斯林战士在9月时写道，"他在斋戒期间给我们安排的伙食非常令人满意，而且他总是把我们聚集起来，因为在斋戒期间，和锡克教徒、多格拉人一起生活非常不容易。我无法描述他的安排有多好。"同样的，一名锡克教战士也表达了感谢，在英国的协议下，"锡克教徒食用的肉类，在宰杀动物时，必须一击即死，而不是像穆斯林宰杀动物那般采用割破喉咙的方式"。另一位锡克教士兵的家庭成员在知道他已经得到允许为古鲁那纳克庆生时，写下"感谢，万分感谢，在大英帝国的统治下，不仅仅是我们，还有每一个成员，都能恰如其分地庆祝自己神圣的节日。古鲁那纳克保佑我们在英国国王统治下得到庇护"之语。

同时，英国人对印度的教育进行了大量投资。到1887年，近30万印度人在学习英语；在1907年这个数字达到了50万。这些受英式教育的精英，日后将在印度的民族运动中发挥核心作用，但是他们至少在初期都效忠英国。因此，印度民族主义的元老达达拜·瑙罗吉，在1871年公开发表对英国统治的毁灭性批评，但是从不主张独立。相反，他为英国统治者辩护，只是认为殖民政府没有实现英国"公平竞争和司法公正"的原则，并补充道，"只有在英国人手里，（印度的）复兴才能实现"。

暴乱过后的几十年里，英国征募了像瑙罗吉这样的人员作为律师、法官和官员在印度行政部门工作；确实，英国对印度的统治离不开那些杰出的英国支持者。当然没有印度士兵、官员和上千名的英国官员共同努力，也无法统治这个有数亿本土居民的国家。

大多数的印度官员在政府部门担任低级职务，最多也只是中等职位。但仍有少部分人被允许升至最高层职位，甚至是在英国国内任职。1892年，例如，瑙罗吉被伦敦芬斯伯里中心选民选举为英国国会成员，这些选民后来也选举了英国首相玛格丽特·撒切尔夫人。[35]

在统治印度的90年（1857—1947）里，英国的帝国政策是自相矛盾的自由主义和保守主义的混合体。从未有任何阵营可以实现如此长久的统治。首先，这两个政党在伦敦互相倾轧。而且，即使在自由党处于优势时，他们在印度的政策也一再遭到居住在印度的非英国官方团体的破坏。

这些在印英国人——通常主要是苏格兰商人、商贩、铁道员、茶园和紫罗兰种植园主——都是臭名昭著的种族主义者。在暴乱之后，出于现实的灾难以及偏执，在印英国人撤回到种族隔离区，在那里只有白人，军队保护着围城里的人，使他们远离"黑人城镇"，远离印度人居住的地方。大部分人待在舒适的全白人社会俱乐部——比如名为"不拘礼节(the Unceremonial)"或者"有限责任俱乐部(the Limited Liability Club)"的地方——这些商人常因为印度工人懒惰或傲慢而鞭打他们。在1880年到1900年之间，印度工人被"意外"射伤的记录不少于81起，据说，一名背负着射杀工人记录的欧洲官员，在离境时竟然躲过了惩罚。

每当自由党主义政府试图消除种族隔阂时——这曾是他们的自我保护手段，居住在印度的英国人都会变得异常恼怒。1883年，一名自由党总督尝试通过注定失败的《自由法案》(Ilbert Bill)时（该法案允许印度法官对白人进行审判），在印英国人爆发了荒诞的种族抗议行动。"难道我们的妻子，"一名在印英国人询问道，"要被那些不尊重妇女，不了解我们，而且在很多情况下憎恨我们的男人，以虚假的借口从家里抢走吗？……想一想那场面，她们在衣衫褴褛的当地人前，受到法官的审判，也许会被宣告有罪。""真正的蠢驴才会咬狮子。"另一个受欢迎的演说家在雷鸣般的掌声中吼道，"让他知道你重视你的自由；告诉他，狮子没有死，狮子只是睡着了。看在上帝的份上，让他明白弄醒狮子是多么可怕。"几乎整个印度的白人社会都强烈反对这样的管理。不久以后，帝国又倾向了保守主义。[36]

但是在保守党掌权时，他们的政策受到了日益兴起的民族主义运动的暴力抵制。当寇松勋爵在1898年担任总督时，他直接和英国化的印度律师和官员团对抗，而这些人员都曾是自由党精心培养的人才。随着加尔各答市成为权力中心，这些受过良好教育的人才在1885年成立了印度国民大会党，该党立即成为印度人政治抱负的重要发言人。寇松勋爵蔑视这些所谓的孟加拉—巴布斯 (Bengali Babus)，以及他们急切渴望（和所受的英国教育）的平等和独立的理念。因为将他们视作英国统治的威胁，寇松勋爵有针对性地将他们排除在印度高级官员之外，并采取各种手段破坏国民大会党。寇松勋爵采取的最严厉的手段是在1905年将孟加拉分割成两个新的省份，并重新划区，将说孟加拉语的印度人孤立成一个少数群体。

寇松勋爵的政策适得其反。他助燃了印度国民大会党内部革命分子反抗的烈焰，他们开始愤怒地抵制英国商品，并发动了一系列的爆炸和暗杀行动。寇松勋爵在1905年下台后，英国最终恢复了自由主义的政策，但这些政策也没维持多久。

最后，英国人再次失去了印度——就像失去爱尔兰一样——只是因为太过偏执，宽容来得太迟。然而，英国肆意挥霍了其臣民在几十年中积攒的善意。在瑙罗吉等人的领导下，印度国民大会党在早期曾一直坚定地支持英国。它的创始人喜欢引用莎士比亚的话，并将女王比喻为"母亲"，无论何时提起她名字都会欢呼雀跃。即使更为极端的民族主义领导人，包括"恐怖主义者"，以及大批受过英式教育的印度精英，都在努力追求英国为他们设定的职业道路，并为此奋斗，最后却发现他们的前进受到了英国种族主义的阻挡。

直到第一次世界大战前夕，多数的印度领导人仍然对女王忠心耿耿。1914年，当英国向德国宣战时，甘地对他的追随者说："我们首先是大英帝国的臣民。为了人类尊严和文明的光荣和荣耀，像英国人一样作战吧……我们的职责很清楚：尽我们最大的努力支持英国，为我们的生命和财产而战。"上百万的印度军人被派往世界各地与敌人战斗，100多万印度人在国外为帝国服务。作为回报，印度的领导人，得到了英国国会含糊其辞的承诺并受其鼓舞，坚信战争的结束会给印度带来自治权，如同加拿大和英国其他"白人"统治区一样的自治权。[37]

印度人的幻想破灭了，停战后他们等来的不是自治权而是野蛮的镇压和恐怖的压制。

战后，印度一片混乱。整个印度的民族意识和自尊心不断增强，对于印度财富被用于满足英帝国欲望的愤怒与日俱增。世界经济也在不断改变。贸易保护主义在全球蔓延开来。在印度，城市化加速，失业人口数量上升，印度人拥有的新工厂逐渐涌现。英式教育是把双刃剑，越来越多的印度人要求恢复自由，正如他们所学习的或在海外看到的。抗议、游行、罢工和政治浪潮席卷了整个印度次大陆，暴力冲突将抵抗推向高潮。

在印英国团体因局势改变面临着严重的威胁。英国政府不断起草推动印度改革的措施，在印英政府颁布了压制性的罗拉特法案（Rowlatt Act），强制实行全国戒严，并剥夺了民众抗议的权利，戒严令时限延长至战后第三年。1919年，陆军准将戴尔下令向1万名手无寸铁的平民开火，这些平民当时集中在旁遮普邦的阿姆利则一处有围墙的田地内，好像是在庆祝印度教节日。在未给予任何警告的情况下，戴尔的军队将1650发实弹射向了无助的被困人群。大批印度人被射杀，1000多人受伤。

尽管英国认为那是"一个错误的判断"，但戴尔并没有为此感到悔恨。事实上，他一回到英国就受到了英雄凯旋式的欢迎，保守党还赠送他刻着"旁遮普邦救星"的宝剑。在接下来的几个月里，英国军队对日渐不安的旁遮普邦人民施以更为残酷的惩罚——鞭打他们，强迫他们跪在地上爬行——仅仅是"为了保卫王国"。

旁遮普邦的暴行是压倒曾经效忠于英国的印度领导人的最后一根稻草。1919年，印度诗人泰戈尔，亚洲第一名诺贝尔文学奖获得者，为了抗议屠杀毅然回绝了爵位的封赏。他解释道："此刻，荣誉勋章使我们的羞耻在不和谐的屈辱语境中格外刺眼。对我而言，我希望被剥夺一切特殊的荣誉并站在我的国民身边，他们因所谓的无关紧要而遭受非人的待遇。"

1920年，甘地号召发起"非暴力不合作运动"来对付英国政府。甘地的行动得到了印度国民大会的支持，他们放弃了数十年来印度官方对帝国统治的支持。

在英国，公众舆论也在抨击戴尔。国务大臣蒙塔古勋爵要求戴尔在国会申辩："你打算以恐怖行动、种族羞辱和奴役的方式来控制印度人民吗？"丘吉尔称大屠杀是"野兽的行为"——在英国历史上是空前绝后的——指责戴尔是在破坏而非拯救英国在印度的统治。[38]

为了阻止印度的独立，在印英国政府做了最后的努力，采取宽容政策来维持权力。在两次世界大战期间，英国官方政府想争夺"印度化"的印度高层官员和印度军队长官，二者之前都是白人政权的保障。在经济方面，官方的新口号是"工业化"和"发展"。将来，印度不再只是提供原材料；印度将成为英国经济发展的重要贸易伙伴，双方互惠互利——至少在宣传上是这样说的。最关键的是，在印英政府希望寻求与日俱增的印度本地强大的商业团体的合作，主要是来自加尔各答的马尔瓦里人和来自哈迈达巴德的古吉拉特人，他们在战后控制了印度大部分的经济运作。

这些让步几乎不是出于互利主义，相反，帝国首先关注的是孤立印度的种族民族主义者。正如历史学家玛丽亚·米斯拉

(Maria Misra)所说的,印度政府"决心在保持帝国利益的前提下,将尽可能多的经济权力让于印度人"。

对于英国人来说,不幸的是,在印的英国商人团体与政府的政策背道而驰,日益偏执。这些在印英国人不仅没有采取印度政府所鼓励的对公司进行种族融合的政策,反而拒绝背景雄厚、资金充足的印度人,比如马尔瓦里人和古吉拉特人,不允许他们管理公司董事会或拒绝雇佣高水平的印度人担任管理职务,然而东印度公司在兴盛时期都曾招募和联合印度企业家。在20世纪,在印英国人固执地反对和本土商业机构合作。事实证明如此严重的偏执政策是自取灭亡。在印英国人对印度公然的种族歧视加剧了印度精英阶层的怨恨,他们团结一致发动大规模的民族主义运动,要求将在印的英国企业国有化、驱逐英国商人。[39]

1946年,印度的穆斯林、印度教徒和锡克教徒间爆发了战争。而印度当时是英国的沉重负担。1947年,伦敦宣布分裂次大陆,因此产生了印度和巴基斯坦。在接下来的几十年里,大批的英国商人、资金和职员离开了次大陆。

当然,如果英国采取了不同措施的话,我们无法知道历史会如何发展。在20世纪早期,社会主义、民族主义和反殖民主义等强大的势力都发展迅速。如果不是在1947年,印度人应该能在某个时刻取得独立。欧洲殖民主义者的消亡也就指日可待了。

但是也许印度可以以不那么愤怒、暴力和破坏性的方式从英国的统治下挣脱出来。纵观英国统治的90年，一次次平等接纳印度的机会被挥霍掉了。第一次世界大战后，印度的企业界加倍努力地去和古老的英国公司组成异族同盟和伙伴，但是都被无情地拒绝了。独立后，新印度政府把矛头指向这些公司，谴责他们是平等主义的敌人。大多数在印的英国公司最终被取缔或关闭。

不仅仅是英国商业错失了好时机，英国的统治也错失了良机。尽管英国政府曾迟缓地开展"印度化"和虚伪地允诺做一个"负责任的政府"，但全部未充分付诸实施。英国人对待白人殖民地和非白人殖民地的方式明显不同。直到1922年，首相温斯顿·丘吉尔还在对"将民主制度赋予那些无法自治的落后民族"的想法嗤之以鼻。与此形式鲜明对比的是，从19世纪40年代开始——同时期英国人将印度士兵当作炮灰——主动给予那些在澳大利亚、加拿大和新西兰的白人同等的权利和自由，而这些权利是美洲殖民地的人民在18世纪70年代努力争取到的。根据1838年著名的《达拉谟报告》(Durham Report)，英国的加拿大臣民有自主选择的权利，可以不受帝国的统治。这项决议之后也在英国其他的白人殖民地适用。在19世纪60年代，英国承认所有的白人殖民地独立，但是实权掌握在殖民者选出来的代表手上。尼尔·弗格森说：

因此将不会有奥克兰的莱克星顿战役，也不存在堪培拉的乔治·华盛顿，也没有渥太华的《独立宣言》。确实，当你读《达拉谟报告》的时候，很难不感到其潜台词——遗憾。如果美洲殖民者在18世纪70年代第一次提出要求时便获得了负责任的政府——如果英国人实现了那华而不实的自由宣言——也就不会发生独立战争，也许就不会有美国了。[40]

我们可以看得更远些。如果英国早在维多利亚全盛时期就能克服它的种族和民族偏见，如果能将给予白人殖民地的宽容同样地惠及"黑皮肤"殖民地，那么现代历史将不会只有印度和巴基斯坦，还将有津巴布韦、肯尼亚、伊拉克、埃及、缅甸等一系列的帝国，它们将上演完全不同的历史。

英国的衰落和可能的变化
BRITAIN'S DECLINE, AND WHAT MIGHT HAVE BEEN

和之前的所有世界主导力量一样，英国的世界霸权地位是由——几乎不太可能但的确发生了——从毁灭性的内部种族和宗教战争，到后来惊人的开放和宽容政策的戏剧性转变所推动的。英国获得无可匹敌的世界霸权地位的时间，可以追溯到1858年至1918年，在英国社会各阶层（包括国会和首相）犹太人、胡格诺派和苏格兰人都处于参与和繁荣的时期，这并非巧合。犹太人和苏格兰人不仅仅帮助英国资助、征服和管理海外殖民地，同时也为英国工业、金融和海上霸权做出了至关重要的贡献。

英国的衰落并非源于国内兴起的偏执情绪，甚至随之发展。如果说20世纪上半叶的情况有什么不同的话，那就是英国对国内少数民族和宗教团体表现得更为宽容，至少在移民政策和选举权的扩大上体现了这一点。尽管历史学家在讨论主要原因和时间等重点时产生了分歧，但是大多数人认为英国的衰落来自于一战和二战中无用的庞大支出、政府逐步扩大的社会福利、沉重的国外债务负担、英镑的贬值、相对不景气的英国工业以及控制海外殖民地与日俱增的费用，尤其是处理殖民地的反英行动、民族主义暴动和（有时为英国人所煽动的）种族或宗教冲突。

尽管如此，从更广泛的意义上说，英国的崩溃也来自于海外失败的宽容政策。保罗·肯尼迪认为，到20世纪中期，英国的军事和经济已经无法承担起维持殖民地统治的需要。正如1946年工党财务大臣休·道尔顿在日记中所写："当你处在一个不受欢迎的地方，你失去了制服他们的力量，而他们也不需要你那样做时，唯一可做的就是退出。"但是问题是，英国是怎样落到如此境地的？

我想强调的不是，"唉，如果英国能实行更为宽容的政策，它或许仍然拥有在亚洲和非洲的殖民地"。其实，还有更多的有远见的历史假设没被发掘出来。即使在1931年，当印度的领导人已经准备致力于独立时，有人问甘地："你会把印度和英帝国分割到什么程度？"甘地回答："如果我希望印度得利而不是苦恼的话，就要完全脱离大英帝国。"他补充道："英帝国因为印度而成为一个帝国，但现在英皇必须离开。印度乐意成为与英国平起平坐的合伙人，同甘共苦。但这必须是平等的伙伴关系。"[41]

在1931年，如果英国和追求"平等地位"的甘地等人合作，历史又会怎样呢？毕竟，英国只对其前殖民地这样做过，成立了英联邦帝国，就是英国、加拿大、新西兰、爱尔兰和澳大利亚这些国家都"身份平等，绝不隶属于它国"。如果在印英国人仅仅是出于某些特定原因，克服了种族主义局限，整合了他们的公司，融入印度人的利益，那么历史又会怎么样呢？

结果不得而知。但是如果英帝国在处理非白人臣民问题的紧要关头能做出不一样的选择，那么非殖民地化可能在对英国（相比其前殖民地）更有利的条件下发生。例如，大英帝国也许不会发展成今天的样子：一个主要以体育竞赛和文学奖闻名的象征性实体。这样的英联邦拥有近 1/3 的世界公民，跨越亚洲、非洲、欧洲和美洲，所有大陆依靠悠久的经济关系连接在一起，从而成为强大的贸易团体和政治联盟——类似欧盟，但英联邦拥有共同语言的优势——英语是其核心的语言。

相反，因为疏远殖民地，并在殖民地内制造不宽容之后，英国从世界第一强国下滑到了次等帝国，而它的前"非白人"殖民地臣民也降到了第三世界。同时，另一股力量正在崛起——一个移民国家，这个国家是建立在宗教宽容基础上的。

PART III
THE FUTURE OF WORLD DOMINANCE

第三部分
未来的世界霸主

CHAPTER 9

THE AMERICAN HYPERPOWER

Tolerance and the Microchip

第九章

美国式超级强国

宽容与微型芯片技术

即使我对邻居说世界上存在着 20 个上帝或者根本没有上帝，我也不会受到任何伤害。这既不会让我损失金钱，也不会被打断腿。

——托马斯·杰弗逊，《弗吉尼亚笔记》(*Notes on the State of Virginia*)，1781—1785 年

今天的一台计算机，比如埃尼阿克 (ENIAC, 第一台电子计算机)，由 1.8 万个电子管组成，重达 30 吨，而未来的计算机可能只需 1000 个电子管，重量只有 1500 千克。

——《大众机械》(*Popular Mechanics*)，1949 年 3 月

在其鼎盛时期，英帝国统治了地球表面 1/4 的陆地，以及大约 1/4 的世界人口。成吉思汗的孙子所统治的领土规模甚至比英帝国还要广阔。与它们相比，今天的美国仅仅统治着地球表面 6.5% 的土地和 5% 的世界人口。[1] 尽管如此，美国仍然是当今世界的超级强国。

美国是一个帝国吗？自从美国建国以来，美国人就一直争论自己是否应该谋求帝国霸权。时至今日，这一争论还在继续，尽管美国实质上已经获得了世界霸权。在十二章，我将分析美国到底是一个什么样的国家，以及它在国际事务中应该担当起什么样的角色。不过，在描述美国的未来之前，我们应该先了解一下它的过去。

为什么美国在经济和军事方面都那么出众？富饶的农业土地资源当然是一个不容忽视的原因，此外还有丰富的原材料，

远离外国威胁的独特地理优势,政治制度(包括私有财产制度、自由贸易、民主和法治等),尽管不太完善,但是对于它的繁荣发展都起到了至关重要的作用。然而,与历史上其他超级帝国一样,美国强大的秘密主要在于它的人力资源。

如果说相对宽容是获得世界霸权的关键因素,那么美国在这方面一直以来都比欧洲任何一个国家具有绝对的优势。美国不仅吸引了众多移民,而且它根本就是一个由移民构成的国家。美国的开国元勋即便不是移民,也是移民的后代。(例如,亚历山大·汉密尔顿就出生于加勒比海地区的尼维斯岛,并于16岁时移民到纽约。)如今,95%以上的美国人都是过去某个时间漂洋过海来到美国的移民后裔。

当然,毋庸讳言,很多历史移民都是戴着脚镣漂洋过海来到美国的。与美国原住民一样,在这些移民看来,美利坚合众国的诞生既得益于其奉行的宽容性政策,同时也有赖于其残酷的民族压迫。"移民之国"一直被定义为一个主要由盎格鲁—撒克逊白人新教徒建立的国家。直到1909年,当俄罗斯犹太人伊斯雷尔·赞格威尔(Israel Zangwill)撰写其著名剧作《大熔炉》(The Melting Pot)时,仍然认为只有"欧洲移民"参与了这个伟大的历史大融合。[2]

与同一历史时期的所有世界强国相比,美国一直奉行非常宽容的宗教多元化政策。1789年颁布的美国《司法条例》(The Judiciary Act)是一个真正革命性的法案,它不仅像过去的大英帝国和荷兰共和国那样积极支持宗教信仰自由，甚至以宪法原则的方式宣布，美国不设立国教。尽管从总体上来说美国实施的是开放性移民政策，但是在大部分历史时期，对于某些特定民族，尤其是美国印第安人、非洲裔美国人和其他"非白人"民族，美国都奉行极端的种族和民族歧视政策。尽管美国政府一再宣称"人人生而平等"的宪法原则，但是奴隶制度、种族隔离、民族歧视和公民权不平等长期以来都是美国社会的现实问题。直到第二次世界大战以后，美国才成为世界历史上民族和种族政策最开放的国家。正因为如此，这一时期也成为美国获得世界霸权的重要历史阶段。

本章将追述美国历史的这些重要演变过程，包括从受人奴役的殖民地发展为美洲大陆一个独立自主的国家，再从一个超级大国发展到最后的超级强国。美国的这一发展历程直接得益于它一直奉行的民族宽容政策，从而使它有能力不断吸引分散在世界各地、具有不同民族背景的移民，通过向他们提供丰厚的回报，最大限度地吸引他们移居美国，利用他们的才干和力量为美国社会的发展做出重要贡献。通过吸纳其他国家的流亡者，以及以后不断挖取势均力敌国家和发展中国家大量最优秀、最富有才干的人力资源，美国获得了史无前例的经济发展动力和技术创新力量，进而积累起了人类有史以来最为庞大的经济财富和最为强大的军事实力。

宗教与国家的革命性分离
THE REVOLUTIONARY SEPARATION OF CHURCH FROM STATE

从历史事实来讲，清教徒对于美国社会的发展做出了相当大的贡献。正如马克思·韦伯所概括的"新教伦理"那样，他们以节俭和勤奋著称于世。他们非常重视教育。以约翰·哈佛为代表的清教徒创建了美国最早的一批大学。英克里斯·马瑟曾在1685年到1701年间担任哈佛大学校长，之后又帮助组建了耶鲁大学。他能够阅读古希伯来语、希腊语和拉丁语版本的《旧约》。

然而，清教徒对宗教问题态度十分偏狭，而且人们常常会忘记这一点。成功脱离欧洲宗教迫害之后，清教徒到了美国之后却成了宗教迫害的实施者。清教徒认为自己是上帝的子民——"纯正宗教"的传播者——所以，他们不仅限制天主教徒和犹太教徒的宗教自由，甚至还限制英国国教徒、贵格派教徒、浸礼会教徒，以及其他所有不能严格遵守新教戒律教徒的宗教自由。根据马瑟的说法，"容忍所有的宗教和异教，是没有宗教的表现"。清教狂热分子对其他宗教的迫害在"1692年塞勒姆女巫审判案"中达到了高潮，这一审判案致使100多个男女"巫师"因信奉异端邪说和实施巫术的罪名而被判入狱。在这一歇斯底里的事件结束前，19名"巫师"被绞死在塞勒姆镇的盖尔洛山上，同时两条狗也以"从犯"

罪名被处以极刑。

新教只是美国早期社会众多教派之中的一个。在1607年至1732年之间，英国人在北美"培植"了13个殖民地。因为英国殖民统治大多是由私人企业家资助的，形成了五花八门的殖民地宗教特色，主要取决于资助殖民统治的企业家的宗教倾向和最初定居居民的构成情况。因此，就出现了不同地区以不同教派为主的局面，例如，新英格兰地区居民大多为清教公理会教友，宾夕法尼亚州以贵格派为主，纽约主要是荷兰归正派教徒，马里兰州有相当一部分天主教徒，弗吉尼亚州、佐治亚州和卡罗莱纳州大部分是英国国教教徒。同时，在一些大城市里，也有一部分长老派教徒、浸礼会教徒，以及一些小型犹太社区。

尽管各地区之间存在着明显的宗教差异，殖民地时期美国的宗教自由只是建立在非常狭隘的原则之上，"如果你不喜欢我们这里的宗教，你完全可以去其他地方"。正如马萨诸塞州牧师纳撒尼尔·沃德所说：" (所有的非公理会信徒) 都享有离开我们的自由，我们也希望他们以最快的速度这样做，而且越早越好。"除了罗得岛人民以外，殖民时期的美国人对于确立大多数人的信仰宗教以及剥夺无信仰者基本权利的做法毫不内疚。到1732年，当英国殖民统治时代即将结束时，85%的美国人居住在确立了官方教会的城镇或州中。一般情况下，不信奉官方教会的人不能享有投票权，也不能担任公职。有时，这些"异教徒"会被驱逐出所在的城镇。例如，如果任何贵格派教徒碰巧来到以圣公会为官方教派的弗吉尼亚州,他们会立即"被囚禁而且不得保释",直到他们同意"以最快的速度"离开本州,并且承诺"再也不会回来"。[3]

但是,重大的宗教改革也在慢慢显露出来。尽管纳撒尼尔·沃德等人为宗教"纯洁"和"单纯"辩护,但是美国仍然出现了一场混乱的变革。在17世纪和18世纪,随着欧洲各国移民大量涌入美国,美国人口数量随之大幅上升。在进一步推动商业繁荣的同时,这些移民也带来了异端思想和新的宗教教派。刹那间,除了公理会和圣公会以外,又增加了德国虔信派、瑞典路德派、法国胡格诺派和爱尔兰阿尔斯特长老派,等等。

贸易是宗教宽容制度改革的强大催化剂。一些有影响力的商人开始倡导宗教自由,因为宗教排斥思想不利于他们开展贸易。毕竟,他们的贸易代理、客户、供应商、赞助商和贸易合作伙伴具有各种各样不同的宗教背景——甚至是非基督教背景,所以推进宗教宽容政策势在必行。正是基于这种考虑,1740年,英国国会通过了一个基本法令,允许美国殖民地的犹太人申请归化入籍。大法官菲利普·哈德威克解释说:"对于犹太人来说,如果他们不愿意移居美国殖民地,即使不会破坏殖民地的贸易,对殖民地也会是一个巨大的损失。"

大约同一时期,宗教领域出现的"消费者革命",即广为人知的"大觉醒运动"(Great Awakening),席卷了美洲的各个殖民地。在乔治·怀特菲尔德等富有卓越领导才能的宗教领袖的带领下，数十名巡回福音传教牧师四处宣传自己教派的福音"品牌"，跨越了传统的教区界限，完全不受各地正统教派的束缚。就像今天的"电视布道者"一样，这些巡回牧师在极为广阔的区域内推销自己的宗教思想。他们大肆宣传自己的"产品"，提供福音信息，强调宗教信仰的个人选择权。他们告诉人们，只有通过自己的亲身实践才能获得拯救，而不是机械地遵守教会教义。他们通过自我推销，大力宣传，获得了极大的成功。只要有听众，他们会随时随地宣传自己的宗教思想，例如，在法院大门前的台阶上、路边、公园，甚至赛马场和酒馆，所以他们也赢得了成千上万名殖民地居民的支持。

对此，传统牧师十分沮丧。一名来自南卡罗莱纳州的圣公会牧师说："宾夕法尼亚州和新英格兰每年都会派出一批杂七杂八的宣讲牧师……在这些宗教大杂烩当中，根本没有真正的基督教思想……如果他们能主持一次婚礼或者葬礼并能挣到一个先令，这些化外游民一样的牧师也会打破脑袋去竭力争取。"弗吉尼亚州的圣公会牧师帕特里克·亨利也发表了同样的言论："这些巡回牧师完全是胡言乱语，对宗教教义的解释极度混乱。之后他们将懵懵懂懂的信众弃之不管，一走就是10个月或者12个月，直到另外一个宗教狂热分子到来，重复着同样疯狂的捣乱活动。"

然而，似乎就在一瞬间，这种极度混乱的局面消失了。18世纪40年代即将结束时，"大觉醒运动"几乎完全销声匿迹了——但是并不是在戏剧性改变殖民地宗教分裂现状之前。大多数巡回牧师和他们的追随者开始举行自己的宗教集会活动，或者加入了少数派，例如浸礼派，于是，非官方教会教派得到了爆炸式发展。因为改变宗教信仰的人数众多，既包括"低层"和"中层"人士，同时还包括一些知名人士，所以持不同政见者也不再遭受非议与责难。甚至，在此问题上十分苛刻的马萨诸塞州也接受了多元化宗教信仰。在1747年，一名波士顿人说，他所在城市的教堂中，有三个主教教区，十个"独立团体"，"一个基于加尔文教义的法国教派，一个再洗礼会教派和一个贵格派"。清教徒希望建立一个单一而统一的官方教会的梦想就此破灭。[4]

那些宣扬个人具有宗教信仰自由选择权的福音巡回传教士，甚至有了一些似乎不太可能的继任者：开国元勋。尽管美国独立战争中的一些领导人模仿罗马共和国的历史典故曾经使用过拉丁文笔名，比如普布里乌斯和费比乌斯，但是他们在思想革新方面远远超过启蒙运动时期的任何一个人。尽管他们不一定具有反宗教思想，但是像乔治·华盛顿、托马斯·杰弗逊、本杰明·富兰克林、詹姆斯·麦迪逊等很多人都对《圣经》的内容提出了质疑，并对正统教派进行了严厉批评。正如托马斯·杰弗逊所说："自从基督教诞生以来，数百万无辜的男人、女人和孩子被活活烧死，被残酷折磨，被罚款，被监禁；但是即便如此我们在宗教思想统一方面仍然毫无进步。所以，我们不免要问，高压政治到底能产生什么样的影响？它只是让半个世界变得愚昧，而让另外半个世界则变得虚伪。"[5]

其实在实现独立之前，美国的革命家们就已经感受到了宗教宽容所带来的实际利益。为了抓住每一个有利于打击英国殖民统治者的机会，美国人别无选择，只能组建一支包含不同宗教信仰人群的军队。在抗击殖民统治胜利之后，正如约翰·亚当斯所写的那样，那些革命战士包括"罗马天主教徒、英国圣公会教徒、苏格兰和美国长老派教徒、卫理公会教徒、再洗礼会教徒、德国路德派教徒、德国加尔文教徒、普救派教徒、阿里乌斯派教徒、索西努派、独立派教徒、公理会教徒、马派清教徒、保守派新教徒、自然神论者、无神论者，以及'那些什么都不信奉的新教教徒'"。

开国元勋们在1789年通过的宪法可谓相当激进。他们甚至比英国国会通过的宗教宽容法案更进了一步，来自13个州的代表故意没有将宪法编写成另外一种形式的宗教文件，也没有为这个国家设立一个单独的官方教会。在这个最早版本的宪法中，只是在一个条款中提到了与宗教有关的问题，那就是不得以宗教信仰作为担任政府公职的先决条件。

宪法中宗教内容的缺失招致了很多人的激烈批评和指责，认为这是无法无天的无神论行为，是对传统的背叛。但那些开国元勋们都是接受过高等教育的贵族，本就没有必要代表普通大众，但是他们仍然坚信宗教信仰自由是避免多元化社会爆发宗教冲突的最好方式。他们中的大多数人，包括麦迪逊，都深深受到了亚当·斯密思想的影响。斯密曾经写道，就像市场中存在着多种不同的商品一样，"允许大量不同宗教派别共同存在"——最好不少于两三百个宗教派别——将会引发宗教领导者之间的良性竞争,最终达到尽可能限制宗教疯狂行为,实现最大程度和谐的社会状态。[6]

1791年,美国宪法第一修正案获得通过,正式禁止国会确立国家教会,以保护宗教信仰自由。8年之后,在《的黎波里条约》(Treaty of Tripoli)中,美国以当时极其罕见的语言向世界宣布:"美利坚合众国政府绝不是建立在基督教教义基础之上的……美国政府本身绝对不会反对任何宗教戒律、任何宗教类别和穆斯林宁静的内心。"同样,美国官员这种"反叛上帝"的行为再次惊呆了大多数美国人。于是,宪法的反对者们便发表了耸人听闻的预言,有朝一日罗马天主教教徒、犹太教教徒或者穆斯林可能会成为美国总统。

开国元勋们毫不退缩地捍卫世俗宪法。乔治·华盛顿虽然认为宗教对于弘扬优秀道德品质具有一定的推动作用,强烈呼吁世界各国效仿美国的制宪思想。"美国人民,"他写道,"为人类树立了一个更大民主权利和更多自由的政策典范,所以他们有理由为自己喝彩,这个政策值得其他国家学习效仿。全世界人民都应该享有这样的自由思想。"

或许,美国第一任总统与居鲁士大帝或奥兰治·威廉最显著、最清晰的区别在于,华盛顿认为宗教信仰自由是一种基本权利,而不是当权者给人民的一种恩赐。华盛顿说道:"现在,宽容政策不再是一个阶级对另一个阶级的恩赐,不再是只有统治阶级才能享有的与生俱来的权利,幸运的是,美国政府不再支持顽固保守的思想，不再支持宗教迫害，只是要求受它保护的人民不必压抑自己。"[7]

当然，即使在1791年以后，很多美国人仍然不能享有完全的宗教自由。其一，宪法第一修正案最初仅仅适用于联邦政府内部。很多自治州，主要是在新英格兰地区，仍然以新教教会为自己的官方宗教；有些甚至强制人民参加新教的宗教活动。其二，大多数加入美国联邦的州仍然规定只有基督徒才有投票权或者担任政府公职的权利。要花上几十年时间，这些推行官方宗教的残余势力才会最终消失。

但是，美国宗教改革的本质是这样的：从其诞生之日起，美国就借鉴了荷兰和英国的宗教宽容的启蒙原则，并将其进一步发展和延伸，以此作为自己的建国纲领。到18世纪末，世界上没有哪一个国家在宗教宽容政策方面比美国更进步、更开放。

然而，我们不能将宗教自由与种族宽容政策混为一谈。除了少数几个本身尚存争议的事实以外，所有的开国元勋似乎都对他们所处时代的种族主义视而不见。或许，华盛顿和杰弗逊可能从来都不曾想过宗教自由可以进一步延伸到他们的黑人奴隶身上。直到1813年，据历史资料记载，那些在南方各州种植园中出生的奴隶，原本使用的穆斯林姓名，例如，"法蒂玛""萨尔玛"和"奥斯曼"，都被他们的主人改成了"尼普顿""柏拉图"和"哈姆雷特"。[8] 在美国"开明的"宪法规定下，美国的土著印第安人和黑人奴隶几乎没有白人享有的任何权利。[9]

在人类历史上，肤色和歧视经常被紧密地联系起来，个中原因我们可能永远都不会完全理解。我们发现，英帝国对待非白人殖民地人民的态度就是如此，甚至今天西欧国家仍然存在着令人痛心的种族主义问题。从美国的发展史来看，种族歧视问题一直是移民运动和种族同化过程中的突出特色。美国最早的殖民地居民和开国元勋都是西欧或者北欧的后裔，所以，他们更容易接受那些外表和行为习惯与他们类似的新移民。

直到 19 世纪末，移入美国的绝大多数移民都是"白人"。当然，"白人"一直是美国着力吸引的目标。比如，我们以富兰克林于 1751 年发表的文章《人类发展观察史》(Observation Concerning the Increase of Mankind) 为例，看看他对肤色问题做出了什么样的令人惊讶的论述：

世界上纯正的白人数量非常少。所有的非洲人都是黑色或黄褐色的。亚洲人主要也是黄褐色的。整个美国也是如此（不考虑新移民）。在欧洲，西班牙人、意大利人、法国人、俄罗斯人和瑞典人一般都具有我们所说的黝黑肤色；如果将英格兰人中的撒克逊人去掉，德国人和英格兰人则构成了地球上白人的主体……也许，我对我们国家人民的肤色有些偏袒……但是，这样的偏袒对于人类来说是很自然的事情。

这是富兰克林在美国独立前所持的观点，当时他还是一个富有强烈英国民族情结的美国人。(然而,1754年,他自己将这段文字从文章中删除了,之后才将剩余部分出版。)不过,到了18世纪60年代末,富兰克林的思想发生了重大变化。在一次访问伦敦时,他受到了英国上流人士的轻慢,结果反而与苏格兰人和贵格派教徒建立了友好关系。他对英国报纸描述美国殖民地居民的内容深感气愤:"北美殖民地居民都是一些乌合之众,包括苏格兰人、爱尔兰人和其他国家的流民、囚犯的后代、令人厌恶的暴乱分子,等等。"当富兰克林回到费城以后,他的思想发生了彻底改变。他认识到北美殖民地已经和其宗主国分离了,具有了完全不同的身份,他还倾向于对美国公民身份采取包容的态度。到1783年,富兰克林已经变成了一个开放移民政策的坚定支持者:"每一个来到美国,并在这片土地上定居下来的人,都对国家的发展做出了贡献。"[10]

富兰克林认识到,移民将成为美国成功的关键。接下来的200年证明他的观点是正确的。

"狡猾的"美国人与欧洲争夺技术劳动力的早期斗争
"CRAFTY" AMERICANS AND THE EARLY BATTLE FOR EUROPE'S SKILLED LABOR

1774年,杰弗逊声明:"所有人都享有一种天赋的权利,只要有机会——不是被迫的,他们都可以离开原来居住的国家,去寻找更加理想的生存空间。"值得注意的是,杰弗逊的这番天赋人权的言论与美国自身的发展不谋而合。在独立战争之后，美国的劳动力极度缺乏，尤其缺乏技术工人和工匠，他们所掌握的最新生产技术对于美国经济的繁荣发展具有至关重要的作用。当然，欧洲各国绝对不会认同杰弗逊的观点。正如多伦·本·阿塔（Doron Ben-Atar）在其著作《商业秘密：知识海盗与美国工业力量的起源》（Trade Secrets）中指出的那样，欧洲各国竭尽全力阻止其技术工人移民到刚刚独立的美国。在欧洲人看来，只要能吸引欧洲的技术人才，美国无所不用其极。

马萨诸塞州的一些城镇甚至在英国报纸上刊登广告吸引人才，承诺只要有人愿意移居马萨诸塞州，州政府将免费为他们提供土地和木材资源，帮助他们建立工厂。纽约企业家以提供"现金奖励"的方式从英国谢菲尔德郡挖走了13名最好的铁匠：两年内保证其工资水平，并为他们没有工作的家庭成员提供补贴。美国的职业中介机构也派遣大批工作人员到欧洲各地招募技术工人。1784年，康涅狄格州的沃兹沃思和科特说服100名英国纺织工人移民到哈特福德市。同年，巴尔的摩的一位企业家从欧洲带回了一批玻璃吹制工，其中68人来自德国，14人来自荷兰。

美国和欧洲之间的人才竞争愈演愈烈。欧洲各国颁布了极为严厉的法律，禁止外国公司从其国内招聘员工。例如，1788年，托马斯·菲尔波特因为试图劝说爱尔兰人移居美国而被判入狱，并遭罚款500英镑。在英国，这种气氛尤其紧张。18世纪90年代，伦敦发行的一个反移民宣传手册声明："无数来自美国的职介代理人就像觅食的小鸟一样铺天盖地地徘徊在泰晤士河两岸,如饥似渴地搜寻我们的技术工人、机械师、农夫和工人,极力劝说他们移居美国。"在另外一个类似的宣传资料中,后来担任加拿大最高法院首席大法官的威廉·史密斯警告说,"狡猾的"美国人正在怂恿英国人背弃自己的国家。"通过与英国制造商签署名不副实的贸易条约,在开放通商口岸的掩护下,美国人达到了挖取英国最优秀技师和工人的目的,实现了英国波旁王朝用武力也没能做到的事情。"

作为回应,伦敦制定了一系列严厉的法律,限制英国和爱尔兰技工移居美国。19世纪初,如果没有所在教区"教会委员或者监督管理人"出具的文件,证明某人"现在和过去都不是羊毛、生铁、钢铁、黄铜或者任何其他金属工艺的工匠,现在和过去都不是手表或钟表制作工匠,或者任何其他产品制造者和工匠",否则,这些具有移民倾向的人均不得在利物浦或者英国的任何一个港口登船离境。如果有人胆敢违反这一规定,将受到废除国籍、没收财产等处罚。如果非法移民,被当场发现,有可能会以叛国罪论处。

然而,上述移民限制措施并非仅仅英国一国独有。威尼斯甚至将自己的玻璃吹制工关押在穆拉诺岛上以防其移民,并威胁说,如果有人胆敢移民,将会被处以极刑。18世纪,欧洲各国纷纷通过反移民法案(但是,同时它们又常常派遣间谍到其他国家招募技术工人为自己所用)。在德国,如果有人想移民,必须获得政府的正式许可,并支付极为昂贵的费用。政府甚至使用欺骗手段,大肆宣传美国极度贫穷的生活环境。有一个宣传资料称,当德国人到了美国之后因为不能忍受极端的贫困,为了生存,不得不"将自己年幼的孩子送人",这些被送掉的孩子"将再也无法与父亲、母亲、兄弟和姐妹见面"。[11]

即便如此,欧洲人移民美国的浪潮仍然没有被遏制住。美国私人企业家和以财政部长亚历山大·汉密尔顿为首的美国官员坚定地推进美国移民计划,想方设法对付欧洲的反移民宣传,并巧妙地绕过了欧洲的移民限制政策。来到美国的移民也常常给欧洲的朋友写信,宣传美国的良好生活环境:

从事任何行业的任何一个人,不论是手工劳动还是机械作业,只要诚实勤勉并稍加节俭筹划,都可以丰衣足食,养家糊口;这里的工资非常之高,平均工资是英国的2倍、法国的4倍;这里地广人稀,急需各种劳动力;各行各业的职员缺口都非常大;这里的各种资源都很丰富,而且土地价格很低很低;税赋压力微乎其微;公共事业开支和债务负担几近于无。

19世纪上半叶,大约250多万"非法移民"通过各种方式来到美国。我们之所以说他们是"非法移民",并不是说他们违反了美国的移民法律,因为美国的这类法律几乎不存在;而是说他们违反了自己祖国的移民法律,因为他们是拥有政府禁止移民的技术和手艺。大多数美国纱厂都由经验丰富的英国移民负责管理。1850年,宾夕法尼亚州日耳曼敦3/4的熟练织布工和纺织工人都是新移民。

由于很多移民在欧洲时接受过良好的培训，掌握了先进的生产工艺和技术，所以他们来到美国之后极大地促进了美国工业在19世纪的迅猛发展。其中，功劳最大的当属塞缪尔·斯莱特，他被称为美国工业革命之父。在英国，当斯莱特还是个孩子时，就在纺织厂当学徒，该厂使用的是理查德·阿克莱特发明的新式纺纱机。因为眼明手快，头脑灵活，斯莱特很快就被提升为监工。但是，斯莱特抵挡不住来自美国的巨大诱惑。他假装成一个农夫穿越大西洋到了美国，不过当时并没有携带任何技术图纸和设备。

然而，凭借超人的记忆力，斯莱特将世界上最先进的纺织技术引入美国。到19世纪初，斯莱特设计的纺织设备和生产工艺被推广到了美国各地。大约同一时期，马萨诸塞州的弗朗西斯·卡波特·洛厄尔(Francis Cabot Lowell)，经过数年在格拉斯哥和曼彻斯特工厂的"游历"之后，发明了一种新式机器，可以使纺织过程中各环节的生产，包括纤维梳理、纺织、编织等所有工序都在同一个工厂里完成。短短几年内，世界上第一家综合纺织厂在马萨诸塞州沃尔瑟姆市开始营业。到了19世纪20年代，美国的制造业生产水平已经逼近英国，而且它的纺织技术已经在多个方面遥遥领先。[12]

其他移民也为年轻的美国带来了关键技术和专业技能。法国移民伊雷内·杜邦为美国引进了火药技术。他成立的E. I. 杜邦公司(E.I. du Pont de Nemours & Company)，直到今天仍然是世界最大的化学公司之一。约瑟夫·普利斯特里发现了氧元素，在电力科技方面实现了巨大突破（普利斯特里还是苏打水的发明者，被后人尊称为"汽水之父"）。这些以及其他来自欧洲的"流入人才"，将19世纪的美国从一个技术落后的国家转变为世界最重要的工业强国之一。

美国的宽容政策是所有这些成就的关键所在。当然，这些具有高超技艺和创造能力的移民中的大多数并不是因为宗教或政治迫害才逃离自己国家的。他们移民的目的完全是为了寻找经济机会而已。不过，美国之所以成为一个充满机遇的国度，关键就在于它相对的开放性和文化的多元性。欧洲国家没有像美国那样成为"移民国家"。总的看来，在整个19世纪（甚至包括20世纪的大部分时间），贫穷但勤劳的欧洲人离开家乡去其他欧洲国家寻找成功机会的活动受到了一系列障碍的束缚，包括历史遗留的宗教仇恨、文化沙文主义、社会僵化和语言上的差异。相比之下，奉行宗教多元化，崇尚社会流动性和各国语言自由并行等政策的美国，向欧洲的各种人才和创业者敞开了大门。相对而言，美国几乎不存在任何限制。

移民完全可以凭借自己的努力而且确实能跻身美国上层社会。艾伯特·加勒廷是一位来自瑞士的杰出金融家，曾担任杰弗逊总统的财政部长；正是在他的组织安排下，美国购买了路易斯安那州，并资助刘易斯和克拉克对美国西部进行探险活动。德国人约翰·雅各·阿斯特前往美国时本来是推销乐器的，但是不久便创立了美国毛皮贸易公司，一跃成为美国内战前最富有的人。德国犹太人马库斯·戈德曼起初只是一个驾着马车沿街叫卖的小贩。但是，不久之后，他便开始从事期票业务。到1906年，他创立的高盛集团已经拥有了500万美元资产（到2007年6月，该公司的股票约为1000亿美元）。1847年，年仅12岁而又身无分文的苏格兰人安德鲁·卡耐基和家人一起移居匹兹堡市。50年后，他成立的卡耐基钢铁公司更名为美国钢铁公司（U.S. Steel），他也成为世界上最富有的人之一。[13]

伟大的欧洲移民和美国崛起为区域强国
THE GREAT ATLANTIC MIGRATION AND THE RISE OF AMERICA AS A REGIONAL POWER

欧洲移民不仅给美国带来了专业技术和创业精神，而且也带来了美国急需的大批劳动力。纵观整个19世纪，美国对于劳动力的需求胃口大得惊人，似乎永远吃不饱似的。它利用这些劳动力种植农作物，建造铁路，充实国力，开发边疆。正如亚伯拉罕·林肯在1863年所说的那样："在工业的各个领域都严重缺乏劳动力，这种情况在农业和采矿业尤为突出，此外钢铁、煤炭、贵重金属等领域也急需劳动力。"

如果没有数百万来自英国、爱尔兰、德国、斯堪的纳维亚半岛，以及后来的意大利和东欧各国移民潮水般涌入，难以想象美国能在美洲大陆如此扩张。爱尔兰移民建设了伊利运河和俄亥俄运河（有时以威士忌抵偿部分工资）。后来，他们又建设了从布法罗（水牛城）到阿克伦市，继而从奥马哈市，一直延伸到旧金山的铁路（这就是著名的华工参与建设，但被美国人忘记的铁路之一）。来自斯堪的纳维亚半岛的移民几乎独立开发了美国西北部地区，他们利用自己的"瑞典小提琴"（一种伐木锯）到深山密林中伐木，然后又利用"挪威式汽轮"（原始人力）将木材运往市场。[14]

德国人主要居住在北部和西部，但也有一些住在德克萨斯州、路易斯安那州、弗吉尼亚州。在国内战争期间，仅代表北部联邦作战的德国移民就有17.5万人，他们的指挥官也大多是德国人，使用的行进乐曲也是德国的。在萨姆特堡战役前后，德国人组成的军队为北方联邦保住密苏里立下了汗马功劳。如果没有德国和其他国家的移民，或许美国根本无法部署从墨西哥手中夺回加利福尼亚州、德克萨斯州和美国西南部领土的军队，阻挡法国人在中美洲的北进，击败屯聚在古巴和菲律宾群岛的西班牙人，从而使美国在19世纪末成为西半球的一个军事强国。

如果没有源源不断的移民劳动力输入，美国也无法在19世纪成为世界领先的农业和工业生产国。当美国原住民向西部迁移时，来自欧洲较为贫穷的新移民便进驻城市中心，填补了非技术性劳动力的不足。19世纪60年代和70年代，爱尔兰人占据了美国采矿工人的一半。水牛城钢铁厂的大部分员工是波兰工人，罗切斯特市的纺织厂里则主要是由意大利人，锡达拉皮兹市和奥马哈市的肉类加工厂主要由捷克人负责。到1910年，当美国在重工业制造方面处于世界领先地位时，美国的生产工人大多是移民。在美国最大的20家生产制造业和采矿业当中，2/3的男性和1/2的女性工人都是新移民。

直到1920年，欧洲人移居美国几乎没有美国方面的任何行政限制。移民总量也非常惊人，仅仅在1900年一年，就有约200万欧洲人穿越大西洋来到美国。从1820年到1914年，共有3000多万人涌入美国——这是世界历史上最大规模的移民运动。[15]

不过，这并不是说，美国人一直都热情欢迎新移民。相反地，在整个19世纪的移民浪潮中，原住民恶意的排外情绪和"本土保护主义"不断冒头。19世纪三四十年代，反天主教性质的暴乱活动异常猛烈。1856年，出现了所谓的一无所知党 (the Know-Nothings)，他们打起反天主教的旗号推举候选人参加总统竞选，其目标直指德国人和爱尔兰移民。尽管他们竞选总统的目的没有实现，但是这个一无所知党仍然在地方选举中获得了几十次胜利，主要集中在新英格兰地区和南部一些州。

然而，经过一两代人的努力，大多数欧洲移民已经成功地融入美国社会。他们不仅可以按照自己的宗教信仰自由地举行宗教活动，还可以发家致富，甚至掌握政治权力。到19世纪60年代，罗马天主教成为美国的最大单一宗教团体，而一无所知党这样的历史闹剧也已完全销声匿迹。在南北战争期间，成千上万的外国移民所表现出的巨大爱国热情——尽管很多人只是刚刚学会了一点儿英语——在很大程度上抑制了当地人的排外情绪。事实上,南北战争期间国会积极推进外国移民计划。1862年实施的《宅地法》(Homestead Law)规定:"任何一名居民,不论是原住民还是外国移民,只要他宣布成为美国公民,承诺在这片土地上最少居住5年,并对该片土地实施某种程度的改良,政府就会批给他65公顷土地。"[16]

民主制度和人口结构也支持移民政策的实施。19世纪中叶,"种族"选举已经成为一股不可小觑的力量,在移民聚集程度较高的大城市,这种情况尤为明显。因此,尽管有些雇主打出了"不招聘爱尔兰人"的旗号,但是仅仅依靠投票选举权,爱尔兰人还是进入了城市政治机关的最高层,控制着波士顿、芝加哥和纽约的市政厅和警察部队。

不过,各政党领袖之所以对移民表现出宽容的态度,首先是战略性的。纽约的黑帮头目特威德老大开始是以一个本土主义者的姿态进入政坛的,但是后来却一直以迎合移民胃口来捞取政治资本,当然部分原因是他已经别无选择了。为了得到选票,他向移民提供工作机会、贷款和各种各样的服务。同样,从1896年到1921年,约翰·鲍尔斯之所以成为芝加哥最有实力的黑社会老大,也是其"细心照顾"爱尔兰人、德国人、斯堪的纳维亚人、意大利人、犹太人和斯拉夫选民的结果。除了为这些选区提供工作机会和修建公共设施以外,鲍尔斯还积极参加各种各样的民族婚礼、野餐会和游行。因为特别擅长利用葬礼为自己捞取政治资本,鲍尔斯为自己赢得了"哀悼者"的绰号。

美国早期某些政客的腐败行为令人触目惊心。行贿受贿、敲诈勒索、贿选舞弊等行为司空见惯。在纽约市，仅仅在1865年到1871年期间，坦慕尼协会的老大特威德就贪腐了2亿美元公款。1898年，芝加哥报纸《意大利》(*L'Italia*) 引用了约翰·鲍尔斯的讲话，他说："我用一杯酒和一点儿恭维就能买到意大利人的选票。大家都知道，两年以前，我就以一张选票50美分的价格从意大利人那里获得支持的；而今年我将以25美分的价格拿下。"但是，无论城市政治多么肮脏不堪，它仍然有其积极的一面。在罗斯福总统实施新政前，选区的政客常常竭尽全力讨好选民，为选区提供急需的社会服务。更为重要的是，选区政客与选区移民之间存在着一种美妙的共生关系，这种关系同时也有助于融合和提升那些受排挤的群体，尤其是爱尔兰人和意大利人。[17]

美国西部大迁徙的成功经历同时也是美国原住民不断被迫收缩的过程；欧洲移民的胜利就意味着原住民的失败。当美国人向西部进发时，他们并没有像古代波斯人、罗马人或者蒙古人那样，对被征服民族实施策略性宽容和融合政策。对于美国原住民来说，这当然是不幸的，因为美国具有绝对的实力完成它的扩张和征服目的，根本没有必要对原住民实施宽容政策。美国拥有另外一个人口增长源，这个源头不仅可以输送大量移民，而且还能为它带来更加先进的生产技术。所以，当时的现实是，无论印第安人的箭头打磨得多么光鲜明亮，对于美国人来说都是一钱不值的。这就是选择性的、战略性宽容的残酷现实。因此，虽然美国能够以十分开放的态度接纳形形色色的欧洲人，但是对原住民却大开杀戒，几乎是十室九空。大批印第安人被圈禁，被放逐。

然而，被排斥在美国战略性宽容政策恩惠之外的并非只有印第安人。妇女不能拥有选举权，而且几乎总是被排斥在经济和政治权力圈之外（不过，当时世界各地的妇女都遭受着同样的待遇）。19世纪末，在美国西部的一些州，中国移民遭受了严重的偏见、歧视和人身攻击。更为严重的是，美国直到1865年才废除奴隶制，比英国晚了整整30年。甚至在国内战争结束后的重建时期，美国社会仍然存在着严重的民族歧视现象。

尽管如此，19世纪的美国社会仍然拥有三个十分突出的优势，确保其高度开放的国家政策，吸引了各种不同背景的移民。其一，它奉行非常自由的宗教多元化政策，不仅允许新移民以自己喜欢的方式举行参拜活动，甚至还鼓励人们创立新的宗教信仰。到20世纪，美国至少拥有了五种"国产"宗教：基督教科学派、摩门教、基督复临安息日会、耶和华见证人和五旬节会。其二，尽管美国政府的民主制度存在某些腐败活动，但正是这些腐败活动才让新移民享有了一些实实在在的政治权利，至少在基层社会是这样的。第三，美国有着非常繁荣兴旺的自由市场环境，虽然可能有些杂乱无章，但是足可以吸引大批劳动力，引进先进的技术和技能，为创业者提供他们原来做梦也想不到的良好发展机遇。19世纪时，其他一些国家可能也有这三个优势，但都没有达到美国的程度。

综上所述，美国便理所当然地成为那一时期全世界新移民向往的绝对首选。从 1871 年到 1911 年，大约有 2000 万移民来到美国。同一时期，阿根廷和巴西加起来才接收了 600 万移民，此外澳大利亚和新西兰接收了 250 万，加拿大接收了不到 200 万。[18]

从地区强国到世界强国的转变
THE TRANSFORMATION FROM REGIONAL TO GLOBAL POWER

在即将跨入 20 世纪时，虽然美国的经济和领土获得了爆炸式发展，但仍然还只是一个区域性强国。从军事角度来看，与强大的欧洲相比，美国就像一个侏儒那样微不足道。19 世纪 80 年代，美国海军的战舰数量在全球只排在第二十位，甚至还不如瑞典。美国陆军的实力也相当弱小，"甚至赶不上一个中等欧洲国家，例如，塞尔维亚和保加利亚"。尽管美国的军事实力足以保卫国土，并能保持在加勒比海和南北美洲地区的优势地位，但是从整个世界来看，1900 年的美国根本算不上一支重要力量。[19]

然而，在随后的几十年里，所有这一切都将彻底改变。第一次世界大战的爆发让美国第一次尝到了世界强国的滋味。1917 年，美国加入第一次世界大战的角逐，打破了对立双方的力量平衡，大大增强了同盟国的实力。对此，伍德罗·威尔逊总统宣称，美国将"引领世界各国走上自由之路"。

但是，此时美国还没有力量按威尔逊总统的意愿去做。因此，美国并没有急于向外辐射自己的实力，反而采取了"孤立主义"路线，尽管威尔逊总统煞费苦心地促成了国际联盟的创立，但是参议院根本不买他的账，拒绝批准美国加入。与此同时，战争期间高涨的民族主义热情反而大大加剧了排外主义和本土主义的浪潮。1917年、1921年和1924年，国会分别通过了一系列移民法令，彻底改变了美国的移民政策。[20]

根据这些法律，美国有史以来第一次对移民数量进行了限制。更为重要的是，这些法律催生了一个带有赤裸裸的种族和民族歧视的移民来源国数量配额制度。

1924年，美国通过了《移民法案》(The Immigration Act of 1924)，国会议员艾伯特·约翰逊是该法案的主要起草人之一。他说，这个法案的目标是实现"国民同化"(homogeneous citizenry)，终止"无区分的各种族移民接收"。约翰逊猛烈抨击美国奉行的移民政策，称这一政策"引进了一股异族血液，稀释了美国人的纯正血统"。他尤其反对引进犹太移民，认为他们是"肮脏的，非美国的，不可同化的"。按照这一法案，来自一个国家的移民限额以1890年美国人口中来自该国的人口数量为基础确定。结果，该法案严重限制了来自南欧和东欧移民的数量，此外还几乎完全杜绝了来自亚洲、非洲以及其他非白人居住区的移民。

大萧条的发生进一步让美国本土主义政客得到了口实，他们将"蜂拥而至而又身无分文的欧洲贱民"看成经济危机的替罪羊，称他们是"杂种"和"白痴"，很多都是"危险的激进主义者"，但正是这样的人"排起长队络绎不绝地来到美国"。胡佛总统要求有关部门抓紧制定限制移民进入美国的政策。从1931年到1935年，美国历史上首次出现了净移民的负增长。

当第二次世界大战爆发时，很多美国人的第一反应就是希望美国不要卷入战争，也就是说，不要让外国人进入美国。1939年，在纳粹德国发动水晶之夜反犹暴力活动之后，美国的几个国会议员向国会递交了一份议案，要求国会批准接收来自德国的两万名犹太难民孩子，这一数额超出了原来制定的德国移民配额限制。于是，一些本土主义者开始猛烈抨击这一提案，而且大多数美国人也持反对意见。结果，该提案都未能提交两院讨论。罗斯福总统的表妹，同时也是一位移民委员会委员的妻子劳拉·德拉诺，曾经发出了这样著名的警告："两万名可爱的孩子很快就会长大成为两万名丑陋的成人。"

历史证明，20世纪30年代的移民负增长是极其短暂的，纯粹是美国历史上的个案。具有讽刺意味的是，两次大战期间的反移民浪潮对于数千万新进移民来说或许是有利的。此前，欧洲"最贫穷和最不幸"的人潮水般涌入美国，从1900年到1914年，每年都有上百万意大利人、俄罗斯人、芬兰人、犹太人、德国人、捷克人和匈牙利人进入美国，给美国社会制造了巨大的社会压力。[21] 两次大战期间相对封闭的移民政策为美国社会提供了一个短暂的喘息机会，使这些新移民群体被接纳和同化。从这个角度来说,这又是一件值得庆幸的事情,在此期间无数新移民的孩子应征入伍,正是他们的流血牺牲,才将美国永远地、不可逆转地推向了世界舞台。

如果说第一次世界大战大大削弱了欧洲强国的军事实力的话,那么第二次世界大战则给了它们致命的打击。1945年之后的世界已经不再以欧洲为中心。当人类之间的大屠杀和大破坏结束以后,美国已经成长为一个超级大国,原来的欧洲强国在经过战争的重创之后不得不转而依靠它强大的军事和经济力量。

虽然从很多方面来说,第二次世界大战都是人类历史上的一次大浩劫,但是从另外一个侧面来说,这场战争也为美国提供了一次难得的机遇,使其经济空前繁荣。度过了经济大萧条以后,美国工业在1940年到1944年之间获得了爆炸式发展,其发展速度可以说是空前绝后的。到战争结束时,美国已经成为世界最大的商品出口国,其制造业产量占全世界总生产能力的一半以上。美国的黄金储备达到了200亿美元(几乎占全球黄金储备的2/3),美国人民的生活水平和人均国民生产总值水平都高于其他国家。根据马歇尔计划,美国将向欧洲提供130亿美元援助,帮助西德、意大利和法国因战火崩溃的经济重新回到正轨。

与此同时,美国也成为西方世界军事力量最强大的国家。二战结束时,美国动用的军事力量和相关后勤人员已经达到了1250万人。美国海军拥有1200艘战舰以及一支非常强大的潜艇舰队,已经取代英国皇家海军成为世界上最强大的海上力量。美国的轰炸机力量已经统治了世界的天空,其中包括1000架B-29远程轰炸机,二战中美国正是依靠这种机型对日本城市进行了狂轰滥炸。更加致命的是,当时只有美国拥有原子弹,原子弹的投放将广岛和长崎两座城市变成了人间地狱,其破坏力是世人闻所未闻的。

在美国成为世界超级大国的过程中,宽容政策在每一个方面都起到了非常巨大的作用。在此,我们还有必要强调一次,美国之所以拥有绝对的人力资源优势,与其在1920年前所奉行的开放的移民政策有着直接的关系。1816年,俄罗斯的人口为5120万,而美国的人口只有850万。但是,到了1950年,美国的人口已经超过了1.5亿,而俄罗斯的人口只有1.09亿左右。更为重要的是,在美国实现科学技术革命性突破的过程中,移民也做出了直接贡献,确保美国一跃成为世界军事霸主。[22]

20世纪30年代,由于纳粹德国在欧洲实施残酷的种族灭绝政策,迫使大量科技人才外流,使欧洲蒙受了难以估量的损失。从希特勒魔爪下逃离的杰出物理学家和数学家的名单相当惊人,其中包括"氢弹之父"爱德华·泰勒,航空学奇才西奥多·冯·卡曼,少年神童和博弈论发明人之一的约翰·冯·诺伊曼,莉泽·迈特纳(第109号元素meitnerium以他的名字命名),第一个构想原子核链式反应的科学家利奥·西拉德,第一个构建试验性原子核反应堆的科学家恩里科·费米,诺贝尔物理学奖获得者汉斯·贝特和尤金·维格纳、尼尔斯·玻尔。当然还有鼎鼎大名的阿尔伯特·爱因斯坦。以上著名科学家,除了迈特纳和玻尔以外,全部都移居到了美国。

这些进入美国的难民科学家——大多都是犹太人——几乎每一个都是相关领域的顶级代表。20世纪30年代以前,德国和匈牙利是世界著名物理学家的聚居地。但是,似乎就在一夜之间,他们都离开欧洲进入了美国,同时也将"世界科学领域的顶级科技力量引进到美国"。1933年,爱因斯坦的个人财产被纳粹德国没收,于是他发誓说:"我将只选择政治制度自由、民族政策宽容、法律面前人人平等的国度生活。"[23]

然而,1945年,美国的犹太人还没有获得完全平等的公民待遇。直到20世纪60年代以前,由于正式的法律移民限额规定和非正式的社会歧视现象,导致绝大多数犹太人无法进入著名大学学习,也不能担任政府的高级职位。但是,在当时的历史条件下,"相对"宽容的国家政策仍然具有十分重要的意义,所以,与其他地区相比,对于爱因斯坦和其他杰出科学家来说,美国无疑成了他们心目中的圣地耶路撒冷。正是由于他们的努力工作,美国才研制出了原子弹和氢弹,成为世界上第一个拥有核武器的国家。在世界历史长河中,大量顶级科学家汇聚一国,马上使其获得巨大的科学进步和军事优势,一举改变全人类命运的事件,或许,仅此一次。

然而,就在短短几年之后,美国作为世界上唯一拥有原子能国家的状况就发生了改变。欧洲东部崛起了另外一个庞然大物——苏联,它与美国的对立确立了随后几十年世界地缘政治现实的基本框架。

有趣的是，随着冷战时代的来临，人们根本不清楚这两个超级大国的国家政策哪一个更加宽容。虽然美国的确奉行了更加自由的宗教政策，但是20世纪50年代猖獗一时的麦卡锡主义破坏了其对意识形态开放性的承诺。此外，在吉姆·克劳法案的支持下，美国的部分地区频频出现种族隔离现象。相反，虽然苏联不尊重宗教或思想自由，但是却骄傲地宣称自己实施的是种族和民族的世界大同主义。

1917年十月革命以后，布尔什维克接管的领土上生活着非常复杂的种族、少数民族和部落。登上权力宝座之后，布尔什维克利用俄国少数民族的不满情绪，承诺给他们以"平等权利"和"真正的自决权"。1927年的全苏维埃联盟人口普查数据显示，当年整个苏联共有172个不同的"民族"，但是，1939年，（通过各种政治和民族整肃手段）这一数字被大幅削减至57个。至少从执政原则上来看，苏联所奉行的"民族"政策承诺促进非俄罗斯文化和语言的发展，给予全联盟内"所有民族"高度的自治权，并允许那些最优秀、最聪明的非俄罗斯人参与政治、担任政府公职。在国际事务方面，为了加强共产主义阵营的团结，苏联还邀请古巴、中国、非洲等国家和地区的代表团前往莫斯科参观。与此同时，苏联的宣传机构持续不断地报道美国黑人所处的"半奴隶"地位，以及"频繁发生的针对黑人的恐怖暴力事件"，包括1946年佐治亚州门罗镇发生的"20~25个白人残忍杀害4名黑人的血腥事件"。[24]

毋庸置疑，美国的种族主义使其在国际舞台上陷入了极度难堪的境地。在此时期，还发生了一件影响恶劣的事件：1947年，海地农业部部长前往美国密西西比州比洛克西市参加会议，但是接待他的旅馆（原来没有想到这位部长是名黑人）竟然以"肤色原因"为借口，拒绝让他与其他与会人员住在一起。这次事件之后，海地的一家报纸发表了一篇愤怒的社论，"海地的黑人终于明白，原来美国一直宣称的民主没有任何意义"。

在某种程度上，美国政府战后对于民权改革的接纳程度在一定程度上也反映出美国在提升国际地位方面的意愿。1948年，《纽约时报》杂志刊登了一篇文章，其中提到了杜鲁门政府民权事务委员会委员罗伯特·库什曼的一番话："相对于那些极权主义国家所实行的政治原则来说，美国自认为是民主生活最有资格的代言人。很长时间以来，俄罗斯人总是喋喋不休地宣扬我们不断出现的私刑拷问，吉姆·克劳法案及相关做法。我们对犹太人的排斥和歧视，以及国内出现的政治迫害，的确让我们很难堪。不过，这些批评真的是无中生有的吗？"库什曼最后说道："现在，美国人已经意识到，我们并没有践行我们所宣传的公民自由，而这一认识对当下也是有益的。"[25]

进入20世纪，苏联政权对少数民族的压迫逐步升级，它原来宣称的民族平等政策也正日益消亡。在整个苏联内部，腐败、独裁、僵化之风四处蔓延。甚至，就连它声称的民族宽容政策也变成了空洞无物的口号。俄罗斯人对非俄罗斯民族推行的霸权主义和大国沙文主义——更不用说它时不时的野蛮军事干预——在中亚、波罗的海诸国、东欧等地引起了强烈不满。当苏联变得越来越封闭保守，越来越停滞不前时，美国却在朝着一个完全不同的方向大踏步发展。

从很多方面来说，美国的民权革命始于1954年一个里程碑式的案件——布朗诉教育委员会案。在布朗案裁决中，最高法院否决了种族隔离教育制度，驳斥了公立教育中所谓"分离但平等"的说法。20世纪60年代初，肯尼迪总统向国会提交了第一个民权法案，并在一次全国性电视讲话中慷慨激昂地讲道：

> 我们在全世界宣扬自由，我们是认真的，我们也珍惜我们在国内的自由。但我们要对全世界说，对我们彼此来说，这是一个除黑人以外的自由之地；我们没有除黑人以外的二等公民；我们没有阶级或(种姓)制度，没有贫民区，(在黑人以外)没有优等民族。[26]

肯尼迪还将美国著名大学的领导召集到华盛顿，诚恳地请求他们实施生源多元化改革。他对这些人说："我希望你们进行改革……如果你们都不推动改革，还有谁会这么做呢？"

1963年，肯尼迪总统遭暗杀身亡。在他逝世一年之后，国会通过了《1964年民权法案》(*the 1964 Civil Rights Act*)，全面实行选举权改革，要求雇主向雇员提供平等的就业机会，并规定在旅馆、饭店和影剧院等公共场所实行种族隔离属于非法行为。大约同一时期，耶鲁大学校长金曼·布鲁斯特发起了前所未有的教育制度改革，不久，哈佛大学紧跟其后也进行了类似改革。布鲁斯特聘请R.因斯莱·克拉克担任耶鲁大学招生办主任，要求他确保生源的多元化。布鲁斯特和克拉克废除了招生的地理因素限制——这是限制犹太学生的一种方式，并降低了对捐款校友子女入学和预科班学生入学的照顾。结果，入学新生中犹太学生的比例大幅增加，从1965年的51%上升到1966年的30%。克拉克招收的第一个班中，来自公立学校的学生比例高达58%，申请助学贷款学生的数量超过了未申请助学贷款的数量，同时来自不同民族学生的比例也大大提高——更为重要的是，这个班学生的SAT考试分数极高，创造了耶鲁大学的历史纪录。

克拉克的新生入学政策遭到了耶鲁大学董事会和校友捐资人的猛烈抨击。1966年，耶鲁大学董事会专门召集会议讨论克拉克实施的新生入学改革问题。克拉克解释说，在美国这样一个正在经历变革的国家，未来的社会领袖可能来自非传统的统治阶层，包括少数民族、妇女、犹太人和公立学校毕业生。此时，一名耶鲁董事会成员反驳道："你在宣扬犹太人和公立学校毕业生会成为社会领袖。睁丌你的眼睛看看，坐在这里开会的都是美国社会的领袖。哪里有犹太人，哪里有什么公立学校毕业生？"

但是，布鲁斯特和克拉克，以及其他学校的招生工作负责人顶住了压力，锐意推进生源平等化改革。20世纪60年代，常春藤盟校接收的黑人和其他少数民族学生数量急剧上升。1960年，美国三大名校(哈佛、耶鲁、普林斯顿大学)一共招收了15名黑人新生；但是到了1970年，这一数量上升到了284名(其中，耶鲁大学83人，普林斯顿大学103人，哈佛大学98人)。总之，从1970年到1980年，黑人大学毕业生数量增加了91%。[27]

然而，美国高等教育改革只是美国社会巨大转变的一个缩影。60年代乃至以后的社会改革，虽然未能结束盎格鲁白人新教徒在商界和政界的统治地位，但是妇女、黑人以及其他少数民族已经进入美国商业、政治、文化领域，并获得了相当惊人的成就。与此同时，新移民政策极大地改变了美国社会的人口构成状况。

1965年的《移民法案》(Immigration Act)废除了20世纪20年代制定的种族和民族歧视性国家移民配额制度。自此，移民数量迅速上升，从实施配额制时期的大约每年7万人上升到70年代初期的每年40万人，然后进一步上升到80年代的每年60万人，到了1989年，这一数量已经超过了百万。从1990年到2000年，约有900万人移居美国。这是除了19世纪末20世纪初埃利斯岛全盛时期以外，美国接收外国移民人数最多的10年。而且，移民来源地也发生了显著变化。在1965年之前，绝大部分移民来自欧洲，但是1965年之后，绝大多数移民来自亚洲和拉丁美洲。随着合法移民人数的上升，非法移民的数量也在增加。

1960年,美国的外来移民主要有:

意大利	125.7万人
德国	99万人
加拿大	95.3万人
英国	83.3万人
波兰	74.8万人

2000年,这一分布情况变为:

墨西哥	784.1万人
中国	139.1万人
菲律宾	122.2万人
印度	100.7万人
古巴	95.2万人 [28]

美国式世界霸权
AMERICAN WORLD DOMINANCE

1991年1月,第一次海湾战争爆发。全世界的电视观众都不约而同地瞪大了双眼,全神贯注地观看电视画面中的战争场景。美军利用人类历史上的第一代隐形飞机和世界上最先进的卫星导航系统，发射出世界上最具威力的炸弹和最精确的制导导弹，在激光制导作用下，摧毁了一个又一个目标——地堡、桥梁、防空塔、飞毛腿导弹发射器，等等。在接下来的五个星期里，美军的阿帕奇直升机、低空铺路者直升机、大黄蜂战斗机和夜鹰隐形战斗机对敌人的领土进行了狂轰滥炸，以己方最小的伤亡代价给敌人造成了毁灭性打击。于是，战争毫无悬念地结束了："这是人类空战历史上最可怕、最富有协调性的大规模空袭。"如果说以前还有人对美国强大的军事实力有所质疑的话，在沙漠风暴行动中，美军表现出来的令人惊讶的精确打击效果向世界充分证明了一个事实：与这个星球上其他国家的军事实力相比，美国的领先程度恐怕只能用光年来计算——其他国家望尘莫及[29]。

然而，美国在全球拥有的超级实力并非仅仅体现在军事上。20世纪80年代，美国在其原有的国民生产总值基础上增加的生产能力就已经超过了欧洲最大的经济体——西德全部的国民生产总值。经过1990年至1991年相对温和的经济衰退之后，美国经济再一次获得了爆炸式发展，通过微处理技术革命获得了巨大的经济收益，形成了"世界历史上创造财富的最伟大阶段"。就在10年前，还有人质疑，美国经济是否有能力与日本、统一的欧洲抗衡。但是，到了90年代，美国经济已经遥遥领先于世界其他国家。刚刚迈进21世纪，以美元计算的美国国内生产总值，竟然占到了世界总量的1/3，是日本和中国国内生产总值之和的两倍，比大英帝国鼎盛时期经济规模的3倍还多。

美国是经济全球化进程中获益最多的国家。乔治·索罗斯也是一名移民，他白手起家，经过多年奋斗，创造了数十亿美元的财富。他说："全球化的趋势是，剩余资本从周边国家向中心国家流动——美国就是这个中心国家。"整个20世纪90年代，虽然世界各地存在着一定的反美情绪，但是像沃尔玛、耐克、麦当劳、埃克森美孚、可口可乐、迪士尼等美国公司一直是它们所处行业的全球霸主。美元是世界的统治性货币，英语是世界的统治性语言，美国文化是全世界争相效仿的对象。20世纪结束时，俄罗斯国内一片混乱，欧洲经济停滞不前，日本则陷入经济衰退的泥沼。总之一句话，美国失去了真正有竞争实力的对手，包括军事、经济乃至文化等方面。于是，世界迎来了一个崭新的超级强国。[30]

似乎一夜之间，美国便成了世界上唯一的霸主，其背后的原因是多种多样的，但是苏联解体应该是其中最重要的原因。假如苏联没有分裂，我们今天可能还生活在一个两极化的世界中。此外，所有那些稳步推动美国成为世界超级大国的原因，也构成了美国获得世界霸权的基础。

众所周知，美国能赢得原子弹研制竞赛的最终胜利，主要得益于爱因斯坦和其他难民物理学家所做的巨大贡献。但是，不太为人所知的是，在"信息技术"这场新竞赛中，移民科学家对美国获得决定性胜利同样做出了巨大贡献。这场竞赛的结果改变了过去30多年的世界格局。20世纪80年代和90

年代，美国获得的巨大发展都直接得益于两个领域的革命性变化——一个是技术方面的，另一个则是金融方面的：微型芯片的发明和风险投资的兴起。前者孕育了计算机时代，后者则催生了硅谷，而硅谷的发展反过来又使"信息技术"的新成果得以飞速投入使用。两个领域的发展源头是紧密相连的。同样，两个领域的巨大发展仍然得益于美国对科技移民和创业所秉持的开放性国家政策。

1941年，在纳粹德国入侵维也纳之前，年仅18岁的尤金·克莱纳来到美国。尽管连高中文凭都没有，但是经过自己的勤奋努力，尤金·克莱纳后来还是从布鲁克林理工学院毕业了，并获得了工程学学位。20世纪50年代初，克莱纳被颇具争议性的物理学家威廉·肖克利招入了加利福尼亚州。几年前，肖克利还在贝尔实验室工作时参与了一项发明。肖克利的研究小组利用一枚弯曲的回形针、一些金属箔片和一小片半导体材料制作了一个非常微小的设备。结果，令他们大为惊讶的是，这个设备竟然对电流具有放大作用。于是，晶体管诞生了。

后来，肖克利离开了贝尔实验室，创建了自己的公司，计划开发一种含有多个晶体管的半导体设备。肖克利坚持使用金属锗作为半导体材料，而克莱纳和研究团队中的其他成员却相信用硅应该更好，但是性格孤僻而又偏执的肖克利接受不了任何反对意见。于是，不久之后，克莱纳和其他七位同事一起离开了他的公司，艰难拼凑了3500美元继续他们的硅晶体管研究。但是，即使在20世纪50年代，3500美元的研究经费也是远远不够的，而且对于一个未经验证的科学思路，在其萌芽时期要想获得资金支持几乎是不可能的。不过，克莱纳没有放弃希望，他向一位纽约股票经纪人写了一封后来广为传诵的信，为自己的研究小组争取到了资金。最后，克莱纳和他的伙伴们成了自己公司——仙童半导体公司的高管。

1956年，肖克利因为参与发现晶体管的工作而获得了诺贝尔奖。此后，他还因为担任斯坦福大学教授而广受关注，尤其是因为他倡导所谓的种族优生学理念。(他经常公开警告说，"智力低下的"黑人正在以极其危险的高出生率繁衍。)不过，他成立的肖克利半导体公司在商业运作上却相当失败。

相反，克莱纳和他的同事们却成功地利用硅原料研制出了世界上第一款适于商用的集成电路。在很短的时间内，仙童半导体公司的员工从12人飞速膨胀到了1.2万人，年收入高达1.3亿美元。俗称硅谷的圣克拉拉谷原来只是以盛产李子和核桃而闻名，而此以后，它旧貌换新颜，闻名全世界。

此刻，富有的克莱纳决定尝试某种新的东西。因为在创建仙童半导体公司初期遭遇了太多的艰辛和苦难，克莱纳试图成立一个投资基金，专门为那些具有潜在突破价值的科技创新项目提供资金支持。尽管风险投资在今天已经为大众所熟知，但是在20世纪70年代初期却很少有人知道这·理念。克莱纳与他人一起创办的投资公司在当时来说是独一无二的，但正是这个企业最终发展成了硅谷传奇式顶级风险投资公司——

Kleiner, Perkins, Caufield & Byers（简称 KPCB）。该公司的经营策略是，积极寻找具有巨大潜在发展空间但未经广泛验证的高新科技项目进行风险投资，同时允许（事实上鼓励）发明者保留新公司的多数股权。这种投资策略获得了极大成功——KPCB 资助了美国在线、基因泰克公司、康柏、莲花发展公司、美国网景通信公司、昆腾公司、太阳微系统公司、亚马逊购物网和谷歌公司等公司。

克莱纳于 2003 年去世，生前因为"开创了硅谷"和"开创风险投资实质性运作"而广受赞誉。KPCB 的商业运作模式改变了美国的金融业格局，在 20 世纪的最后 25 年极大地推动了风险投资的爆炸式发展。风险投资的兴起很大程度上要归功于这位从纳粹魔爪下移居美国的欧洲难民克莱纳，此外，他也为美国在计算机时代领先世界做出了不可磨灭的贡献。但是，所有这一切绝非偶然。风险投资的巨大成功完全是美国在 20 世纪末实施宽容战略的化身。就像在古罗马帝国和蒙古帝国一样，美国世界霸权地位的获取主要得益于成功引进和调动世界尖端人才和知识资本的能力。20 世纪 80 年代和 90 年代，美国的风险投资仅仅通过向不同背景的年轻科学家、投资者和企业家提供巨大的激励作用就获得了非凡的成就。风险投资资助的对象既有富人也有穷人，既有白人也有少数民族，既有原住民又有新移民，这些人都可以在美国追求自己的梦想。

安德鲁·格罗夫出生于匈牙利首都布达佩斯，原名安德拉斯·格罗夫，他就是其中的受益者。1956 年，22 岁的格罗夫和家人为了躲避匈牙利革命时的混乱局面离开祖国，并于第二年乘坐一艘锈迹斑斑的轮船来到了纽约。和克莱纳一样，格罗夫也没有上过什么名校。后来，他通过在餐厅工作筹集学费，以优异的成绩从纽约城市学院毕业。之后，因为不堪忍受美国东北部寒冷的冬季，格罗夫进入加利福尼亚大学伯克利分校学习，并于1963年获得了化学工程博士学位。

对于格罗夫来说，美国是一个真正充满宽容和机遇的圣地。当他还是孩子时，他和家人在匈牙利成功地躲过了纳粹迫害；但是，第二次世界大战结束后，一个小伙伴告诉格罗夫，说父亲不允许他和犹太孩子玩，这深深地刺痛了格罗夫幼小的心灵。之后，匈牙利成为苏联的附庸，苏军坦克开进了匈牙利，格罗夫的未来愈发渺茫。

然而，阳光明媚的加利福尼亚州则完全是另外一个世界。从伯克利分校毕业以后，格罗夫在仙童半导体公司谋得一份工作，这个公司就是克莱纳和伙伴们共同创建的。在仙童公司，格罗夫给人们留下了非常深刻的印象。他不仅精力充沛，聪明能干，而且工作细致认真，对于每一个细节都不放过。1968年，当仙童公司的早期创始人罗伯特·诺伊斯和戈登·摩尔辞职创办自己的企业时，他们邀请格罗夫担任自己新公司的运营总监。这个决定让所有人都大吃了一惊：格罗夫有着浓厚的匈牙利口音，而且听力也受损了，所以，很多人认为他并不是最合适的人选。但是，诺伊斯和摩尔聘请员工只有一个标准：他们只选择最有才干的人，其他因素都不重要。

诺伊斯是集成电路的发明人之一，而摩尔可能是仙童公司最优秀的工程师。他们成立新公司的目的是，希望利用多晶体管集成电路技术开发出一种新型的存储设备。1968年，计算机内部存储器仍然主要通过磁芯技术实现的。诺伊斯和摩尔认为，他们可以将更多晶体管植入硅芯片，然后转化成存储设备。这种设备将比磁芯存储设备更小巧、更便宜、更强大。简而言之，诺伊斯和摩尔踏上了一个崭新的征程，他们研制出来的产品就是后来的微处理器，或者叫作微型芯片。他们给自己新公司起的名字是集成电子公司，后来简化为英特尔公司（Intel）。

有趣的是，后来公认的英特尔背后的推手既不是诺伊斯也不是摩尔，而是格罗夫。在英特尔能够批量生产微处理器之前，需要解决的问题成百上千，涉及技术、管理、战略、商务等各个方面。在解决这些问题的过程中，格罗夫所做出的贡献要远远大于其他任何人。在英特尔公司的宣传小册子中，格罗夫被描述成英特尔公司三个创始人之一。1979年，格罗夫成为英特尔公司总裁，1987年，又担任了首席执行官。1997年，《时代》杂志（Time）将格罗夫评为该年度风云人物。《时代》杂志对他的评语是："格罗夫是推动微型芯片或者说数字技术革命的最重要人物，和工业革命结束一个世纪一样，他领导的数字技术革命让人类告别了20世纪，跨入了一个崭新的时代。"

在格罗夫的引领下，20世纪90年代后期，英特尔公司的市值达到了1150亿美元，超过了IBM公司。它生产的PC机微处理器占全球总量的90%——每月生产的晶体管数量高达1万亿个，其中700万个被装到了硅芯片中，每个芯片的体积比一枚硬币还要小。20世纪90年代，与一些外国大企业相比，包括三星、东芝、日立、富士通、NEC、西门子等，英特尔处于绝对领先地位。今天，尽管市场竞争异常激烈，经济危机也时有发生，然而英特尔公司始终保持着世界最大微处理器生产商的地位。[31]

如同印刷机和蒸汽机在工业革命时期所具有的关键地位一样，微型芯片是计算机时代的核心技术。正是有了微型芯片，我们才能拥有各种各样的新型软件和硬件产品，例如CD、DVD、录像机（VCR）、iPod音乐播放器、iTune苹果数字音乐管理软件、数字录像机（TiVo）、数码相机、移动电话、黑莓手机等，这些产品将彻底改变人类的生活方式、思考方式、通信交流方式。微型芯片的诞生推动了互联网时代全球经济的爆炸式发展，使人类进入了托马斯·弗里德曼所谓的"新人才时代"。

在风险投资移民成功案例中，格罗夫只是汪洋大海中的一滴水。在20世纪最后二三十年，大量的风险投资故事充斥着美国，帮助美国一跃成为世界经济和技术霸主。从1995年到2005年，数千家工程技术公司在硅谷落户，其中在大约52.4%的公司中，至少有一名关键创始人是移民，这是一个非常惊人的数字。太阳微系统公司共同创始人维诺德·科斯拉和Hotmail的联合创始人沙比尔·巴蒂亚都是印度移民。万维网的创始人蒂姆·伯纳西·李是英国移民。1998年，年轻的俄罗斯学生谢尔盖·布林暂时中断了在斯坦福攻读计算机系博士学位的学业，和同学拉里·佩奇一起创建了一个小型的互联网数据搜索公司。如今，这家名叫谷歌的公司员工数量已经超过了1万人，其股票市值超过1360亿美元。

当然，在创造硅谷神话的上千名计算机痴迷者、黑客、信息技术梦想家当中，有大量的第三代、第五代甚至第六代移民。20世纪50年代，斯坦福大学具有广泛影响力的工学院院长弗雷德·特曼并不是移民，而是一个土生土长的美国人；此外，比尔·休利特、戴维·帕卡德、罗伯特·诺伊斯、戈登·摩尔、比尔·盖茨、斯蒂夫·爵伯斯都不是外来移民。而且，20世纪八九十年代，美国创造的巨额财富也并非完全由移民垄断。相反，美国这一时期的史无前例的财富大爆炸再次证明，美国可以为任何人才提供平等发展的机会，不论是土生土长的美国人还是毫无背景的移民，只要有才能并坚持不懈地努力就有可能成功。在2000年美国最富有的400人当中，有2/3的人是白手起家的，这是一个非常值得人们深思的现象。[32]

反过来，美国在技术和经济领域获得的绝对优势直接导致了它在军事上的世界霸权。现在，美国拥有10艘尼米兹级核动力超级航母，每一艘都可以承载70多架喷气式战斗机。世界上还没有哪一个国家拥有哪怕稍稍可以与之相提并论的庞然大物。美国还拥有大量雷达无法探测的隐形飞机，机上装载着1吨重的雷达制导炸弹。除了美国以外，全世界还没有任何一个国家拥有这样的军用飞机。此外，美国还拥有全世界最大、最先进的武器储备，包括"智能"炸弹、巡航导弹、高空"无人机"、卫星监控系统、装有夜视装置和激光测距仪的坦克、核动力攻击潜艇——如果没有微处理器技术作为后盾，所有这一切都不可能实现。[33]

简而言之，美国之所以能够成为世界霸主，很大程度上依赖于它赢得了高科技竞赛的胜利。然而，高科技也是一把双刃剑，2001年9月11日，它反而袭击了美利坚合众国。

CHAPTER 10

THE RISE AND FALL OF THE AXIS POWERS

Nazi Germany and Imperial Japan

第十章

轴心国的兴衰

纳粹德国和大日本帝国

到此为止，我们已经讨论了人类历史上出现的所有超级强国，同时我们也注意到，这些超级强国的崛起很大程度上取决于它们的宽容政策。但是，我们还没有认真分析过偏执和狭隘国家的情况。本章将着眼于解决这一问题：研究引发狭隘思想的致命力量以及其固有的局限性。

纵观人类历史，还没有哪一个以种族纯化思想、民族清洗、宗教狂热信仰为基础建立起来的国家能成为世界霸主。然而，就在20世纪中期，两个极端狭隘的政权——纳粹德国和日本帝国，却积聚起了巨大的国家实力，它们甚至联合起来，妄图统治整个世界。轴心国昙花一现的崛起和可耻的失败证明，极端狭隘思想虽然可以暂时激发出非常可怕的毁灭性力量，但建立在这种狭隘政策基础上的社会最终无法获得世界统治地位。

纳粹德国：雅利安民族统治世界的白日梦
NAZI GERMANY: THE DREAM OF ARYAN WORLD DOMINANCE

1940年6月21日，下午3时15分，阿道夫·希特勒和他的高级指挥官们抵达巴黎以北80千米处的贡比涅森林，主持法国政府的投降仪式。希特勒选择贡比涅森林这个神圣的地方作为落脚点是经过精心考虑的。1000年来，这里一直是法国君主的狩猎之所，同时也是圣女贞德被擒获的地方，希特勒希望借这一机会，在这个圣地的历史中再增加浓墨重彩的一笔。1918年的11月，还是在这里，德国向法国投降，标志着第一次世界大战的结束。在6月和煦阳光的抚慰之下，希特勒从他的奔驰车上走出来。据当时的一位目击者回忆，"希特勒脸色凝重，但无法掩饰复仇的快感。他步履轻盈有力，浑身散发着征服者胜利后的喜悦和对整个世界的蔑视"。22年前，德国向法国投降的签字仪式是在一节火车车厢内举行的。因此，这位纳粹元首坚持要求在同一个火车车厢内口授这次的停战协定条款。凡尔登战役法国民族英雄亨利·菲利浦·贝当元帅，用了一天的时间试图将苛刻的条约内容变得稍稍温和一些，但毫无成效，不得不无条件服从了法西斯德国的所有要求。[1]

贡比涅森林的命运逆转，标志着希特勒和纳粹德国战争机器的声势到达了顶峰。第一次世界大战给德国带来了一片废墟和深深的耻辱，但是在短短10年间，它不仅奇迹般地重新武装了自己，工业再次繁荣起来，并仅用9个月时间便横扫了欧洲大陆。直到法国投降时，德国已经控制了奥地利、比利时、捷克斯洛伐克、丹麦、挪威和荷兰，并做好了入侵英国的准备。一年前，看似不可战胜的纳粹德国军队扑向了波兰，发动了闪电战，"这架钢铁铸造的庞大战争机器，以人类历史上从未有过的雷霆万钧之势秋风扫落叶般席卷了波兰领土"。1933年，希特勒政权上台；7年之后，纳粹发誓要建立一个"千年帝国"的誓言似乎已经不再遥远。

然而，仅仅5年之后，它所有的美梦就彻底结束了。希特勒在绝望之中结束了自己的生命，德国也成为一片废墟。在执掌政权以后，希特勒政府以国家行为将民族狭隘政策推进到了一个新的高度。该政权计划"组建一个对被征服民族实施恐怖统治的政治体系，以超越有史以来最残忍的压迫手段，对人类生命和人类思想实施有计划的大屠杀"。[2] 残酷的民族狭隘政策不只是纳粹统治的副产品，它还使纳粹有能力在第一次世界大战惨败后迅速积聚起强大的经济和军事力量。纳粹思想与德国人好战的民族本性、民族沙文主义和宗教仇恨充分地结合起来，非常出色地激发了饱受屈辱的德国人心中的忠诚感和牺牲精神。但希特勒及其政党疯狂坚持的血腥的民族清洗政策最终证明，这是其政权内部的一颗巨大的毒瘤，并在一定程度上促成了它的灭亡。

仇恨的力量
THE POWER OF HATE

第一次世界大战的结束，使德国成了一个遍体鳞伤、人民备感屈辱的战败国。战争期间，近 200 万德国青年战死沙场，还有几乎同样数量的年轻人终生残疾。在所有德国人口当中，数以百万计的工人和中产阶级突然之间失去了工作，生活陷入了极度贫困之中。除了肉体上的痛苦之外，《凡尔赛条约》(the Treaty of Versailles) 进一步给德国人增添了精神上的创伤。1919 年，《凡尔赛条约》签署生效，该条约强迫德国承认是它引发了这场战争，所以要为此承担全部责任。作为惩罚，德国必须支付巨额战争赔偿，不得不放弃自己原来占有的殖民地，并被迫割让珍贵的国土给法国和憎恨的波兰。曾经让德国人深深骄傲的强大武装力量被迫减少到只有10万人的志愿军队，此外还有很多其他的限制。然而，并非所有人都认为《凡尔赛条约》一面倒的条款是明智之举。英国代表团顾问约翰·梅纳德·凯恩斯曾预言，这个合约埋下了下一场战争的种子。[3]

阿道夫·希特勒和纳粹就是在这种耻辱、痛苦和压抑的愤怒的熔炉中诞生的。希特勒炮制了一系列煽动性的言论，例如雅利安人种至上、犹太共产主义阴谋论、劣等民族消灭论等。之后，希特勒向人民许诺恢复德国昔日的辉煌，并表示在他的领导下，德国将建设成为一个极其强大的国家，国土将前所未有的庞大。希特勒和他的拥护者猛烈抨击犹太人、共产主义者、斯拉夫人、同性恋者以及其他一切非纯粹的"日耳曼人"等人，指责他们引发了德国失控的通货膨胀、大规模的失业和日益降低的国际地位。希特勒善于演讲，他所谓的雅利安种族优越论，成了纳粹宣传中最打动德国人的内容。希特勒重复使用的一个指控就是，"少数民族在背后捅德国的黑刀"。纳粹经常以此为借口辩护说，尽管德国从未遭受国土沦陷，但正是由于少数民族在背后捣鬼，才使德国在第一次世界大战中战败了。

20世纪20年代和30年代初，在德国政治家中，几乎没有人认为纳粹会发展成一股具有重大影响力的政治力量，更不可能掌权。但是，通过与大公司、军队的联合，更重要的是与所有中产阶级建立联盟后，纳粹党从一个穷街陋巷小混混组成的政治团体一跃发展成为一支庞大的政治力量，并在1932年的德国选举中赢得了43%的支持率，为希特勒于1933年担任下届德国总理铺平了道路。[4]

可以说，人们批评纳粹政权"思想狭隘"已是司空见惯的现象。在纳粹政策的每个方面都充满了民族仇恨因素，无论是卫生、农业，还是国防都体现了这一特点。然而，因为纳粹的主要纲领是实现日耳曼民族主义，所以它对经济政策几乎毫无需求（在一次政治集会中，纳粹分子曾经喊出了这样的口号："我们不需要更高的面包价格！我们也不需要更低的面包价格！我们更不需要一成不变的面包价格！我们想要的是国家社会主义的面包价格！"）。历史学家罗德里克·斯塔克尔贝格（Roderick Stackelberg）和萨利·文克尔（Sally Winkle）曾经一针见血地对纳粹政策的本质进行了概括："在国内社会改革方面，希特勒把全部精力都集中在消灭犹太人、任何形式的多元化以及异见，建立以种族原则为基础的独裁统治制度，煽动人民对战争的狂热情绪等方面。"

尽管犹太人是纳粹疯狂攻击的首要目标，但是他们绝非唯一目标。吉卜赛人、波兰人、同性恋者、残疾人、患病者以及其他不同族群及人群都要被从德国社会中清除出去，关进集中营，强制劳动，或被任意处决。纳粹主义核心思想的基础是雅利安民族至上这个不容争辩的信念，换言之，雅利安民族是世界的"主宰民族"，他们理所应当地应该担任起世界统治者的角色。[5]

狭隘的代价
THE COSTS OF INTOLERANCE

通过对犹太民族和其他族群的迫害，纳粹逐步发展壮大起来，并为德国战争机器获得了充足的经济支持——但是，这在世界历史上只是白驹过隙短短一瞬罢了。首先，犹太人的银行和企业被收为国有；紧接着，当犹太人被搜捕并送往贫民区或集中营时，他们所有有价值的东西也都被没收了，包括怀表、金项链、耳环、胸针、手镯、钻戒等。犹太人的房子、车子、艺术收藏品和"大把大把的钞票"都遭到了掠夺。纳粹党卫军被指控从那些被送进毒气室的犹太人口中夺取金牙——有时甚至是在受害者被杀之前。他们将这些金牙熔化，与其他"战利品"一起存入了德国国家银行以马克斯·海利格这个以假名开设的秘密账户。[6]

然而，纳粹致力于消灭劣等民族的野蛮行径不久便使其政权付出了沉重的代价。首先，它投入了难以估量的资源、时间、人力，去处决为"新秩序"所不容的人民。它还建立了一个非常庞大的官僚机构，按照一个划分极为精细的血统比例标准对犹太人进行搜捕、清点、分类等。而且，随着这些活动越来越频繁，规模越来越大，纳粹实施的种族清洗政策与更为迫切的战争需求之间形成了尖锐冲突，使德军的战斗力受到了实质影响。

例如，整个党卫军部队不得不被用来看守关押在纳粹集中营中的囚犯。他们还动用了大量珍贵的建筑材料，例如大理石、砂岩和打磨精美的镍金属等，建造了无数火葬场和毒气室。当德军正急于运送部队时，大量火车车皮却被用来运送将要被屠杀的犹太人。1942年冬天，在具有关键战略意义的斯大林格勒保卫战中，德军在被团团围困的紧急情况下，党卫军指挥官海因里希·希姆莱仍然亲自干涉列车调度，将战争急需列车大量用来运送将被屠杀的犹太人。希姆莱对铁路主管辩称："我非常清楚铁路运输任务十分繁重，你也一直接到各种各样的命令。即便如此，我仍然必须要求你：给我拨出更多车皮。"即使在战争进行到最艰难的时刻，纳粹仍然将种族仇恨置于军事利益之上。[7]

此外，由于纳粹屠杀了数以百万计的被征服国国民和成千上万的德国公民，实际上它也让自己失去了无法估量的人力资源和人才资本。正如之前提到的，由于纳粹的极端狭隘民族政策，德国丧失了大量杰出的科学家，包括爱因斯坦、西奥多·冯·卡曼、尤金·维格纳、利奥·西拉德、汉斯·贝特、爱德华·泰勒、莉泽·迈特纳等。这些伟大的科学家移居美国之后，对世界第一颗原子弹的研制成功发挥了重要作用，而美国也正是依靠原子弹才最终赢得了战争。然而，即便如此，有谁能确切地估算出德国到底还流失了多少其他重要人才呢？

纳粹德国的所有事务都以日耳曼民族优越论作为评判标准。更为滑稽的是，纳粹科学家布鲁诺·图林竟然以"违反北欧人对能源意义的本能理解"为由攻击爱因斯坦的相对论。纳粹对于"犹太科学"的极端排斥也导致了德国在雷达研制竞赛中的失败。历史证明，雷达技术的运用是同盟国在英国战役中战胜德国的关键所在。此外，由于纳粹盲目坚信自己在科学研究上的民族优越性，使他们竟然没想到同盟国有可能破译了他们的密码，这又是一个极端致命的错误。[8]

"要么驱逐，要么消灭，绝不同化"
"EXPELLED OR EXTERMINATED, NOT ASSIMILATED"

当德军刚刚进入苏联西部边境时，受到了当地人的热烈欢迎，德国人甚至被誉为拯救者。其中，尤以乌克兰人和波罗的海诸国人民为甚，因为他们长期以来都处于苏维埃政府的"高压"之下。甚至在俄罗斯，一些德国高级官员仍然认为："如果希特勒把牌玩得更精一点儿，善待当地人，承诺将他们从布尔什维克统治的苦海中解救出来，也许我们可以把苏联民众争取过来。"

这种现象在乌克兰再明显不过了，很多乌克兰人热烈拥护纳粹的意识形态，并渴望脱离苏联获得独立。然而，德军并没召集乌克兰军队直接抗击苏军，而是派党卫军敢死队跟踪苏军。党卫军却反其道行之，大肆压制、奴役甚至屠杀当地的民众。除了将乌克兰境内的所有犹太人全部根除干净以外，据估计，纳粹还残忍杀害了大约500万乌克兰非犹太人。[9]

与成吉思汗不同，希特勒对于征募被征服国家的杰出人才并不感兴趣。与罗马人不同，希特勒对于同化被征服国家人民也不感兴趣。相反，他唯一感兴趣的是，将被征服国家的领土纳入德国版图。对于希特勒来说，国际关系"根本就是领土的争夺。在这场争夺斗争中，遵循的是弱肉强食的原则，强者获得胜利之后吞并失败国的领土，扩大自己的版图，然后继续争夺更多国家的领土"。这种德国"生存空间"争夺理论，或者如德语所说的 Lebensraum 理论，成了纳粹德国外交政策的核心。在《我的奋斗》(Mein Kampf) 和众多演讲中，希特勒一直都在宣称这一"生存空间"争夺理念。他说："我们要征服更多的土地，然后对被征服居民要么驱逐，要么消灭，绝不同化。"按照希特勒的理论，世界和平只有在"一个由最优秀民族组成的国家获得了完全而无可争辩的超级霸权之后才会发生"。

不久，历史证明，希特勒所谓的"生存空间"理论不仅是虚妄可笑的，而且给整个德国带来了可耻的失败。对于纳粹来说，德国所需要的"生存空间"主要包括波兰、乌克兰和苏联。对于斯拉夫人，希特勒则嗤之以鼻，认为这个民族"甚至连一个国家都不能组建起来，也不能发展出一种像样的文化"。因此，纳粹要求德国军队消灭或者奴役那些被征服的布尔什维克"劣等民族"。他还声称："德国以东的大城市，如莫斯科、列宁格勒、华沙等，都将从地球上被永远抹去，而对俄罗斯、波兰和其他斯拉夫民族文化都将予以镇压。"[10]

理所当然地，纳粹的这些政策没有受到被征服民族的拥护。

事实上，一些德国高级官员也承认，纳粹奉行的反斯拉夫强硬路线是一个严重的战略性错误。例如，阿尔弗雷德·罗森博格是德意志帝国东方事务部长，尽管他是一个臭名昭著的雅利安民族主义者，但是1942年他曾经这样写道："战争期间，没有比得到苏联内部受压迫人民的支持更有价值了。"可以说，罗森博格和其他一些政治家的观点几乎是完全正确的："如果德国许诺帮助他们脱离苏联统治，并以民族自治和国家独立作为回报，很多苏联公民一定会心甘情愿地站在德国一边抗击俄罗斯人。"尤其是波兰人，他们普遍存在着反犹太主义观念，本来就是德国的天然盟友。但是，希特勒仍然顽固地坚持"必须消灭，绝不同化"的思想，视波兰人为东欧人种中的"蟑螂"，除了可能担当德国主子的奴隶之外，"根本没有生存的权利"。[11]

纳粹征服者实施的残暴种族灭绝政策，以及他们公开宣称的为德国争取更多"生存空间"的目标，只是进一步加强了苏联人民抗击纳粹侵略的斗志，他们认为自己必须坚定支持斯大林领导下的政权，帮助政府抗击纳粹侵略，否则国家必然灭亡。因此，虽然苏联红军已经牺牲了2000万名战士，但是他们仍然顽强抵抗着德军的入侵。假如，希特勒在东方实施更加精明的民族宽容和民族同化政策，或许我们可以作一个大胆的推断，纳粹帝国可能早已建立了，尽管那将是一个极为恐怖的世界。

甚至，西欧某些国家也有人愿意与纳粹德国合作，但是由于纳粹德国顽固奉行极端狭隘的民族政策和对其他民族的疯狂屠杀，这种愿望只能化为泡影。例如，当纳粹德国成功绕过马其诺防线并击败法国以后，法国领导人最初曾抱有很强的合作欲望。事实上，一开始，法国对德国的抵抗规模很小，而且主要集中在左翼知识分子、社会主义者，以及后来的共产主义者等人身上。但是，由于德国坚持强迫法国成年男性做苦力，并大肆屠杀奥拉杜尔镇等地的法国平民，从而激发了法国人的反抗浪潮，并最终促成了盟军在诺曼底登陆，彻底扭转了战局。

希特勒与居鲁士大帝完全相反。想当年，居鲁士为了赢得被征服的巴比伦人的忠诚，竟然屈尊跪拜巴比伦人信奉的宗教神灵。相反，纳粹德国将被自己征服的人民看作劣等民族，所以必须予以清除，以便为他们的日耳曼主子腾出"生存空间"。历史学家克劳斯·P. 费舍尔（Klaus Fischer）一针见血地指出了纳粹德国进退两难的本质："无论赋予希特勒多大的实力与能力，他所奉行的对被征服人民实施残酷镇压和灭绝的政策，都只能进一步坚定世界各国人民的斗争意志。"[12]

大日本帝国：最"善良"民族的征服史
IMPERIAL JAPAN: CONQUEST BY THE MOST "VIRTUOUS" OF PEOPLES

然而，在轴心国当中，德国并非唯一抱有征服世界野心的国家。1940 年 8 月 1 日，日本外相松冈洋右公开宣布了日本庞大的领土扩张计划。日本提出的所谓"大东亚共荣圈",实际就是由日本皇军征服其他国家,然后将它们统一在日本周围,共同接受日本天皇普度众生般的统治。"大东亚共荣圈"将分四个阶段实现。

"共荣圈"的核心包括朝鲜半岛、伪满洲国（中国东北）、中国南方（包括中国台湾）——所有这些地区将在两年以后置于日本的控制之下。第二阶段,日本将攻占中国的其他地区,以及前欧洲国家殖民地,包括荷属东印度群岛（今天的印度尼西亚）、法属印度支那（包括现在的越南、柬埔寨、老挝）、缅甸、泰国、马来西亚、澳大利亚和新西兰。第三阶段,日本将把版图延伸到苏联东部领土、菲律宾群岛和印度。第四阶段,攻占中亚和中东的部分地区,包括伊朗、伊拉克和土耳其,并将它们完全置于大日本帝国的统治之下。

日本人认为自己是"优等民族",所以有权利和义务在道德上承担起"共荣圈"的领导责任。而且,日本人所谓的"亚洲"也是一个极为宽泛的概念。日本的作战地图表明,日本人认为欧洲和非洲也是亚洲大陆的一部分,而日本官员则常常将美洲看成亚洲的"东翼"。昭和天皇裕仁曾说:"'共荣圈'应确保所有国家和民族都站在合适的位置。"当然,日本将处于世界的顶端,这是毋庸置疑的。[13]

1945年,这个雄心勃勃的军事计划和日本本身,以彻底失败而告终。褊狭既是日本妄想成为世界霸主的梦幻基础,同时又是日本帝国毁灭的催化剂。

日本怪异而又矛盾的种族观
JAPAN'S STRANGELY CONTRADICTORY CONCEPT OF "RACE"

20世纪初,日本作家们结合西方种族论、儒家哲学、日本国教神道教有关道德和精神的论述,创造出了一个独特的日本式世界观。当社会达尔文主义和所谓的科学种族主义思潮在西方盛行时,日本也从封建社会步入了现代社会。西方自然科学家和社会科学家声称自己发现了"经验证据",证明亚洲人、黑人以及其他有色人种是劣等民族。同时,炮艇外交、不平等条约、西方经济的迅速发展等证据似乎也都证明亚洲(也包括日本)民族是劣等民族。作为回应,日本民族主义思想家精心炮制了一套神话历史,来扭转日本民族为劣等民族的不利局面,强调日本皇室的神话起源,以及日本民族(或者说大和民族)的"纯正血统"与高尚品德。

作为日后对其他民族实施征服、统治和剥削的理论基础,日本人自编自演的这段神话故事可谓完美无缺、天衣无缝。正如日本著名企业家兼政治领袖中岛知久平在1940年所声明的:"世界上存在优等民族和劣等民族,领导和启发劣能民族是优等民族的神圣使命。"[14]

然而,日本自导自演的这个民族神话充满了讽刺与矛盾。首先,日本人不仅自称是世界上"最纯洁的"民族,还自欺欺人地说自己是白种人。至少从8世纪开始,白皮肤就一直备受日本人推崇。白色肤色被认为是相貌美丽和社会地位崇高的象征(所以,日本才出现了画白脸的艺伎或者古典能剧演员)。但是到了20世纪,由于落后西方,日本人心目中普遍存在着民族自卑感,于是他们对于白色皮肤的迷恋得到了进一步强化。在第一次中日战争时期的木版画中,日本人的形象不仅是白皮肤、身材高大,而且还穿着西方的服装。相比之下,中国人则被描画成黄皮肤、身材矮胖,穿着东方长袍大褂的样子。[15]

在对待南太平洋地区殖民地人民时,日本实行的种族主义政策几乎完全模仿了欧洲殖民统治者所奉行的种族主义思想。日本官方的报道称,密克罗尼西亚岛人是"懒惰、未开化的劣等民族",他们永远无法摆脱其"无知的风俗,野蛮的生活方式和腐败放荡的本性"。20世纪50年代,一名日本学者发表了类似的观点:"由于这些人的生活极端简单原始……他们的思想也都像孩子一般幼稚。他们根本没有任何自我改善的愿望和精神。他们的乐趣只是吃饭、跳舞,满足自己的性欲。"总之,这些"热带民族"急需日本人的"指引"。[16]

然而,对于中国人和朝鲜人,日本人不得不再编一个更加复杂的谎言才能自圆其说。毕竟,从身材上来看,中国人、朝鲜人与日本人很难区分开来,而且他们还有着许多相同的文化传统。1906年,日本国会成员和报社编辑荒川五郎曾经这样描写朝鲜人:

他们看起来没有什么特别的不同,外表上与日本人完全相像。他们和我们一样都是东方人种，有着同样的肤色和体形，同样的黑色头发……鉴于朝鲜人和日本人的外表和体型大体相似，双方的语言结构和语法又完全一样，古代习俗也很相近，所以，有人便会以为日本人和朝鲜人属于同一个种族。

然而，话锋一转，荒川五郎接着论证了所有这些都只不过是一些骗人的表面现象：

但是，如果你仔细观察朝鲜人，你就会发现他们的空虚与徒有其表。他们总是大张着嘴巴，目光呆滞，不明所以地无精打采……从他们的嘴巴和面部表情，你总能发现他们有着某种虚弱感。而且，当出现卫生和健康问题时，你会发现他们简直虚弱到了极点。事实上，如果允许我用最坏的词汇描述的话，我们甚至可以说他们更接近野兽而并非人类。[17]

日本人总是拿自己的"美德"与朝鲜人的"丑恶"进行对比。日本人是"圣洁纯净的"，而朝鲜人则是"污浊肮脏的"。日本人是"无私奉献的"，朝鲜人则是"自私自利的"。日本人"遵守秩序、文明现代"，朝鲜人则"残暴野蛮、混乱无序"。日本人认为，现代生活的复杂任务已经远超出朝鲜人所能负荷的范围。他们的智力极其低下，甚至不能胜任火车站的普通工作，因为他们根本无法计算出到底检了多少张票。"就像大多数野蛮人一样，他们无法理解精确运算。"更为糟糕的是，朝鲜人惯常撒谎,"赌博、诈骗、偷盗、通奸,可以说无恶不作"。

反过来,从另外一个角度看,虽然朝鲜人天生懒惰,但是却有着"异常强的忍耐力",所以,如果让他们做载重牲畜再合适不过了。荒川五郎解释说:"朝鲜人力气很大,所以非常擅长搬运东西,事实上,他们的搬运能力甚至超过了日本马匹的驮重水平。我听说,一个朝鲜人搬运 60 坎米或者 70 坎米重(kanme,这一搬重水平在490磅~570磅)的物品并不是什么稀罕事。所以,如果你对他们稍加鼓励并进行一定的监督管理,那他们个个都是干活的一把好手。"

当然,结论也是非常明显的:朝鲜人需要日本人来领导指挥。[18]

和他们的纳粹盟友一样,种族、道德、精神等诸方面的清洗净化一直是日本战时宣传机构的工作主题,并将之体现在宗教、通俗文化乃至日常生活的方方面面。1942 年,日本有一首名叫《神圣的天空战士》(Divine Soldiers of the Sky) 的爱国歌曲,歌颂的是他们的空降兵像一朵朵来自天空的"纯洁的白色玫瑰"降落到敌人后方。白色是日本神道教僧侣所穿袍子的颜色,也是日本长期以来举行浸礼仪式的颜色。此外,日本人认为红色代表"光明",红色也是他们常常使用的一个重要颜色。1942年,日本一家非常著名的杂志上刊登了一篇题为《建立日本种族世界观》(Establishing a Japanese Racial Worldview) 的文章,解释说红色是鲜血和生命的颜色:

一直以来，纯洁的白色一直代表着神道教的圣洁观念……然而，从战争爆发的那一天开始，一切发生的事情都证明这种想法是错误的，而且，这个错误对于那些参加过净化仪式的人都再明显不过了。真正纯洁的颜色是淡淡的红色，微微接近血液般的粉红颜色。那是生命的颜色。正是这种温暖的生命之色才使日本人选择了樱花代表大和民族的精神。

对于日本人来说，如果只有自己具有"纯正的血统"，但是他们居住的世界并不"纯正"，那肯定是不行的。为了达到"更高层次的完美和圣洁"，日本政府号召自己的人民去帮助整个亚洲大陆实现"纯化"，改良生活在这片土地上的那些"污秽、野蛮、恶魔般的民众"。京都帝国大学一个由教授组成的很有影响力的组织解释说，战争在推动"净化罪孽"历史使命过程中是一个富有"创造性和建设性"的手段。此外，日本人还认为，战死沙场是最纯洁、最圆满的人生。历史学家约翰·道尔(John Dower)写道："作战'牺牲'被认为是一种真正具有宗教意义的'奉献'，经历火与血的洗礼是灵魂净化的最高境界。"[19]

但是，日本将如何"净化"那些"低劣的亚洲民族"呢？

日本的"大东亚圣战"
THE JAPANESE OCCUPATION OF GREATER EAST ASIA: A DIVINE MISSION

1941年12月7日,日本轰炸了珍珠港。在此之前,日本已经发展成为一个军事大国,拥有一支强大的军事力量,其雄心勃勃的帝国领土扩张计划进展也非常顺利,最终目标的实现似乎指日可待。一年之后,日本已经占领了印度尼西亚、马来西亚、新加坡、泰国、缅甸、中国的部分地区、菲律宾以及众多南太平洋岛屿。当然,在此之前,日本早已控制了韩国、伪满洲国和台湾地区(《马关条约》割让给了日本)。在这个巨大的"共荣"圈内(只有一个例外,我们稍后再行讨论),日本政策的本质就是狭隘民族思想。

和纳粹一样,日本对于被征服民族的感情和思想支持丝毫不感兴趣。相反,日本帝国的目标是榨取当地资源,让当地人为他们去从事最卑微、最危险的工作,并最终将占领的他国领土作为自己的"生存空间",让拥挤不堪的日本本土居民到那里去生活。[20]

以朝鲜为例,日本大规模地强迫当地人为他们劳动。将近100万朝鲜青年被强行征召起来,从事建筑或采煤等重体力劳动,他们甚至被遣送到日本本土等很远的地方。日本还征集了数千名年轻的朝鲜妇女,许诺她们从事"行政管理工作",实际却是充当日军的慰安妇。尽管日本将朝鲜人作为主粮的大米大都抢走了，只留下了大麦和小米，但是仍然对当地人课以沉重的税赋。于是，大面积饥荒不久便袭击了朝鲜。同时，朝鲜语被禁止在公立学校使用，甚至朝鲜人的姓氏也被改成了日本姓氏，神道教也被列为朝鲜的官方宗教。日本人还试图禁止朝鲜人穿白色衣服的传统，当这一努力失败以后，日本官员转而采取强制措施，在朝鲜人的白衣服上泼墨水或者油漆。[21]

在印度尼西亚，情况更加糟糕。日本人甚至都没有想过"教化"当地的爪哇人和苏拉威西岛人。日本人只是把印度尼西亚看成一个资源宝库，把它榨干了才算了事。日本人急需的是印度尼西亚丰富的石油、木材和劳工，他们如饥似渴地四处搜罗，真可谓是欲壑难填。

具有讽刺意味的是，当日本人于1942年首次来到印度尼西亚的时候，很多印度尼西亚人竟然对他们的新主子抱有相对积极的态度。毕竟，日本人赶走了印度尼西亚人仇恨的荷兰人——荷兰人对印度尼西亚实施殖民统治长达300多年。许多印尼民族主义领导人，包括苏加诺（二战后印度尼西亚独立后的第一任总统）在内，都对日本宣传的抵抗西方的泛亚洲联盟十分欢迎。从当时欢迎日本人的标语中，我们就能看出印尼人的亲日倾向，例如，"日本，亚洲的保护者"、"日本，亚洲的希望之光"，等等。当时，这些口号在支持独立的党派中都非常流行。但是，如同德国在乌克兰的遭遇一样，日本奉行的极端狭隘民族政策很快让印尼民众清醒过来，对他们的"新主人"心生反感直至憎恨。[22]

从1942年至1945年，在日本占领印尼期间，日本人表现出的残暴与民族优越感甚至远远超过了荷兰人。公开扇印尼人耳光或者将其投入监狱已经成了家常便饭。虔诚的穆斯林教徒被迫承认日本天皇的神圣地位，这直接违反了伊斯兰教教义。日军大规模强迫当地人做苦工，其条件之恶劣是常人难以想象的。虽然统计数字不尽相同，但是可能有好几百万人被迫背井离乡从事极其繁重的工作，并有成千上万的劳工死在了那里。由于日本人对森林的过度砍伐，有些地方的整个村庄都变成了洪泛区。他们还霸占了大片农田，致使上百万人不得不忍饥挨饿。布料极度缺乏，数千人因为没有衣服穿而无法走出家门。在整个占领时期，日本人对印尼人实施刀刺、电击、强迫灌水、膝关节错位等折磨和酷刑，手段之残忍简直令人发指。

然而，日本侵略军造成的最大战略性灾难应该是在新加坡。自1819年以来，新加坡一直就是英国的殖民地。在日本人于1942年攻占新加坡前，新加坡是一个经济相当繁荣的国际贸易中心。然而，1942年，新加坡在一场血战之后落入了日本之手，这也造成了英国军事历史上最大规模的缴械投降（在这场战争中，大约有13.8万名英国士兵、澳大利亚士兵和印度士兵成为战俘）。那场战役之后，新加坡经济的繁荣和英国的殖民统治戛然而止。日本攻占新加坡后，计划将它转变为由自己控制的东南亚经济中心。不幸的是，这个计划最终以惨败告终。

占领新加坡后，日本军队对以华人为主体的新加坡人实施了"良民证"管理，未持有该证件的人不得从事经济活动。相反，日本的大型公司，如三菱和三井物产等，垄断了新加坡经济。那些原来由华人经营的零售和小型制造企业则悉数交给日本鹰犬"特许经营"，然而这些人一无技能，二无商业网络，根本不能确保新加坡经济的正常运转。恶性通货膨胀、价格欺诈、贪污腐败、粮食的极度匮乏，等等，让新加坡经济走到了崩溃的边缘。

同时，日本采取残酷手段根除华人抵抗者。在1942年2月到3月间，日本军队在新加坡实施了"肃清大屠杀"，挨家挨户搜捕有"反日"情绪的华人，其中不乏大量妇女、儿童和老人。经过极其残忍的关押和严刑逼供之后，只有少数人得以释放。在没有获释的人当中，有2.5万人被押上卡车，送到偏僻的刑场，被日军用刺刀刺死或者干脆被机关枪扫射杀害。因此，新加坡并没有成为大日本"共荣圈"的经济中心，相反，到了1945年，新加坡却成了一个疾病肆虐、饥饿横行、人民饱受残酷镇压的地区。

无独有偶，其他东南亚国家的情况也极为相似。和纳粹德国对被占领国人民所犯暴行一样，如果只是说日本人剥夺了被占领国人民参与政治、平等发展和实现经济繁荣等方面的权利，则是对其所犯滔天罪行的粉饰与美化。"死亡铁路"是日本对被占领国家人民所犯暴行的一个典型案例。这是日本人在20世纪40年代修建的一条从缅甸通往泰国（旧称暹罗）的铁路。为了修建这条铁路，日本从亚洲各地征集了身强力壮的劳工，强迫他们如奴隶般艰苦施工。据估计，在铁路修建期间，大约有6万人死于非命。1942年，报社编辑卡洛斯·罗慕洛(Carlos Romulo)在战乱之中离开了巴丹半岛。1945年，当他再次返回马尼拉时，看到了如下情景：

在马尼拉大街上，我看到了一堆堆受尽酷刑折磨的当地人的尸体，他们都是我以前的邻居或者朋友。每个人的双手都被反绑在身后，尸体上布满了一个又一个刺刀戳过的窟窿。我看到了一个小女孩，她曾经和我的儿子在同一所学校上学。此时，她只是瞪着眼睛看着我，但是已经永远不能再说话了。她稚嫩的胸脯上横七竖八地布满了被刺刀划过的伤痕。我还看到了牧师、妇女、儿童，甚至婴儿的尸体，日军把屠杀无辜群众当成了一场娱乐竞赛。[23]

日本军队对被占领国家人民所犯的野蛮暴行激起了当地人的愤恨，甚至时至今日，亚洲的很多国家还极度厌恶日本。虽然每个被占领国家都有叛国者助纣为虐，但是更多的是不屈的反抗、抵制和起义。朝鲜频频爆发游行示威，起义更是此起彼伏，以求推翻日本殖民统治，实现民族独立。菲律宾和印度尼西亚等地区，抗击日本侵略军的地下活动也在广泛开展，游击战争四处开花。[24]

虽然，我们无法证明日本推行的残忍民族压迫政策对其帝国美梦的实现造成了多大阻碍作用，但是，我们断定，无论日本侵略者采取什么样的征服政策，都会遭到当地人的仇恨和激烈反抗。然而，在一个被占领地区，日本人采取了战略宽容政策，而非民族排斥。就是这个唯一的例外为我们提供了一个极为有力的证据，即如果日本奉行较为温和的民族宽容政策，它在亚洲被占领国家的统治效果要好得多。

1895年，在第一次中日战争中中国战败，台湾岛沦为了日本的殖民地。当时，日本正处于明治维新现代化和工业化改革的顶峰时期，极端民族主义的军国政治还没有掌权——日本军人掌权是在20世纪30年代。台湾岛是日本的第一个正式殖民地，因为地理上靠近中国大陆，具有十分重要的战略意义。此外，日本对台湾岛的殖民统治也起到了桥头堡的作用，让它有机会以一个现代化帝国的姿态登上国际舞台，充分展示自己的政治、经济和军事实力。不论出于什么原因，反正日本在台湾岛实行的殖民统治政策与其二战时期在缅甸、印尼和朝鲜所推行的政策截然不同。

首先，在占领台湾后的最初几十年，日本并没有积极压制当地文化。当攻占朝鲜以后，日本不仅禁止当地人讲本国语言，而且学校也不得教授朝鲜语。然而，在台湾，它不仅允许当地人使用本土方言，在日本资助的学校里同时讲授中文和日文，甚至还培训日本殖民地官员讲中文。1922年，日本政府整合了岛上最优秀的小学，允许台湾上流社会的孩子和日本殖民者的孩子一起学习。[25]

保甲制是台湾原政府实行的最重要制度之一，在占领台湾后，日本人将它保留了下来。按照这一制度，每一百户家庭被编为一个单位，如果其中的某个成员有违法行为，则整个群体共同承担责任。通过沿用保甲制度，允许有影响的台湾家族继续保有自己的社会领导地位，日本人争取到了当地部分精英分子的拥护和效忠。出于同一目的，日本殖民政府还允诺具有较大影响力的当地人享有经商特权，甚至有时还赐予他们"绅士"的称号。同时，日本还向台湾注入资金，进行基础设施和农业发展建设。日本人对台湾的金融系统进行了现代化改造；修建公路、铁路和医院；大规模改进通信、公共卫生、灌溉和农业基础设施，提供农业生产力。因此，农作物产量大幅增加，即使向日本大量输出大米之后，粮食还有富余，台湾人的饮食状况还是不错的。

当然，日本对台湾还是实施过一些镇压的，二战前就曾发生过。据估计，在日本统治台湾初期，日军杀害了约1.2万名反抗者。但是，令人惊讶的是，日军最终还是骗取了当地民众的支持。

狭隘民族主义所产生的影响是不可否认的。或许，世界上还没有哪一种力量比种族国家主义更具有激励作用，更富有民族意识创造性，更能激发公民的战斗意志——但是，我们考虑的范围不包括宗教激进主义者发动的圣战，因为二者可能不相上下。然而，幸运的是，虽然狭隘民族主义能够煽动疯狂的民族热情，同时也决定了它的局限性。[26]

回顾历史，让我们感到震惊的是，德国人没能充分利用数千万苏联人、波兰人、乌克兰人以及其他国家人民的支持，如果它的政策稍作调整，是完全可以将他们转变为自己热情的支持者和并肩作战的战士的。同样，日本的行为也让我们感到十分困惑，它本来已经看到了战略性宽容政策在台湾产生的巨大效果，然而，它竟然没有在其他地区推广，而是实施了残酷的高压政策，对当地人民大肆屠杀，从而激起了最猛烈的反抗。但是，反过来说，它们奉行的病态民族主义政策、种族清洗政策，一方面使它们在短时间内迅速成长为一个世界大国，但是另外一方面又阻止了它们采取宽容的民族政策，以更好地支持它们追求世界霸主的梦想。毫无疑问，优等民族论和种族清洗政策，在争取被清洗民族人民的忠诚和争取该民族优秀人才资源方面都是有百害而无一利的。

要想赢得被征服民族人民的忠诚和将这些人才资源为己所用，除了民族宽容政策，别无他途。下一章，我们将再次回到21世纪，分析当前对美国霸权形成最大威胁的三个挑战者——包括中国和欧盟，它们都充分吸取了这一历史教训。这些挑战者是否有能力积累足够的财富和力量终结美国单极世界霸权的历史现状呢？

CHAPTER 11

THE CHALLENGERS

China, the European Union, and India in the Twenty-first Century

第十一章

美国霸权的挑战者

21 世纪的中国、欧盟和印度

> 我们度过了几百年灰暗的日子，但是现在，我们回来了！
>
> ——上海居民

> 美国几乎可以对世界任何国家进行收买、欺压，或者将自己的意志强加给它们，但是，当世界转过身去，美国的影响力必然会走下坡路。相反，欧盟的力量广泛而深刻：一旦欧盟将其他国家融入自己的势力范围，它们的政策和命运将会被永远改变。
>
> ——马克·伦纳德，《欧洲领航21世纪的原因》(Why Europe Will Run the Twenty-first Century)

如果国际民意测验结果是正确的，那么大多数世界公民更愿意看到美国不再独霸世界，更希望世界恢复过去的多极化力量平衡状态。[1] 本章将探讨世界舆论热议的三个美国霸权挑战者：中国、欧盟和印度。有趣的是，这三个政体均已制定并实施了自己特有的战略性宽容政策。虽然三个地区的宽容政策模式与美国的有着很大不同——以中国为例，如果只是粗略地看其表面，很多人可能根本不同意它是宽容的——但是，这三个地区的宽容政策对于它们巨大的成功长期起着关键作用。

蒸蒸日上的中国
CHINA ASCENDANT

2007年1月22日，《时代》周刊刊登了新闻记者迈克尔·艾略特（Michael Elliott）撰写的封面文章《中国：一个新时代的开端》(China: Down of a New Dynasty)。在文章中，艾略特这样分析了这个"世界的下一个强国"："这个世纪，美国拥有的相对优势将逐步减弱，中国的影响力将稳步上升。中国很久以前就开始精心烤制这个'大蛋糕'了。"艾略特还提到了2006年在中国进行的一项调查。结果显示，87%的中国被调查者认为，"中国应该在世界事务中担当更重要的角色"，50%以上的人"相信中国的全球影响力将在10年内赶上美国"。克林顿政府国家安全委员会亚洲事务部资深主任李侃如曾这样说道："中国人自己是不会这样说的。但是，我认为，他们在内心深处肯定坚信21世纪是中国人的世纪。"[2]

那么，中国能成为世界的下一个超级强国吗？无论从哪个方面看，在过去的30多年里，中国的经济变化都是令人震惊的。1978年，中国的人均收入仅为230美元，处于世界最低收入国家行列，而且其增长速度停滞不前。在经济发展方面，人们常常将中国与印度尼西亚、坦桑尼亚相提并论。然而，在过去的30年间，中国经济一直以惊人的年均9.5%的速度增长。现如今，没有哪一个国家能像中国那样震动世界经济。

2003年，中国取代美国成为外国直接投资最热门的地区。自此，中国在世界经济中的优势地位不再仅仅局限于玩具制造业、制鞋业、服装制造业等劳动密集型产业，它已经是手机、电视机和DVD机的头号生产国。更为重要的是，中国现在又进入了计算机芯片、汽车制造、喷气发动机和军用武器的制造领域——这些以前都是由发达经济体垄断的。此外，中国还是手机和消费类电子产品的第一大消费国；在不久的将来，它还可能成为汽车的第一大消费国。甚至有专家表示，到2030年，中国的经济总量可能是美国的3倍。[3]

事实上，在国际贸易方面，中国早已和美国这个当今的超级强国旗鼓相当了。当美国正在不断引起世界各地越来越强烈的敌意时，中国却在不声不响之中与世界几乎所有主要国家建立了联系，既包括发达国家也包括发展中国家。中国常常运用债务减免和对外国提供援助等方法来提升自己的国际形象和促进融资贸易。在此时期，中国拿下了一份份长期合同，例如智利的铜矿、澳大利亚的煤炭、巴西的铁矿，以及中国庞大经济战车高速运转所急需的各种原材料，总量高达数十亿吨之巨。

在这个具有讽刺意味的转变中，中国充分利用了西方国家拒绝合作的所谓"流氓国家"，而且中国与它们的合作还格外成功。例如，在中东和非洲，中国在获得安哥拉、缅甸、刚果和伊朗等国家珍贵资源的过程中享有了巨大优势。当国际上很多人批评美国在苏丹达尔富尔地区维和不力、人道主义救援不足时，中国却乐呵呵地确立了自己在苏丹大片油田项目中最大投资者的地位。与此同时，根据皮尤慈善信托基金会最近进行的一项全球调查显示，加拿大、法国、德国、荷兰、俄罗斯、西班牙和英国的大多数公民都觉得中国比美国更具亲和力。[4]

然而，所有这些内容并不能充分说明中国就一定能成为世界霸主。如果本书的论题是正确的，美国之所以成为当今世界的超级强国，首先是因为它的宽容政策远远超过了任何其他国家。最为重要的是，美国吸纳并利用世界最优秀人才的能力决定了它在经济、军事和技术方面无人能挡的发展优势。如果这个论点是成立的，如果历史具有一定的借鉴意义，那么中国只有在战略性宽容政策方面比美国做得更好，才能取代美国成为下一个世界超级强国。然而，我们需要思考的是，中国能做到这一点吗？

乍看之下，答案似乎是否定的。除了少数个别情况以外，中国在很长一段历史时期里都存在着排外主义和种族优越主义。此外，根据中国官方公布的统计资料，92%的中国人口属于同一民族，94%的人口属于无神论者，净移民率又是负值。所以，从本质上来看，中国与一个多元化移民社会所具有的属性是完全对立的。

但是，实际情况比这个还要复杂。中国今天之所以获得了巨大的发展潜力，完全得益于它在战略性宽容政策方面取得了巨大成功这个事实。让我为各位慢慢道来。

对于绝大多数西方人来说，甚至包括那些努力保持思想开放的西方人，中国今天的人口构成情况似乎不具有民族多元化性质。在纽约的任何一个街区，我们可能发现古巴裔美国人、韩国裔美国人、英国裔美国人、意大利裔美国人和非洲裔美国人，而且还有着不同的民族和种族背景。相比之下，尽管中国拥有超过 10 亿的人口，但几乎所有人都是黑头发（虽然染发现在越来越成为时尚），而且所有人都认为自己源自同一个祖先，并都认为自己是中国人。

然而，不论是西方人还是中国人，似乎都没有意识到"中华"(Chinese-ness)这一概念恰恰正是战略性宽容政策成功的真实写照。的确，在 3000 年的漫漫历史长河中，中国实际上早已完成了现在欧盟正在试图实现的民族大融合：中国已经成功地将数目极为庞大，但是文化、地理和语言背景千差万别的人民聚拢在一个单一的政体下。[5] 事实上，中华文明是漫漫历史中多元文化大融合的产物。

我们今天所熟知的"中国"，长期以来居住着多个不同民族，它们语言各异，服饰、风俗、礼节和宗教信仰也存在着明显区别。具体来说，大致以黄河为界，中国分为北方和南方，风土人情迥异。[6] 即使今天，生活在南方省份的人，像广东或者是我的家乡福建，平时都是说着各自的方言，这些方言对于北方人来说是很难听懂的（反之亦然）。北方人喜欢吃面食，比如一种叫作馒头的蒸制面食，而南方人则比较喜欢吃大米和大米制品。此外，许多中国人（包括我在内）仅凭一个人的外表就能辨别出他是来自于北方还是南方。

中国是经过长时间不同民族间的征服与融合形成的。和古罗马时期不同地域的人一样，无论是来自四川盆地的中国人，还是海峡两岸的民众都无法否认自己在文化、政治和军事方面的中国属性。就像古罗马托加袍和拉丁语普遍适用于从苏格兰到埃及的广大地区一样，中华文化也被从戈壁沙漠至南中国海的亿万人民接受。中华文化包含了种族优越论、儒家思想、道家思想、科举制度和天子至高无上的统治权，等等。就像公元2世纪时西班牙人和利比亚人归化为罗马人一样，中国古代的不同民族，例如闽、越、吴等地的人都转变成了汉人。

在克服了南北差异、沿海和内陆差异、农村和城市差异、省和省差异之后，中国成功地整合了各族各地人民，远远超过了欧洲人最大胆的设想。一种语言——普通话，最初只限于书面语，但是现在在中华人民共和国境内已经成了口头交谈的标准语，仅仅这一属性就将所有中国人联系在了一起。更为重要的是，中国人都有一种归属感，至少92%的人都是"汉族"，以汉族作为自己的根本民族和种族属性本身就是一种骄傲。很久以来，西方一些从事民族学研究的专家一直坚持认为，广东人、上海人、湖南人等省份的人，因为语言、习俗甚至外表之间存在着相当大的区别，所以这些地方的中国人应该认为自己具有不同的民族属性。但是，事实根本不是那样的。相反，尽管这些地区的人存在着很多差异，有时甚至互相瞧不起，总认为自己的家乡比别的地方好，但所有这些地区的人，包括四川人、天津人、安徽人等，都认为自己是中国人。[7]

这就是西方人经常忽略的，在中国历史进程中依靠宽容民族政策实现内部大融合的事实。因此，就会出现这样奇怪的现象：西方报纸常常认为，中国的各种问题，理所当然地是中国政治、宗教、民族狭隘政策或民权压迫的绝好题材及大字标题新闻。但是，从另一个方面来看，中国正是以战略宽容工具，获得了中国民族国家主义的巨大成功。而且，这个成功早在几百年前就完成了，现在人们早已将它当成了理所当然的事情。现在，欧盟正在千方百计地试图将4.5亿人聚拢在一起，可是中国却可以毫不费力地享有13亿人的民族忠诚和民族认同感——这个数字占了全世界人口的1/5！

那么，这是不是意味着，中国可以不用像历史上任何一个世界超级强国那样，不需要外国移民或者外国人才呢？中国拥有13亿人口，还有无数人才没有充分利用。并且，我们也不应该忘记，散布于世界各地的华人都以勤劳能干而著称，在整个东南亚他们的表现超过了大多数原住民，在西方国家他们成功的概率也超过了原住民。[8] 那么，这是不是意味着，中国已经拥有了参与世界竞赛，成为世界霸主所需要的所有人才了呢？

正如一位中国官员所说，为了升级"人件"(humanware, 指国民素质，相对于英语中的软件和硬件而言)，中国政府正在投入大量资源来改善教育质量，注重学生的创造性和创新性。如今，大约有1/4的中国学生就读"实验性"小学和中学，学校鼓励学生进行辩论、科学探索和灵活思考。不久前，迪士尼公司竟然和共青团联合举办培训班，旨在"提高创造力"，结果迪士尼公司获得了一个意外收获——在中国市场提高了迪士尼人物的认知普及率。

与此同时，中国把越来越多有前途的年轻科学家和学者送往国外学习。人们将这些学成回国的人称为"海归",也就是指从海外学成归来的人,他们为中国带回了有价值的新技术,担任着中国技术革命排头兵的角色。然而,很大一部分到外国留学的中国人在取得学位后选择留在了国外,没有回国服务。例如,从1986年到1998年,85%从美国大学毕业的中国学生都表示计划留在美国。[9]

但是,这个趋势有可能发生了巨大转变。近些年,随着中国人的生活水平不断提高,越来越多的中国留学生选择回到中国。[10] 这些优秀的工程师和科学家都是被西方式的巨额奖励诱惑回国的,如豪华汽车,最新式的公寓以及国际高标准的薪水,等等。当然,还有许多人是出于爱国之心。中国有可能成为世界超级大国的美好未来让他们充满了骄傲,也极大地激励着他们——同样,中国的民族国家主义再次起了作用。

然而,虽然中国经济已经有了一定程度的开放,但是中国社会中仍然存在着一种非常流行的观念,即辛勤工作和高学历不一定能带来公平的回报。上海可能出现了一批身穿普拉达等名牌的地产大亨,但是由于腐败在中国还很常见,人脉仍然十分重要。只要这些现象不消除,中国最优秀和最有才干的人才就可能不愿意留在国内或者回国效力。他们会选择那些能使自己才干直接转变为成功的地方。

即使中国在利用自己巨大的人力资源方面已经取得了很大进步,但是仅仅如此仍然不可能让它成为尖端技术人才聚居的地方。这又是为什么呢?因为西方国家起步早,有着巨大的领先优势。更为重要的是，在历史的任何一个时期，世界上最有才华、最有创造力、最有技能和最有进取心的人才永远不会同时出现在同一个地区或者来自同一个民族。这也正是本书的论点：如果一个国家要实现世界性统治地位，而不是区域性的，那么它就必须吸引整个世界最优秀的人才，赢得他们的忠心，并激发他们的工作热情。

那么，中国能做到这一点吗？

现在，在上海有很多美国人或者其他西方人从事酒吧服务员或者健美教练的工作。但是，仅仅靠吸引非技术性人才到中国工作恐怕不能让它获得参与世界霸主竞赛的入场券。相对来说，对中国更为有利的应该是那些在跨国公司中国分公司工作的西方侨民。这些人除了可以为中国带来技术、培训中国当地员工、消费高档商品以外，还常常花费数百万美元购买房产。

值得强调的是，在过去的30多年里，中国的面貌发生了翻天覆地的变化。虽然中国政府在1978年正式实施了"对外开放"政策，但是中国领导人对于西方仍然心存疑虑。到中国来的外国人数量十分有限，还常常被当成怪物一样看待，即使在大城市里也是如此。据20世纪90年代初抵达上海的跨国公司外籍职员回忆："在这片土地上，几乎没有人说英语，当地人都把我们当成詹姆斯·邦德看待；资金流向非常非常愚蠢，似乎什么奇怪的事情都可能发生。"[11]

1995年左右，中国开始积极接纳甚至聘用外国人，如日本、法国和荷兰的管理者，德国的考古学家，黎巴嫩的企业家，瑞士的建筑师等，还引进国际知名品牌，如通用电气、摩托罗拉和盖蒂基金会等，十分明确地试图利用它们的专业技能和先进技术。现在，中国正处在唐代以后最具全球化思想的历史时期。对于跨国公司的外籍职员来说，上海和北京不再是"艰苦地区"，他们住在SOHO或者Chelsea等高档时髦的西洋化大型复合式建筑中，和富有的中国年轻白领一起坐在星巴克喝着拿铁咖啡，或者在时髦的酒吧里享用莫吉托鸡尾酒。尽管质量可能有好有坏，但是在北京，鹰嘴豆沙、百吉饼、新鲜奶酪，以及各种外国消费品应有尽有，购买十分方便。在上海，除了传统的麦当劳和肯德基品牌以外，人们无须走多远就可以找到塔可钟（墨西哥饼速食店）、赛百味（三明治店）、软心先生（冰激凌店）等速食店。[12]

然而，即便如此，现实情况还是有点儿古怪，外籍雇员还是……怎么说呢，还是外国人，总能让中国人产生某种异样的感觉。那些在中国生活的美国谷歌公司软件工程师和波音公司科学家们都没有被当成中国的一分子。同样，在三菱中国分公司工作的日本技术人员和西门子中国分公司工作的德国主管人员，都不算中国公民。

那么，如果这些外国人希望成为中国公民，可以吗？

这个问题又让我们回到了以前提到的当代中国身份认同这个奇异而又复杂的话题。当初，为编写本书进行研究时，我向无数中国人以不同方式提出过这个问题。

"一个马来人或是菲律宾人能够成为汉族人吗？"无一例外地，他们的回答都是否定的。

几年前，当我在四川旅游时，曾经这样问过一个彝族青年男子："在中国的55个少数民族中，人人都可以成为汉族人吗？"他的回答令我非常吃惊："啊，是的，可以。我的父母都是彝族人。但是，和他们不一样，我不会说彝族语，所以我并不算地地道道的彝族人。此外，我的妻子是汉族人，所以，可以说我现在已经是汉族人了。当然，我的儿子也是汉族人。"更令我奇怪的是，许多人，不管是不是汉族，都认同他的这一观点。

最后，我把这个问题转换成了国籍再次询问："如果一个西方人，能说一口流利的中文，热爱中国文化，并希望永久地居住在中国，这样的一个人能够成为中国公民吗？"关于这个问题，我问过许多中国官员、律师和来自中国的法律专业访问学者。在像美国这样的国家，这种问题很容易就能得到一个确切的答案。但是，当我问到中国人时，所有人都闪烁其词，似乎很难回答的样子。很多人指出，大多数外国人"不想要"中国国籍。总之，没有一个人能直截了当地回答这个问题，不过倒是有不少人说："一个外国人想入中国国籍？我想不会吧。"[13]

他们表现出的这种不确定性和疑惑恰恰反映出了中国民族认同千百年来的斗争经历——如果21世纪出现更为迫切的情况，这种民族身份斗争感可能会更加激烈。1911年，中国爆发了辛亥革命,推翻了长达3000年的封建帝王统治,这场革命的领导人孙中山及其他一些革命领导人都明确阐述了一个中国民族观,这实际就是一种种族观。他们认为:"中国不仅仅是一个民族性质的国家,而是一个应在汉族领导下的种族国家。"所以,"中华民族"包括任何一个拥有汉族血统的人,不管他或她是住在旧金山还是马来西亚,都是中华民族的一员。中国的这个种族观念在团结国人,抵抗"外夷"的过程中产生了极大的号召力。[14]

中国政府找到了另外两种引进国际技能、技术和专业知识的方法。首先,中国再次打出了"民族牌",呼吁"海外华人"报效祖国,极大地激发了他们的自豪感和民族忠诚感。当然,海外华人也从中受益,不过这是次要的。海外华人的数量是惊人的,在世界160多个国家共分布着5500万华人。[15]从很多方面来看,海外华人是一个庞大的资源宝库。他们总共控制着约20000亿美元的资产,据估计每年贡献的经济产值约6000亿美元,大概相当于澳大利亚目前的国民生产总值。[16]此外,他们之中包括许多受过良好教育的个人,其中包括诺贝尔奖获得者。

其他国家,例如以色列和印度,同样也充分利用着他们"散居海外"的人民。但是,海外华人无论从数量规模还是从资源规模来看,都是其他国家无法相比的。从1978年开始对外开放以来,中国中央政府精明地瞄准了这个资源宝库,向海外华人提供了特别优惠的投资奖励和税收减免政策。同时,许多地方政府还给那些对"祖国"或者"祖籍"特别慷慨、特别"忠诚"的海外华人授予了"荣誉称号"。[17]

这些战略性政策得到了良好回报。在20世纪80及90年代，海外华人在华投资总额超过1900亿美元，占国外直接投资总量的一半以上，从而帮助中国从一个经济停滞不前的第三世界国家一跃成为"腾飞的巨龙"。（在经济迅速发展的南方省份，如福建和广东，80%的外商投资来自于海外华人。）此外，海外华人带给中国的不仅仅是财富，还有知识。比如说，丘成桐（Shing-Tung Yau），哈佛大学的教授，菲尔兹奖（国际数学的最高奖）获得者，与中国政府以及一个香港房地产大亨联手，致力于打造一批新一代世界级的中国科学家。[18]

如果仅从其目前已经取得的成功及进一步发展来看，似乎中国在每一件事情上又都是对的。因为着眼于长远发展，中国在基础设施建设、科学研究与开发、各级教育等方面投入了巨额资金。现如今，似乎没有人怀疑中国会在短时间内成为世界强国。

但是，如果本书的论题是正确的，我想中国不会成为一个霸权国家。当今世界，世界霸权的获得比以往任何时候都更依赖于一个国家是否有能力吸引并留住世界顶尖的科学、技术及创新型人才。然而，中国是一个典型的非移民国家，一个以自有民族为基础的国家，所以不可能做到这一点。对于中国来说，这或许并非灾难，因为它可能不想面对成为世界霸主后必然承受的压力和来自全球的仇视。事实似乎也的确如此，中国官方的外交政策一直强调"不干涉"。

在一个中国将扮演普通超级大国的世界里，美国还能继续保持自己作为超级强国的身份吗？原则上，是可能的。如果美国一如既往地继续保持世界最优秀人才和最聪明专家向往的目的地的地位——当然，其中也包括来自中国的最优秀人才和最聪明专家，那么我们可以预测，美国将继续在科技、军事、经济等领域领先于所有对手。然而，更有可能的是，如果中国发展成为一个巨型经济体，正如很多人预测的那样，那么它仅仅依靠自己控制的财富就可以在现代世界中获得巨大的权力。这样，许多国家（甚至可能包括美国），都会依赖于它的巨额贸易和巨大投资能力。与此同时，在过去 10 年中，中国的国防支出一直都在快速增加。所以，毫无疑问，到 21 世纪中叶，中国的军事力量将完全可以与美国相抗衡（甚至可能超过美国）。

欧盟："后帝国时代的超级大国"
THE EUROPEAN UNION:
A "POST-IMPERIAL SUPERPOWER"

2004 年 5 月 1 日，当午夜的钟声刚刚响起，欧洲人便欢欣雀跃地举起装满香槟的酒杯相互庆祝——欧盟正式迎来了 10 个新成员国，使其规模从原来的 15 个扩大到 25 个。"烟花映红了天空，教堂的钟声响彻四方"，欧盟的边界已经跨越三个时区，从波兰一直延伸到爱尔兰，又从芬兰一直延伸到马耳他。被冷战思维分割的欧洲国家，多个世纪以来自相残杀的欧洲国家，现在，终于热情地拥抱在了一起，有史以来第一次和平地携手相聚。

由于铁幕政策形成的无形障碍，50年来8个国家的人民相互隔绝，对于他们来说，这一时刻的到来显得尤为珍贵，来之不易。波兰团结工会领导人莱赫·瓦文萨称这一时刻"使他长期的渴望得以梦圆，毕生的追求得以实现"。匈牙利总理迈杰希·彼得则表示，这一事件就像"在欧洲大地上放置了一个巨型沙漏并让它开始运转起来，代表着一个新纪元的开端"。同时，苏联成员国立陶宛政府则呼吁国民亮起灯光，点燃蜡烛，让他们的国家成为"欧洲最明亮的地方"。欧盟的前身是欧洲共同体，最初成立时只是为了修筑一道无形的防波堤，阻挡共产主义的进一步西扩。现在，欧盟不仅寿命超过了它的对手，而且还把它们招募到了自己的队伍中。[19]

眼前的欢庆时刻并不仅仅属于前东欧集团和前欧盟成员国。10个新成员国的加入更标志着带有深刻历史积怨的冰雪开始消融，标志着和平与合作战胜了分裂、对抗和流血杀戮。几个世纪以来，很多欧洲著名的哲学家和政治家，包括维克多·雨果、让·雅克·卢梭、伊曼努尔·康德、温斯顿·丘吉尔等都认识到，只有团结才最有希望实现并维持欧洲的和平、繁荣与强盛。15世纪中期，波西米亚国王乔治曾经提出过建立一个欧洲联邦的构想，其结构与目前的欧盟惊人地相似，只不过当时是为了抵御来自土耳其的外部侵略威胁，而不是像现在这样为了消除内部分裂。但是,这种建立一个泛欧洲联盟的新思想不可能克服古罗马灭亡后1000年来形成的民族主义、民族仇恨和宗教分裂等问题,所以也就不可能成功。慢慢地,历史积怨越来越深,终于在第二次世界大战时到了顶点,纳粹德国疯狂的民族主义野心将整个欧洲"撕裂",使无数人遭到杀害和残害。[20]

然而,令人吃惊的是,原本只是作为战后德国和法国就煤和钢铁达成的一个温和的经济协议,经过两代人的不懈努力,最终演变成了自罗马帝国陨落以来欧洲前所未有的大统一。2007年1月,保加利亚和罗马尼亚也加入了欧盟,所以欧盟共有27个国家,人口将近5亿,在共同的法律体系下共同生活。欧盟被称为"发达国家之中最大的单一市场",国内生产总值达到13000亿美元,堪与美国相媲美。[21]但是,在人口上,欧盟比美国有优势,比美国多1.5亿人。欧盟还拥有两个核武器国家(英国和法国),现役部队规模也超过美国,所以,至少从纸面上来说,欧盟也是美国一个强大的潜在对手。更为重要的是,欧盟的扩张还没有结束。根据欧盟成员国的发展原则,候选国必须达到一定的经济和政治标准,包括尊重人权和公民的基本自由,才有资格申请加入。目前,正在申请加入欧盟的国家有阿尔巴尼亚、克罗地亚、塞尔维亚,以及最有争议的土耳其。从理论上来说,欧盟可能有一天会扩张到非洲、中东地区,甚至有可能将俄罗斯拉入它的怀抱。

欧盟的领土扩张是一个资格审查和准入的过程，并不是军事征服，这代表了一种极为新奇的战略宽容政策。在世界历史上，荷兰共和国和美国曾经以人权自由和经济奖励等极具诱惑力的措施吸引"个人"移民加入它们。但是现在，欧盟则采取了一种新型的自由和经济激励政策，吸引"国家"加入自己这个大家庭。

从这个意义上来看，罗马帝国和欧盟具有一定的可比性。在罗马的黄金时期，也曾像今天的欧盟一样，将一个个民族整体吸引到自己身边。但是，罗马又与现在的欧盟不同，它拥有一支极为强大的军队，如果哪个民族胆敢不臣服，它便随时可以挥师相向，以武力征服。相反，欧盟根本没有采取武力或者以武力相威胁，就将国家团结在了自己的周围。就像英国作家马克·伦纳德（Mark Leonard）所说的，欧盟是一个"后帝国时代的超级大国，它并不是通过威胁入侵其他国家的方式扩张自己的势力范围"，而是通过悬起经济这个极富诱惑力的胡萝卜吸引对方。欧盟也没有把民主制度和法律强加给其他国家，而是采用激励的方式促使它们自行改造。它更没有接管成员国政府，只是建立了一个简单的框架式机构，绝大多数工作都是通过各国议会和地方议会贯彻执行。伦纳德还说，正是由于欧盟的反帝国原则，也许它将来可以"彻底改变世界政治、经济的运行模式"。[22]

作为挑战美国霸权、实施反帝国主义战略的一部分，欧盟正在试图把自己建设成一个真正自由、平等和开明的标杆式典范。早在美国遭受"9·11"恐怖袭击以前,许多欧洲人就已经认为自己的社会制度要比美国的更加优越——他们普遍拥有更加优越的福利制度和社会服务体系,相对虚无缥缈的"美国梦"来说,他们享有更多实实在在的宽容与机会。例如,法国曾经在2000年对国民进行过一次调查:"在你看来,美国是一个怎样的国家?"45%的人认为"美国是一个社会极不平等的国家";33%的人说"那是一个种族主义国家";只有24%的人认为"美国是一个人人均可致富的国家";更可怜的是,仅仅15%的人说"美国是一个欢迎移民的国家"。[23]

自从以美国为首的多国部队入侵伊拉克后,欧洲社会对美国的批评之声更是群情激愤,一浪高过一浪。2003年,欧洲各地报纸纷纷刊登了一篇文章,其中引用了德国著名哲学家尤尔根·哈贝马斯(Jurgen Habermas)和法国著名哲学家雅克·德里达(Jacques Derrida)的观点。他们辛辣地批评了美国的政策、赞扬了欧洲思想,特别强调了欧洲推行的柔和的资本主义政策,以及反对死刑。更为重要的是,他们"通过深刻分析20世纪的极权思想和种族大屠杀",高度赞扬了欧洲的道德观。美国推行的"单边主义"——"美国认为自己可以随心所欲地违反国际法,削弱联合国的权威"——在欧洲受到了广泛批判。同时,他们还指出,今天欧盟签署的条约和宪章,以最先进的理念惠及了从爱尔兰到波兰的广大地区,为欧盟人民提供了人类有史以来最充足的人权和平等生活的社会环境。[24]

当然,这一切都有一个战略层面。为了收获一体化后的经济回报，欧盟国家必须忘怀彼此间的历史仇恨，压制自己的民族主义倾向（例如，放弃自己国家的货币），尊重他国宗教信仰，并保证来自不同国家的劳工和商品在其他国家不受歧视。换句话说，如果说欧盟活跃的国际人权思想和"多元化统一"理念（例如，欧盟的口号以 20 种不同的语言公开发表）反映了一种全新的欧洲道德观，那么它也反映了对自由市场自身利益的精明算计。

尽管绝大多数欧洲人会毫不犹豫地反对全球霸凌，更喜欢一个不存在超级强国的世界，但是，毋庸置疑，欧盟成立的最初目标就是希望建立一个足够强大的政治实体来对抗美国。由于欧盟积聚力量的方式从根本上来说属于一种战略宽容政策，那么就产生了一个关键问题：在与美国的竞争过程中，欧盟的宽容模式与美国的宽容模式相比具有多大的优势？

乍一看，在宽容政策方面，欧盟似乎已经超越了美国。这不仅体现在欧盟吸引了各个国家（一种美国目前不具备的战略宽容模式），还体现在它采用了一系列尊重人权的措施，至少可以和美国宪法中规定的著名宽容理念相提并论。

但是，现实情况要复杂得多。20 世纪 70、80 和 90 年代，当美国从世界各地吸引科技人才成为计算机革命领导者时，欧洲被远远地抛在了后边。直到 20 世纪 90 年代后期，德国和英国等欧洲国家高技能信息技术人才极度缺乏，而且欧洲似乎越来越像是错过了搭上高科技之舟的机会。即使今天，当作为欧盟发动机的西欧国家奋力吸引高端外国专业人士、工程师和信息技术人才的时候，美国仍然源源不断地吸引着此类国际人才到美国效力。那么，我们不禁要问，既然欧盟政策如此宽容，为什么还会出现这样的局面呢？

答案是，欧盟的宽容政策主要是针对内部的，而不是对外的。也就是说，它的政策只是用来团结欧洲国家，而不是像美国那样吸引第三世界移民，从而将自己转变为一个多民族的社会。《联盟基本权利宪章》(Charter of Fundamental Rights of the European Union) 规定的"个人自由迁移"，只是针对欧盟内部来讲的，并不表明非洲人可以自由地迁往挪威。恰好相反，在欧盟形成的几十年间，绝大多数欧洲国家对于来自欧洲以外移民的态度总体上来说是相当敌视的。

在20世纪的最后25年，英国、法国和德国都在不同时期宣布自己是"零移民"国家。[25] 从20世纪70年代到2000年，欧洲各国的非欧洲人口主要是暂时性流动人口或者"外来工人"(通常来自这些国家的前殖民地) 以及他们的家人、寻求庇护的难民、被相对优厚的福利和社会服务计划吸引而来的非法移民，等等。更加严重的是，欧洲国家并没有花多大心思对大城市及其周边出现的贫困移民实施文化和政治上的同化。

今天，欧洲的领头羊，如法国、德国和荷兰等国家，尽管其贫民移民社区存在着很高的失业率，并由此引发了这些移民强烈的失望情绪和感情疏离，但是这些国家仍然长期面临着技术性劳动力匮乏的不利局面。尽管近期欧盟国家采取了一些较为开放的移民政策，公开吸引来自印度、韩国和中国等地的高技术人才，然而与其他更受欢迎的移民目的地国家相比，尤其与澳大利亚、加拿大和美国等传统的"移民国家"相比，仍然不具有优势。[26]

德国就是一个很典型的案例。为了打造自己的"硅谷"产业，德国政府在20世纪90年代后期发行了一种新的绿卡，专门用来吸引外国信息技术专业人士，尤其是来自印度等国家的人才。德国希望每年吸引两万高素质移民。但是与美国绿卡不同，德国绿卡根本不能让移民加入德国国籍，而美国绿卡则具有相对确定的入籍保证。就像法里德·扎卡瑞亚（美国《新闻周刊》分析员）所指出的："德国希望让其他国家的年轻专业人才离开自己的国家、文化和家庭，千里迢迢来到德国，花掉很多精力学习一门新语言，在一个完全陌生的地方开始工作，但是根本没有希望成为这个新家园的一员。"欧洲的移民计划惨淡收场，而且希望吸引高科技人才的新措施至今还没有产生相应的积极效果。到2006年年底，德国工程技术领域的岗位缺口高达2.2万个，比前一年反倒增加了30%。[27]

从这个重要的侧面看，在争夺世界最优秀、最聪明人才的竞争中，欧盟吸引国家的战略输给了美国吸引个人的战略。但是，即便如此，整个欧盟的反移民情绪似乎仍然不断高涨。既然欧盟明确承诺实施更加先进的平等自由、尊重人权和摒弃歧视的价值观，为什么反而输给了美国呢？

如果不涉及伊斯兰教话题，我们就不能很好地理解目前欧洲面临的移民问题。在欧洲人口组成当中，穆斯林是增长最快的族群。一些分析家预测，15年后，欧盟人口中穆斯林的比例将占到20%。在法国，穆斯林在法国人口中的比例已经达到了10%（甚至更多），超过了所有非天主教族群的总和，包括新教徒和犹太教徒在内。在荷兰的主要城市当中，如阿姆斯特丹和鹿特丹，10年后穆斯林将成为多数人口（相比之下，美国穆斯林人口的比例仅为1%~2%）。虽然欧洲声称拥有包容一切的民族宽容政策，但是这个增长迅猛的少数民族正是欧洲宽容政策最难宽容的。[28]

法国禁止穆斯林在公立学校佩戴头巾，不过这只是一个表面现象，对于整个欧洲来说，问题要严重得多。许多东欧人仍然把基督教作为欧洲遗产的核心。2003年，波兰总统亚历山大·克瓦希涅夫斯基抨击了欧盟宪法的"无神论基调"，声称宪法没有提及"对欧洲发展有着突出贡献的基督教价值理念"是可耻的。与此同时，越来越多无宗教信仰的西欧人将伊斯兰教视为欧洲现代启蒙文明的一个潜在威胁。毫无疑问，欧盟内部之所以普遍存在反对土耳其加入欧盟的思想，其原因之一就是土耳其人口中有超过6800万的穆斯林。所以，在伊斯兰教问题上，欧盟的宽容政策，尤其是领土扩张和移民开放等宽容政策，已经重重地撞到了一面无形的墙。[29]

同时，欧洲社会中相对贫穷的穆斯林阶层已经成为不断激化的民族、宗教和种族冲突的焦点。对此，几乎没有哪个欧盟国家能幸免。丹麦就是一个突出的代表，它曾是一个近乎单一的种族社会,同时又是"斯堪的纳维亚自由主义思想的代表"。但是,到了20世纪末,伊斯兰教徒在丹麦人口中的比例已经达到了3%,这相对于丹麦奉行的民族标准来说实在太大了,是丹麦社会一个不容小觑的问题。丹麦穆斯林主要来自土耳其、摩洛哥、伊拉克、索马里等国家,其贫困和失业水平远远超过其他社会阶层。

2001年的丹麦选举中,极右派丹麦人民党(DPP)获得12%的选票,成为丹麦国会中的第三大政党势力。人民党的"党纲"宣称:"丹麦不是一个移民国家,从来都不是。所以,我们不会接受旨在实现一个多民族社会的政策。丹麦是丹麦人的丹麦。"按照人民党的党纲:"试图推动丹麦民族多元化就是反对丹麦传统文化、敌视丹麦社会发展,最终会破坏我们目前稳定统一的社会状况。"同时,赢得2001年大选的丹麦自由党尽管不像人民党那样充满敌意,但是同样坚持反移民立场。自由党领袖安诺斯·福格·拉斯穆森更是把自己的竞选主题放在了移民改革上,承诺保护丹麦人民终生享有的福利体系不被外来者所侵蚀。他宣布:"丹麦不是世界其他地区的社会保障厅,我们没有必要为他们的贫穷买单。"[30]

"容忍无法容忍的穆斯林中的某些人"是所有西方国家普遍面临的一个问题。然而,就欧洲而言,穆斯林社会的"贫民窟隔离化"使这一问题变得更为复杂:从斯堪的纳维亚半岛到西班牙的广大欧洲地区,尽管各个国家对待少数民族的政策千差万别,但是绝大多数穆斯林往往生活在孤岛之中,从自然地理、文化和心理上与他们的欧洲同胞完全隔离开来。

这些穆斯林孤岛往往位于马赛和阿姆斯特丹等大城市郊区，贫民窟比比皆是，房屋破烂不堪。这种现状大大降低了穆斯林融入当地社会的可能性。[31]

欧洲在处理移民问题上的困难，尤其是处理穆斯林社会所遇到的难题，似乎没有减弱的迹象。具有讽刺意味的是，尽管人们通常认为美国人是伊斯兰极端分子仇视的对象，但是国际舆论大多认为美国在处理穆斯林社会问题上比欧洲做得好，因此，至少到目前为止，美国还没有发生"国产"伊斯兰恐怖主义问题。

欧盟存在的"穆斯林问题"不仅深刻影响着它目前移民态度的形成和进一步复杂化，而且将来还会影响它的最终规模和性质。虽然从理论上来说，欧盟成员规模的扩大并不存在本质上的地理限制，然而实际上还是有着很多十分重要的现实限制的。由于法国和奥地利坚持认为土耳其环境"特殊"，它申请加入欧盟必须按照一套新程序进行，具体来说就是需要全民公决，所以土耳其加入欧盟的谈判速度已经大为放缓。当然，目前欧盟也没有任何计划试图引进印度等人口众多、非常贫困而且没有多少基督教信徒的国家。

欧盟发展过程中的这些现实限制，以及多个成员国对移民问题的激烈抵触，使它与美国相比在这一方面处于相当大的劣势。尽管目前欧盟取得了惊人的成功，但是欧盟迄今为止还没有找到一个有效的途径来吸引和利用世界各地最优秀的人才。与美国相比，欧盟的开放力度还不够，对于那些来自印度、巴基斯坦、俄罗斯、以色列、中国等地区有创业精神而又懂专业技术的年轻人才吸引力还不是很大，他们希望到另外一个地方，利用自己的专业技能实现人生价值。

反过来看，现在也出现了一些新苗头，表明美国不可能一直理所当然地占有这方面的优势。例如，"9·11"恐怖袭击爆发后，欧洲大幅提高了奖学金标准和学费减免等优惠政策，所以现在欧洲吸引的留学生的人数几乎是美国的两倍。但是，作为单一国家来说，在吸引外国留学生人数方面，美国还是遥遥领先的，尤其对于来自中国、印度和亚洲其他国家的学生来说，美国仍然有着很强的魅力。[32]

2006年夏天，一位印度裔的耶鲁法律系学生要回印度度假，出于私人关系，我请他帮我做一系列采访。采访地点选择了孟买、班加罗尔和新德里等大城市，采访对象包括小商人、学生、银行职员、技术顾问和其他一些生活状况不断改善的印度人。主要是想了解他们认为世界上哪些地区的经济机会较好。其中一个问题是，对于印度人来说，移民美国、欧盟和加拿大是否能带来更好的生活机会。下面是一些印度受访者具有代表性的回答：

"对于印度人来说，欧洲的吸引力赶不上美国。除了英国以外，欧洲国家普遍不欢迎外国移民。他们的文化根本不适合印度人，当然，我们也不会讲他们的语言。

"欧洲提供的机会不多。人们更热衷于去美国。美国有更多的机会，也更容易生活，因为那是个成熟的民主社会。同时，语言也相通。欧洲人的种族主义色彩更浓一些。

"加拿大非常大，不过一半的土地都被雪覆盖着……显然，美国的机会更多一些。但是，我认为加拿大还是有一些世界著名企业的，比如钢铁。尽管如此，我也不太想去那里工作。那里素食非常少。

"在印度人看来，和美国相比，加拿大更像一个附属国，它需要建立自己的国家身份和国际形象。

"欧洲以后可能会提供更多的机会，但不是现在。欧盟已经采取了更为积极的投资措施，致力于贸易与商业的建设和发展。但是，语言障碍也是不容忽视的。

"欧洲是一个生活成本非常非常高的地方，所以印度人一般不会考虑去那里工作和生活。还有一点，印度和美国在经济和文化上有着更好的联系。

"对于印度人来说，欧洲人种族意识更浓一些。还有，那里的语言和气候也是一个问题。从这两个方面来看，伦敦倒是不错，但是如果是工作的话，人们应该去美国。"

显然，这些回答并不属于科学研究的范畴，仅仅是极少数人的个人印象，但是却也足以佐证一个更深层次的问题。至少从目前来看，美国仍然被认为是一个移民能够得到更好发展的地方,是一个辛勤工作最有可能产生相应回报的地方。这也正是为什么美国至今仍然持续不断地吸引大批欧洲人才而没有出现人才反向流动的原因。2004年,约有40万欧洲科学技术专业的毕业生在美国工作,但是反过来,到欧洲工作的美国毕业生却寥寥无几。[33]

当然,从欧洲人的角度来看,欧盟坚持的相对限制性的移民政策或许并非坏事。和中国一样,欧洲各国从来没有宣布过建设多民族移民社会的目标。此外,大部分欧洲人可能更希望欧盟扩张的步伐放缓下来。作为一个后帝国时代的超级大国,欧盟不会仅仅出于增加成员国的目的,而对接纳俄罗斯或者亚洲及非洲国家感兴趣。但是,如果欧盟的目标之一是为了恢复多极世界秩序的话,这些限制则有可能阻碍其对此目标的实现。只要欧盟继续让美国保持世界最优秀人才流入目的地现状的话,那么欧洲就等于将全球技术和经济领先优势拱手让给了美国,而这些优势正是美国赖以成为超级强国的关键所在。

暂时处于劣势的印度
THE UNDERDOG: INDIA

2006年,在瑞士达沃斯举行的世界经济论坛上,印度工业联合会选择了"印度,无处不在"作为参会会标。而且,在达沃斯,印度也确实做到了无处不在。从巴士到广告牌,到处贴着印度的宣传标语。印度代表还分发免费的iPod，宣传宝莱坞的最新事件。被经济学家们称为印度"梦之队"的印度政府官员频频与潜在投资者接洽，大力赞扬印度发展的美好前景。在最后的社交性盛典活动中，论坛主席克劳斯·施瓦布头戴印度传统裹头巾，身披披肩，站在铁青色泰姬陵背景前，向人们介绍印度的投资机会。《新闻周刊》(Newsweek)在报道达沃斯论坛时说："在2006年论坛会议期间，没有哪一个国家像印度那样抓住了会议的想象力，也没有哪一个国家像印度那样主宰了会谈过程。"

印度在世界经济论坛上的成功使原本就很热的印度话题更加引人关注，很多人都在讨论印度成为下一个世界超级大国的可能性。印度每年都会有40万技术和工程专业毕业生，具有大批讲英语的专业人才基础，而且在过去几年里，它的经济以平均每年7%的增长速度快速发展。所以，许多学者、政治家和投资者都认为，印度将是21世纪值得关注的一股力量。[34]

20世纪90年代，印度这颗经济之星开始冉冉升起。当时，印度财政部长曼莫汉·辛格通过削减政府开支、促使卢比贬值、避免拖欠国际债务等措施，为印度经济发展注入了巨大动力。作为对印度政府这些积极措施的回报，辛格这位从剑桥大学毕业的经济学家，拿到了来自世界银行和国际货币基金组织提供的数十亿美元贷款。随后，辛格又对政府机构进行了大刀阔斧的改革，以消除引进外国投资的官僚限制。

这些解放印度经济的举措虽然在短时间内引发了高通货膨胀和失业率的增加，然而，5年之后，印度经济发展的速度远远超过了过去40年的水平。10年之后，《外交》(Foreign Affairs)双月刊宣布，印度将是"资本主义制度获得巨大成功的典型案例"。[35]

印度以"虹吸"手段成功地从发达国家抢走了一些资金和就业机会，这已经引起了美国人的震动。在2004年的美国总统竞选中，面向印度的业务外包和就业外包就成为一个十分引人关注的热点政治问题。不过，自此之后，印度在吸引美国投资方面不降反升，势头可谓十分强劲：现在，超过一半的世界500强公司将自己的IT业务外包给了印度。英特尔、IBM、戴尔、摩托罗拉、雅虎和美国在线等跨国公司都在印度开办了大型分支机构。平均来说，每个月在印度城市开办分支机构的国际公司就达到了40家。2006年，布什总统在他的国情咨文中特别强调了印度和中国的崛起，称它们是美国的新竞争对手。2006年3月，布什对印度进行了国事访问，成为美国历史上对印度进行国事访问的第五位美国总统。[36]

布什总统2006年3月的印度之行不仅突出了印度的经济实力，还有它的军事力量。印度拥有近200万的正规军和准军事部队，是世界上人数最多的军队之一。1998年，在经过5次核试验之后，印度跨入了有核国家之列，但是立即被克林顿总统打了一记耳光，以经济制裁对它表示惩罚。相比之下，布什总统则承认了印度的核国家地位，亲自组织安排了一个协议，按照该协议，美国承诺向印度出售核燃料和核反应堆器件（作为交换，印度需要开放其核民用设施，接受国际调查）。

同时，印度经济继续吸引着世界各国的关注。2006年7月，世界第五大富豪、印度钢铁巨头拉克希米·米塔尔收购了欧洲钢铁巨擘安赛乐公司。印度主要商报兴奋地宣告：这是"印度的全球化收购"。[37]

那么，印度会成为统领世界的国家吗？首先，我将用我的论点彻底分析印度的未来发展潜力。然后，再分析印度面临的一些主要挑战。

无论印度的经济给人留下了多么深刻的印象，这个国家最非凡的东西还不是它近期所取得的经济成就。因为，相对来说，印度的经济总量只占全世界很小的一部分。印度拥有17%的世界人口，而GDP只占全球的2%和世界贸易额的1%。中国的经济规模是印度的两倍多，而且在2005年，中国获得的外国直接投资相当于印度的10倍。2006年，印度的人均GDP是3400美元，中国为6300美元，日本则为30700美元。更为重要的是，尽管印度的经济发展速度很快，但是仍然无法使其人民生活水平接近任何一个世界主要国家的标准。80%的印度人每天的消费水平只有2美元左右。联合国人类发展指数是一个以健康、收入、教育水平等项目为基础确定的一个标准，用来评估各个国家的发展水平。按照这一指数，在全球 177 个国家当中，印度排在第 127 位。[38]

然而，印度有一个非常突出的优势——尽管印度有着非常复杂的民族和宗教情况，甚至超过了美国的水平，但是它却是世界上最大的民主国家。自从印度独立以来，它就像变戏法一样诞生了数量极其众多的微型文化、宗教、语言、种姓制度、教派、民族和部落群体。印度共有 16 种官方语言，使用人数超过百万人的语言就有 22 种，方言数量更是超过了千种。在 2004 年的国家大选中，共有 230 个党派参与竞争。虽然印度人口中信奉印度教的人数最多（超过了 8.27 亿），但是印度教的具体信仰方式却千差万别，事实上，整个印度有数千个不同的印度教种姓和次种姓。印度国内还生活着 1.5 亿名穆斯林，是仅次于印度尼西亚的世界第二大伊斯兰国家。另外，印度的主要少数民族还分别信奉印度锡克教、基督教、佛教、拜火教、耆那教等。[39]

事实证明，印度国家的存在——尤其是作为一个民族国家的存在，完全是宽容政策的胜利。现代印度的两个创立者——圣雄甘地和贾瓦哈拉尔·尼赫鲁——是 20 世纪印度历史上宽容政策的两个代表性人物，他们都强烈反对一切形式的原教旨主义。在他们的领导下，印度从独立伊始便致力于通过多元化法律为不同宗教人民提供不同的规章条例，从而达到平衡多种宗教的目的。例如，印度的"属人法"（personal law，简单来说，就是根据当事人的各种具体背景情况确定适用的相应法律）允许穆斯林实行一夫多妻制，但是要求印度教教徒遵守一夫一妻制。过去

50年当中，印度政府还对历史遗留下来的专门针对所谓"贱民"（印度社会最底层民众）和"落后阶级"的极端不宽容制度进行了大刀阔斧式的废除。

就像本书的论点所预测的那样，由于印度成功地团结并利用了背景异常多样化的人民的智慧和力量，所以得到的回报也是相当惊人的。事实也的确如此，诺贝尔经济学奖得主阿玛蒂亚·森（Amartya Sen）认为，千百年来印度创造的伟大成就秘诀就在于其显著的"异质性"和"开放性"。他认为印度最伟大的统治者是阿育王和阿克巴大帝，前者是佛教徒，后者是穆斯林，但二者都是世俗宽容政策的坚决拥护者。早在2200年前，阿育王就曾写道："那些只尊重自己教派，诋毁他人教派的人……事实上，他的这种行为恰恰会给他自己的教派带来最大的伤害。"所以，阿玛蒂亚·森认为，宽容和多元化思想在印度很早就扎下了根，远远早于欧洲的启蒙运动。[40]

然而，如今印度在宽容方面似乎与它过去令人称道的历史出现了某些差异。1998年，右翼印度教民族主义政党印度人民党（BJP）上台执政，呼吁将印度建设成为一个由印度教统治的国家。人民党政治家们不断地称穆斯林为"入侵者"和"外来者"，并发誓摧毁全国的所有清真寺，以印度教寺庙取代之。在获得多数选票的地区，人民党利用手中的权力限制印度教教徒和穆斯林通婚，镇压基督教传教士，甚至重新编写了历史教科书，宣传印度是印度教国家的观点。

2002年，印度发生了近几十年来最严重的宗教暴力事件。

在印度北部的古吉拉特邦，2000多名穆斯林被残忍杀害。暴力事件的起因是因为一列从阿逾陀始发载有印度教朝圣者的火车遭到了伊斯兰极端分子的袭击；然而10年前，也正是在阿逾陀，在一次反穆斯林的暴乱中，身穿藏红色袈裟的印度教教徒摧毁了一座著名的清真寺并对周围地区实施了抢劫和纵火。这次穆斯林火车袭击事件造成至少58人死亡。

作为报复，印度教平民和警察一起对穆斯林进行了为期四天的疯狂杀戮，他们抢劫商店，焚毁房屋，轮奸穆斯林少女和妇女。他们针对穆斯林妇女的暴行尤为残忍丑恶，那些暴徒割掉她们的乳房，剖开怀孕妇女的肚子将胎儿活生生地撕扯出来，然后再杀死那些妇女。这次暴力事件至少部分受到了印度政府的支持，警察和国民志愿团领导了这次袭击事件。而且，这次暴力事件还是经过精心组织策划的。暴徒们手持电脑打印出的穆斯林家庭住址寻找受害者，并通过手机联系共同实施犯罪。暴力袭击发生后，人民党政府否认发生了袭击事件，尽管人们找到了许多集体合葬的墓地，政府仍然将这些受害者列为"失踪者"。这次暴力事件在整个地区产生了恶劣影响，导致了10万多穆斯林不得不转移到难民营。[41]

尽管人民党在2004年大选中落败，印度教民族主义者在印度政治中仍然是一支强大的政治势力。印度教教徒和穆斯林之间的紧张关系和宗教暴力的恐怖气氛一直阴魂不散，仍然有爆发的可能。2004年，据统计，世界上44%的极端恐怖袭击都发生在印度。[42]据2006年的一份调查显示，17%

的印度大学生将希特勒列为印度领导人的榜样。所以，尽管甘地和尼赫鲁提出了印度的包容性理想，但无论是在当前还是在未来，印度是否是世界最宽容的国家之一还是一个悬而未决的问题。

此外，即使印度能够避免再次发生宗教冲突，维持稳定和多民族的民主制度，仍然很难吸引世界最优秀人才前往印度工作和生活。相反，许多印度人将自己的境遇与更为富有的海外同胞进行比较之后，发现那句古老的格言再次散发出真理的光辉：除了在印度之外，印度人在世界其他任何地方都能成功。尽管近年来印度经济不断发展壮大，但是向国外移民的水平依然很高。2004年，近7万印度人移居美国，成为合法移民美国的第二大团体。许多印度移民一旦离开以后就再也不会返回印度，与中国海外华人对祖国的投资水平相比，印度移民对印度的投资很低很低。对于"用脚投票的"印度人来说，在它能像美国或者英国那样为有抱负、有才干的人提供充足的发展机会以前，印度还有很长的路要走。

当然，印度也有让人感到乐观的地方，它拥有大批受过良好教育的毕业生，为下一轮经济发展储备了充足的后备人才。欧盟的人口已趋老龄化，而印度的人口一半左右都是25岁以下的年轻人。与中国经济增长主要依靠制造业不同，印度最繁荣的产业是软件、信息技术、媒体、广告和宝莱坞影视业，这些都是依靠创造力和个人才能的行业。[43] 所以，当代印度仍有往上发展的机会和可能性，而这在几十年前是根本无法想象的：现在，过去那些所谓的"贱民"反而成了著名科技公司的管理者。而且，有史以来第一次，少数西方中产阶级人士不是以殖民者的身份而是为寻找比自己国家更好的工作机会来到了印度。尽管如此，印度还有很多非常棘手的问题需要解决，农村普遍贫困，城市贫民窟疾病肆虐，根深蒂固的腐败问题，惊人的产妇死亡率，等等。只有当所有这些问题解决妥当之后，全世界那些最优秀最聪明的人才才会想着搬到印度。

总而言之，印度已经取得了巨大进步。自独立以来，它取得了一些史无前例的成就，如废除千百年来根深蒂固的种姓制度，在维护世界最大的多元民主社会方面取得的成绩，等等。或许，正是这些成就才使那么多经济全球化评论家们将印度奉为宠儿。[44]

而说到印度将成为一个超级大国，或者超级强国，现在可能还太早了点儿。事实也的确如此，印度本身似乎对于代替或者破坏美国的世界霸主地位并不感兴趣。相反，作为世界上对美国最为倾心的国家之一，据2005年的一项民意测验显示，71%的印度人对美国持肯定态度，[45] 所以，印度似乎更愿意与美国合作，成为它在全球经济体系内的一个好伙伴。

没有哪一个超级强国可以永远屹立不倒。美国的世界霸主地位终有一天也会走到尽头；但是，唯一关键的是，美国的霸主地位会持续多久？当然，前提是，美国还没有度过它的鼎盛时期。就算没有哪一个国家能够取代美国成为超级强国，但是，或早或晚，中国、欧盟、印度，甚至包括俄罗斯、日本，或者其他一个我们还没有预见到的国家，都会依靠自身的力量或者采取联盟的方式，获得足够强大的力量，重新塑造一个双极世界或者多极世界。

当然，在询问美国作为世界霸主还能维持多久这个问题时，其前提是美国希望维持自己的世界霸主地位。下一章，也是本书的最后一章，将会讨论这个问题。美国是否应该继续保持它的世界霸权地位？美利坚帝国的持续存在是否符合世界的最大利益——还是仅仅符合美国一国的最大利益呢？

CHAPTER 12

THE DAY OF EMPIRE

Lessons of History

第十二章

帝国时代

历史的教训

> 我们一切探索的终点，
>
> 将是到达我们出发的地方，
>
> 并生平第一次知道这个地方。
>
> ——艾略特（T.S. Eliot），《小吉丁》（Little Gidding）

20世纪最后10年，我们生活的地球突然转变成了一个单极世界，作为唯一幸存下来的超级大国，美国似乎已经失去了真正有实力的竞争对手或敌人。对于很多国家来说，艰难的地缘政治选择已经不复存在。自由市场与民主政治一起手牵着手，将把世界转变为一个由现代化、富足、热爱和平的国家组成的大家庭。在这一进程中，种族仇恨、宗教狂热和其他所有野蛮落后的思想都将涤荡殆尽。这就是"历史的尽头"，金色拱门理论（Golden Arches）开始取代战争思维。[1] 当人们谈到美国强大的军事力量时，最受争议的问题就是，美国是否可以仅凭人道主义为借口干涉他国事务（例如在科索沃和卢旺达），以及如何利用其庞大"和平红利"——从军费支出节省下来的数百亿美元。

从一定程度上来说，这种乐观主义思潮是建立在美国20世纪所表现出的巨大善意基础之上的，当然这并不包括越南战争和介入拉丁美洲事务使它多年来面临的剪不断理还乱的麻烦。现在的美国拥有令人难以想象的巨大军事打击能力，没有任何一个对手能够与它抗衡。然而，人们理所当然地认为，美国不会利用自己无与伦比的军事实力进行领土扩张，也不会用于其他的帝国主义侵略目的。

今天，柏林墙倒塌还不到 20 年，这种乐观主义的泡沫就已经破灭了。虽然美国仍然是世界超级强国，它在世界各国心目中建立的善意形象已经彻底消失。在美国内部，国民信心持续下降，不安全感四处弥漫，恐惧情绪日益浓厚，主要体现在恐怖袭击、移民问题和经济下滑等方面。"9·11"袭击事件和美国外交政策中干涉主义思想的急剧升温都极大地改变了人们对美国的认识。

美国是帝国吗
AN AMERICAN EMPIRE?

2002 年 9 月，"9·11"袭击事件发生一周年后，白宫发表了新的《国家安全战略》（National Security Strategy, NSS），该文件开头是这样写的："今天，美国享有无可匹敌的军事实力、庞大的经济总量和极其广泛的政治影响……美国将利用这一难得的短暂机遇将平等自由思想推向全世界，使之惠及全人类。我们将积极工作，将民主、发展、自由市场、自由贸易等美好希望带给世界各地的人民。"至此，这份《国家安全战略》让人觉得和克林顿执政时期美国政府颁布的文件口吻非常相似。1996 年，克林顿总统曾经宣布："因为美国在世界上无可替代的地位，我们必须采取必要的行动，我们必须担负起领导世界的责任。"[2]

但是，这份《国家安全战略》超过了克林顿总统的外交思想。它进一步宣告，为了预防恐怖袭击事件再次发生，"如有必要，美国将采取先发制人的战略"。"我们必须做好准备，在流氓国家及其恐怖主义代理人威胁美国安全之前，或者使用大规模杀伤武器攻击美国及其盟友之前，制止它们的行动。"最后，新安全战略正式宣告美国维护单极世界秩序的决心："现在，我们有必要重新明确美国军事力量的根本作用。我们必须发展并保持美国军事力量不受挑战的优势地位……我们必须建设一支足够强大的军事力量，以震慑任何潜在对手，遏制它们寻求军事发展以图超越美国军事力量或者持平的野心。"[3]

在"9·11"事件爆发后的那段时间里，《国家安全战略》提出的这些新思想引起了全美国乃至世界一些地区人民的积极响应。一些著名的新保守主义者，如保罗·沃尔福威茨（Paul Wolfowitz）、理查德·珀尔（Richard Perle）和埃利奥特·艾布拉姆斯（Elliott Abrams）——这些人都是布什政府中有影响力的人物，正是他们参与了发动伊拉克战争的决策。他们都积极支持美国以更加积极的方式利用自己的军事力量推翻独裁流氓政府，建立民主政权。布什政府还认为，这些新建立的政权必须支持市场经济，支持美国人民，热爱和平，热爱自由。

富有影响力的自由主义者也支持政府进攻伊拉克。《纽约时报》专栏作家托马斯·弗里德曼（Thomas Friedman）认为，伊拉克战争，如果"以正确的理由和正确的方式予以实施"，能收到稳定中东地区的效果，"在阿拉伯伊斯兰世界中心地带建立一个较为理想的政府"。《民族》（The Nation）杂志的长期投稿人克里斯托弗·希钦斯（Christopher Hitchens），也支持美军派遣军队根除

"戴着伊斯兰教面具的法西斯主义"。[4] 所以，当时的局势是，美国发动战争已经不再是一个问题，唯一需要考虑的是如何进行这场战争——如何做到单方面发动战争，如何实施先发制人的打击，以及如何不受其他国家主权限制或国际法的牵制顺利推进这场战争。

此时，美利坚帝国顿时成了人们热烈讨论的一个热门话题，而且不论是在美国国内还是在美国之外，支持的声音一浪高过一浪。"9·11"事件之后的一个月，《华尔街日报》(Wall Street Journal)前编辑和安全专家马克斯·布特(Max Boot)写了一篇文章，题目为"美利坚帝国之证据分析"(The Case for American Empire)，该文发表之后被广泛传阅和引用。布特指出："对于美国来说，对恐怖主义最现实的回应就是毫不含糊地奉行帝国主义政策。"在 2000 年出版的《歌颂帝国》(In Praise of Empire)一书中，作者迪帕克·拉尔(Deepak Lal)耸人听闻地警告说，"如果美国大众不能充分认识历史赋予美国的帝国责任，或者不愿意承担这个责任"，将会在全球范围内引发可怕的后果。大约同一时期，英国历史学家尼尔·弗格森在其力作《巨人》(Colossus)一书中也呼吁，美国应该克服其"帝国否定情绪"，应该像大英帝国在过去几个世纪所做的那样，承担起世界文明和现代化进程的历史重任。[5]

这些支持美国应该实施帝国主义政策的观点，包括大规模动用军事力量消灭独裁统治，建立自由市场和民主制度政权，等等，很多人理解其良苦用心，甚至可能认同其逻辑和理由。

第二次世界大战以后，美国将自己强大的军队部署到德国和日本，并在占领期间对这些国家实施了民主化改革，同时还采取了一些必要措施，阻止它们重新崛起，对美国形成军事威胁。事实证明，美国在这些国家战后重建过程中实施的策略是相当成功的。鉴于美国当前受到的巨大恐怖威胁，"9·11"事件后的美国为什么不能利用自己的绝对军事优势解除中东地区流氓国家的政权，并对其实施民主化改造呢？的确如此，为什么美国"不能"效仿罗马帝国，利用自己世界霸主的力量，对这些敌对国家实施现代化、文明化、和平化改造呢？

2003年，当美国挥师伊拉克，萨达姆·侯赛因政权顷刻间土崩瓦解。这一结果为那些支持美国更加积极地使用武力干涉其他国家政权更迭和国家重建的人，提供了更加充足的理由。但是，仅仅就在3年之后，美国军队在伊拉克的作战表现每况愈下，美国国内原来一边倒的支持战争的呼声也急剧降低。许多原来支持战争的人士，包括自由党和保守党，声称他们起初之所以支持对伊拉克动武，完全是因为政府在伊拉克大规模杀伤性武器问题上进行了虚假的夸张性宣传。[6] 珀尔一直以来被人们认为是伊拉克战争的策划者之一，后来却公开宣布放弃支持伊拉克战争的立场。美国公众对布什总统的支持率直线下跌到31%，而且在2006年的国会选举中，共和党失去了参众两院的控制权。一个月以后，美国哥伦比亚广播公司新闻网(CBS News)举行的一次民意调查显示，62%的美国人认为，美国派兵攻击伊拉克是个"错误"。[7]

因此，那些支持美国实行帝国主义政策的观点未能考虑一个关键因素：历史。历史上，超级强国在兴衰过程中就出现过很多具有借鉴意义的教训——它们既反映了美国与这些历史霸主之间的相同点，同时又反映出它们之间的不同点。多个世纪以来，超级强国本身的内涵和超级强国所应具备的条件都缓慢而又持续不断地发生变化。用最简单的话来说，这种变化要求超级强国在政策上也必须进行相应的转变，从国家征服转变为贸易合作，从入侵他国领土转变为移民流动，从专制统治转变为民主自由。此外，如果我们可以暂时不考虑这种转变，还有另外一个根本性的挑战是所有超级强国都必须面对的，那就是我以前提到过的"黏性"。今天，世界霸权的本质已经发生了变化，所以美国必须以新的方式解决这个古老的问题。这种历史与现代的辩证结合正是我们理解美国在21世纪世界霸主地位前景的关键所在。

超级强国的进化
AN AMERICAN EMPIRE?

美国拥有的世界统治地位是漫长历史演变的自然结果。在古代，军事力量和经济实力以非常直接的方式紧密关联。一个国家征服的土地越广大，它拥有的财富也就越丰富，当然聚敛财富的方式不尽相同，包括税收、掠夺、吞并、强迫征收贡税，等等。阿契美尼德王朝的国王从每个被征服王国那里摄取

"最有价值的财产"和"产品","无论是地上结出的果实,养育的动物,或是当地生产的工艺品",都需进贡到阿契美尼德王宫。[8] 罗马人仅仅攻占达契亚国就获取了上百万磅的银条和金块。蒙古人虽然自身没有任何产业和技术,但通过攻占他国领土和从当时世界上最先进的文明国家,包括波斯、中国和阿拉伯国家,获得了大量财富,迅速成长为超级强国。

如果说获得财富的关键是军事实力,那么获得军事实力的关键就是宽容战略。通过宽容战略,现代文明之前的超级强国才能建立极其强大的军队,它们不仅成功地雇用了成千上万的战士,而且还招募了最为训练有素的勇士和具有各种不同背景的指挥官。希腊雇佣军组成了阿契美尼德王朝的精英部队;罗马军团聚集了利比亚人、叙利亚人、加勒多尼亚人、高卢人和西班牙人;中国唐朝统治者仅仅通过争取大草原"野蛮"游牧民族的忠诚,就将疆土扩大到了阿富汗、撒马尔罕和塔什干;蒙古人通过吸收中国工匠为自己建造强大的攻城工具,才能攻破中亚和欧洲深沟高垒的城市。

现代历史初期,一个国家如果想实现经济上的统治地位,仍然需要借助于军事霸权,但是军事霸权的各个属性和作用已经发生了变化,海军的地位变得越来越重要。大约从14和15世纪开始,先进技术对于那些幅员最为广阔、实力最为强大国家的影响力提高起到了至关重要的作用。来自遥远美洲地区的黄金白银,来自印度群岛地区的胡椒和香料贸易,加勒比海的食糖,以及其他所谓的暴利贸易——从波罗的海到地中海再到非洲的咖啡、茶叶、可可粉、纺织品、烟草、珠宝和其他奢侈品的贸易——这些利润极为丰厚的财富和贸易成为世界大国争相追逐的对象。突然间，获得巨额财富和世界霸权的关键转变成了对世界航运水域的控制权，荷兰和英国的崛起就是明证。

但是，随着控制全球财富的手段从陆地转移到海洋，从征服转移到贸易，获得世界霸权所需的军事实力和经济力量之间的联系也发生了变化。对于一个试图摄取遥远国度财富的超级强国来说，侵略、占领、吞并不再是最根本的前提条件。因为，征服和统治需要付出昂贵的代价，而控制贸易则显得更为有效。

这是1000年前古罗马人在痛苦的实践中所汲取到的教训。公元101—106年，古罗马人对达契亚王国的征服，实际上是罗马人最后一次通过掠夺获得巨额财富的过程。然而，即便像古罗马帝国这样强大的国家，"整个社会时刻处于备战状态，大部分成年男性都可以积极履行自己的军事义务"，因为持续不断地派遣自己的军团四处征伐、扩充领土，耗费了惊人的物质财富，结果战争成本远远超过了其战争利益。[9]

对于荷兰共和国来说，贸易和征服的天平已经绝对地倾向了前者。荷兰实现世界霸权的战略以前所未有的程度弱化了征服和领土扩张方面的所有因素。像美洲、非洲和东南亚地区（除了爪哇岛和锡兰等少数例外）等荷兰"帝国"的主要边疆，都只是通过贸易关系维系起来的，几乎完全是由当地居民和当地城市自行"管理"的。[10] 这些经济前哨均由荷兰强大的海军保护，同时荷兰海军还尽自己最大的努力阻止来自欧洲国家的竞争，为荷兰共和国获取巨额财富和商业垄断地位做出了巨大贡献。

对于荷兰来说，宽容战略对于它和其他古代超级强国同样重要，但是，荷兰人的宽容战略又表现出了巨大进步，已经具有了相当大的现代色彩。对于古代人来说，宽容主要是指对被征服民族的宽容：保留其风俗和语言的完整，招募起用他们之中的杰出人才，选用他们最好的技工和勇士。相反，荷兰的宽容政策将自己的国家转变成了一块具有强大吸引力的磁石，不仅吸引着被征服民族的人民，而且还吸引着全欧洲受到迫害的宗教少数派人士。17世纪的阿姆斯特丹成了世界上国际化程度最高的大都市——"一个真正的大熔炉"，其中"法兰德斯人、瓦隆人、德国人、葡萄牙人、德系犹太人，法国胡格诺派教徒等都成了真正的荷兰人"。[11] 由于荷兰移民的直接作用，荷兰共和国成了世界贸易、工业和金融业中心。

虽然在历史长河中只是短短的一瞬，荷兰共和国向我们指出了一条成为世界霸主的新途径，按照这一方法，军事征服和殖民统治所起的作用将大大降低。然而，在它之后登上世界舞台的另外一个超级强国——大英帝国——并没有继承荷兰的优秀传统，反而更像古罗马帝国的正宗继承者。和荷兰一样，英国也以在国内实行高度的宽容政策而闻名，因此吸引了大批来自邻国逃避宗教迫害的移民。但是，和荷兰不同的是，英国继承了古罗马在文明推广和领土扩张方面的衣钵。英国试图统治或者以立法方式控制自己征服的庞大疆域；维多利亚女王不仅是英国的女王，而且还是印度女皇。与此同时，英国又重新挖掘出了古代帝国实行领土扩张所遵循的一系列方式方法，通过宽容政策建立了一支庞大的军事力量，从印度或者其他被征服国家招募了成千上万的士兵充实其中，以图实现统治世界的抱负。

现在，原来由荷兰人草创的世界霸主模式摆在了美国面前，它应该以此为基础继续发扬光大。和17世纪的荷兰一样，由于实行宽容政策，美国变成了一块磁石，吸引着各地难民和其他寻找更多机遇的人们来到它的身边。尽管美国过去确实实行过短时间的帝国主义政策，而且它的西部大移民也确实借助了部分军事征服手段，但是美国成功的真正关键在于它能够吸引世界各地聪明的、有创造力的、勤奋进取的人才，并为他们提供丰厚的回报。从一开始，移民就一直是美国财富和技术创新的动力来源，为美国提供了一种长期的人力资源优势。实践证明，移民人力资源对美国工业、原子弹和计算机时代的统治性地位起到了关键性作用。从本质意义上讲，美国是一个以荷兰模式发展起来的超级强国，只不过其量级与荷兰完全不同罢了。荷兰共和国模式受到了移民的认可；美国是一个移民国家——而且是第一个成为世界超级强国的移民国家。此外，美国通过贸易而非国土征服方式实现了世界统治地位，这一点既类似于荷兰模式，又远远超出了荷兰的实践程度。

从历史角度来看，尽管英国非常努力地"在一块接一块的土地上插上国旗",而美国在 19 世纪的大部分时间里"却在兴致勃勃地为自己打造一个'海洋帝国'——一个建立在贸易和影响力之上的非正式帝国"。[12]1942 年,历史学家鲁珀特·爱默生(Rupert Emerson)指出:"除了美国和西班牙战争期间短暂的帝国主义活动以外,美国人都对征服遥远的国家或者设想统治一个其他国家感到深深的厌恶。"[13]

即使到了今天,正如约翰·斯蒂尔发·戈登(John Steele Gordon)所写的:"如果世界像古罗马时期呈现出罗马化那样,现在快速发生美国化趋势,其原因并不在于我们的武器有多么精良,而在于其他国家想要拥有我们所有的东西,不但是自愿的甚至常常是渴望采纳我们的政治和生活方式,以求实现同样的生活。"今天,英语是全球的统治性语言,但这并不是因为美国拥有的隐形轰炸机产生了多大威胁,而是因为美元给我们带来的巨大优势。尽管美国拥有令人十分畏惧的核武器库,"但是美国最根本的力量并不是它的军事力量,而是它的经济财富",这种情况和 17 世纪荷兰共和国所面临的情况是十分相似的。[14]

因此,美国的发展模式代表着超级强国发展史上的一种最高境界。在古代,如果一个国家想成为地球上最强大国家,唯一的途径就是军事征服。今天,虽然经济和军事力量之间的联系依然很重要,但是其重要程度已经大幅降低;所以,即便美国最激进的鹰派人物也不会呼吁美国去兼并其他国家的领土。

事实证明，创造财富的最有效动力是商业和创新，而非抢劫和掠夺。同时，宽容战略的外在表现也发生了改变，移民已经代替了征服，因为前者才是吸引世界最优秀、最聪明人才的最有效方式。

所以，令人欣喜的是，现代世界中实现世界统治地位所采用的手段正在呈现出军事色彩越来越淡的趋势，美国在国际社会中的角色越来越倾向于经济和技术领导者而非军事霸主，在未来几十年当中，美国完全可以在这方面起到示范和带头作用。然而，在这个问题上还存在着一个很大的障碍。其确切原因正是由于这种超级强国身份的转变，历史上的任何一个超级强国都曾面临过这样的关键性挑战，而且将来的任何一个超级强国也同样要面对它。但是，不幸的是，今天的美国还根本没有做好准备来处理这一关键问题。

民主的超级强国和古老的"黏性"问题
THE DEMOCRATIC HYPERPOWER AND THE ANCIENT PROBLEM OF "GLUE"

美国不仅仅是历史上第一个以移民国家身份成为超级强国的国家，而且，它也是第一个以拥有成熟普选民主制度国家身份成为超级强国的国家。这种巧合绝对不是偶然的。虽然美国的民主制度还有不完美的地方，然而它除了是力量和自由的源泉以外，还一直是对外国人巨大吸引力的一部分。和它相对开放的让无数人实现了经济梦想的自由市场一样，美国政府的民主制度是其战略性宽容政策的一部分。原则上，对于任何不同背景、信奉不同宗教、具有不同肤色的美国人，而且不管他们或者他们的家人是什么时间成为美国公民的，这个民主制度都会给他们提供平等参政以及在政治领域平等晋升的机会。从这个方面来看，民主制度是促使美国成为超级强国的一项重要因素。

但是，与历史上的超级强国相比，美国的民主制度也对美国本身施加了一定的限制。那些呼吁美国执行美利坚帝国路线的人常常将美国和罗马相比较。从多个方面来看，这种比较是可以的。罗马帝国是它那个时代的军事巨人和经济巨人，而且罗马帝国还具有令人惊叹的"文化多元性"，并允许不同种族和不同宗教背景的人上升到权力的最高层。同时，和古代的其他帝国相比，罗马具有很高程度的文化包容性，所以对其统治下的人民产生了巨大的吸引力，至少对于不是奴隶的人来说是这样的。今天的美国也有很高的文化包容性，包括蓝色牛仔裤和棒球运动，嘻哈文化和好莱坞影视业，快餐和星巴克卡布奇诺清淡咖啡（又称星冰乐）——这些都深深吸引着全世界上千万甚至上亿的人民。

但是，正如我们以前分析过的，罗马还有一项优势：它能将被自己征服和占领的国家变成罗马帝国的一部分。所有被征服的人民，自苏格兰到西班牙再到西非，都成了这个世界最大国家的子民。更为重要的是，罗马还将大量被征服地区的男人,既包括当地精英又包括普通士兵,提升为罗马公民,并授以他们很高的地位和特权(本书前面已经提到,这里的公民与现在意义的公民不同,是指当时具有选举权等特权的民众)。

美国无法做到这一点。这主要是因为,美国是一个民主国家,不能也不想将其他国家的人民变成自己的子民——当然,更不可能变成它的公民。当美国人梦想着将美国的制度和民主移植到中东时,他们根本没有想让巴格达和费卢杰人民参与美国下届总统的选举。而且,即便美国入侵并占领了其他国家,它今天的目标也不是为了兼并对方,并且最终会撤兵——至少表面上做出退兵的姿态——给对方留下一个宪法规定实施民主制度的国家(当然,最好是亲美国的)。

在冷战时期,尤其是在20世纪80年代,美国对世界各地民主运动的支持是应对苏联总体战略的一部分。这个战略包括宣传经济自由主义和民主制度。在那一时期,其他国家对于美国超级大国地位的仇视相对来说还比较温和,主要是因为美国代表着一种确切的力量,它可以帮助当地国家摆脱苏联的高压政策。在推动世界其他地区进行自由市场经济和民主制度改革的过程中,苏联是最大的绊脚石,所以,如果苏联解体,那世界各国就更容易接受美国的领导地位了。

实际上,具有讽刺意味的是,美国推行的"民主世界计划"过于泛滥,引起了强烈的反美情绪。今天,美国面对着全世界几十亿人口,他们大多都很贫穷,他们知道美元是世界通行货币,英语是世界通用语言,美国的企业极为强大、足迹遍布世界各地，美国品牌最流行和最受欢迎。在几十亿人的眼里，美国就是他们的对立面。他们贫穷，受剥削，无权无势，常常哀怨自己投胎不幸进入了贫困国度的家庭。然而，他们眼里的美国，富裕、健康、迷人、自信、资源极为丰富，至少好莱坞大片、跨国公司、广告都在向他们做着这样的暗示。美国也是"无所不能的"，"能够控制全世界"，无论是通过军事力量、"傀儡"的国际货币基金和世界银行，还是强大的经济杠杆作用，美国都能控制世界。简而言之，全世界的大部分人都觉得自己受到了美国的支配，但是却与美国没有直接联系，也没有直接的国民关系。

这正是美国面临的两难选择。在美国国内，美国用自己的历史证明了自己的巨大成功，它创造了一个民族和宗教上中性的政治环境，可以将来自世界各地不同背景的人变为美国公民。但是，美国的影响并不仅仅限于美国人民，它还一定程度上控制着其他国家的人民。在美国以外，美国并没有某种政治"黏性"，能将它与生活在它的阴影之下的几十亿外国人紧密地联系起来。

美国面临的问题自帝国出现以来就已存在了。作为历史上的第一个超级强国，阿契美尼德王朝就一直没有解决这个问题。随着阿契美尼德王朝的扩张，越来越多的民族被纳入帝国版图，虽然都受波斯统治者的统治，但是仍然保留着自己相对完整的社会体系。阿契美尼德王朝没有一个涵盖所有民族的政治认同感；它只是通过自己强大的军事力量维系着整个帝国的存在。事实上，阿契美尼德王朝实行的宽容政策使自己有能力建立起了强大的战争机器，同时也鼓舞不同地区的子民保持自己的语言、身份和政治隶属关系。当阿契美尼德王朝刚刚建立不到一个世纪时，地方割据和分裂主义活动就瓦解了这个庞大的帝国。马其顿的亚历山大大帝是一个更加强大、更有军事才能的领导者，当他开始横扫阿契美尼德王朝时，该帝国内的精英便开始纷纷改旗易帜，投入他的麾下。应该说，他们并不是叛国者，因为他们从来就不是真正意义上的爱国者。

蒙古人也遭遇了同样的命运。通过战略宽容政策，成吉思汗在蒙古草原部落混战中建立了一个统一的蒙古民族。因此，成吉思汗完成了居鲁士大帝从未完成的丰功伟绩，为他的人民建立了一个新的政治认同身份。但是，这种身份——蒙古帝国或"毡墙内的人民"——所覆盖的范围从来没有超出过游牧大草原。在大草原之外，蒙古人征服的那些可怕可鄙的人民从来没有成为蒙古帝国的真正子民。相反，元世祖忽必烈接受了中国文化并建立了中国元朝，成吉思汗的其他子孙在中亚接受了当地的伊斯兰教文化并成立了相应的王朝，所有这些蒙古可汗和王室被当地更加文明的文化同化，融入了当地社会。蒙古帝国的军队是世界上最强大的，但是由于没有一个共同的认同身份将不同地区不同文化背景下的人民团结起来，蒙古人建立的世界帝国很快便分裂为四个大型的王国，直至最后彻底崩溃。

中国的唐朝是另一个例证。在某些方面，唐帝国是蒙古帝国的一个翻版。唐朝皇帝是"文明"的帝王，他们的杰出才能主要体现在对中国之外极其凶悍的"野蛮人"军事力量的征服、团结和利用上。

唐朝初期皇帝最显著的功绩在于，他们试图建立一个包容的帝国，使帝国内的中国人和野蛮人至少在名义上是平等的。但是，唐朝皇帝给予其他民族或族群的政治地位太低，所以无法牢固团结自己统治的人民——吐蕃人、粟特人、突厥人，穆斯林、索罗亚斯德教教徒、景教教徒，等等。和阿契美尼德王朝一样，唐朝统治者实施的宽容政策最终反而产生了不利影响。因为他们没有将"汉族"认同身份扩展到非汉族人身上，所以，这些民族从根本上保留了自己完整的文化、种族和宗教特征属性。随着唐帝国达到鼎盛时期，非汉族人民的叛乱活动便在帝国统治下的边远地区频频暴发起来。外族后裔的唐朝将领迅速倒戈，与他们的汉族主子反目相向。

在人类历史上所有帝国当中，罗马帝国的统治模式最利于这个问题的解决，它建立了一种普遍的身份认同，在它所统治的遥远地区人民当中激发了较为强烈的帝国忠诚感（正是由于这个原因，罗马帝国才存在了很长时间）。通过实施充满吸引力的包容性文化政策，并把罗马公民身份扩大到希腊人、高卢人、英国人和西班牙人身上，罗马帝国才成功地将生活在不同土地上的人民进行了"罗马化"改造。1500 年以后，大英帝国在这方面也取得了极大成功。直到 19 世纪 90 年代，当印度国大党召开会议时，每当人们提到英国维多利亚女王的名字时，他们都会发出喝彩声。第二次世界大战期间，成千上万的印度士兵为英国而战，甚至包括甘地和尼赫鲁这样的著名人物，他们两人也是后来印度独立革命的领导者，但是在早期却非常忠诚于大英帝国，自认为"首先，我们是大英帝国的子民"。[15]

但是，到了19世纪末和20世纪初，英国国内和国外的民主化改造却对大英帝国的统治起到了反作用。当英国人试图在英国内部将选举权扩大到整个大不列颠群岛时，英国却没有建立任何机制或者说根本没有兴趣让2.5亿印度人也享有同样的选举权，当然这一改革也没有惠及大英帝国内部其他非白人殖民地子民。最后，由于英国宽容政策在这个问题上的局限性，再加上帝国统治开销与日俱增，第二次世界大战后各地人民寻求自由的愿望越来越强烈，大英帝国最终土崩瓦解。

21世纪，世界各国都在为获得独立主权而奋斗，尽管没有完全成功，但是国家主权的思想已经广泛深入人心。具有讽刺意味的是，美国与其统治的人民之间的关系更接近阿契美尼德王朝，而与罗马帝国和大英帝国的相似性反而要低一些。2500年前，在波斯帝国的统治下，"希腊人认为自己就是希腊人，并使用自己的希腊语"，"埃及人认为自己就是埃及人，并使用自己的埃及语"。[16]今天，美国这个第一个实行民主政治制度的超级强国在全球所具有的霸权与上述情况极为相似。

那些鼓吹美利坚帝国的人所犯的最大错误在于，他们认为在全球范围内推广自由市场经济，民主政治制度和美国产品、品牌、消费文化，就必须对其他国家实施一定程度的"美国化"改造，创造共同的价值观，甚至促使这些国家的人民表示希望得到美国的领导。这种设想极端幼稚，就像希望被美国军队解放的伊拉克人民用糖果和鲜花来欢迎美国军队一样幼稚。即使一个巴勒斯坦人戴着美国式的棒球帽，喝着美国产的可口可乐，但这并不意味着他愿意变成美国人。

一个综合国力不断上升的国家，将自己变成受迫害者的避风港，宣传自己的宽容政策使之成为世界其他国家效仿的模式是一回事；但是，如果一个世界霸主试图扛起宽容政策传播者的大旗，或者将自己的政治制度强加给世界其他国家，但是又不愿意为他们提供美国公民身份，或者说不想以某种方式为他们创造一种身份认同，那将完全是另外一回事。令许多出于善意的美国人感到沮丧的是，美国最近试图将自己的西方宽容政策输出到世界其他地区的做法，包括自由市场经济和民主政治制度等，反而激起了这些地区的仇视甚至巨大的愤慨，因为他们认为美国的这些做法是帝国主义行为，是对他们生活方式的威胁。

当然，在信奉伊斯兰教的中东地区，反美情绪最为激烈，那里的人民常常将山姆大叔描绘成冷酷嗜血、长有满嘴鲨鱼牙齿的可怕形象，认为它在吞噬伊斯兰人民的血肉。沙特阿拉伯的公主沙特·费萨尔是已故费萨尔国王的孙女，最近对美国进行了猛烈抨击："美国怎么有胆量正视其他国家人民……现在，美国应该承认自己所犯下的罪恶，向被它残害的无数人民道歉，请求他们的宽恕……由于美国实施的非法封港令和殖民战争——这场战争往最好里想是一场闹剧，往最坏里想就是赤裸裸的犯罪，已经造成了100万人死亡，所以，美国必须谢罪，然后离开伊拉克。"在拉丁美洲，甚至包括支持市场经济的精英在内，例如诺贝尔奖获得者奥斯卡·阿里亚斯·桑切斯（Oscar Arias Sanchez）和哥斯达黎加前总统，都对美国提出了强烈批评："美国太过颐指气使，竟然想要告诉世界应该做什么。你们美国就是新千年的罗马帝国。"[17] 更加令人担忧的是，对美国的不满和不信任感已经从发展中国家蔓延到了发达国家。2005年，在对美国之外的15个主要国家进行的一次佩尤民调（Pew poll）显示，大多数被调查对象（既包括集体调查，也包括在各个国家进行的独立调查）均表示，"希望出现另外一个国家挑战美国的全球军事霸权"。[18] 根据2007年BBC广播公司所做的一次调查，在来自世界各地的受访者当中，51%的人认为美国"对全世界的影响是负面的"，他们对美国的支持水平排在了朝鲜、俄罗斯和委内瑞拉之后。[19]

然而，具有讽刺意味的是，世界各地的人民并没有排起长队向朝鲜、俄罗斯和委内瑞拉移民。事实上，尤其是在世界贫困地区，人民对美国的态度非常矛盾——一方面，他们对美国极其羡慕和向往，但是另一方面，又对美国出奇地仇视与蔑视，所以是一种非常复杂的情感。在全世界数百万玻利维亚人、尼日利亚人、摩洛哥人和印度尼西亚人看来，美国人十分傲慢、贪婪、自私而又虚伪——但是只要有机会，他们仍然会选择移民美国。一个北京的学生曾和其他学生一起参加了向美国大使馆扔石头的抗议活动,但是几个星期以后,他又前往美国大使馆去申请美国签证。在接受《美国新闻与世界报道》(U.S. News & World Report)的采访时,他解释说自己希望到美国读硕士:"如果我能在美国有良好的发展机会,我不会太介意美国的霸权。"[20]

像美国这样实行民主制度的超级强国能与世界各国人民达成政治上的联盟吗?事实上,我们很难对此问题进行预测。为此,美国将不得不放弃其国家身份、主权和超级强国地位。

例如,从理论上来说,美国可以向世界上任何一个国家提供使其成为美国一个州的机会。或许,一些国家可能会接受这样的建议。但是,如果2.34亿印度尼西亚人和1.9亿巴西人都成为美国人,那么美国将成为一个完全不同的国家。但是,无论如何,这种想法从政治角度来看,都是令人难以想象的。

从理论上来讲,美国还可以支持建立一个新的民主性质的世界政府,依据国际法由国际机构管理世界事务。在这种情况下,世界上仍然会有一个超级力量,但不是美国,而是将霸权出让给世界政府。许多理想主义者支持这种模式的世界秩序,但是鉴于如今美国和世界其他地区存在的问题,这种想法是根本不现实的。

实际上,在"9·11"事件之后,美国的政策反而朝着相反的方向进一步推进。在过去几年中,美国拒绝加入国际刑事法庭;退出了旨在遏制气候变化的《京都议定书》;在没有得到联合国授权以及法国、德国、加拿大等北约传统盟友支持的情况下，擅自入侵伊拉克。所有这些行为都进一步损害了美国的国际形象。对于一个实施民主制度的世界超级强国来说，单边主义造成了极其严重的问题。对于亚历山大大帝和成吉思汗来说，没有人奢望他们给弱小国家提供为世界事务发言的权利。但是，对于一个实施民主制度的超级强国来说，人们认为它应该坚持让世界上的每一个公民拥有国际事务的参与权和发展权这一原则。

最后的霸权国家
THE LAST HEGEMON

美国到底应该何去何从？到目前为止，我们所讨论的所有因素——传统超级强国给我们留下的教训和新超级强国所遇到的问题——似乎都在暗示一种可能性：美利坚帝国是不可行的。

作为世界上第一个移民国家和第一个具有成熟民主制度并将成为超级强国的国家，美国所面临的选择范围比罗马帝国甚至英国都要小得多。首先，可以绝对肯定的是，美利坚帝国的思想在美国国内就得不到广大人民的认可。虽然美国政府试图继续推进伊拉克战争，但是当阿布格莱布监狱虐囚事件曝光，以及伊拉克暴力事件持续不断发生时，美国人民对于这场战争的支持率便急剧下降。除非伊拉克局势发生重大转折，否则美国选民绝对不会支持美国继续奉行激进的军事干涉政策，以期通过这种手段实现对其他国家的政权更迭和民主化改造。由此可见，今天的美国和维多利亚时代的英国完全不同，过去的大英帝国特别骄傲于自己的帝国身份。或许由于自己国家反殖民统治的历史教训，大多数美国人都不希望自己成为帝国主义者——甚至以"启蒙教化"为借口实行帝国主义也不行。

此外，作为一个实行民主制度的超级强国，从根本上来说，美国能向其他国家人民提供的东西或者索取的东西实在有限。虽然美国有实力入侵其他国家，颠覆它们的政府，但是事实上，美国根本不能摄取被征服国家的当地资源，例如伊拉克的石油，或者说吞并它们的领土。美国能向这些国家提供的(实际它也正在这样做)只有投票箱、可资对方效仿的宪法模式、部队训练、武器弹药、数十亿美元的贷款和帮助，等等。但是，美国所不能(实际也不想)做的是，将这些国家的人民变成美国公民。而且，由于缺乏某种形式的"黏性"，美国无法消除帝国内部敌对的和分裂的力量，正是这些力量在历史上迅速瓦解了阿契美尼德王朝、蒙古帝国、中国唐帝国等超级强国，它们都无法建立一种共同的政治身份认同，将帝国的核心力量与被征服人民紧密结合起来。

除此之外，民主最终取决于政策的合法性和人民意见的一致性。一个所谓的"开明的"或者"自由的"帝国可能不会成功，原因在于这种帝国需要推行高压政治政策，而这与民主政治理想是背道而驰的。例如，2003年6月，美国驻伊拉克占领军司令L.保罗·布雷默三世单方面取消了地方选举，尽管当时伊拉克人已经做好了选举准备并且渴望这次选举。布雷默说,他之所以这样决定,是因为纳贾夫市的局势不适合进行选举。另外一名高级官员解释说:"很多地区有组织的政治团体都是阿拉伯抵抗阵线分子、极端主义分子和复兴党残余分子……他们比其他组织更有优势。"自然,纳贾夫地区选举的取消以及伊拉克其他地区选举的推迟激起了伊拉克全国人民对美国的极端愤怒。伊拉克出现的反美情绪——更不用说没完没了的炸弹爆炸事件和斩首事件——反过来在美国国内激起了反战浪潮,很多人认为伊拉克人"忘恩负义",甚至整个中东人都是"令人失望的"。

我们很难想象美利坚帝国将如何繁荣成功,或者如何为美国利益服务。在现今世界,一个坚持激进军国主义思想的超级强国必将付出沉重的代价——巨额资金消耗、生命的丧失、合法性的缺失、激起的仇恨等——而昔日帝国所得到的实惠它一点儿也得不到。今天,美利坚帝国在伊拉克所面临的现状是:成千上万的美国士兵远离家乡陷入当地的教派战争之中,遭到所有各方的厌恶并成为它们的攻击目标,人们也看不到任何明显的改善迹象,甚至没有具体的工作目标。

显然,上述情况根本不支持美国实行绥靖主义和孤立主义。反恐战争可能需要采取大规模军事措施,而且如果美国愿意,它完全可以让自己的军队执行有限度的人道主义行动,以阻止种族清洗或者其他反人道主义的犯罪行为。相反,上述分析恰恰反对美国执行帝国主义路线,换言之,也就是反对美国利用自己世界上最强大的军队对外国政权进行改朝换代，通过强加美国式政治制度的方式重新改造其他国家的政治制度。同时，大肆鼓吹美国将不惜一切代价（包括军事手段）保护自己的全球霸权，只会损害美国的国际形象。

相反，美国最好继续坚持自己已经实行了200多年而且效果很好的传统政策，这或许是更加明智的选择。历史事实表明，美国之所以能够战胜自己的所有对手，完全在于它建设了一个吸引世界最有才干、最有进取心人才的国家；创造了一个所有民族和所有个人均能平等发展的社会环境；无论一个人来自什么地方，只要有才干、有创造力就能得到回报；最后一点，除了少数臭名昭著的例子外，美国总是精明地避免不必要的、自我毁灭性的军事冲突和冒险的海外扩张行为；所有这些都是美国成为当今世界霸主的关键因素。美国应该进一步弘扬自己的传统美德和努力作为世界典范的原则，也就是遵循"山上之城"的国家思想（山上之城源自《圣经》，喻立于高处，为世人表率，所以应该时刻注意自己的行为），而不是自不量力地强迫自己像西西弗斯那样干费力不讨好的工作，按照自己的模式改造世界各个国家（西西弗斯是古希腊神话中的科林斯国王，因冒犯了宙斯，被罚将巨石推上山顶，但是第二天巨石又会滚下来，于是他不得不日复一日地不断推巨石上山）。

不过，在21世纪，美国也不能仅仅满足于做山上之城的目标。和历史上的所有超级强国一样，在获得了世界霸主地位以后，事实上，美国还不得不依赖于其他国家人民的合作、利用他们的贡献和善意，至少也应该赢得这些国家人民的默许。

而且，与历史上的超级强国相比，美国对其他国家人民的善意依赖程度更高，因为今天的全球经济联系更加广泛而深刻（全球几十亿人都是美国的消费者、供应者、投资者和劳动者），而且各国希望拥有独立主权的原则已经深入人心（所以，即使一个超级强国也不能通过直接统治的方式将自己的意愿强加给其他国家）。更为可怕的是，现在大规模杀伤武器完全可以装在背包里，可以很方便地运送到任何一个地方。

因此，未来数年甚至几十年里，美国面临的关键问题将是，它是否有能力解决我所提出的"黏性"问题。鉴于美国不能无限地将美国公民身份扩展到外国人民身上，那么美国是否可以找到其他一些机制，在不丧失国家主权的前提下，为全世界数十亿人创造一个成果共享的感受或者说某种共同的身份认同，使自己的成功和领导地位的存续更符合这些国家人民的利益呢？

这一挑战进一步突出了美国政治今天面临的一些极富争议性的问题，并具有一定的启迪意义。我将简要地分析以下三个问题。

一、移民。在分析美国政治的过程中，美国的移民政策是最应该首先纳入我们的分析范畴的。尽管历史上的美国是一个移民国家，但是今天的美国人对于边界疏于管理、大量移民继续不断涌入表现出深深的忧虑。这些忧虑的逐步升级，主要在于恐怖威胁日益严重和美国人对拉丁美洲移民的广泛抵制。塞缪尔·亨廷顿在其极富争议性的著作《谁是美国人？美国民族特性面临的挑战》(Who are we? The Challenges to

America's National Identity）一书中指出，持续不断的外国移民，尤其是来自墨西哥的移民，严重威胁到了美国社会的统一性，以及其以"盎格鲁新教徒"价值观为基础"具有浓厚宗教传统，尤其是基督教传统"的核心国家身份。现在有很多人，包括最近的一些总统候选人和电视节目主持人，已经开始追随亨廷顿的思想，发表了类似言论。例如，美国有线电视新闻网（CNN）备受观众欢迎的主持人卢·道布斯（Lou Dobbs）警告美国人注意来自墨西哥的"大部队入侵"，他们抢走了美国人的工作，像瘟疫一样在美国传播腐败之风，甚至企图侵吞美国的西南部地区。[21]

毋庸置疑，美国有权利也有必要限制移民。任何一个有着正确移民政策的国家，都不会无限制地向外国人敞开自己的国门，牺牲自己的国家安全。尽管如此，近期日益高涨的呼吁美国关闭国界的恐慌性言论是极端错误的。

首先，如果说世界超级强国历史对我们有什么启示的话，那就是对外国人的仇视和抵制将产生严重的危害。历史事实已经多次证明，昔日世界霸主之所以灭亡，完全在于其核心民族所奉行的思想由宽容变得狭隘，开始重新宣扬自己"真正"或"纯粹"的国家身份，对"异类"族群采取排斥性政策。从这一点来看，试图对外国移民进行妖魔化宣传，或者将美国的成功完全归功于"盎格鲁新教教徒"的美德，不仅是误导性的（原子弹的研制成功和硅谷高科技产业的兴起，最初都不是以"盎格鲁新教教徒"为根本基础的），甚至是相当危险的。

其次，实施相对开放的移民政策是美国展示善意，在美国人和非美国人之间建立紧密联系的最有效机制之一。它向世人表明，美国具有宽广的胸怀，可以接纳任何背景的外国人。它每年都会接纳大约100万外国人，让他们直接参与美国社会事务、拥有完整的美国公民身份，并对他们做出的贡献给予回报。更为重要的是，这种政策可以让亿万外国人对美国持友好的态度，认为那里是他们亲属的家乡，甚至认为将来有一天他们自己也可以到那里生活。甚至那些没有进入美国的"留守者"也能从这一政策中受益。2005年，在外国出生的美国人向自己的祖国寄回了400亿美元资金；这种汇款在母亲节时最为明显。[22]

即使那些吸引年轻外国人暂时移居美国的政策，例如针对学生的F签证（针对非移民性质的、全日制外国学生的签证），也能在外国人和美国之间建立重要的联系。这些政策可以让外国学生近距离地了解美国社会，而且在大多数情况下，可以让他们对美国制度产生终生认同感。首要地，这些政策让外国学生可以亲身体验美国的社会标准和价值观，受到感染之后，这些学生会把相应的思想带回自己国家。与"9·11"事件后很多人的想法不同，这些政策可以有效地阻止中东和南亚学生参与常常由伊斯兰组织领导的校园激进主义活动。从美国希望赢得下一代外国精英的支持这一点来说，这些机会是不容忽视的。

最后，也是最重要的一点，和历史上所有的超级强国一样，美国今天之所以成为一个超级强国，就在于它战胜了所有对手，吸引并利用了全世界最有价值的人才资本。如果美国大幅扭转自己的移民政策，将彻底破坏其获得经济繁荣与世界霸主地位的根本基础。现在，人才竞争异常激烈，正如谷歌公司副总裁拉兹洛·伯克所说："我们正面临着全世界范围内前所未有的高端人才的激烈竞争。"反移民政策带来的破坏性效应将很快显现出来，远远超过美国人的想象。微软公司创始人比尔·盖茨最近在美国参议院一个委员会作证时指出，"9·11"事件后，美国所秉承的移民政策"正在不断赶走世界上最优秀和最杰出的人才，而他们正是我们目前最需要的"。

伯克在众议院一个委员会作证时同样指出："严厉的签证限制正在严重破坏美国公司在必须推出的下一代产品和服务方面的革新能力和创造能力……每一天，我们都发现赢得高水平雇员的能力在下降，因为我们缺乏足够的 H-1B 签证。"（此签证由美国雇主向政府申请，是专门发放给外国技术人才的临时签证）伯克补充道："简单地说，如果美国公司无法雇佣那些从我们大学毕业的学生，他们就会被国外公司抢走。如果我们无法聘用并留住受过良好教育的外国人才，美国的科学界、工程界、高技术产业就不能指望继续维持在国际上的领导优势。"[23]

那么，美国在 21 世纪应该坚持什么样的移民政策呢？鉴于美国早期社会的成功经验和古代超级强国的历史教训，今天的美国应该追求一种更加积极的移民政策，为具有高技能、受过良好教育、拥有专业知识的移民提供美国身份认同感，吸引他们到美国来工作。同时，美国不要犯德国和其他欧洲国家的错误,在移民政策方面仅仅吸引高技术人才。相反,美国应该向不同阶层、不同教育水平的移民开通一条绿色通道,建立更多移民进口站点,以先到先得或抽奖式方式管理移民。

过去,曾经有无数移民——包括安德鲁·卡耐基和尤金·克莱纳等极为成功的人士——已经向世人证明,虽然他们最初跟随移民潮来到美国时"一文不名",有的只是干劲和创造力,但是却有着巨大的潜在发展空间。今天,很多人都能在移民问题上讲出一番道理,例如美国最希望得到哪些移民,哪些人最有可能推动美国的繁荣和发展,哪些人是最聪明的和最能干的。但是,我们不要忘记,美国今天最成功的少数民族,例如,华裔美国人和犹太裔美国人,有相当一部分在100年前还常常被人们认为是不聪明和难以同化的。

二、跨国公司与服务外包。当美国公司实施"国际化运作",在国外建立了总部、工厂、电话营销分部、研发部门,等等,美国人常常像打翻了五味瓶一样不是滋味。有时,他们甚至质疑这些跨国公司的爱国主义精神,还有人指责它们对国人冷酷无情,为了追求利益最大化将业务外包给外国人,使美国人失去了很多工作机会。

毋庸置疑,美国企业之所以推行全球化就是为了追求利益,而不是为了体现爱国心。然而,具有讽刺意味的是,更多美国跨国公司的出现以及业务外包的增长,对于美国来说应该是利大于弊,这与大多数人的认识正好相反。

支持"服务外包"的意见通常是建立在纯粹经济因素基础

之上的。据称，通过利用国外更加廉价的劳动力，可以进一步降低美国消费者的经济成本，增加美国股东的投资回报率（相反，持否定意见的人则认为，服务外包致使很多美国人失去了收入来源，但是跨国公司根本没有向他们做出补偿）。但是，美国企业实施国际化运作也能给美国带来重要的非经济性利益。

无一例外地，历史上最成功的超级强国都找到了某些途径与各个国家的精英分子紧密合作，充分利用他们的聪明才智，让他们成为帝国成功的利益相关者，并对帝国的政治经济制度产生某种程度的认同感。这种"黏性"对于这些帝国的超强实力和长盛不衰起到了至关重要的作用。正如我们前面所分析的，美国没有外国军团，也不能让外国公民充实自己的军事实力。但是，从经济层面来说，美国却有谷歌印度公司和微软乌克兰公司，这些可以作为21世纪美国另外一种形式的外国军团。如果说美国不能像罗马帝国或者大英帝国那样为外国人提供显赫的政府职位或者军事地位，但是，它完全可以为外国人提供美国公司内部的高职和高薪。

当然，并不是每一个服务外包的职位都能提供美国所需要的"黏性"；我们很难确定，那些在危地马拉美国服装厂内工作的低薪工人是否会因为受美国人的雇用而普遍存在着或强或弱的亲美倾向。但是，对于那些在美国公司内担任高薪职位的外国人来说，尤其是担任经理和行政管理职位的外国人来说，美国跨国公司无疑可以让他们产生这样一种感觉——他们可以从美国的繁荣中获得利益，所以必然对美国的持续发展产生荣辱与共的感受，从而对美国制度产生某种认同感。因此，作为美国服务外包政策的最大受益者之一（当然还有其他一些因素），印度也是世界上少数几个国民对美国普遍抱有好感的国家之一，这种现象绝非巧合。

三、单边主义和多边主义。伊拉克战争引发的混乱使美国人对于美国的国际地位产生了极大困惑。一方面，布什政府早期推行的"我行我素"政策让很多美国人感到脸面尽失，他们认为美国政府对于自己的军事实力过于自信，竟然相信仅凭自己一国之力便可以实现地缘政治的目标。另一方面，这场战争又让一部分美国人产生了过于保守的思想，认为美国最好将自己的国界修建成铜墙铁壁，搭建护栏，并完全从地缘政治事务中摆脱出来。

作为世界霸主，不管人们喜欢不喜欢，美国已经不可能在孤立主义上存在多大的选择余地了（孤立主义不是被其他国家孤立，而是为了减少麻烦，某国自己主动不参与国际军事和经济冲突）。此外，美国也不可能仅仅以商业活动作为维持世界霸主的唯一手段；不论通用电气和谷歌等美国跨国公司在国际上产生过多么巨大的影响，都不可能是决定美国国际地位的唯一手段。正如本书所主张的，美国必须避免执行帝国主义政策走向自我毁灭；但是，对于那些真正具有全球意义而且能够解决的问题（即使不一定是全部），美国可以而且应该积极承担领导地位，并在与其他国家合作的基础上，寻求解决方案。

环境恶化就是此类问题中的一个典型代表。无论美国国内采取多么有效的污染控制措施，如果其他国家破坏了臭氧层，美国同样会与其他国家一起承受恶劣后果。换句话说，保护环境是一个典型的集体行动问题。无论什么国家都需要这样的合作才能达到目的。现在，世界很多地区都出现了类似的危险。由于产品流动和人口流动达到了史无前例的水平，像禽流感等传染性疾病不是仅凭一国之力就能彻底解决的。在距离美国很远的国家，饥荒和种族灭绝可能具有溢出效应 (spill-over effects)，结果成千上万的难民会穿越国界进入其他国家。当然，恐怖主义的影响也是全球性的。

在所有以上领域，美国必须寻找途径促进多边主义，和其他国家一致行动。但是，这并不是意味着美国必须以联合国为中心，在现有国际法和国际政治框架内采取行动。当然，联合国的作用是不容忽视的，但是，美国完全可以与一些志同道合的国家在联合国框架外达成双边或者多边协议，甚至创建全新的国际机构。

对于这种新型的多边政治经济体系，美国人不应该将其看成美国屈服的表现，而应该看成一种机遇。通过承认多边主义对现存国际问题的形成所具有的促进作用，通过认识多边主义在解决国际问题中的积极作用，以及通过在国际事务中所发挥的领导作用，美国不仅可以促进自己的利益，同时也可以促成它所需要的国际团结局面——即国际归属感和共同目的责任，这正是一个实行民主制度的世界超级强国所不可缺少的国际环境。

1997年，我93岁高龄的外祖父成为美国公民。其实，他本没有必要这样做。此前，他已经在美国生活了40年，早已是美国的一名永久性居民了。然而，即使我的外祖父非常虚弱而且几乎完全丧失听力，他仍然坚持参加美国公民测试。在庆祝晚宴上，我问他：得到美国公民身份为什么如此重要。他用带有浓重口音的英语回答道："因为美国给了我太多太多。"他的这一番话，让我感到十分震惊。他在美国的大多数时间都在一间亚洲杂货店辛勤工作，后来又从事送报纸的工作，直到90岁（他非常受邻居们的欢迎，因为他一天都没有耽误过）。然后，外祖父又补充道，"这是一个伟大的国家！很多人都想成为美国人！"

　　20世纪50及60年代，当我的父母还在菲律宾生活时，他们对美国有着同样的崇敬之情，这也就是为什么他们特别渴望移民美国的原因。20世纪70及80年代，当我和父母在中国和欧洲旅行时，我也深深地记住了这种情感。今天，当我和我的家人在其他国家旅行时，我同样希望我的两个女儿也能听到人们对美国的赞美之词，这一直是我的骄傲。但是，令我失望的是，她们没有听到人们的赞美。

我们将面临一个什么样的 21 世纪？美国的主要对手也有很多问题需要解决，但是仅凭它们的实力不断增长这一事实（无论是一个国家还是通过国家联盟），在不久的将来，美国的世界霸主地位都有可能被取代。不过，对于美国来说，重新返回普通超级大国的身份并不一定是坏事。毕竟，出现超级强国是人类历史的一种反常现象，在获得利益的同时，这个国家也会付出巨大的代价。

此外，至今在很多方面，美国都是实施宽容政策的国家典范。如果美国能够重新发现自建国以来它所拥有的成功秘诀，避免帝国主义思想的诱惑，那么在未来几十年当中，它依然会是世界上的超级强国——不是依靠高压政治和军事力量的超级大国，而是一个充满机遇、富有活力、为世人所敬仰的超级强国。

ACKNOWLEDGMENTS

致谢

感谢我的父母，蔡少棠和戴安娜·蔡，感谢他们对本书的支持鼓励；我还要感谢我的姐妹们，米歇尔、凯特林和辛西娅，感谢她们多年来毫不懈怠的支持。感谢我的丈夫杰德·鲁本菲尔德，没有他的帮助和指导，我无法完成这部著作，在过去的15年当中，他仔仔细细地阅读了我所写的每一个字；感谢他的慷慨和才能，使我受益颇多。我也要对我的编辑亚当·贝娄，我的同事杰克·巴尔金、丹尼尔·马克维茨、詹姆士·惠特曼，尤其是布鲁斯·艾克曼，表示由衷的感谢，他们所有人在关键阶段给了我中肯的评论和宝贵的建议。他们的付出使我的作品更加出色；当然文中还有些别的错误。陈艺林和拉塞尔·皮特曼都完整地阅读了我的手稿并给予了精辟的评论；我对他们致以诚挚的感谢。我还要感谢瓦尔特·阿斯特尔、伊恩·艾尔斯、R.J.康坦特、亨利·汉斯曼、苏珊·艾克曼、玛丽娜·萨尼蒂利、约旦·史默勒和西维亚·史默勒，感谢他们的鼓励和关键性指导。

这部作品也包含了许多研究助手可贵的帮助。我要特别感谢乔纳森·鲍姆、马克思·赫尔韦斯顿、叶莱妮·马特苏克、哈里·奥康内尔、帕特里克·杜美、朱莉·威伦斯基和朱莉·许，他们每一个人都为作品付出了几十，甚至是几百个小时的工作时间。阿迪提·班纳吉、陈伟成、努斯拉特·利亚古阿特、史蒂芬·克洛尼、内哈·歌赫尔、珍·韩、维贾伊·贾亚拉曼、尤妮斯·李、史蒂芬·莉莉、布莱恩·内特、王婷和玛丽卡·雅波龙，这些都是我在2000年上半学期教授的优秀的学生；感谢他们在我的作品成型阶段提供的独特见解。下面的学生也在作品的各个章节给予了热心的帮助：帕特丽夏·米兰达、沃纳·阿勒斯、扎克·阿尔雄、克里斯·本贝纳克、迈克尔·布莱斯特兹、尼世卡·查吉萨、程金华、丹尼斯·克莱尔、埃尔布里奇·科尔比、乔斯·科尔曼、罗特·德、休·伊斯特伍德、肯尼思·依拜、高云龙、詹姆士·格里梅尔曼、乔希·海法兹、艾瑟儿·希格内特、米米·亨特、艾夏·贾殷、施鲁蒂·拉维库马、贾亚拉曼、思弗伦、马诺夫、拉腊·卡雅妍、艾卜哈·卡纳、艾伦·克林克、南希·廖、凯瑟琳·林、莎拉·利普顿·卢贝特、安娜·马纳西科、埃利奥特·莫卧、亚历克斯·帕森斯、因提萨·拉布、杰里米·罗宾斯、尼克·罗宾逊、布莱恩·罗德基、埃琳·罗德、萨里拉·萨拉赫丁、杰夫·桑德伯格、马丁·施密特、提姆·施纳贝尔、万斯·瑟查克、沙赫扎德·沙伐格西哈、石景霞、弗雷多·西尔瓦、巴特·泽克泽克、克里沙提·伏格纳拉亚哈、克莱伦斯·韦伯斯特、卡琳·威廉姆斯、吴申义和贾斯廷·赞里姆拜。

另外，我还要感谢耶鲁法学院的哈罗德·高院长（Dean Harold Koh）对我的支持和关怀；吉尼·科克利和德雷萨·卡伦为我到耶鲁图书馆查阅资料提供了便利，对他们无私的帮助我万分感谢；感谢我的助手帕特立夏·司培格郝尔特极其高效的帮助；还有我非常出色的代理人，格伦·哈特利和楚琳。

本书的序言根据"亚洲移民"一文改写而成，该文最早收录在大卫·哈伯斯塔姆（David Halberstam）编辑的《国家的定义：我们的美国及其力量的源泉》（*Defining a Nation: Our America and the Sources of Its Strength*）一书（华盛顿：国家地理，2003）中。

最后，向我的女儿们致歉和表达感谢，索菲娅和路易莎，她们是我生命中的骄傲和欢乐。

NOTES

注释

INTRODUCTION

[1] 2005 年 8 月 29 日，登陆美国路易斯安那州和密西西比州的一场飓风，造成数以万计的房屋被淹，1800 多人丧生，经济损失高达 800 亿美元。——编者注
[2] "To Paris, U.S. Looks Like a 'Hyperpower,' " *International Herald Tribune*, Feb. 5, 1999; "France Presses for a Power Independent of the U.S.," *New York Times*, Nov. 7, 1999.
[3] Niall Ferguson, *Colossus: The Price of America's Empire* (New York: Penguin, 2004), pp. 301–2.
[4] See, for example, Noam Chomsky, *Hegemony or Survival: America's Quest for Global Dominance* (New York: Henry Holt and Company, 2003); Patrice Higonnet, *Attendant Cruelties: Nation and Nationalism in American History* (New York: Other Press, 2007).
[5] The literature on empires is truly massive. For a tiny sample from just the last several years, see J. H. Elliott, *Empires of the Atlantic World: Britain and Spain in America, 1492–1830* (New Haven: Yale University Press, 2006); Niall Ferguson, *Empire: How Britain Made the Modern World* (London: Allen Lane, 2003); John Steele Gordon, *An Empire of Wealth: The Epic History of American Economic Power* (New York: Harper Perennial, 2004); Valerie Hansen, *The Open Empire: A History of China to 1600* (New York: W. W. Norton, 2000); Michael Hardt and Antonio Negri, *Empire* (Cambridge, Mass.: Harvard University Press, 2001); Dominic Lieven, *Empire: The Russian Empire and Its Rivals* (New Haven: Yale Nota Bene, 2002); Anthony Pagden, *Peoples and Empires* (London: Weidenfeld & Nicolson, 2001); and Colin Wells, *The Roman Empire* (Cambridge, Mass.: Harvard University Press, 2004).
[6] Post-9/11 writings on the possibility of an American empire include Andrew J. Bacevich, *American Empire: The Realities and Consequences of U.S. Diplomacy* (New York: Penguin, 2004); Ferguson, *Colossus: The Price of America's Empire*, pp. 3, 301–2; Deepak Lal, *In Praise of Empires: Globalization and Order* (New York: Palgrave Macmillan, 2004), p. 215; and Michael Walzer, "Is There an American Empire?" *Dissent* (Fall 2003).
[7] Population and territory estimates for both the Aztec and Roman empires vary significantly. For support for the figures I cite, see Richard E. W. Adams, *Prehistoric Mesoamerica* (Boston: Little Brown and Company, 1977), p. 36; Michael E. Smith, *The Aztecs*, 2nd ed. (Malden, Mass.: Blackwell Publishing, 2003), pp. 57–59; Dirk R. Van Tuerenhout, *The Aztecs: New Perspectives* (Santa Barbara: ABC Clio, 2005), pp. 146–48; and Keith Hopkins, "Conquerors and Slaves: The Impact of Conquering an Empire on the Political Economy of Italy," in Craige B. Champion, ed., *Roman Imperialism: Readings and Sources* (Malden, Mass.: Blackwell Publishing, 2004), p. 108.
[8] There is a large, multidisciplinary academic literature on the history of tolerance. For a sampling of different perspectives, see Peter Garnsey, "Religious Toleration in Classical Antiquity," in W. J. Sheils, ed., *Persecution and Toleration* (Great Britain: Blackwell, 1984); John Christian Laursen and Cary J. Nederman, eds., *Beyond the Persecuting Society: Religious Toleration Before the Enlightenment* (Philadelphia: University of Pennsylvania Press, 1998); W. K. Jordan, *The Development of Religious Toleration in England*, vol. 1 (London: George Allen & Unwin Ltd., 1932); Wendy Brown, *Regulating Aversion: Tolerance in the Age of Identity and Empire* (Princeton: Princeton University Press, 2006); and Henry Kamen, *The Rise of Toleration* (London: Weidenfeld & Nicolson, 1967). For two excellent collections of essays, on which I relied heavily, see Ole Peter Grell and Roy Porter, eds., *Toleration in Enlightenment Europe* (Cambridge: Cambridge University Press, 2000) and Ruth Whelan and Carol Baxter, eds., *Toleration and Religious Identity: The Edict of Nantes and Its Implications in France, Britain and Ireland* (Dublin: Four Courts Press, 2003).
[9] See J.P.V.D. Balsdon, *Romans and Aliens* (London: Gerald Duckworth & Co., 1979), pp. 2, 59–60, 214–15; A. N. Sherwin-White, *Racial Prejudice in Imperial Rome* (Cambridge: Cambridge University Press, 1967), pp. 57–58.
[10] See generally Linda Colley, *Britons: Forging the Nation, 1707–1837* (New Haven: Yale University Press, 1992); Colin Haydon, *Anti-Catholicism in Eighteenth-Century England c. 1714–80: A Political and Social Study* (Manchester: Manchester University Press, 1993).
[11] 狭义的反闪族主义（anti-Semitism），因为它所指的仇视态度只是针对闪族中的一部分人（希伯来人或犹太人），并不包含整个闪族。其中包括宗教、国家及种族的成分。在群众仇视的情绪之外，反闪族主义更以不公平的立法、驱逐，甚至屠杀的方式出现。——编者注
[12] 布朗诉教育委员会案（Brown v. Board of Education of Topeka）是美国历史上非常重要的一个诉讼案。该案于 1954 年 5 月 17 日由美国最高法院做出判决。法院判决种族隔离本质上就是一种不平等，因此原告与被告双方所争执的"黑人与白人学童不得进入同一所学校就读"的种族隔离法律必须排除"隔离但平等"先例的使用（该先例由普莱西诉弗格森案建立），因此种族隔离的法律因为剥夺了黑人学童的入学权利而违反了美国宪法第十四修正案中所保障的同等保护权而违宪，

该法律因而不得在个案中使用，学童不得因种族因素被拒绝入学。此次判决也终止了美国社会中存在已久的白人和黑人必须分别就读不同公立学校的种族隔离现象。自本判决后"隔离但平等"的法律原则被推翻，任何法律上的种族隔离随后都可能因违反宪法所保障的同等保护权而被判违宪。同时本案也开启了美国废止一切有关种族隔离措施的时代；美国的民权运动也因为本案迈进一大步。——编者注

[13] 日裔美籍学者，哈佛大学政治学博士。曾任美国国务院思想库"政策企划局"副局长。著有《历史的终结与最后的人》《后人类未来——基因工程的人性浩劫》《跨越断层——人性与社会秩序重建》《信任》等作品。——编者注

[14] Thomas L. Friedman, *The Lexus and the Olive Tree* (New York: Anchor Books, 2000), pp. ix, xvi, 12; see also Francis Fukuyama, *The End of History and the Last Man* (New York: Avon Books, Inc., 1992).

[15] See Office of the President, "The National Security Strategy of the United States of America" (Sept. 2002), available at www.whitehouse.gov/nsc/nss.pdf.; Ferguson, *Colossus*, pp. 3, 301-2; Max Boot, "The Case for American Empire," *Weekly Standard*, Oct. 15, 2001, pp. 28–29; Michael Ignatieff, "The Burden," *New York Times Magazine*, Jan. 5, 2003, p. 22; Paul Johnson, "The Answer to Terrorism? Colonialism," *Wall Street Journal*, Oct. 9, 2001.

[16] Ignatieff, "The Burden," p. 22.

[17] Thomas Friedman, "Liberal Hawks Reconsider the Iraq War: Four Reasons to Invade Iraq," Slate.com, Jan. 12, 2004; Ignatieff, "The Burden," p. 22.

[18] Samuel P. Huntington, *Who Are We? The Challenges to America's National Identity* (New York: Simon & Schuster, 2004), pp. 19–20, 69, 338.

[19] Pagden, *Peoples and Empires*, p. 40 (quoting Machiavelli).

[20] Immanuel Wallerstein, *Mercantilism and the Consolidation of the European World-Economy, 1600–1750*, vol. 2 of *The Modern World-System* (San Diego: Academic Press, 1980), pp. 38–39.

[21] Ferguson, *Empire: How Britain Made the Modern World*, p. 242 (quoting a Victorian-era postage stamp).

PART ONE: THE TOLERANCE OF BARBARIANS

ONE: THE FIRST HEGEMON: THE GREAT PERSIAN EMPIRE FROM CYRUS TO ALEXANDER

Epigraphs: The quote from A. T. Olmstead is from his classic book *History of the Persian Empire* (Chicago: University of Chicago Press, 1948), p. 1. My source for Alexander the Great's quote is Peter Green, *Alexander of Macedon, 356–323 BC: A Historical Biography* (Berkeley and Los Angeles: University of California Press, 1991).

[1] Beverly Moon, *An Encyclopedia of Archetypal Symbolism* (Boston: Shambhala, 1991), p. 32; Mehdi Khansari et al., *The Persian Garden: Echoes of Paradise* (Washington, D.C.: Mage Publishers, 1998), pp. 29–32.

[2] Pierre Briant, *From Cyrus to Alexander: A History of the Persian Empire*, Peter T. Daniels, trans. (Winona Lake, Ind.: Eisenbrauns, 2002), pp. 175, 201–2, 297–98, 346, 404. Territorial estimates for the Achaemenid Empire vary greatly, ranging from one million to three million square miles. My estimate is from Peter Turchin, Jonathan M. Adams, and Thomas D. Hall, "East-West Orientation of Historical Empires and Modern States," *Journal of World-Systems Research*, vol. 12 (Dec. 2006), pp. 216–29 (2.1 million square miles).

[3] Briant, *From Cyrus to Alexander*, pp. 81, 88–89, 168–69, 429–30; Richard N. Frye, *The Heritage of Persia* (London: Weidenfeld & Nicolson, 1962), p.126; Olmstead, *History of the Persian Empire*, pp. 56, 176–77, 238–47.

[4] See Jean-Noël Biraben, "The Rising Numbers of Humankind," *Population & Societies*, no. 394 (French National Institute of Demographic Studies [INED]) (Oct. 2003), pp. 1–4.

[5] Olmstead, *History of the Persian Empire*, pp. 16–17.

[6] Frye, *The Heritage of Persia*, pp. 2–3, 43–47; Josef Wiesehöfer, *Ancient Persia: From 550 BC to 650 AD* (London: I. B. Tauris Publishers, 1996), p. xi.

[7] Briant, *From Cyrus to Alexander*, pp. 18–19; Frye, *The Heritage of Persia*, p. 45; Wiesehöfer, *Ancient Persia*, pp. xi–xii.

[8] Briant, *From Cyrus to Alexander*, pp. 5–7; Olmstead, *History of the Persian Empire*, p. 51 (quoting from the Cyrus cylinder).

[9] Briant, *From Cyrus to Alexander*, pp. 5–7, 286–93, 1007–8; Wiesehöfer, *Ancient Persia*, pp. 79–88.

[10] Briant, *From Cyrus to Alexander*, pp. 15–16; Frye, *The Heritage of Persia*, pp. 78–80.
[11] Briant, *From Cyrus to Alexander*, pp. 15–18, 36–37, 40–44; Frye, *The Heritage of Persia*, pp. 78–81; Olmstead, *History of the Persian Empire*, pp. 34–41, 50–51, 59.
[12] Briant, *From Cyrus to Alexander*, pp. 71–72, 81; Frye, *The Heritage of Persia*, p. 127; Wiesehöfer, *Ancient Persia*, pp. 7, 57. On satrapies, and the historical debates surrounding them, see Olmstead, *History of the Persian Empire*, p. 59; Wiesehöfer, pp. 59–62.
[13] Frye, *The Heritage of Persia*, p. 82; H.W.F. Saggs, *The Might That Was Assyria* (London: Sidgewick & Jackson, 1984), pp. 114–15.
[14] Briant, *From Cyrus to Alexander*, pp. 40–44; Frye, *The Heritage of Persia*, p. 81; Olmstead, *History of the Persian Empire*, pp. 52–53; Wiesehöfer, *Ancient Persia*, pp. 44–45.
[15] Wiesehöfer, *Ancient Persia*, pp. 43–44.
[16] Briant, *From Cyrus to Alexander*, p. 226.
[17] Isa. 45:1–3; Ezra 6:2–5.
[18] Briant, *From Cyrus to Alexander*, pp. 41, 46–47, 79; Wiesehöfer, *Ancient Persia*, pp. 49–51.
[19] Wiesehöfer, *Ancient Persia*, pp. 49–55.
[20] Briant, *From Cyrus to Alexander*, p. 55; Olmstead, *History of the Persian Empire*, pp. 87, 92, 129.
[21] Briant, *From Cyrus to Alexander*, pp. 57–61; Frye, *The Heritage of Persia*, p. 88; Olmstead, *History of the Persian Empire*, pp. 88–95.
[22] Regarding Cambyses' conquests and the creation of the Persian navy, see Briant, *From Cyrus to Alexander*, pp. 51–54, 62. On Cambyses' death, see Briant, p. 61; Olmstead, *History of the Persian Empire*, pp. 92–93.
[23] As with many of the Achaemenid kings, there is some dispute about the exact year that Darius acceded to the throne. Most scholars, however, agree that it was between 522 and 520 BC. Briant, *From Cyrus to Alexander*, pp. 139–43, 159–61; Olmstead, *History of the Persian Empire*, pp. 107–8; Wiesehöfer, *Ancient Persia*, p. 15. On the Scythians, see William Montgomery McGovern, *The Early Empires of Central Asia: A Study of the Scythians and the Huns and the Part They Played in World History* (Chapel Hill: University of North Carolina Press, 1939), pp. 36, 47, 49, 56.
[24] Briant, *From Cyrus to Alexander*, pp. 165–79, 369–71; J. M. Cook, *The Persian Empire* (London: J. M. Dent & Sons, 1983), pp. 69–70; Frye, *The Heritage of Persia*, p. 116; Wiesehöfer, *Ancient Persia*, pp. 63–65, 76–77.
[25] 塔兰特（talent，拉丁语：talentum，含义为"秤，天平"），古代中东和希腊—罗马世界使用的质量单位。希腊人所用塔兰特的实际质量约相当于今日的26千克。当用作货币单位时，塔兰特是指1塔兰特重的黄金和白银。一些权威学者估计罗马人衡量贵金属所用的塔兰特的实际质量大约在20千克至40千克之间。——编者注
[26] Briant, *From Cyrus to Alexander*, pp. 390–94; Cook, *The Persian Empire*, p. 70.
[27] Briant, *From Cyrus to Alexander*, pp. 170–71, 177–78, 507–10; Cook, *The Persian Empire*, pp. 68–69; Wiesehöfer, *Ancient Persia*, pp. 19, 29.
[28] Briant, *From Cyrus to Alexander*, p. 77; Cook, *The Persian Empire*, pp. 147–48; Frye, *The Heritage of Persia*, p. 117; Wiesehöfer, *Ancient Persia*, pp. xi, 59, 99. On the debates about the religion of the Achaemenids, see Briant, pp. 93–94; Wiesehöfer, pp. 94–100.
[29] Briant, *From Cyrus to Alexander*, pp. 510–11; Olmstead, *History of the Persian Empire*, p. 222.
[30] Briant, *From Cyrus to Alexander*, pp. 168, 172; Frye, *The Heritage of Persia*, pp. 100–101, 126.
[31] Briant, *From Cyrus to Alexander*, pp. 81, 363; Frye, *The Heritage of Persia*, p. 126.
[32] Frye, *The Heritage of Persia*, pp. 108–9. On the close relationship between the Medes and the Persians, see Cook, *The Persian Empire*, pp. 42–43.
[33] Frye, *The Heritage of Persia*, pp. 108–9; Olmstead, *History of the Persian Empire*, pp. 238, 247 (quoting Herodotus).
[34] Frye, *The Heritage of Persia*, pp. 108–9; Olmstead, *History of the Persian Empire*, pp. 239, 242.
[35] . Briant, *From Cyrus to Alexander*, pp. 384–87; Frye, *The Heritage of Persia*, pp. 111–12; Olmstead, *History of the Persian Empire*, pp. 243–44.
[36] Briant, *From Cyrus to Alexander*, pp. 792–800; Frye, *The Heritage of Persia*, pp. 109–12.
[37] Briant, *From Cyrus to Alexander*, pp. 77, 82, 122–23, 180–83; Frye, *The Heritage of Persia*, pp. 107–8. On the migratory habits of the Achaemenids, see Briant, pp. 186–89.
[38] Briant, *From Cyrus to Alexander*, pp. 200–201, 289–91.
[39] Ibid., pp. 13–14, 200–201, 286–94, 331.
[40] Ibid., p. 171.
[41] Percy Sykes, *A History of Persia* (London: MacMillan and Co., 1930), p. 169.

[42] Briant, *From Cyrus to Alexander*, pp. 543–47, 551, 567–68; Frye, *The Heritage of Persia*, p. 123; Wiesehöfer, *Ancient Persia*, pp. 42–43, 46–47, 52.
[43] Briant, *From Cyrus to Alexander*, pp. 543, 549, 554, 567; Wiesehöfer, *Ancient Persia*, pp. 46, 54–55.
[44] Briant, *From Cyrus to Alexander*, pp. 687, 769.
[45] Ibid., pp. 852–53, 868–69; Guy MacLean Rogers, *Alexander: The Ambiguity of Greatness* (New York: Random House, 2004), pp. 125–27. For vivid accounts of Alexander's military tactics and brilliance on the battlefield, see generally Green, *Alexander of Macedon*; J.F.C. Fuller, *The Generalship of Alexander the Great* (London: Eyre & Spottiswoode, 1958), pp. 285–305. The quote about Alexander's military prowess is from Green, p. xv.
[46] Briant, *From Cyrus to Alexander*, pp. 868–69.
[47] My description of young Alexander is taken from Green, *Alexander of Macedon*, pp. 54–55. On young Alexander and Aristotle, see Green, pp. 53–54, 58–61; Waldemar Heckel and J. C. Yardley, *Alexander the Great: Historical Texts in Translation* (Malden, Mass.: Blackwell, 2004), pp. 35–39; Rogers, *Alexander: The Ambiguity of Greatness*, pp. 4–5, 8–9.
[48] Green, *Alexander of Macedon*, pp. 59–60; Rogers, *Alexander: The Ambiguity of Greatness*, pp. v, xviii, 88–89.
[49] My account of Alexander's approach and attitude toward conquered Babylon and Egypt draws heavily on Green, *Alexander of Macedon*, pp. 269–70, 303; see also Rogers, *Alexander: The Ambiguity of Greatness*, pp. 89, 98, 120.
[50] Green, *Alexander of Macedon*, pp. 369–70, 446–48; Rogers, *Alexander: The Ambiguity of Greatness*, pp. 171–73, 251–52. Modern scholars began to debate the extent to which Alexander sought a fusion of races after the publication of W. Tarn's 1948 biography, in which Tarn argued that Alexander had a "unity of mankind" policy. See W. W. Tarn, *Alexander the Great* (Cambridge: Cambridge University Press, 1948), excerpted in Ian Worthington, ed., *Alexander the Great: A Reader* (London: Routledge, 2003), pp. 198–207. For a strong critique of this view, see A. B. Bosworth, "Alexander and the Iranians," *Journal of Hellenic Studies*, vol. 100 (1980), pp. 1–21, excerpted in Worthington, pp. 208–35.
[51] Green, *Alexander of Macedon*, pp. 453–56, 487–88; Rogers, *Alexander: The Ambiguity of Greatness*, pp. 213–14, 221–26, 251, 256, 259–61.
[52] Green, *Alexander of Macedon*, pp. 473–75; Rogers, *Alexander: The Ambiguity of Greatness*, pp. xvii, 87, 265, 273; Worthington, *Alexander the Great*, p. 198.

TWO: TOLERANCE IN ROME'S HIGH EMPIRE: GLADIATORS, TOGAS, AND IMPERIAL "GLUE"

Epigraphs: The quote from Claudian can be found in Clifford Ando, *Imperial Ideology and Provincial Loyalty in the Roman Empire* (Berkeley and Los Angeles: University of California Press, 2000), p. 65. The quote from Claudius is reproduced in A. N. Sherwin-White, *Racial Prejudice in Imperial Rome* (Cambridge: Cambridge University Press, 1967), p. 60.

[1] "除了其物质财富和庞大版图之外，罗马帝国成就的核心原因可以归结为一种思想，一种罗马本身所体现的思想，一种罗马所代表和传播的价值，以及未来被称为'罗马主义'的理念。" [J. M. Roberts, *The New History of the World* (Oxford: Oxford University Press, 2003), p. 227.]
[2] See Anthony Pagden, *Peoples and Empires* (London: Weidenfeld & Nicolson, 2001), pp. 42, 45; and Keith Hopkins, "Conquerors and Slaves: The Impact of Conquering an Empire on the Political Economy of Italy," in Craige B. Champion, ed., *Roman Imperialism: Readings and Sources* (Malden, Mass.: Blackwell Publishing, 2004), p. 108. My opening paragraph also draws on Fergus Millar, ed., *The Roman Empire and Its Neighbours* (New York: Delacorte Press, 1967), p. 9.
[3] See Pagden, *Peoples and Empires*, p. 42; Chris Scarre, *The Penguin Historical Atlas of Rome* (London: Penguin, 1995), pp. 82–83.
[4] See Pagden, *Peoples and Empires*, pp. 35–37, 41. The quote from Theodor Mommsen can be found in Colin Wells, *The Roman Empire* (Cambridge, Mass.: Harvard University Press, 2004), p. 1.
[5] For a detailed discussion of Rome's provincial system and its administration, see Peter Garnsey and Richard Saller, *The Roman Empire: Economy, Society, and Culture* (Berkeley and Los Angeles: University of California Press, 1987), pp. 20–40. On the native backgrounds of the emperors Trajan, Hadrian, Antoninus Pius, Marcus Aurelius, and Septimius Severus, as well as the diversity of Roman elites more generally, see Michael Grant, *The History of Rome* (London: Faber and Faber, 1979), pp. 236, 238–39; Peter Heather, *The Fall of the Roman Empire* (London: Macmillan, 2005), p. 44; Christopher S. Mackay,

Ancient Rome: A Military and Political History (Cambridge: Cambridge University Press, 2004), pp. 229, 231–35; Pagden, *Peoples and Empires*, p. 41–42 (quoting Cicero); Wells, *The Roman Empire*, pp. 152 (quoting Tacitus), 170–71; Pierre Grimal, *L'Empire Roman* (Paris: Editions des Fallois, 1993), p. 133; Géza Alföldy, *Das Imperium Romanum—ein Vorbild für das vereinte Europa?* (Basel, Switzerland: Schwabe & Co. AG Verlag, 1999), pp. 29–30; Basil Kremmydas and Sophocles Marcianos, *The Ancient World–Hellenistic Times–Rome* (Athens: Gnosis Editions, 1985), p. 200. The quote in the section heading beginning "The single native land" is from Pliny and cited in Ando, *Imperial Ideology and Provincial Loyalty in the Roman Empire*, p. 65.

[6] See Champion, *Roman Imperialism*, p. 263 (quoting Claudius); Edward Gibbon, *The History of the Decline and Fall of the Roman Empire*, vol. 1 (1776; reprint, London: Allen Lane 1994), p. 64; Millar, *The Roman Empire and Its Neighbours*, p. 149; Pagden, *Peoples and Empires*, p. 40 (quoting Wilson).

[7] Garnsey and Saller, *The Roman Empire*, pp. 110–25, 178; Andrew Lintott, *Imperium Romanum: Politics and Administration* (London: Routledge, 1993), pp. 14–15; Roberts, *The New History of the World*, pp. 248–49. My discussion of Roman slavery draws heavily on J.P.V.D. Balsdon, *Romans and Aliens* (London: Gerald Duckworth & Co., 1979), pp. 77–81. On the gore of the gladiator games, see Daniel P. Mannix, *The History of Torture* (Gloucestershire, U.K.: Sutton Publishing, 2003), p. 30.

[8] Champion, *Roman Imperialism*, p. 209 (citing Livy and Cicero); Grant, *The History of Rome*, pp. 38, 45, 49–50, 54–55; Roberts, *The New History of the World*, p. 227.

[9] Grant, *The History of Rome*, p. 101; Roberts, *The New History of the World*, pp. 234–36; M. Rostovtzett, *Rome*, J. D. Duff, trans. (New York: Oxford University Press, 1960), pp. 41, 76.

[10] On Rome's shift from indirect to direct provincial rule and its conquests of Europe, Asia Minor, and the Middle East, see Grant, *The History of Rome*, p. 121; Lintott, *Imperium Romanum*, pp. 9–11, 13–14; Edward Luttwak, *The Grand Strategy of the Roman Empire: From the First Century A.D. to the Third* (Baltimore: Johns Hopkins University Press, 1976), pp. 9–12, 19–25, 49–50, 57, 60–61; Mackay, *Ancient Rome*, pp. 81–84; Roberts, *The New History of the World*, pp. 248–49; Rostovtzett, *Rome*, pp. 76–77. On "government without bureaucracy," see Garnsey and Saller, *The Roman Empire*, p. 20.

[11] In his magnum opus, Edward Gibbon characterizes the golden age as the reign of five emperors from AD 96–180: Marcus Cocceius Nerva (AD 96–98), Trajan (AD 98–117), Hadrian (AD 117–38), Antoninus Pius (AD138–61), and Marcus Aurelius (AD 161–80). Gibbon, *The History of the Decline and Fall of the Roman Empire*, vol. 1, p. 31. Other historians include Marcus Aurelius's successor, Commodus (AD 180–92), as well as Vespasian(AD 70–79), Titus (AD 79–81), and Domitian (AD 81–96). See, for example, Alan K. Bowman, Peter Garnsey, and Dominic Rathbone, eds., *The Cambridge Ancient History*, 2nd ed., vol. 11 (Cambridge: Cambridge University Press, 2000), front page.

[12] On Trajan and Hadrian generally, see Anthony R. Birley, *Hadrian: The Restless Emperor* (London: Routledge, 1997); Grant, *The History of Rome*, pp. 236–39; Millar, *The Roman Empire and Its Neighbours*, pp. 42–43; Wells, *The Roman Empire*, pp. 174, 184, 202–7, 285. Specifically on the Jewish rebellion, see Birley, pp. 2, 268–76; Mackay, *Ancient Rome*, pp. 229–31; Roberts, *The New History of the World*, p. 271.

[13] My discussion of Antoninus Pius and Marcus Aurelius draws on Anthony R.Birley, *Marcus Aurelius*, rev. ed. (New York: Routledge, 2000), pp. 37–38, 58–59; Mackay, *Ancient Rome*, pp. 230–35; Roberts, *The New History of the World*, p. 271; Ando Schiavone, *The End of the Past: Ancient Rome and the Modern West* (Cambridge, Mass.: Harvard University Press, 2002), pp. 21–22; Wells, *The Roman Empire*, pp. 213–29.

[14] On Rome as a free-trade zone and "global economy," see Garnsey and Saller, *The Roman Empire*, p. 20; Rostovtzeff, *Rome*, pp. 248, 257–63; Alföldy, *Das Imperium Romanum—ein Vorbild für das vereinte Europa?*, p. 33. The quote from Aristides is reproduced in Schiavone, *The End of the Past*, p. 7. There are a number of fascinating scholarly articles exploring the relationship between the Roman and Han Chinese empires. See, for example, H. H. Dubs, "A Roman City in Ancient China," *Greece & Rome*, 2nd ser., vol. 4, no. 2 (Oct. 1957), pp. 139–48, and J. Thorley, "The Silk Trade Between China and the Roman Empire at Its Height, *Circa* AD 90–130," *Greece & Rome*, 2nd ser., vol. 18, no. 1 (Apr. 1971), pp. 71–80.

[15] See Montesquieu, *Considerations on the Causes of the Greatness of the Romans and Their Decline*, David Lowenthal, trans. (New York: The Free Press, 1965), pp. 36–37; Rostovtzeff, *Rome*, p. 263; Wells, *The Roman Empire*, pp. 224–26

[16] My discussion of Roman stereotypes draws heavily on two sources: Balsdon, *Romans and Aliens*, pp. 1–2, 59–70, 214–19; and Sherwin-White, *Racial Prejudice in Imperial Rome*, pp. 57–58.

[17] See Gibbon, *The History of the Decline and Fall of the Roman Empire*, vol. 1, p. 103.

[18] Gibbon, *The History of the Decline and Fall of the Roman Empire*, vol. 1, p. 70; see Garnsey and Saller,

The Roman Empire, p. 15; Heather, *The Fall of the Roman Empire*, pp. 37, 44.

[19] Garnsey and Saller, *The Roman Empire*, pp. 178, 186; Mackay, *Ancient Rome*, p. 258; Montesquieu, *Considerations on the Causes of the Greatness of the Romans and Their Decline*, p. 24; Roberts, *The New History of the World*, pp. 236–40, 250–51.

[20] On the empire's linguistic diversity, see Garnsey and Saller, *The Roman Empire*, pp. 186, 189–92; Millar, *The Roman Empire and Its Neighbours*, p. 153; Wells, *The Roman Empire*, pp. 134–35.

[21] Garnsey and Saller, *The Roman Empire*, pp. 35, 110–12, 115; Roberts, *The New History of the World*, pp. 249–50; Mackay, *Ancient Rome*, p. 257; Schiavone, *The End of the Past*, p. 6 (citing Aristides); Wells, *The Roman Empire*, pp. 6, 126–29, 142; *Holy Bible*, C. I. Scofield, ed. (New York: Oxford University Press, 1967), Acts 16:35–40, 22:22–29.

[22] Balsdon, *Romans and Aliens*, pp. 85–86, 91, 93–95; Garnsey and Saller, *The Roman Empire*, pp. 116–17, 178; Mackay, *Ancient Rome*, p. 257; Millar, *The Roman Empire and Its Neighbours*, p. 196; Roberts, *The New History of the World*, pp. 249–50; Wells, *The Roman Empire*, pp. 9, 116–17, 127–29; G. Woolf, "Becoming Roman: The Origins of Provincial Civilization in Gaul," in *Roman Imperialism*, pp. 231–42. The quote from Aristedes is reproduced in Ando, *Imperial Ideology and Provincial Loyalty in the Roman Empire*, p. 58.

[23] Sherwin-White, *Racial Prejudice in Imperial Rome*, pp. 3–5, 7, 58–60.

[24] See Balsdon, *Romans and Aliens*, p. 82 (quoting Claudius); R. MacMullen, "Romanization in the Time of Augustus," in *Roman Imperialism*, pp. 215,223–24.

[25] Gibbon, *The History of the Decline and Fall of the Roman Empire*, vol. 1,p. 56.

[26] Garnsey and Saller, *The Roman Empire*, pp. 168, 170–73; Grant, *The History of Rome*, pp. 37, 43; Roberts, *The New History of the World*, pp. 254–56.

[27] Garnsey and Saller, *The Roman Empire*, pp. 168–73, 202; Millar, *The Roman Empire and Its Neighbours*, pp. 153–54.

[28] Champion, *Roman Imperialism*, pp. 272–75; Garnsey and Saller, *The Roman Empire*, pp. 169–70, 173, 202–3; Mackay, *Ancient Rome*, pp. 227–28, 230; Roberts, *The New History of the World*, pp. 263–65, 271. On Julius Caesar and the Jews, see Antony Kamm, *Julius Caesar: A Life* (London: Routledge, 2006), pp. 120–21, 151.

[29] Garnsey and Saller, *The Roman Empire*, pp. 174–75; Gibbon, *History of the Decline and Fall of the Roman Empire*, vol. 1, pp. 526, 550; Roberts, *The New History of the World*, pp. 270–72; Wells, *The Roman Empire*, p. 241.

[30] On theories of the Roman Empire's decline, see generally Grant, *The History of Rome*, pp. 332–51; Heather, *The Fall of the Roman Empire*, pp. 49–142; Roberts, *The New History of the World*, pp. 276–83; Wells, *The Roman Empire*, pp. 219–21.

[31] Pagden, *Peoples and Empires*, p. 46; see also Garnsey and Saller, *The Roman Empire*, p. 178; Grant, *The History of Rome*, p. 324; Mackay, *Ancient Rome*, p. 257; Roberts, *The New History of the World*, pp. 276, 289, 292.

[32] Garnsey and Saller, *The Roman Empire*, pp. 174–75; Naphtali Lewis and Meyer Reinhold, *Roman Civilization, Selected Readings*, 3rd ed., vol. 2 (New York: Columbia University Press, 1990), pp. 583–84; Millar, *The Roman Empire and Its Neighbours*, p. 209; Roberts, *The New History of the World*, pp. 271–73; Wells, *The Roman Empire*, p. 243.

[33] Edward Gibbon, *The History of the Decline and Fall of the Roman Empire*, vol. 3 (1776; edited and abridged by Hans-Friedrich Mueller, New York: Modern Library, 2003), pp. 982–83; see Grant, *The History of Rome*, pp.304–5, 308. Gibbon's view of the role Christianity played in Rome's decline has been much debated. For just one helpful analysis, see David P. Jordan, *Gibbon and His Roman Empire* (Urbana: University of Illinois Press, 1971),chap. 7.

[34] Averil Cameron, *The Later Roman Empire* (London: Fontana Press, 1993), pp. 52, 56–59, 69, 71–72; Edward Gibbon, *The History of the Decline and Fall of the Roman Empire*, vol. 4 (annotated by Dean Milman and M. Guizot, London: John Murray, Albemarle Street, 1862), pp. 179–80; Grant, *The History of Rome*, pp. 308, 311–12, 348; Lewis and Reinhold, *Roman Civilization*, p. 584; Millar, *The Roman Empire and Its Neighbours*, pp. 240–41, 246–48; Montesquieu, *Considérations sur les Causes de la Grandeur des Romains et de Leur Décadence* (Paris: GF Flammarion, 1968), p. 162; Roberts, *The New History of the World*, pp. 287, 294–97.

[35] Gibbon, *The History of the Decline and Fall of the Roman Empire*, vol. 1, pp. 1046–51; Grant, *The History of Rome*, pp. 324, 343; Heather, *The Fall of the Roman Empire*, pp. 186, 211–12, 215; Roberts, *The New History of the World*, pp. 291–93, 294.

[36] Grant, *The History of Rome*, pp. 324–26, 343–45, 352–56; Heather, *The Fall of the Roman Empire*, pp.

211–12, 215–28; Roberts, *The New History of the World*, pp. 292–94, 301–11.

THREE: CHINA'S GOLDEN AGE: THE MIXED-BLOODED TANG DYNASTY

[1] See generally Arthur F. Wright and Denis Twitchett, *Perspectives on the T'ang* (New Haven: Yale University Press, 1973), pp. 1–2, 29, 37–43.

[2] Jacques Gernet, *A History of Chinese Civilization*, J. R. Forster, trans. (Cambridge: Cambridge University Press, 1989), pp. 73–100, 680–84; Charles O. Hucker, *China's Imperial Past* (Palo Alto: Stanford University Press, 1975), pp. 37–40; see generally Wing-Tsit Chan, ed. and trans., *A Source Book in Chinese Philosophy* (Princeton: Princeton University Press, 1963).

[3] Hucker, *China's Imperial Past*, pp. 21, 43–45; Conrad Schirokauer, *A Brief History of Chinese and Japanese Civilizations*, 2nd ed. (New York: Harcourt Brace & Co., 1989), pp. 51, 53.

[4] Yihong Pan, *Son of Heaven and Heavenly Qaghan: Sui-Tang China and Its Neighbors* (Bellingham, Wash.: Western Washington University, 1997), pp. 18–24; Edwin G. Pulleyblank, "The An Lu-shan Rebellion and the Origins of Chronic Militarism in Late T'ang China," in *Essays on Tang and Pre-Tang China* (Hampshire, U.K.: Ashgate, Aldershot, 2001), pp. 33, 36–37; Denis Sinor, ed., *The Cambridge History of Inner Asia* (Cambridge: Cambridge University Press, 1990), pp. 4–5.

[5] Hucker, *China's Imperial Past*, pp. 135–36, 141; Pan, *Son of Heaven and Heavenly Qaghan*, pp. 3–4, 169, 231–35.

[6] Edmund Capon, *Tang China: Vision and Splendour of a Golden Age* (London: Macdonald & Co., 1989), pp. 52–53; Valerie Hansen, *The Open Empire: A History of China to 1600* (New York: W. W. Norton, 2000), pp.153–57.

[7] Hansen, *The Open Empire*, pp. 175–84; Hucker, *China's Imperial Past*, p. 140; Pan, *Son of Heaven and Heavenly Qaghan*, p. 31.

[8] Hucker, *China's Imperial Past*, p. 140.

[9] Pan, *Son of Heaven and Heavenly Qaghan*, p. 181–82 (citation omitted); Pulleyblank, "The An Lu-shan Rebellion," p. 38.

[10] Pan, *Son of Heaven and Heavenly Qaghan*, p. 182 (citation omitted); Pulleyblank, "The An Lu-shan Rebellion," p. 38.

[11] Edward Schafer, *The Golden Peaches of Samarkand: A Study of T'ang Exotics* (Berkeley and Los Angeles: University of California Press, 1963), pp. 1, 28–29, 43–57, 81–86, 91, 134–39, 144–62, 176–84.

[12] Capon, *Tang China*, pp. 39, 59, 74–75; C. P. Fitzgerald, *China: A Short Cultural History* (New York: Frederick A. Praeger, 1954), pp. 287–88, 336–37; Pan, *Son of Heaven and Heavenly Qaghan*, pp. 37, 215.

[13] Tansen Sen, *Buddhism, Diplomacy, and Trade: The Realignment of Sino- Indian Relations, 600–1400* (Honolulu: Association for Asian Studies and University of Hawai'i Press, 2003), pp. 46–49.

[14] Capon, *Tang China*, pp. 61–63; Hansen, *The Open Empire*, p. 205.

[15] Capon, *Tang China*, pp. 59, 62–63; Fitzgerald, *China: A Short Cultural History*, p. 336.

[16] Capon, *Tang China*, pp. 26–27; Gernet, *A History of Chinese Civilization*, pp. 244–45; Schirokauer, *A Brief History of Chinese and Japanese Civilizations*, p. 104.

[17] Capon, *Tang China*, pp. 32–33; Fitzgerald, *China: A Short Cultural History*, pp. 297–98; Gernet, *A History of Chinese Civilization*, pp. 256–57; Hansen, *The Open Empire*, pp. 199–202; Hucker, *China's Imperial Past*, p. 142.

[18] Hansen, *The Open Empire*, pp. 199–202; Sen, *Buddhism, Diplomacy, and Trade*, pp. 56, 87–97.

[19] Capon, *Tang China*, pp. 27, 32–33; Gernet, *A History of Chinese Civilization*, p. 257; Hansen, *The Open Empire*, pp. 206–7; Wright and Twitchett, *Perspectives on the T'ang*, pp. 47–49, 64.

[20] Hansen, *The Open Empire*, pp. 200, 202.

[21] Fitzgerald, *China: A Short Cultural History*, p. 325; Hansen, *The Open Empire*, pp. 191, 206, 208.

[22] Wright and Twitchett, *Perspectives on the Tang*, p. 1.

[23] Fitzgerald, *China: A Short Cultural History*, pp. 330–31. On the protection the Tang court offered Uighur Manichaean priests, see Colin MacKerras, "Uygur-Tang Relations, 744–840," *Central Asian Survey*, vol. 19, no. 2(2000), pp. 223, 224, 226–27.

[24] Fitzgerald, *China: A Short Cultural History*, p. 329; G. R. Hawting, *The First Dynasty of Islam: The Umayyad Caliphate AD 661–750*, 2nd ed. (London: Routledge, 2000), pp. 2–3; William H. McNeill, *The Rise of the West: A History of the Human Community* (Chicago: University of Chicago Press, 1963), p. 418; Bat Ye'or, *The Dhimmi: Jews and Christians Under Islam*, trans. David Maisel, Paul Fenton, and

David Littman (Rutherford, N.J.: Fairleigh Dickinson University Press, 1985), pp. 48, 60, 182–83.
[25] Enno Franzius, *History of the Byzantine Empire: Mother of Nations* (New York: Funk & Wagnalls, 1967), pp. 99–100; Edward Gibbon, *The Decline and Fall of the Roman Empire*, vol. 2 (New York: Modern Library, 1932), p. 873; Constance Head, *Justinian II of Byzantium* (Madison: University of Wisconsin Press, 1972), pp. 63, 68, 100; Cyril Mango, *Byzantium: The Empire of New Rome* (London: Weidenfeld & Nicolson, 1980), p. 91; McNeill, *The Rise of the West*, p. 418.
[26] Fitzgerald, *China: A Short Cultural History*, pp. 327–30 (most brackets in original).
[27] J. K. Fairbank and S. Y. Teng, "On the Ch'ing Tributary System," *Harvard Journal of Asiatic Studies*, vol. 10, no. 2 (June 1941), pp. 135, 182, 187, 190 (portions omitted).
[28] J. C. Russell, *The Fontana Economic History of Europe: Population in Europe: 500–1500*, vol. 1 (London: Fontana Books, 1969), pp. 19–21; J. C. Russell, "Late Ancient and Medieval Population," *Transactions of the American Philosophical Society*, vol. 48, part 3 (1958), p. 148 table 152; Hansen, *The Open Empire*, p. 191; Hugh Kennedy, *The Armies of the Caliphs: Military and Society in the Early Islamic State* (New York: Routledge, 2001), pp. 18–20; Howard Wechsler, "T'ai-tsung (Reign 626–49) the Consolidator," in Denis Twitchett, ed., *The Cambridge History of China*, vol. 3, *Sui and T'ang China 589–906*, part 1 (Cambridge: Cambridge University Press, 1979), p. 207; Charles Issawi, "The Area and Population of the Arab Empire: An Essay in Speculation," in *The Islamic Middle East 700–1900*, A. L. Udovitch, ed. (Princeton: Darwin Press, 1981), pp. 381, 388.
[29] Fitzgerald, *China: A Short Cultural History*, pp. 299–300; Hansen, *The Open Empire*, pp. 222–23; Pan, *Son of Heaven and Heavenly Qaghan*, pp. 151–56.
[30] Fitzgerald, *China: A Short Cultural History*, p. 300; Gernet, *A History of Chinese Civilization*, pp. 259–60, 266; Hansen, *The Open Empire*, p. 223; Pan, *Son of Heaven and Heavenly Qaghan*, pp. 152–55.
[31] Gernet, *A History of Chinese Civilization*, pp. 260–61; Hansen, *The Open Empire*, pp. 221, 223–24, 227; Pulleyblank, "The An Lu-shan Rebellion," p. 37.
[32] Capon, *Tang China*, p. 33; Gernet, *A History of Chinese Civilization*, pp. 259–62; Hansen, *The Open Empire*, pp. 227–28; Hucker, *China's Imperial Past*, pp. 144, 146; Pan, *Son of Heaven and Heavenly Qaghan*, pp. 152–56.
[33] Gernet, *A History of Chinese Civilization*, pp. 267, 291–93; Pan, *Son of Heaven and Heavenly Qaghan*, p. 161; Pulleyblank, "The An Lu-shan Rebellion," p. 40.
[34] Fitzgerald, *China: A Short Cultural History*, p. 338; Gernet, *A History of Chinese Civilization*, pp. 294–95; Pan, *Son of Heaven and Heavenly Qaghan*, p. 165.
[35] Gernet, *A History of Chinese Civilization*, pp. 294–95; Hansen, *The Open Empire*, pp. 241–42.
[36] Fitzgerald, *China: A Short Cultural History*, pp. 302–7; Gernet, *A History of Chinese Civilization*, pp. 268–73; Hansen, *The Open Empire*, pp. 243–44; Hucker, *China's Imperial Past*, pp. 146–47.

FOUR: THE GREAT MONGOL EMPIRE: COSMOPOLITAN BARBARIANS

Epigraphs: Both quotes can be found in Jack Weatherford, *Genghis Khan and the Making of the Modern World* (New York: Crown Publishers, 2004), pp. 79, 160.

This chapter draws heavily on the following secondary sources: Walther Heissig, *A Lost Civilization: The Mongols Rediscovered*, D.J.S., trans. Thomson (London: Thames and Hudson, 1966); Harold Lamb, *Genghis Khan: The Emperor of All Men* (New York: Robert M. McBride & Co., 1927); David Morgan, *The Mongols* (Oxford: Basil Blackwell, 1990); J. J. Saunders, *The History of the Mongol Conquests* (London: Routledge & Kegan Paul, 1971); Bertold Spuler, *The Muslim World: A Historical Survey*, F.R.C. Bagley, trans., part 2, *The Mongol Period* (Leiden: E. J. Brill, 1969);and especially Weatherford, *Genghis Khan and the Making of the Modern World*. These modern histories in turn rely on various Chinese, Persian, and European primary materials, as well as, most critically, an extraordinary Mongol work known as *The Secret History of the Mongols*, believed to be written contemporaneously with the Mongols' rise to world dominance. Neither the author of *The Secret History* nor its exact date of compilation is known. In addition, the original document, most likely written in an adapted Uighur script (the Mongols had no alphabet of their own), has never been found. The version of *The Secret History* that has come down to us is a Chinese character transcription, probably dating from the fourteenth century, which was discovered in Beijing in the nineteenth century. See Morgan, *The Mongols*, pp. 5–11; Weatherford, *Genghis Khan*, pp. xxvii–xxxv.

In researching the Mongols, I came across a surprising number of factual discrepancies, no doubt reflecting the linguistic and interpretative difficulties involved in the study of Mongol history. (Even Genghis Khan's exact year of birth is reported differently by different authors.) In these instances, I usually relied on those sources based on the most recent scholarship, research, and archaeological evidence: The collapse of communism in the former Soviet Union opened up many exciting research opportunities for Mongol scholars and historians and cultural anthropologists from around the world.

[1] Weatherford, *Genghis Khan and the Making of the Modern World*, p. xviii.
[2] Lamb, *Genghis Khan*, p. 13; Morgan, *The Mongols*, pp. 58–59; Weatherford, *Genghis Khan and the Making of the Modern World*, pp. xviii, xxii, xxxiii, 9–27, 134, 169, 198.
[3] The authority for Genghis Khan's infamous quotation was a medieval chronicler from Asia Minor whose people had been conquered by Genghis Khan; many historians have questioned whether the quotation is authentic. The particular translation I use is from Lamb, *Genghis Khan*, p. 107; see also Heissig, *A Lost Civilization*, pp. 9–10. On the gruesome cruelty of the Mongols, quite possibly exaggerated by unsympathetic historians, see Lamb, p. 134; Weatherford, *Genghis Khan and the Making of the Modern World*, pp. 93–94, 113, 164.
[4] Lamb, *Genghis Khan*, p. 18; Weatherford, *Genghis Khan and the Making of the Modern World*, p. 162.
[5] Ala-ad-Din Ata-Malik Juvaini, *The History of the World-Conqueror*, John Andrew Boyle, trans., vol. 1 (Cambridge Mass.: Harvard University Press, 1958), p. 21; Weatherford, *Genghis Khan and the Making of the Modern World*, pp. 14, 27–28.
[6] Thomas J. Barfield, *The Perilous Frontier: Nomadic Empires and China* (Cambridge, Mass.: Basil Blackwell, 1989), pp. 187–89; Heissig, *A Lost Civilization*, pp. 44–45; Weatherford, *Genghis Khan and the Making of the Modern World*, pp. xix, 13, 25, 50–53.
[7] Heissig, *A Lost Civilization*, p. 44; Juvaini, *The History of the World- Conqueror*, p. 35; Lamb, *Genghis Khan*, pp. 35–37; Weatherford, *Genghis Khan and the Making of the Modern World*, pp. 25–29. Even before Temujin was born, his father had, at a critical point, helped Ong Khan consolidate his power. The two men then formed a so-called *anda* bond, in which each pledged to aid the other in times of distress. See Paul Kahn, *The Secret History of the Mongols: The Origin of Chingis Khan* (San Francisco: North Point Press, 1984), p. xxiv.
[8] Lamb, *Genghis Khan*, pp. 55–56; Weatherford, *Genghis Khan and the Making of the Modern World*, pp. 30–35, 42–54.
[9] Weatherford, *Genghis Khan and the Making of the Modern World*, pp. 28, 52–53.
[10] Barfield, *The Perilous Frontier*, pp. 191, 193; Lamb, *Genghis Khan*, pp. 45–46; Weatherford, *Genghis Khan and the Making of the Modern World*, pp. 40, 52, 67, 152–54.
[11] Barfield, *The Perilous Frontier*, pp. 190–91; Lamb, *Genghis Khan*, pp. 57–59; Weatherford, *Genghis Khan and the Making of the Modern World*, pp. 32, 55–58.
[12] Barfield, *The Perilous Frontier*, p. 191; Weatherford, *Genghis Khan and the Making of the Modern World*, pp. 54, 58–59, 61–62, 64–65.
[13] Lamb, *Genghis Khan*, pp. 201–4; Weatherford, *Genghis Khan and the Making of the Modern World*, pp. 67–71. In addition to conquering much of the Eastern Hemisphere, Genghis Khan is usually credited with introducing the *Yassa Gengizcani*, or Great Laws of Genghis Khan. It is not known whether these laws were actually codified during Genghis Khan's lifetime. No complete version of the *Yassa* from Genghis Khan's time has ever been found, although the Persian chronicler Juvaini gave a lengthy description of Genghis Khan's rules and regulations thirty years after Genghis Khan's death. For an erudite discussion of the origins and widespread influence of the *Yassa*, as well as the scholarly debate surrounding it, see Robert D. McChesney, "The Legacy of Chinggis Khan in Law and Politics," lecture delivered to the Indo- Mongolian Society at New York University, Mar. 28, 1997.
[14] Heissig, *A Lost Civilization*, pp. 36–39; Weatherford, *Genghis Khan and the Making of the Modern World*, pp. 70–71.
[15] Lamb, *Genghis Khan*, pp. 77–80.
[16] Barfield, *The Perilous Frontier*, p. 199; Heissig, *A Lost Civilization*, p. 46; Lamb, *Genghis Khan*, pp. 83–84; Weatherford, *Genghis Khan and the Making of the Modern World*, pp. 82–85.
[17] Lamb, *Genghis Khan*, pp. 85–87, 121; Weatherford, *Genghis Khan and the Making of the Modern World*, pp. 84, 86–87.
[18] Weatherford, *Genghis Khan and the Making of the Modern World*, pp. 92–94.
[19] Lamb, *Genghis Khan*, pp. 91–92; Weatherford, *Genghis Khan and the Making of the Modern World*, pp. 96–97.
[20] Heissig, *A Lost Civilization*, pp. 9, 46–47; Weatherford, *Genghis Khan and the Making of the Modern World*, pp. 96–99.
[21] Lamb, *Genghis Khan*, pp. 13, 91–92, 101, 104–7, 119, 190–91; Weatherford, *Genghis Khan and the Making of the Modern World*, pp. 97–105.

[22] 伊斯兰教职称谓。原意为"代理人"或"继位人"。《古兰经》中有"我必在大地上设置一个代理人"的经文。穆罕默德及其以前众先知即被认为是安拉在大地上的代理人、代治者。后该词被用于指代穆罕默德逝世后继任伊斯兰教国家政教合一领袖的人。——编者注
[23] I quote Jack Weatherford's translation of Genghis Khan's message. Weatherford, *Genghis Khan and the Making of the Modern World*, pp. 105–7; see also Lamb, *Genghis Khan*, pp. 109–11, 113–15.
[24] Lamb, *Genghis Khan*, pp. 119–21; Weatherford, *Genghis Khan and the Making of the Modern World*, pp. 4–5, 7–8.
[25] 长度单位，1里格约等于3英里。——编者注
[26] Barfield, *The Perilous Frontier*, pp. 201–2; Heissig, *A Lost Civilization*, p. 10; Lamb, *Genghis Khan*, pp. 115, 135, 138–39; Weatherford, *Genghis Khan and the Making of the Modern World*, pp. 5–7, 108–9, 113–14, 117–18.
[27] Weatherford, *Genghis Khan and the Making of the Modern World*, pp. 4–6, 9, 110–13.
[28] Kahn, *The Secret History of the Mongols*, p. xxvi; Lamb, *Genghis Khan*, pp. 143–44, 175–76; Weatherford, *Genghis Khan and the Making of the Modern World*, pp. xx–xxi, 128, 130–31.
[29] Lamb, *Genghis Khan*, pp. 188–89; Weatherford, *Genghis Khan and the Making of the Modern World*, pp. 119–25, 130.
[30] Lamb, *Genghis Khan*, pp. 144, 181, 231; Weatherford, *Genghis Khan and the Making of the Modern World*, pp. 133–43.
[31] Weatherford, *Genghis Khan and the Making of the Modern World*, pp.144–50.
[32] Ibid., pp. 152, 155–59.
[33] Morgan, *The Mongols*, pp. 151, 153; Saunders, *The History of the Mongol Conquests*, pp. 104–10; Spuler, *The Muslim World*, pp. 19–20; Weatherford, *Genghis Khan and the Making of the Modern World*, pp. 166–67, 177, 180–81.
[34] Thomas T. Allsen, *Mongol Imperialism: The Policies of the Grand Qan Möngke in China, Russia, and the Islamic Lands, 1251–1259* (Berkeley and Los Angeles: University of California Press, 1987), pp. 3, 7; Morgan, *The Mongols*, pp. 153–54; Saunders, *The History of the Mongol Conquests*, pp. 110–11; Weatherford, *Genghis Khan and the Making of the Modern World*, pp. 178–84.
[35] Saunders, *The History of the Mongol Conquests*, pp. 111–13; Spuler, *The Muslim World*, pp. 19–20; Weatherford, *Genghis Khan and the Making of the Modern World*, pp. 183–84.
[36] Weatherford, *Genghis Khan and the Making of the Modern World*, pp. 171–73.
[37] Enno Franzius, *History of the Byzantine Empire: Mother of Nations* (New York: Funk & Wagnalls, 1967), pp. 349, 353; Weatherford, *Genghis Khan and the Making of the Modern World*, pp. 173–74.
[38] Saunders, *The History of the Mongol Conquests*, pp. 68, 103–4, 114–15; Spuler, *The Muslim World*, pp. 17, 20; Weatherford, *Genghis Khan and the Making of the Modern World*, pp. 6, 33, 82–84, 169–70, 185, 188.
[39] Morgan, *The Mongols*, pp. 117–20; Saunders, *The History of the Mongol Conquests*, pp. 116, 119–21; Weatherford, *Genghis Khan and the Making of the Modern World*, pp. 185–91.
[40] Valerie Hansen, *The Open Empire: A History of China to 1600* (New York: W. W. Norton, 2000), p. 347; Morgan, *The Mongols*, p. 120; Saunders, *The History of the Mongol Conquests*, pp. 121–22; Weatherford, *Genghis Khan and the Making of the Modern World*, pp. 195, 208–9.
[41] Hansen, *The Open Empire*, pp. 344, 352, 366; Heissig, *A Lost Civilization*, p. 51; Lamb, *Genghis Khan*, p. 193; Morgan, *The Mongols*, pp. 119, 120–23, 127–28, 163; Saunders, *The History of the Mongol Conquests*, pp. 121–27; Spuler, *The Muslim World*, pp. 32–33; Weatherford, *Genghis Khan and the Making of the Modern World*, pp. 195–97, 203–7.
[42] Hansen, *The Open Empire*, p. 352; Morgan, *The Mongols*, pp. 123–24, 128–30; Saunders, *The History of the Mongol Conquests*, pp. 124–26; Weatherford, *Genghis Khan and the Making of the Modern World*, pp. 198–200, 203.
[43] Morgan, *The Mongols*, pp. 128–30; Saunders, *The History of the Mongol Conquests*, pp. 124–25; Weatherford, *Genghis Khan and the Making of the Modern World*, pp. 223–24.
[44] Morgan, *The Mongols*, pp. 120, 131–32; Weatherford, *Genghis Khan and the Making of the Modern World*, pp. 200–1, 206.
[45] Morgan, *The Mongols*, pp. 103–6; Weatherford, *Genghis Khan and the Making of the Modern World*, pp. xxiii, 220–21, 224, 228–34.
[46] Saunders, *The History of the Mongol Conquests*, pp. 123, 127; Weatherford, *Genghis Khan and the Making of the Modern World*, pp. 195, 205–6, 209, 223, 230–31, 234.
[47] Morgan, *The Mongols*, pp. 133–34, 157–60; Saunders, *The History of the Mongol Conquests*, pp. 116–17, 134–36, 140–41, 146, 156–60; Weatherford, *Genghis Khan and the Making of the Modern World*, pp.

243–48, 250, 252–53.
[48] Morgan, *The Mongols*, pp. 132–35; Saunders, *The History of the Mongol Conquests*, pp. 152–54; Weatherford, *Genghis Khan and the Making of the Modern World*, pp. 243, 248–51.

PART TWO: THE ENLIGHTENING OF TOLERANCE

FIVE: THE "PURIFICATION" OF MEDIEVAL SPAIN: INQUISITION, EXPULSION, AND THE PRICE OF INTOLERANCE

Epigraph: The 1492 expulsion decree is translated by Henry Kamen and reproduced in his chapter "The Expulsion: Purpose and Consequence," in Elie Kedourie, ed., *Spain and the Jews: The Sephardi Experience 1492 and After* (London: Thames and Hudson, 1992), pp. 80–81.

[1] See J. H. Elliott, *Imperial Spain, 1469–1716* (New York: St. Martin's Press, 1964), pp. 5–7, 9.
[2] Elie Kedourie, "Introduction," in *Spain and the Jews*, p. 8, David Nirenberg, *Communities of Violence: Persecution of Minorities in the Middle Ages* (Princeton: Princeton University Press, 1996), pp. 19, 21–23, 133.
[3] Angus MacKay, "The Jews in Spain During the Middle Ages," in *Spain and the Jews*, pp. 33–34, 46–50; Kamen, "The Expulsion," pp. 79–80; Nirenberg, *Communities of Violence*, pp. 130, 132–33, 140. On Spain's "premodern" brand of toleration, see Henry Kamen, "Inquisition, Toleration and Liberty in Eighteenth-Century Spain," in Ole Peter Grell and Roy Porter, eds., *Toleration in Enlightenment Europe* (Cambridge: Cambridge University Press, 2000), pp. 250–52.
[4] Nirenberg, *Communities of Violence*, pp. 23, 25–26, 38–39.
[5] Elliott, *Imperial Spain, 1469–1716*, pp. 9, 95; Kedourie, *Spain and the Jews*, pp. 8, 10, 33–35, 49, 61, 68–69; Nirenberg, *Communities of Violence*, pp. 27–29.
[6] MacKay, "The Jews in Spain During the Middle Ages," pp. 35–36, 48; Jonathan Israel, "The Sephardim in the Netherlands," in *Spain and the Jews*, pp. 189–90; Nirenberg, *Communities of Violence*, pp. 174–75.
[7] Henry Kamen, *Spain's Road to Empire: The Making of a World Power, 1492–1763* (London: Allen Lane, 2002), pp. 22, 181; Kamen, "The Expulsion," pp. 75, 82, 85; Haim Beinart, "The Conversos and Their Fate," in *Spain and the Jews*, pp. 106, 108, 114, 142.
[8] Elliott, *Imperial Spain, 1469–1716*, pp. 1, 15, 19–23; Julius Klein, *The Mesta: A Study in Spanish Economic History, 1273–1836* (Cambridge Mass.: Harvard University Press, 1920), p. 38; Immanuel Wallerstein, *Capitalist Agriculture and the Origins of the European World-Economy in the Sixteenth Century*, vol. 1 of *The Modern World-System* (San Diego: Academic Press, 1980), pp. 192–93 and 193n.136 (citations omitted); John Elliott, "The Decline of Spain," *Past & Present* (Nov. 1961), pp. 52, 54–55, 69–70; Ruth Pike, "The Genoese in Seville and the Opening of the New World," *The Journal of Economic History*, vol. 22, no. 3 (1962), pp. 355, 357, 359.
[9] Kamen, *Spain's Road to Empire*, pp. 69–70, 88–89; John Lynch, "Spain After the Expulsion," in *Spain and the Jews*, pp. 147–48, 151; Wallerstein, *Capitalist Agriculture and the Origins of the European World-Economy*, pp.183, 185, 195.
[10] Kamen, "The Expulsion," p. 84; Lynch, "Spain After the Expulsion," pp. 140, 144–45, 148–53; Wallerstein, *Capitalist Agriculture and the Origins of the European World-Economy*, pp. 194–96.
[11] Kedourie, *Spain and the Jews*, pp. 16, 149–52; James MacDonald, *A Free Nation Deep in Debt* (New York: Farrar, Straus & Giroux, 2003), pp. 133–35; Wallerstein, *Capitalist Agriculture and the Origins of the European World-Economy*, pp. 186–87, 195, 204–5. On the expulsion of the Jesuits, see Bernard Moses, *Spain's Declining Power in South America, 1730–1806* (Berkeley: University of California Press, 1919), pp. 104–7.
[12] Max Boot, *War Made New: Technology, Warfare, and the Course of History, 1500 to Today* (New York: Gotham Books, 2006), pp. 30–45; MacDonald, *A Free Nation Deep in Debt*, pp. 132–34; Wallerstein, *Capitalist Agriculture and the Origins of the European World-Economy*, pp. 192–97.
[13] The nineteenth-century Spanish writer was Marcelino Menéndez Pelayo, who is quoted in Lynch, "Spain After the Expulsion," pp. 159–60.
[14] Kamen, "The Expulsion," pp. 75, 84; Lynch, "Spain After the Expulsion," p. 145.
[15] Lynch, "Spain After the Expulsion," p. 140. On the general intolerance of seventeenth-century Europe, see Wiebe Bergsma, "Church, State, and People," in Karel Davids and Jan Lucassen, eds., *A Miracle Mirrored: The Dutch Republic in European Perspective* (Cambridge: Cambridge University Press, 1995),

pp. 204-13.
[16] Wallerstein, *Capitalist Agriculture and the Origins of the European World- Economy*, pp. 197-98.

SIX: THE DUTCH WORLD EMPIRE: DIAMONDS, DAMASK, AND EVERY "MONGREL SECT IN CHRISTENDOM"

Epigraphs: The Dutch author was Melchior Fokkens, quoted in Simon Schama's wonderful book *The Embarrassment of Riches: An Interpretation of Dutch Culture in the Golden Age* (New York: Alfred A. Knopf, 1987), p. 300. The quote from Peter Mundy can be found in Richard Carnac Temple, ed., *The Travels of Peter Mundy in Europe and Asia, 1608-1667*, vol. 4 (London: Cambridge University Press, 1925), p. 68.

[1] On civet cats and the civet trade, see Jonathan I. Israel, *Empires and Entrepots: The Dutch, the Spanish Monarchy and the Jews, 1585-1713* (London:Hambledon Press, 1990), pp. 357, 427, 435-36; William Jackson, "The Story of Civet," *Pharmaceutical Journal*, vol. 271 (Dec. 2003), pp. 859-61;Brendan Koerner, "What Does Civet Cat Taste Like?," *Slate*, Jan. 6, 2004, at slate.msn.com/id/2093538/.
[2] I. Schöffer, "Introduction," in J.C.H. Blom, R. G. Fuks-Mansfeld, and I. Schöffer, eds., *The History of the Jews in the Netherlands*, Arnold J. Pomerans and Erica Pomerans, trans. (Oxford: Littman Library of Jewish Civilization, 2002), pp. 9-10; Mark T. Hooker, *The History of Holland* (Westport, Conn.: Greenwood Press, 1999), pp. 3, 14, 87-90.
[3] Schama, *The Embarrassment of Riches*, p. 44. On the watery, inauspicious origins of the Netherlands before its dramatic rise, see Jonathan I. Israel, *The Dutch Republic: Its Rise, Greatness, and Fall, 1477-1806* (Oxford: Clarendon Press, 1995), pp. 9-10; Hooker, *The History of Holland*, pp. 7-8. The "sand and mud dump" description is from Joh. Van Veen, *Dredge, Drain, Reclaim* (The Hague: Martinus Nijhoff, 1948), p. 11.
[4] B.M.J. Speet, "The Middle Ages," in *The History of the Jews in the Netherlands*, p. 18; Israel, *Empires and Entrepots*, p. x; J. L. van Zanden, *The Rise and Decline of Holland's Economy* (Manchester: Manchester University Press, 1993), p. 19.
[5] Speet, "The Middle Ages," pp. 21, 26-29.
[6] See Thomas Colley Grattan, *Holland: The History of the Netherlands* (New York: Peter Fenelon Collier, 1899), pp. 84-94; Hooker, *The History of Holland*, pp. 77-79; Israel, *The Dutch Republic*, pp. 27-28, 34-35; Immanuel Wallerstein, *Capitalist Agriculture and the Origins of the European World- Economy in the Sixteenth Century*, vol. 1 of *The Modern World-System* (San Diego: Academic Press, 1980), pp. 180-81. On the rise of Calvinism, the early Dutch Reformation, and growing conflict under Philip I, see Grattan, pp. 96-98; Israel, chaps. 5 and 6, especially pp. 101-5, 129, 141-47, 193-94; Charles Wilson, *The Dutch Republic and the Civilisation of the Seventeenth Century* (New York: McGraw-Hill, 1968), pp. 8-9.
[7] The quote is from Israel, *The Dutch Republic*, pp. 155-56; see also pp. 140-54, 157, 160-61, 164, 167, 169, 177-80; Hooker, *The History of Holland*, pp. 83-87; P.J.A.N. Rietbergen and G.H.J. Seegers, *A Short History of the Netherlands* (Amersfoort, Netherlands: Bekking Publishers Amersfoort, 1992), pp. 67-76.
[8] Hooker, *The History of Holland*, pp. 83-87; Israel, *The Dutch Republic*, pp. 184-86, 198-99, 202, 209, 213-14; Rietbergen and Seegers, *A Short History of the Netherlands*, pp. 67-76. The Hooft quote is from Schama, *The Embarrassment of Riches*, p. 86. The text of the Oath of Abjuration can be found at Oliver J. Thatcher, ed., *The Library of Original Sources*, vol. 5 (Milwaukee: University Research Extension Co., 1907), p. 190.
[9] Hooker, *The History of Holland*, pp. 88-89; Israel, *The Dutch Republic*, pp. 208-10, 212-13, 218-30; Rietbergen and Seegers, *A Short History of the Netherlands*, p. 76.
[10] Israel, *Empires and Entrepots*, p. ix; Immanuel Wallerstein, *Mercantilism and the Consolidation of the European World-Economy, 1600-1750*, vol. 2 of *The Modern World-System* (San Diego: Academic Press, 1980), p. 38.
[11] Wiebe Bergsma, "Church, State, and People," in Karel Davids and Jan Lucassen, eds., *A Miracle Mirrored: The Dutch Republic in European Perspective* (Cambridge: Cambridge University Press, 1995), pp. 196-97, 202-4,217, 223; Israel, *The Dutch Republic*, pp. 392, 637-76; Schama, *The Embarrassment of Riches*, pp. 61-62.
[12] Schama, *The Embarrassment of Riches*, pp. 587-89, 594; Daniel M. Swetschinski, "From the Middle Ages to the Golden Age, 1516-1621," and Yosef Kaplan, "The Jews in the Republic Until About 1750: Religious, Cultural, and Social Life," both in *The History of the Jews in the Netherlands*, pp. 68-71, 117, 126-27, 137-40, 142-44.

[13] Schama, *The Embarrassment of Riches*, pp. 266–67; see also Israel, *The Dutch Republic*, pp. 639–40. The quotes from Balzac and Mundy can be found in Bergsma, "Church, State, and People," pp. 196, 203.

[14] Israel, *The Dutch Republic*, pp. 308, 319–20, 328, 374–75, 621, 657–58, 786, 910; Van Zanden, *The Rise and Decline of Holland's Economy*, pp. 23–26, 35–36, 44–48, 52–53, 62; Wallerstein, *Mercantilism and the Consolidation of the European World-Economy*, pp. 45, 64, 67. On the English Pilgrims, see Russell Shorto, *The Island at the Center of the World* (New York: Doubleday, 2004), p. 26.

[15] On the history of diamonds, see Harry Emanuel, *Diamonds and Precious Stones*, 2nd ed. (London: John Camden Hotten, 1867), pp. 53–55, 79–80, 84; Edward Jay Epstein, *The Rise and Fall of Diamonds* (New York: Simon & Schuster, 1982), pp. 76–77, 103–4; Godehard Lenzen, *The History of Diamond Production and the Diamond Trade* (London: Barrie and Jenkins), pp. 32–34; Gedalia Yogev, *Diamonds and Coral: Anglo-Dutch Jews and Eighteenth-Century Trade* (Leicester: Leicester University Press, 1978), pp. 154–55. On Antwerp in the sixteenth century, see Grattan, *Holland*, p. 94; Wallerstein, *Capitalist Agriculture and the Origins of the European World Economy*, pp. 175–76.

[16] Israel, *Empires and Entrepots*, pp. 417–18, 422, 425–28, 432–35, 444–46; Kaplan, "The Jews in the Republic Until About 1750," pp. 146–49.

[17] See Israel, *Empires and Entrepots*, pp. 356, 417–22, 426, 433–34.

[18] C. R. Boxer, *The Dutch Seaborne Empire, 1600–1800* (New York: Alfred A. Knopf, 1965), pp. xx–xxi, 2–3; Israel, *The Dutch Republic*, pp. 22–23, 104, 116, 146–47, 193–94, 308–9, 311, 344–45, 349–50, 413; Wilson, *The Dutch Republic*, pp. 8–9.

[19] Karel Davids, "Shifts of Technological Leadership in Early Modern Europe," in *A Miracle Mirrored*, chap. 11; Israel, *The Dutch Republic*, pp. 16, 18, 116–17, 316, 348–50; Van Zanden, *The Rise and Decline of Holland's Economy*, pp. 30–36; Wallerstein, *Mercantilism and the Consolidation of the European World-Economy*, pp. 39–42, 46 (quoting Daniel Defoe); Wilson, *The Dutch Republic*, pp. 30–31.

[20] Israel, *The Dutch Republic*, pp. 311–13, 316–18, 320–21, 326, 345–46, 350; Wallerstein, *Mercantilism and the Consolidation of the European World-Economy*, pp. 50–55.

[21] Israel, *The Dutch Republic*, pp. 319–24, 344–48, 380–82; Wallerstein, *Mercantilism and the Consolidation of the European World-Economy*, pp. 48–51.

[22] Boxer, *The Dutch Seaborne Empire, 1600–1800*, pp. 114–15.

[23] Grattan, *Holland*, pp. 215–16; Israel, *The Dutch Republic*, pp. 244–45, 262–71, 322–27, 399–405, 934; Israel, *Empires and Entrepots*, pp. 199–204; Shorto, *The Island at the Center of the World*, pp. 24–33; Wallerstein, *Mercantilism and the Consolidation of the European World-Economy*, pp. 64–65 & 65n.169.

[24] Boxer, *The Dutch Seaborne Empire, 1600–1800*, p. xxi; Israel, *The Dutch Republic*, pp. 326, 934–40; Israel, *Empires and Entrepots*, pp. 419, 424–25, 430–33, 437–40, 443–44; Wallerstein, *Mercantilism and the Consolidation of the European World-Economy*, pp. 50–51.

[25] Boxer, *The Dutch Seaborne Empire, 1600–1800*, p. 27. The list of unloaded luxury goods is from Schama, *The Embarrassment of Riches*, pp. 346–47.

[26] In this section I draw heavily on chaps. 3 and 5 of Simon Schama's *The Embarrassment of Riches*, especially pp. 295–304. On the Dutch Republic's relatively high standard of living, see pp. 322–23 of Schama's book and Israel,*The Dutch Republic*, pp. 351–53, 622–24, 630–33. William Temple's quote on Dutch parsimony can be found at Peter Spufford, "Access to Credit and Capital in the Commercial Centers of Europe," in *A Miracle Mirrored*,p. 316.

[27] Schama, *The Embarrassment of Riches*, pp. 150–52, 174–75, 182–85, 189,191, 196, 198, 200.

[28] Ibid., pp. 182–85, 191–92, 194–95, 197.

[29] Israel, *The Dutch Republic*, pp. 627–30, 677; Van Zanden, *The Rise and Decline of Holland's Economy*, pp. 50–52, 62–63; Wallerstein, *Mercantilism and the Consolidation of the European World-Economy*, pp. 45, 64–67; Wilson, *The Dutch Republic*, p. 165–67.

[30] Wilson, *The Dutch Republic*, pp. 60–64, 118–24, 165–77. The quote from Descartes is from Boxer, *The Dutch Seaborne Empire, 1600–1800*, p. 184.

[31] Boxer, *The Dutch Seaborne Empire, 1600–1800*, pp. xx–xxi; Israel, *The Dutch Republic*, pp. 267–71, 796–97, 812–14, 825; Wallerstein, *Mercantilism and the Consolidation of the European World-Economy*, pp. 64–65 & 65n.169, 70; Jonathan Scott, "What the Dutch Taught Us: The Late Emergence of the Modern British State," *Times Literary Supplement*, Mar. 16, 2001, p. 6.

[32] Grattan, *Holland*, pp. 81–85; Israel, *The Dutch Republic*, pp. 537, 773; Alfred Thayer Mahan, *The Influence of Sea Power Upon History, 1660–1783* (New York: Sagamore Press, 1957), pp. 58–59, 81–82, 84–85; Wallerstein, *Mercantilism and the Consolidation of the European World-Economy*, p. 46 & 46n.60 (citation omitted); Wilson, *The Dutch Republic*, p. 40.

[33] Davids, "Shifts of Technological Leadership in Early Modern Europe," p. 341.
[34] See M.A.M. Franken, "The General Tendencies and Structural Aspects of the Foreign Policy and Diplomacy of the Dutch Republic in the Latter Half of the 17th Century," *Act a Historiae Neerlandica*, vol. 3 (1968), pp. 4–5; Wallerstein, *Mercantilism and the Consolidation of the European World Economy*, pp. 37–39, 64nn.166, 168, and 169.
[35] Israel, *The Dutch Republic*, pp. 9, 802, 850–52.
[36] On the Glorious Revolution and the role played by Dutch Sephardic Jews, see Israel, *The Dutch Republic*, pp. 819, 841, 849–53; Israel, *Empires and Entrepots*, pp. 444–45; Jonathan I. Israel, *European Jewry in the Age of Mercantilism, 1550–1750*, 2nd ed. (Oxford: Clarendon Press, 1989), pp. 127–30. Regarding the transfer of human and financial capital from Holland to Britain after 1688, see Spufford, "Access to Credit and Capital in the Commercial Centers of Europe," pp. 328–29, and Karel Davids and Jan Lucassen, "Conclusion," in *A Miracle Mirrored*, p. 450.

SEVEN: TOLERANCE AND INTOLERANCE IN THE EAST: THE OTTOMAN, MING, AND MUGHAL EMPIRES

[1] C. E. Bosworth, "The Concept of *Dhimma* in Early Islam," in Benjamin Braude and Bernard Lewis, eds., *Christians and Jews in the Ottoman Empire: The Functioning of a Plural Society*, vol. 1 (New York: Holmes & Meier Publishers, 1982), pp. 41, 49–50; Avigdor Levy, "Introduction," in Avigdor Levy, ed., *The Jews of the Ottoman Empire* (Princeton: Darwin Press, 1994), pp. 15–16; Bruce Masters, *Christians and Jews in the Ottoman Arab World:The Roots of Sectarianism* (Cambridge: Cambridge University Press, 2001), pp. 18–26; María Rosa Menocal, *The Ornament of the World: How Muslims, Jews, and Christians Created a Culture of Tolerance in Medieval Spain* (Boston: Little, Brown and Co., 2002), pp. 5–31.
[2] Levy, "Introduction," pp. 10–12, 24–25; Aron Rodrigue, "The Sephardim in the Ottoman Empire," in Elie Kedourie, ed., *Spain and the Jews: The Sephardi Experience: 1492 and After* (London: Thames and Hudson, 1992), p. 164; Annette B. Fromm, "Hispanic Culture in Exile: Sephardic Life in the Ottoman Balkans," in Zion Zohar, ed., *Sephardic and Mizrahi Jewry: From the Golden Age of Spain to Modern Times* (New York: New York University Press, 2005), p. 152; Stanford J. Shaw, "The Jewish Millet in the Ottoman Empire," available at www.yeniturkiye.com/display.asp?c=3012.
[3] Masters, *Christians and Jews in the Ottoman Arab World*, pp. 17–18, 29, 31–34, 38; John Freely, *Inside the Seraglio: Private Lives of the Sultans in Istanbul* (London: Viking, 1999), pp. 45–46 (Selim the Grim), 50–69 (Suleyman); see generally Metin Kunt and Christine Woodhead, eds., *Süleyman the Magnificent and His Age: The Ottoman Empire in the Early Modern World* (London: Longman, 1995).
[4] Masters, *Christians and Jews in the Ottoman Arab World*, pp. 18, 23, 39.
[5] Levy, "Introduction," pp. 15–16, 32–34; Masters, *Christians and Jews in the Ottoman Arab World*, pp. 6, 22; Bosworth, "The Concept of *Dhimma* in Early Islam," pp. 5–9.
[6] Levy, "Introduction," pp. 15, 18; Metin Kunt, "Transformation of Zimmi into Askeri," in *Christians and Jews in the Ottoman Empire*, pp. 55, 60–63.
[7] Karen Barkey, *Bandits and Bureaucrats: The Ottoman Route to Civilization* (Ithaca, N.Y.: Cornell University Press, 1994), p. 31; Albert Howe Lybyer, *The Government of the Ottoman Empire in the Time of Suleiman the Magnificent* (Cambridge, Mass.: Harvard University Press, 1913), p. 167; Paul M. Pitman III, ed., *Turkey: A Country Study* (Washington, D.C.: Federal Research Division of the Library of Congress, 1987); Bosworth, "The Concept of *Dhimma* in Early Islam," pp. 11–12.
[8] Levy, "Introduction," pp. 21–28; Masters, *Christians and Jews in the Ottoman Arab World*, pp. 24, 26–27, 42–47, 50–52; Robert Mantran, "Foreign Merchants and the Minorities in Istanbul in the Sixteenth and Seventeenth Centuries," in *Christians and Jews in the Ottoman Empire*, pp. 127, 132–34.
[9] Paul Kennedy, *The Rise and Fall of the Great Powers: Economic Change and Military Conflict from 1500 to 2000* (New York: Vintage Books, 1989), pp. 5, 11–12; Donald Quataert, *The Ottoman Empire, 1700–1922* (Cambridge: Cambridge University Press, 2000), p. 3.
[10] Kennedy, *The Rise and Fall of the Great Powers*, pp. 11–12.
[11] Ibid.; Levy, "Introduction," pp. 73–74; Masters, *Christians and Jews in the Ottoman Arab World*, pp. 7–8, 129, 141–44.
[12] Levy, "Introduction," pp. 74–76, 79–86.
[13] On the Ottoman decline, see for example Ekmeleddin Ihsanoglu, ed., *History of the Ottoman State, Society, and Civilization*, vol. 1 (Istanbul: Research Center for Islamic History, Art, and Culture, 2001), pp. 43–44, 53–57, 95–100, 108; Charles Swallow, *The Sick Man of Europe: Ottoman Empire to Turkish Republic, 1789–1923* (London: Ernest Benn, 1973), pp. 5–6, 13–14.On the Armenian massacre, see

Vahakn N. Dadrian, "Genocide as a Problem of National and International Law: The World War I Armenian Case and Its Contemporary Legal Ramifications," *Yale Journal of International Law*, vol. 14 (1989), pp. 221, 242–45, 262–64, 272.

[14] Valerie Hansen, *The Open Empire: A History of China to 1600* (New York: W. W. Norton, 2000), pp. 378–79; Kennedy, *The Rise and Fall of the Great Powers*, pp. 4–7; Gavin Menzies, *1421: The Year China Discovered America* (New York: HarperCollins, 2003), pp. 45, 52, 63, 70; Philip Snow, *The Star Raft: China's Encounter with Africa* (New York: Weidenfeld & Nicolson, 1988), pp. 21–23.

[15] Edward L. Dreyer, *Zheng He: China and the Oceans in the Early Ming Dynasty, 1405–1433* (New York: Pearson Education, 2007), pp. 1–38; Hansen, *The Open Empire*, pp. 371–83; Snow, *The Star Raft*, pp. 10, 21–22; see also Julie Wilensky, "The Magical *Kunlun* and 'Devil Slaves': Chinese Perceptions of Dark-Skinned People and Africa Before 1500," *Sino-Platonic Papers*, vol. 122 (July 2002).

[16] Hansen, *The Open Empire*, pp. 381–82; Snow, *The Star Raft*, pp. 21–22.

[17] Hansen, *The Open Empire*, p. 379; G. F. Hudson, *Europe and China* (London: Edward Arnold & Co., 1931), pp. 195–96; Menzies, *1421: The Year China Discovered America*, p. 60; Snow, *The Star Raft*, pp. 29, 32.

[18] Hansen, *The Open Empire*, pp. 383–87; Kennedy, *The Rise and Fall of the Great Powers*, pp. 7–9.

[19] See J. N. Datta, "Proportion of Muhammadans in India Through Centuries," *Modern Review*, vol. 78 (Jan. 1948), pp. 31, 33. On the destruction of the mosque in Ayodhya in 1992 and the claims of Hindu nationalists, see Amartya Sen, *The Argumentative Indian* (London: Penguin, 2005), pp. 48, 209, 287.

[20] My discussion of Babur and Humayun draws heavily on Abraham Eraly, *The Mughal Throne: The Saga of India's Great Emperors* (London: Weidenfeld & Nicolson, 1997), pp. 15, 22–27 (Battle of Khanua), 103–13 (Humayun); see also Richard C. Foltz, *Mughal India and Central Asia* (Karachi, Pakistan: Oxford University Press, 1998), pp. xv, 130; John F. Richards, *The Mughal Empire*, The New Cambridge History of India (Cambridge: Cambridge University Press, 1993), pp. 1–8, 12. For a discussion of the rise of Islam in India and the reign of the so-called Delhi sultanate, see Francis Watson, *A Concise History of India* (New York: Charles Scribner, 1975), pp. 87–104.

[21] Akbar's letter to Philip is reproduced in Pankaj Mishra, "The First Liberal Imperialist," *New Statesman*, Mar. 24, 2003, available at www.new statesman.com/200303240028.

[22] jizya, 一种强加于非穆斯林的惩罚性税收。——编者注

[23] For a general account of Akbar's reign, see Eraly, *The Mughal Throne*, pp. 114–36. On his alliances with the Rajputs, see Richards, *The Mughal Empire*, pp. 19–26; Norman Ziegler, "Some Notes on Rajput Loyalties During the Mughal Period," in Muzaffar Alam and Sanjay Subrahmanyam, eds., *The Mughal State, 1526–1750* (Delhi: Oxford University Press, 1998), pp.168, 174–75. On religious policy during Akbar's reign, see Harbans Mukhia, *The Mughals of India* (Malden, Mass.: Blackwell Publishing, 2004), pp. 23,47, 99; Sen, *The Argumentative Indian*, pp. 16–21; Sri Ram Sharma, *The Religious Policy of the Mughal Emperors* (Bombay: Asia Publishing House, 1972), pp. 36–52, 56–66.

[24] My discussion of Jahangir and Shah Jahan is based on Eraly, *The Mughal Throne*, pp. 238–43, 304–5, 308–30; Mukhia, *The Mughals of India*, p. 20; Saiyid Athar Abbas Rizvi, *Muslim Revivalist Movements in Northern India in the Sixteenth and Seventeenth Centuries* (Agra, India: Balkrishna Book Co., 1965), p. 328. On the Peacock Throne, see K.R.N. Swamy, "As Priceless as the Peacock Throne," *The Tribune* (India), Jan. 20, 2000, available at www.tribuneindia.com/2000/20000130/spectrum/main7.htm.

[25] On Aurangzeb's struggle for the throne and intolerant policies, see Eraly, *The Mughal Throne*, pp. 334–36, 370, 391–92, 401; Mukhia, *The Mughals of India*, pp. 24–26, 34–36; Richards, *The Mughal Empire*, pp. 171–84; Stanley Wolpert, *A New History of India*, 7th ed. (New York: Oxford University Press, 2004), pp. 159–60, 168.

EIGHT: THE BRITISH EMPIRE: "REBEL BUGGERS" AND THE "WHITE MAN'S BURDEN"

Epigraphs: The Voltaire quote can be found in Ole Peter Grell and Roy Porter, "Toleration in Enlightenment Europe," in Ole Peter Grell and Roy Porter, eds., *Toleration in Enlightenment Europe* (Cambridge: Cambridge University Press, 2000), p. 4. Kipling's quote can be found in Rudyard Kipling, *Plain Tales from the Hills*, H. R. Woudhuysen, ed. (London: Penguin, 1990), p. 162. Gandhi's quote can be found in Gandhi, *Young India 1919–1922* (New York: B. W. Huebsch, Inc., 1924), p. 299.

[1] The comparison of Britons to "Cannibals" is from a 1648 English pamphlet, quoted in Jonathan Scott, "What the Dutch Taught Us: The Late Emergence of the Modern British State," *Times Literary Supplement*, Mar. 16, 2001, pp. 4–5. Excellent discussions of intolerance in pre-Enlightenment Britain

include the scholarly essays in Ruth Whelan and Carol Baxter, eds., *Toleration and Religious Identity: The Edict of Nantes and Its Implications in France, Britain and Ireland* (Dublin: Four Courts Press, 2003), especially John Miller, "Pluralism, Persecution and Toleration in France and Britain in the Seventeenth Century," pp. 166–78. It is often overlooked how much Britain's transformation and rise to global dominance after 1688 was influenced by the Dutch. On this topic, see Immanuel Wallerstein, *Mercantilism and the Consolidation of the European World-Economy, 1600–1750*, vol. 2 of *The Modern World-System* (San Diego: Academic Press, 1980), pp. 67, 277–79, 285–86; Charles Wilson, *The Dutch Republic and the Civilisation of the Seventeenth Century* (New York: McGraw-Hill, 1968), pp. 240–41; Scott, "What the Dutch Taught Us," pp. 4, 6.

[2] Diderot lamented that France had expatriated a "prodigious multitude of excellent people," thereby "enriching neighboring Kingdoms." Alan C. Kors, "The Enlightenment and Toleration," in *Toleration and Religious Identity*, pp. 202–3. On the Bill of Rights and Act of Toleration, see Linda Colley, *Britons: Forging the Nation, 1707–1837* (New Haven: Yale University Press, 1992), pp. 111–12; Justin Champion, "Toleration and Citizenship in Enlightenment England: John Toland and the Naturalization of the Jews, 1714–1753," in *Toleration in Enlightenment Europe*, p. 133. On the role of Jews in Great Britain, see Todd M. Endelman, *The Jews of Britain, 1656 to 2000* (Berkeley and Los Angeles: University of California Press, 2002), pp. 15–17, 19–21, 24–25, 28–29; Jonathan I. Israel, *European Jewry in the Age of Mercantilism, 1550–1750*, 2nd ed. (Oxford: Clarendon Press, 1989), pp. 5, 57, 127–30.

[3] Colley, *Britons: Forging the Nation*, pp. 24–25; Wallerstein, *Mercantilism and the Consolidation of the European World-Economy*, pp. 245–46, 248.

[4] Israel, *European Jewry in the Age of Mercantilism*, pp. 123, 127–30, 132–34; Wallerstein, *Mercantilism and the Consolidation of the European World-Economy*, pp. 258, 277–81, 285; Scott, "What the Dutch Taught Us," pp. 5–6.

[5] Endelman, *The Jews of Britain, 1656 to 2000*, pp. 47–49, 66; Wilson, *The Dutch Republic*, p. 240; Niall Ferguson, *Empire: How Britain Made the Modern World* (London: Allen Lane, 2003), pp. 36–38; Peter Spufford, "Access to Credit and Capital in the Commercial Centers of Europe," in Karel Davids and Jan Lucassen, eds., *A Miracle Mirrored: The Dutch Republic in European Perspective* (Cambridge: Cambridge University Press, 1995), pp. 328–29; Peter Spufford, "From Antwerp to London: The Decline of Financial Centres in Europe," Ortelius Lecture, Netherlands Institute for Advanced Study, May 18, 2005, pp. 30–31. A good treatment of the Bank of England is John Giuseppi, *The Bank of England: A History from Its Foundation in 1694* (Chicago: Henry Regnery Co., 1996).

[6] Endelman, *The Jews of Britain, 1656 to 2000*, pp. 49, 66, 92–93; Spufford, "Access to Credit and Capital in the Commercial Centers of Europe," pp. 328–29; Spufford, "From Antwerp to London," pp. 30–31; Gedalia Yogev, *Diamonds and Coral: Anglo-Dutch Jews and Eighteenth-Century Trade* (Leicester: Leicester University Press, 1978), pp. 20–21. See also William J. Bernstein, *The Birth of Plenty: How the Prosperity of the Modern World Was Created* (New York: McGraw-Hill, 2004), pp. 146–49, 154–60.

[7] Endelman, *The Jews of Britain, 1656 to 2000*, pp. 6, 41–44, 73, 79, 93, 153.

[8] Ibid., pp. 8–9, 35–38, 79, 101–7, 127, 164, 173.

[9] My discussion of the Huguenots, France's religious wars, and the Edict of Nantes and its Revocation draws heavily on R. J. Knecht, *The Rise and Fall of Renaissance France, 1483–1610* (London: Fontana Press, 1996), pp. 308–11, 322–25, 351–438, 542–47, 572–77; G. A. Rothrock, *The Huguenots: A Biography of a Minority* (Chicago: Nelson-Hall, 1979), pp. 74–75, 94–95, 97–99, chaps. 7–11; Warren C. Scoville, *The Persecution of Huguenots and French Economic Development, 1680–1720* (Berkeley and Los Angeles: University of California Press, 1960), pp. 7–21, chaps. 4 and 5; and the various essays in Raymond A. Mentzer and Andrew Spicer, eds., *Society and Culture in the Huguenot World, 1559–1685* (Cambridge: Cambridge University Press, 2002), especially at pp. 1, 10, 213–18, 224–37. See also the following Web sites: the National Huguenot Society, huguenot.net nation.com/general/huguenot.htm; and the Huguenot Society of Great Britain and Ireland, www.huguenotsociety.org.uk/history/.

[10] See Carlo M. Cipolla, *Clocks and Culture, 1300–1700* (London: Collins, 1967), pp. 65–75; Scoville, *The Persecution of Huguenots*, pp. 210–52; Raymond A. Mentzer and Andrew Spicer, "Epilogue," in *Society and Culture in the Huguenot World*, pp. 224–37. For suggestions that the economic effect of the Revocation on France has been overestimated, see Rothrock, *The Huguenots*, pp. 183–86; Scoville, *The Persecution of Huguenots*, pp. 434–47.

[11] See Alice C. Carter, "The Huguenot Contribution to the Early Years of the Funded Debt, 1694–1714," and Alice C. Carter, "Financial Activities of the Huguenots in London and Amsterdam in the Mid-Eighteenth Century," both in *Proceedings of the Huguenot Society of London, 1952–1958*, vol. 19 (Frome, U.K.: Butler and Tanner, 1959), pp. 21–41 and 313–33, especially pp. 21–29, 37, 40–41, 313–14, 333;

Wallerstein, *Mercantilism and the Consolidation of the European World-Economy*, pp. 278–80; Wilson, *The Dutch Republic*, pp. 237–40. See also the BBC's "Immigration and Emigration: The Huguenots," www.bbc.co.uk/legacies/immig_emig/england/london/article_1 .shtml.

[12] My discussion of the Darien venture and the 1707 Act of Union is based largely on Arthur Herman, *How the Scots Invented the Modern World: The True Story of How Western Europe's Poorest Nation Created Our World and Everything in It* (New York: Three Rivers Press, 2001), pp. 32–37, 39–40, 42, 48–49, 53–55; and John Prebble, *The Darien Disaster* (London: Secker & Warburg, 1968), pp. 11–14, 51–52, 56–60, 90–91, 113–18, 184–85, 216, 268–69.

[13] Giuseppi, *The Bank of England*, pp. 1–26; Herman, *How the Scots Invented the Modern World*, pp. 32–37, 39–40, 42, 48–49, 53–55; Prebble, *The Darien Disaster*, pp. 113–17, 184–85, 216, 314–15.

[14] Colley, *Britons: Forging the Nation*, pp. 13, 116–18, 130.

[15] See Colley, *Britons: Forging the Nation*, pp. 39, 119–20, 124–32, 294–95; Herman, *How the Scots Invented the Modern World*, pp. 38, 54, 59–61, 162–65, 344–47, 357–58. On the idea of the "Scottish Empire," see Duncan A. Bruce, *The Mark of the Scots* (Secaucus, N.J.: Birch Lane Press, 1996), pp. 59–60 and chap. 6; and Michael Fry's recent book, *The Scottish Empire* (Edinburgh: Tuckwell Press, 2001).

[16] Bruce, *The Mark of the Scots*, pp. 102–5, 117, 192–94; Colley, *Britons: Forging the Nation*, pp. 130–32; Herman, *How the Scots Invented the Modern World*, pp. 22–27, 62–65, 165, 291–92, 310, 320–24, 337–78.

[17] My discussion of Victoria and the heyday of the British Empire relies heavily on David Cannadine, *The Pleasures of the Past* (London: William Collins Sons & Co., 1989), pp. 23, 26; Ferguson, *Empire: How Britain Made the Modern World*, pp. 164–66, 240–45; Paul Kennedy, *The Rise and Fall of the Great Powers: Economic Change and Military Conflict from 1500 to 2000* (New York: Vintage Books, 1989), pp. 151–56.

[18] Immanuel Wallerstein, *The Second Era of Great Expansion of the Capitalist World-Economy, 1730–1840s*, vol. 3 of *The Modern World-System* (San Diego: Academic Press, 1989), pp. 23, 122; Wilson, *The Dutch Republic*, pp. 237–38. The Bank of England quote is from Giuseppi, *The Bank of England*, p. 1.

[19] Ferguson, *Empire: How Britain Made the Modern World*, p. 166.

[20] Colley, *Britons: Forging the Nation*, pp. 155–64. See also, more generally, the following exceptional books by David Cannadine: *Aspects of Aristocracy: Grandeur and Decline in Modern Britain* (New Haven: Yale University Press, 1994); *The Decline and Fall of the British Aristocracy* (New York: Vintage Books, 1999).

[21] Colley, *Britons: Forging the Nation*, pp. 354, 358–59.

[22] See generally ibid.

[23] 约翰·洛克，英国著名哲学家，他是全面阐述宪政民主基本思想的第一位作家。他的思想深刻地影响了美国的开国元勋及法国启蒙运动中的许多主要哲学家。

[24] Colley, *Britons: Forging the Nation*, pp. 19–23; Colin Haydon, *Anti-Catholicism in Eighteenth-Century England c. 1714–80* (Manchester: Manchester University Press, 1993), pp. 22, 76. On John Locke and toleration, see Grell and Porter, *Toleration in Enlightenment Europe*, pp. 5–8.

[25] 英格兰征服爱尔兰的最后一场战役。

[26] See Colley, *Britons: Forging the Nation*, pp. 19, 22–25, 35–36, 321–24. For two excellent discussions of the Gordon Riots, see Haydon, *Anti-Catholicism in Eighteenth-Century England*, pp. 204–44 (the quote from the eyewitness is on p. 214); and Nicholas Rogers, "Crowd and People in the Gordon Riots," in Eckhart Hellmuth, ed., *The Transformation of Political Culture: England and Germany in the Late Eighteenth Century* (Oxford: Oxford University Press, 1990), pp. 39–55.

[27] Colley, *Britons: Forging the Nation*, pp. 35–36, 322–34; Ferguson, *Empire: How Britain Made the Modern World*, pp. 62–64, 323–25; James Lydon, *The Making of Ireland* (London: Routledge, 1998), pp. 217, 290–91, 301–2, 336–42, 353–55.

[28] Ferguson, *Empire: How Britain Made the Modern World*, pp. 29–31, 42–48, 50, 56, 180; T. A. Heathcote, *The Military in British India* (Manchester: Manchester University Press, 1995), pp. 21–36, 39–67, 70; Lawrence James, *Raj: The Making and Unmaking of British India* (London: Little, Brown and Company, 1997), pp. 5–6, 9–10, 22–24, 42–43, 63, 71, 77, 79; Stanley Wolpert, *A New History of India*, 7th ed. (New York: Oxford University Press, 2004), chaps. 12–14; David Omissi, *The Sepoy and the Raj: The Indian Army, 1860–1940* (London: Macmillan Press, 1994), pp. 1–7, 52, 62, 94–95; Heather Streets, "The Rebellion of 1857: Origins, Consequences, and Themes," *Teaching South Asia*, vol. 1, no. 1 (Winter 2000). For India population figures, see Wolpert, p. 231.

[29] On India's military heritage, see Heathcote, *The Military in British India*, chap. 1. As to British strategic tolerance and the religious and ethnic diversity of the Indian army under the Raj, see Ferguson, *Empire: How Britain Made the Modern World*, pp. 136–38, 146, 173–74, 184–89; James, *Raj: The Making and Unmaking of British India*, pp. 178, 223, 227; Douglas M. Peers, *Between Mars and Mammon: Colonial Armies and the Garrison State in Early Nineteenth Century India* (London: I. B. Tauris, 1995), pp. 84–89, 93, 255, 258.

[30] C. A. Bayly, *Indian Society and the Making of the British Empire*, vol. 2, sec. 1, *The New Cambridge History of India* (Cambridge: Cambridge University Press, 1988), pp. 4–10, 43, 56–58, 61, 63, 68; Ferguson, *Empire: How Britain Made the Modern World*, pp. 29–31, 42–44, 188–89.

[31] Ferguson, *Empire: How Britain Made the Modern World*, pp. 45–47, 137–38, 144–45; James, *Raj: The Making and Unmaking of British India*, pp. 207, 224–28. On the "fishing fleet" and the role of British women in India generally, see Pat Barr, *The Memsahibs: The Women of Victorian England* (London: Secker & Warburg, 1976); Pran Neville, "*Memsahibs* and the Indian Marriage Bazaar," *The Tribune* (India), Jan. 19, 2003.

[32] My discussion of the Indian Mutiny draws significantly on Ferguson, *Empire: How Britain Made the Modern World*, pp. 146–54; James, *Raj: The Making and Unmaking of British India*, pp. 233–40, 251–52, 262, 286; Wolpert, *A New History of India*, pp. 226–37.

[33] Ferguson, *Empire: How Britain Made the Modern World*, pp. 191–203, 209, 213; Thomas R. Metcalf, *Ideologies of the Raj*, vol. 3, sec. 4, *The New Cambridge History of India* (Cambridge: Cambridge University Press, 1994), pp. 8–9, 31, 39–40, 45, 48, 59–64, 114–22, 153–54, 199–200, 211.

[34] See Omissi, *The Sepoy and the Raj*, pp. 87–90, 93–102.

[35] John R. McClane, *Indian Nationalism and the Early Congress* (Princeton: Princeton University Press, 1977), p. 4. Naoroji's famous essay "The Benefits of British Rule in India" is reprinted in Dadabhai Naoroji, *Essays, Speeches, Addresses and Writings* (Bombay: Caxton Printing Works, 1887), pp. 131–36.

[36] Ferguson, *Empire: How Britain Made the Modern World*, pp. 196–203; James, *Raj: The Making and Unmaking of British India*, pp. 349–51; Maria Misra, *Business, Race, and Politics in British India c. 1850–1960* (Oxford: Clarendon Press, 1999), pp. 41–42; Sumit Sarkar, *Modern India, 1885–1947* (New York: St. Martin's Press, 1989), p. 22; Wolpert, *A New History of India*, pp. 242–43, 253–54.

[37] Ferguson, *Empire: How Britain Made the Modern World*, pp. 204–15, 302–4; James, *Raj: The Making and Unmaking of British India*, pp. 343, 352, 359–63, 439–40, 456–58; Wolpert, *A New History of India*, pp. 248–51, 255, 265–66, 270–73, 289–91.

[38] Ferguson, *Empire: How Britain Made the Modern World*, pp. 326–28; James, *Raj: The Making and Unmaking of British India*, pp. 459–63, 471–73; Misra, *Business, Race, and Politics in British India*, pp. 86, 123–24, 145–47; Wolpert, *A New History of India*, pp. 297–302.

[39] On the increasingly inclusive policies of the government of India, see Misra, *Business, Race, and Politics in British India*, pp. 55, 123–24, 142–47, 163, 168–69, and on the contrasting intolerance of the Anglo-Indian business community, see pp. 5, 7–11, 123–29, 210–14.

[40] Ferguson, *Empire: How Britain Made the Modern World*, pp. 112–13, 348; Kennedy, *The Rise and Fall of the Great Powers*, pp. 367–68, 423–24.

[41] Ferguson, *Empire: How Britain Made the Modern World*, pp. 354–55.

PART THREE: THE FUTURE OF WORLD DOMINANCE

NINE: THE AMERICAN HYPERPOWER: TOLERANCE AND THE MICROCHIP

Epigraphs: Jefferson's quote can be found in Thomas Jefferson, *Notes on the State of Virginia*, William Peden, ed. (Chapel Hill: University of North Carolina Press, 1954), p. 159. The quote about the ENIAC computer is from *Popular Mechanics*, Mar. 1949, p. 258.

[1] See Niall Ferguson, *Colossus: The Price of America's Empire* (New York: Penguin, 2004), p. 15.

[2] Israel Zangwill, "The Melting Pot: Drama in Four Acts" (1908), in *From the Ghetto to the Melting Pot: Israel Zangwill's Jewish Plays*, Edna Nahshon, ed. (Detroit, Mich.: Wayne State University Press, 2006), p. 288.

[3] On the approach to religion taken by the "planting fathers," see Frank Lambert, *The Founding Fathers and the Place of Religion in America* (Princeton:Princeton University Press, 2003), chaps. 1–3, especially pp. 75–77, 101,111–13, 121, 129; the quotes in the text are from pp. 69, 76, 96. See also Sydney E. Ahlstrom's classic, *A Religious History of the American People*, 2nd ed. (New Haven: Yale University Press, 2004),

pp. 198–99, chaps. 9–11. On the Salem witch trials, see Paul Boyer and Stephen Nissenbaum, *Salem Possessed* (Cambridge, Mass.: Harvard University Press, 1974), and Peter Charles Hoffer, *The Salem Witchcraft Trials: A Legal History* (Lawrence: University Press of Kansas, 1997).

[4] My discussion of the Great Awakening relies heavily on Lambert, *The Founding Fathers and the Place of Religion in America*, pp. 128–29, 136–40, 143, 145, 151, 153–58. The quote from Chancellor Hardwicke can be found on p. 133. See also W. R. Ward, *The Protestant Evangelical Awakening* (Cambridge: Cambridge University Press, 1992).

[5] Jefferson, *Notes on the State of Virginia*, p. 160.

[6] Adam Smith's quote can be found in Lambert, *The Founding Fathers and the Place of Religion in America*, p. 9; John Adams's quote is on p. 219. See also pp. 8–10, 160–62, 178–79, 205–7, 236, 238.

[7] Ibid., pp. 239–40, 257–58, 260–61, 265–66.

[8] On the large number of slaves from West Africa who originally practiced Islam, see Michael A. Gomez, "Muslims in Early America," *The Journal of Southern History*, vol. 60, no. 4 (Nov. 1994), pp. 671, 685–86, 694; see generally Michael A. Koszegi and J. Gordon Melton, eds., *Islam in North America: A Sourcebook* (New York: Garland Publishing, 1992).

[9] 大部分来自西非的奴隶最初都信奉伊斯兰教。——编者注

[10] On Franklin's transformation, see the erudite and very readable book by Doron S. Ben-Atar, *Trade Secrets: Intellectual Piracy and the Origins of American Industrial Power* (New Haven: Yale University Press, 2004), pp. 58–61, 229–30n.24. Two excellent recent biographies are Walter Isaacson, *Benjamin Franklin: An American Life* (New York: Simon & Schuster, 2003), and Edmund S. Morgan, *Benjamin Franklin* (New Haven: Yale University Press, 2002).

[11] This section draws heavily on Ben-Atar, *Trade Secrets*, especially pp. 10, 12, 29–32, 52–53, 104–6, 115–18, 146. Jefferson is quoted on p. 37.

[12] Ibid., pp. 159–66, 186, 197–98, 201–4.

[13] Ibid., pp. xxi, 52–53, 152–53; Charles R. Geisst, *The Last Partnerships: Inside the Great Wall Street Money Dynasties* (New York: McGraw-Hill, 2001), pp. 283–85; John Steele Gordon, *An Empire of Wealth: The Epic History of American Economic Power* (New York: Harper Perennial, 2004), pp. 242–49; Cecyle S. Neidle, *The New Americans* (New York: Twayne Publishers, 1967), p. 62; Barry E. Supple, "A Business Elite: German-Jewish Financiers in Nineteenth-Century New York," *Business History Review*, vol. 31 (Summer 1957), pp. 143–50.

[14] See Sean P. Carney, "Irish Race in America," and Curtis B. Solberg, "The Scandinavians: Blueprint for Americanization," in Joseph M. Collier, ed., *American Ethnics and Minorities* (Los Alamitos, Calif.: Hwong Publishing Co., 1978), pp. 143, 219. Lincoln's quote can be found in Bill Ong Hing, *Defining America Through Immigration Policy* (Philadelphia: Temple University Press, 2004), p. 21.

[15] See Kristofer Allerfeldt, *Beyond the Huddled Masses: American Immigration and The Treaty of Versailles* (London: I. B. Tauris & Co., 2006), pp. 16–17; Roger Daniels and Otis L. Graham, *Debating American Immigration, 1882–Present* (Lanham, Md.: Rowman & Littlefield Publishers, 2001), p. 93; Carney, "Irish Race in America," and Bernard Eisenberg, "The German Americans," in *American Ethnics and Minorities*, pp. 183, 219; Lance E. Davis et al., *American Economic Growth: An Economist's History of the United States* (New York: Harper & Row, 1972), pp. 126, 173; Gordon, *An Empire of Wealth*, p. 243; Hing, *Defining America Through Immigration Policy*, pp. 25, 52; Stephan Thernstrom, ed., *Harvard Encyclopedia of American Ethnic Groups* (Cambridge, Mass.: Belknap Press, 1980), pp. 481–85; Gary M. Walton and Hugh Rockoff, *History of the American Economy*, 6th ed. (San Diego: Harcourt Brace Jovanovich, 1990), pp. 373–75; Gavin Wright, "The Origins of American Industrial Success, 1879–1940," *The American Economic Review*, vol. 80, no. 4 (Sept. 1990), pp. 651, 662. On the United States' territorial expansion and military successes against Mexico and France, see Robert Kagan, *Dangerous Nation: America's Place in the World from Its Earliest Days to the Dawn of the Twentieth Century* (New York: Alfred A. Knopf, 2006), pp. 181, 224–26, 234, 301–4.

[16] Roger Daniels, *Not Like Us: Immigrants and Minorities in America, 1890–1924* (Chicago: Ivan R. Dee, Inc., 1997), p. ix; Daniels and Graham, *Debating American Immigration*, pp. 12–18; Eric Foner, *Free Soil, Free Labor, Free Men* (Oxford: Oxford University Press, 1995), pp. 241–60; Neidle, *The New Americans*, p. 26. The population estimates are from Ahlstrom, *A Religious History of the American People*, pp. 564–65; and Kristofer Allerfeldt, *Race, Radicalism, Religion, and Restriction: Immigration in the Pacific Northwest, 1890–1924* (Westport, Conn.: Praeger, 2003), pp. 33–34.

[17] There is a large literature on the subject of party bosses and urban politics. My discussion draws principally on Daniel Patrick Moynihan, "The Irish of New York," in Laurence H. Fuchs, ed., *American Ethnic Politics* (New York: Harper & Row, 1968), pp. 77–83; Tyler Anbinder, " 'Boss' Tweed: Nativist,"

Journal of the Early Republic, vol. 15, no. 1 (Spring 1995), pp. 109–16; Elmer E. Cornwall, Jr., "Bosses, Machines, and Ethnic Groups," *Annals of the American Academy of Political and Social Science*, vol. 353 (May 1964), pp. 27–39; Humbert S. Nelli, "John Powers and the Italians: Politics in a Chicago Ward: 1896-1921," *The Journal of American History*, vol. 57, no. 1 (June 1970), pp. 67–84. See also Adam Cohen and Elizabeth Taylor, *American Pharaoh: Mayor Richard J. Daley: His Battle for Chicago and the Nation* (Boston: Little, Brown, and Co., 2000).

[18] See Kristofer Allerfeldt, *Race, Radicalism, Religion, and Restriction*, pp. 33–34. On America's "homegrown" religions, see Ahlstrom, *A Religious History of the American People*, pp. 387, 501–9, 805–24, 1020–26. For a general history of America's indigenous peoples, see Dee Brown, *Bury My Heart at Wounded Knee: An Indian History of the American West* (New York: Holt, Rinehart, and Winston, 1970); Edward Lazarus, *Black Hills, White Justice: The Sioux Nation Versus the United States, 1775 to the Present* (New York: HarperCollins, 1991).

[19] Max Boot, *The Savage Wars of Peace: Small Wars and the Rise of American Power* (New York: Basic Books, 2002), pp. 39, 62, 129; Kagan, *Dangerous Nation*, pp. 302–4; Paul Kennedy, *The Rise and Fall of the Great Powers: Economic Change and Military Conflict from 1500 to 2000* (New York: Vintage Books, 1989), p. 248.

[20] See Gordon, *An Empire of Wealth*, pp. 294, 310–11; William Pfaff, "Mani-fest Destiny: A New Direction for America," *New York Review of Books*, Feb. 15, 2007, pp. 54–55.

[21] Allerfeldt, *Beyond the Huddled Masses*, pp. 17, 21, 23, 109; Daniels and Graham, *Debating American Immigration*, pp. 12–18, 23–25, 27–28, 77, 129.

[22] Kennedy, *The Rise and Fall of the Great Powers*, pp. 178–80, 198–202, 242–43, 277, 357–60.

[23] See Ronald W. Clark, *The Birth of the Bomb* (New York: Horizon Press, 1961), pp. 1–3, 8–13; Martin J. Sherwin, *A World Destroyed: The Atomic Bomb and the Grand Alliance* (New York: Alfred A. Knopf, 1975), pp. 49–50; C. P. Snow, *The Physicists* (Boston: Little, Brown & Co., 1981), pp. 79–80.

[24] On the Soviet Union's deeply contradictory "nationalities" policy, see Valery Tishkov, *Ethnicity, Nationalism and Conflict In and After the Soviet Union: The Mind Aflame* (London: Sage Publications, 1997), pp. 27, 29–31; Francine Hirsch, "The Soviet Union as a Work-in-Progress: Ethnographers and the Category Nationality in the 1926, 1937, and 1939 Censuses," *Slavic Review*, vol. 56, no. 2 (1997), pp. 256, 264, 276; Yuri Slezkine, "The USSR as a Communal Apartment, or How a Socialist State Promoted Ethnic Particularism," *Slavic Review*, vol. 53, no. 2 (1994), pp. 416–21.

[25] On Soviet attacks on American racism and the U.S. response, see Mary L. Dudziak, *Cold War Civil Rights: Race and the Image of American Democracy* (Princeton: Princeton University Press, 2000), pp. 29–41.

[26] Ibid., pp. 179–80.

[27] Geoffrey Kabaservice, *The Guardians: Kingman Brewster, His Circle, and the Rise of the Liberal Establishment* (New York: Henry Holt & Co., 2004), pp. 65, 156, 174, 176, 259–60, 264, 267; Jerome Karabel, *The Chosen: The Hidden Story of Admission and Exclusion at Harvard, Yale, and Princeton* (Boston: Houghton Mifflin Co., 2005), pp. 364–67, 379, 392; Dan A. Oren, *Joining the Club: A History of Jews at Yale* (New Haven: Yale University Press, 1983), pp. 183–84, 272. On college graduation rates, see Nicole S. Stoops, *A Half-Century of Learning: Historical Census Statistics on Educational Attainment in the United States, 1940 to 2000* (Washington, D.C.: U.S. Census Bureau, Population Division, Education and Social Stratification Branch, 2006), p. 9, table 12a.

[28] Samuel P. Huntington, *Who Are We? The Challenges to America's National Identity* (New York: Simon & Schuster, 2004), pp. 196, 223–25.

[29] Max Boot, *War Made New: Technology, Warfare, and the Course of History: 1500 to Today* (New York: Gotham Books, 2006), pp. 318–22, 329. The quote is from Gen. Michael Dugan, cited on p. 321.

[30] My discussion of American economic dominance draws on Ferguson, *Colossus: The Price of America's Empire*, pp. 18–19; Gordon, *An Empire of Wealth*, pp. 416–18. George Soros's quote can be found in Joseph Kahn, "Losing Faith: Globalization Proves Disappointing," *New York Times*, Mar. 21, 2002, p. A8.

[31] My discussion of Eugene Kleiner draws on Rhonda Abrams, "Remembering Eugene Kleiner," *USA Today*, Nov. 26, 2003; "Eugene Kleiner: Obituary," *The Economist*, Dec. 6, 2003; and personal exchanges with Eugene Kleiner's sister-in-law, Dr. Sylvia Smoller. On Andrew Grove, see Tim Jackson, *Inside Intel: Andy Grove and the Rise of the World's Most Powerful Chip Company* (New York: Dutton, 1997), pp. 18–35, 69–76; Walter Isaacson, "The Microchip is the Dynamo of a New Economy . . . Driven by the Passion of Intel's Andrew Grove," *Time*, Dec. 29, 1997/ Jan. 5, 1998, pp. 46–51.

[32] Gordon, *An Empire of Wealth*, p. 418; Vivek Wadhwa, Anna Lee Saxenian, Ben Rissing, and Gary

Gereffi, "America's New Immigrant Entrepreneurs" (Masters of Engineering Management Program, Duke University, and School of Information, U.C. Berkeley, Jan. 4, 2007), pp. 4–5.

[33] Boot, *War Made New*, pp. 421–26.

TEN: THE RISE AND FALL OF THE AXIS POWERS: NAZI GERMANY AND IMPERIAL JAPAN

[1] Klaus P. Fischer, *Nazi Germany: A New History* (New York: Continuum, 1995), p. 459; William L. Shirer, *The Rise and Fall of the Third Reich: A History of Nazi Germany* (New York: Simon & Schuster, 1990), pp. 741–46; Anne O'Hare McCormick, "Europe: Hitler at Compiegne Opens Third Act of War," *New York Times*, June 22, 1940, p. 14.

[2] Fischer, *Nazi Germany*, pp. 419, 431–34, 452–54; Shirer, *The Rise and Fall of the Third Reich*, pp. 5, 625, 742.

[3] Theodore Abel, *Why Hitler Came into Power* (Cambridge, Mass.: Harvard University Press, 1938), pp. 30–32; Fischer, *Nazi Germany*, pp. 42–43, 62, 64–65; Gordon A. Craig, *Germany, 1866–1945* (Oxford, U.K.: Oxford University Press, 1980), pp. 424–27; Hans Mommsen, *The Rise and Fall of Weimar Germany* (Chapel Hill: University of North Carolina Press, 1998), pp. 76, 87, 94, 118; Michael Stürmer, *The German Empire* (London: Weidenfeld & Nicolson), pp. 102–4.

[4] Craig, *Germany, 1866–1945*, pp. 450–55, 543, 550–51, 585, 637; Daniel Jonah Goldhagen, *Hitler's Willing Executioners: Ordinary Germans and the Holocaust* (New York: Alfred A. Knopf, 1996), pp. 86–87; Mommsen, *The Rise and Fall of Weimar Germany*, pp. 158–60, 345–46, 354–55; Roderick Stackelberg and Sally A. Winkle, eds., *The Nazi Germany Sourcebook* (London: Routledge, 2002), p. 129.

[5] Craig, *Germany, 1866–1945*, pp. 550, 633–34; Stackelberg and Winkle, *The Nazi Germany Sourcebook*, p. 92.

[6] Craig, *Germany, 1866–1945*, pp. 635–36; Shirer, *The Rise and Fall of the Third Reich*, pp. 943–47, 973–74.

[7] See Lucy S. Dawidowicz, *The War Against the Jews, 1933–1945* (New York: Free Press, 1975), pp. 140–43; Miklos Nyiszli, *Auschwitz: A Doctor's Eyewitness Account* (New York: Arcade Publishing, 1993), pp. 37, 40; Michael Thad Allen, "The Devil in the Details: The Gas Chambers of Birkenau, October 1941," *Holocaust and Genocide Studies*, vol. 16 (Fall 2002), p. 208. On the vast bureaucracy devoted to the identification, classification, and ultimately extermination of "inferior" peoples, see generally Götz Aly and Karl Heinz Roth, *The Nazi Census: Identification and Control in the Third Reich* (Philadelphia: Temple University Press, 2004).

[8] George L. Mosse, *Nazi Culture: Intellectual, Cultural and Social Life in the Third Reich* (New York: Grosset & Dunlap, 1968), pp. 198–200; Fischer, *Nazi Germany*, pp. 541–45.

[9] Dawidowicz, *The War Against the Jews, 1933–1945*, p. 142; Shirer, *The Rise and Fall of the Third Reich*, pp. 939–40; "Timeline: Ukraine," BBC News, available at news.bbc.co.uk/2/hi/europe/1107869.stm.

[10] Shirer, *The Rise and Fall of the Third Reich*, pp. 937–39; Stackelberg and Winkle, *The Nazi Germany Sourcebook*, pp. xxvi, 46, 214–15; Gerhard L. Weinberg, *The Foreign Policy of Hitler's Germany: Diplomatic Revolution in Europe, 1933–36* (Chicago: University of Chicago Press, 1970), pp. 6–7, 12–13.

[11] Dawidowicz, *The War Against the Jews, 1933–1945*, p. 142; Shirer, *The Rise and Fall of the Third Reich*, p. 937; Stackelberg and Winkle, *The Nazi Germany Sourcebook*, pp. 294–95; Weinberg, *The Foreign Policy of Hitler's Germany*, pp. 6, 13.

[12] Fischer, *Nazi Germany*, p. 446; Shirer, *The Rise and Fall of the Third Reich*, pp. 718–20, 738–46. On the Nazis' fueling resistance in France, see Sarah Farmer, *Martyred Village: Commemorating the 1944 Massacre at Oradoursur- Glane* (Berkeley and Los Angeles: University of California Press, 1999), pp. 13–35, 39–41, 60–61; Oliver Wieviorka, "France," in Bob Moore, ed., *Resistance in Western Europe* (Oxford, U.K.: Berg, 2000), pp. 125–28, 132–34, 145.

[13] John W. Dower, *War Without Mercy: Race and Power in the Pacific War* (New York: Pantheon Books, 1986), pp. 7–9, 272–81; Ramon H. Myers and Mark R. Peattie, eds., *The Japanese Colonial Empire, 1895–1945* (Princeton: Princeton University Press, 1984), pp. 124–25.

[14] See Dower, *War Without Mercy*, pp. 203–5, 217.

[15] Ibid., pp. 208–10.

[16] Mark R. Peattie, *Nan'Yō⁻ : The Rise and Fall of the Japanese in Micronesia, 1885–1945* (Honolulu: University of Hawaii Press, 1988), pp. 113–14, 116.

[17] Peter Duus, *The Abacus and the Sword: The Japanese Penetration of Korea, 1895–1910* (Berkeley and Los Angeles: University of California Press, 1995), pp. 397–98 (quoting Arakawa Goro⁻).

[18] Duus, *The Abacus and the Sword*, pp. 402–7.
[19] Dower, *War Without Mercy*, pp. 211–17.
[20] Ibid., pp. 25, 36, 278–79; Mikiso Hane, *Japan* (New York: Charles Scribner's Sons, 1972), p. 453.
[21] Dower, *War Without Mercy*, pp. 277–78; Naitou Hisako, "Korean Forced Labor in Japan's Wartime Empire," in Paul H. Kratoska, ed., *Asian Labor in the Wartime Japanese Empire* (Armonk, N.Y.: M. E. Sharpe, 2005), pp. 90, 95; Andrew C. Nahm, *Korea: Tradition and Transformation* (Elizabeth, N.J.: Hollym International Corporation, 1988), pp. 239, 250, 255–56.
[22] Dower, *War Without Mercy*, pp. 6–7, 46; Ken'ichi Goto, *Tensions of Empire*, Paul Kratoska, ed. (Athens, Ohio: Ohio University Press, 2003), pp. 9, 44,78; Gregory Clancey, "The Japanese Imperium and South-East Asia," in Paul H. Kratoska, ed., *Southeast Asian Minorities in the Wartime Japanese Empire* (London: Routledge Curzon, 2002), pp. 7, 10; R. Murray Thomas, "Educational Remnants of Military Occupation," in Wolf Mendl, ed., *Japan and Southeast Asia* (London: Routledge, 2001), pp. 372–78.
[23] Dower, *War Without Mercy*, pp. 43–48, 296; *Asian Labor in the Wartime Japanese Empire*, pp. 129–46, 197. On the Japanese occupation of Singapore, see C. M. Turnbull, *A History of Singapore, 1819–1988*, 2nd ed. (Sin-gapore: Oxford University Press, 1989), pp. 183–201; Shimizu Hiroshi and Hirakawa Hiroshi, *Japan and Singapore in the World Economy* (London: Routledge, 1999), pp. 7–11, 52–53, 71, 113–30; Yoji Akashi, "Japanese Policy Towards the Malayan Chinese 1941–1945," *Journal of Southeast Asian Studies*, vol. 1, no. 2 (Sept. 1970), pp. 66–89.
[24] See, e.g., Anton Lucas, "Local Opposition and Underground Resistance to the Japanese in Java, 1942–1945," *Pacific Affairs*, vol. 60, no. 3 (Autumn 1987), pp. 542–43.
[25] Joseph W. Ballantine, *Formosa* (Washington, D.C.: Brookings Institution, 1952), pp. 25, 33, 36–37; Myers and Peattie, *The Japanese Colonial Empire*, pp. 30–41, 279–89.
[26] Gary Marvin Davison, *A Short History of Taiwan: The Case for Independence* (Westport, Conn.: Praeger Publishers, 2003), pp. 52, 54, 61–65, 67,70; Denny Roy, *Taiwan: A Political History* (Ithaca, N.Y.: Cornell University Press, 2003), pp. 32–45.

ELEVEN: THE CHALLENGERS: CHINA, THE EUROPEAN UNION, AND INDIA IN THE TWENTY-FIRST CENTURY

Epigraphs: The Shanghainese optimist is quoted in Clyde Prestowitz, *Three Billion New Capitalists: The Great Shift of Wealth and Power to the East* (New York: Basic Books, 2005), p. 225. The Leonard quote is from Mark Leonard, *Why Europe Will Run the 21st Century* (London: Fourth Estate, 2005), pp. 3–4.

[1] See, for example, "U.S. Image Up Slightly, But Still Negative," Pew Global Attitudes Project, released June 23, 2005, available at pewglobal.org/reports/ display.php?ReportID=247; "U.S. Draws Negative Ratings in Poll," Associated Press, Mar. 5, 2007, available at news.yahoo.com.
[2] Michael Elliott, "The Chinese Century," *Time*, Jan. 22, 2007, pp. 33–42.
[3] Ted C. Fishman, *China, Inc.: How the Rise of the Next Superpower Challenges America and the World* (New York: Scribner, 2005), pp. 1–2; Prestowitz, *Three Billion New Capitalists*, pp. 19, 26, 61; Oded Shenkar, *The Chinese Century: The Rising Chinese Economy and Its Impact on the Global Economy, the Balance of Power, and Your Job* (Upper Saddle River, N.J.: Wharton School Publishing, 2005), pp. 3, 20, 59, 114; Dominic Wilson and Roopa Purushothaman, "Dreaming with BRICs: The Path to 2050," Global Economics Paper No. 99 (Goldman Sachs Group, Oct. 1, 2003), p. 6; Lester R. Brown, "China Replacing the United States as World's Leading Consumer," Earth Policy Institute Eco-Economy Update, Feb. 16, 2005, available at www.earth-policy.org/Updates/Update45.htm.
[4] Elliott, "The Chinese Century," pp. 33–34, 37–38, 42; Stephen M. Walt, "Taming American Power," *Foreign Affairs*, vol. 84, no. 5 (Sept./Oct. 2005), p. 25.
[5] There is a large and fascinating literature on the factors contributing to China's remarkable history of unity. For some contrasting views, see, for example, Michael Ng-Quinn, "National Identity in Premodern China: Formation and Role Enactment," James Watson, "Rites or Beliefs? The Construction of a Unified Culture in Late Imperial China," and the other excellent essays in Lowell Dittmer and Samuel S. Kim, eds., *China's Quest for National Identity* (Ithaca, N.Y.: Cornell University Press, 1993), pp.32–61, 80–103.
[6] Lynn White and Li Cheng, "China Coast Identities: Regional, National, and Global," in *China's Quest for National Identity*, pp. 154, 163–70; Edward Friedman, "Reconstructing China's National Identity: A Southern Alternative to Mao-Era Anti-Imperialist Nationalism," *Journal of Asian Studies*, vol. 53 (Feb. 1994), pp. 67, 68, 80–85.
[7] See David Yen-ho Wu, "The Construction of Chinese and Non-Chinese Identities," in Tu Wei-Ming, ed.,

The Living Tree: The Changing Meaning of Being Chinese Today (Palo Alto: Stanford University Press, 1994), pp. 148, 155–60; Dru C. Gladney, ed., *Making Majorities: Constituting the Nation in Japan, Korea, China, Malaysia, Fiji, Turkey, and the United States* (Palo Alto: Stanford University Press, 1998), pp. 115–18; Friedman, "Reconstructing China's National Identity," pp. 85–87.

[8] My own book on Chinese and other "market-dominant minorities" is Amy Chua, *World on Fire: How Exporting Free Market Democracy Breeds Ethnic Hatred and Global Instability* (New York: Doubleday, 2003). The Chinese in Southeast Asia are discussed in chapter 1.

[9] Shenkar, *The Chinese Century*, p. 75; Rebecca Pollard Pierik, "Learning in China—Free Market Style," *Harvard Graduate School of Education News*, Oct. 1, 2003.

[10] See, e.g., Jun Wang, "The Return of the 'Sea Turtles': Reverse Brain Drain to China," *New America Media* (Sept. 26, 2005), available at www.chinadaily.com.cn/english/doc/2005-09/27/content_481163.htm.

[11] "Expats See Salaries Increase by 4%," *China Daily*, Dec. 8, 2005; "Westerners in Shanghai Who Are a Little Wistful for the Old Days in China When Investment and Growth Were Just Starting to Explode in the Country," Minnesota Public Radio broadcast, Jan. 19, 2006.

[12] See "Expats See Salaries Increase by 4%."

[13] 1980 年通过的《中华人民共和国国籍法》(the Nationality Law of the People's Republic of China) 相关条款规定，外国人"经申请批准后"可以获得中国国籍，但是该法对于他们的权利或权益没有提供详细内容（该法第八条）。

[14] Yen Ching Hwang, *The Overseas Chinese and the 1911 Revolution, with Special Reference to Singapore and Malaya* (New York and Kuala Lumpur: Oxford University Press, 1976), p. 149; Prasenjit Duara, "Nationalists Among Transnationals: Overseas Chinese and the Idea of China, 1900– 1911," in Aihwa Ong and Donald Nonini, eds., *Ungrounded Empires: The Cultural Politics of Modern Chinese Transnationalism* (New York: Routledge, 1997), pp. 53–54.

[15] 我这里所说的"海外华人"，主要是指在海外生活的中国公民，以及中国裔的外国公民。

[16] Wu, "The Construction of Chinese and Non-Chinese Identities," pp. 148–60; Frank Vogl and James Sinclair, *Boom: Visions and Insights for Creating Wealth in the 21st Century* (Chicago: Irwin Professional Publishing, 1996), p. 28.

[17] Paul J. Bolt, "Looking to the Diaspora: The Overseas Chinese and China's Economic Development, 1978–1994," *Diaspora*, vol. 5, no. 3 (1996), pp. 467–80; Murray Weidenbaum, "The Chinese Family Business Enterprise," *California Management Review*, vol. 38, no. 4 (Summer 1996), p. 141.

[18] Bolt, "Looking to the Diaspora," pp. 475–76; Nicholas R. Lardy, "The Role of Foreign Trade and Investment in China's Economic Transformation," *China Quarterly*, no. 144 (Dec. 1995), pp. 1,065, 1,067. On Shing-Tung Yau, see Sylvia Nasar and David Gruber, "Annals of Mathematics: Manifold Destiny," *The New Yorker*, Aug. 28, 2006, pp. 44–57.

[19] Timothy Garton Ash, *Free World: America, Europe, and the Surprising Future of the West* (New York: Random House), p. 52; Denis Staunton, "The Lights Go Up All Over a New Europe," *Irish Times*, May 1, 2004, p. 10; "EU Celebrates Historic Moment," BBC News, May 1, 2004, available at news.bbc.co.uk/1/hi/world/europe/3672813.stm.

[20] Desmond Dinan, *Europe Recast: A History of the European Union* (Boulder, Colo.: Lynne Rienner Publishers, 2004), p. 1; John McCormick, *Understanding the European Union: A Concise Introduction*, 3rd ed. (New York: St. Martin's Press, 1999), pp. 35–38.

[21] Michael J. Baun, *An Imperfect Union: The Maastricht Treaty and the New Politics of European Integration* (Boulder, Colo.: Westview Press, 1996), pp. 11–15.

[22] Mark Leonard, *Why Europe Will Run the 21st Century*, pp. 13–15; Julian Brookes, Interview with Mark Leonard, Oct. 18, 2005, available at www.motherjones.com/news/qa/2005/10/mark_leonard.html.

[23] T. R. Reid, *The United States of Europe: The New Superpower and the End of American Supremacy* (New York: Penguin Books, 2005), pp. 20, 145–51.

[24] Ash, *Free World: America, Europe, and the Surprising Future of the West*, p. 47 (quoting and paraphrasing Jürgen Habermas and Jacques Derrida).

[25] Adrian Favell and Randall Hansen, "Markets Against Politics: Migration, EU Englargement and the Idea of Europe," *Journal of Ethnic and Migration Studies*, vol. 28, no. 4 (Oct. 2002), pp. 582, 591–92.

[26] "Immigration to the United States: Brains and Borders," *The Economist*, May 6, 2006, p. 53; Brian Knowlton, "EU and U.S. Face Reality of Immigration; Tides of People Spark a Trading of Ideas," *International Herald Tribune*, June 30, 2006, p. 2.

[27] Carter Dougherty, "Labor Shortage Becoming Acute in Technology," *New York Times*, Mar. 10, 2007, pp. C1, C7; Fareed Zakaria, "To Become an American," *Washington Post*, Apr. 4, 2006, p. A23.

[28] Jane Kramer, "Taking the Veil: How France's Public Schools Became the Battleground in a Culture War," *The New Yorker*, Nov. 22, 2004, p. 60; Robert S. Leiken, "Europe's Angry Muslims," *Foreign Affairs*, vol. 84, no. 4 (July/Aug. 2005); Lorenzo Vidino, "Dutch Get Tougher on Terror," *Washington Times*, Mar. 15, 2006, p. A17.

[29] Ash, *Free World: America, Europe, and the Surprising Future of the West*, p. 53; Jens Rydgren, "Explaining the Emergence of Radical Right-Wing Populist Parties: The Case of Denmark," *West European Politics*, vol. 27, no. 3 (May 2004), pp. 474, 485; Ambrose Evans-Pritchard, "Atheist Premier Attacks Lack of Christianity in EU Constitution," Telegraph.co.uk, June 4, 2003; John Rossant, "Turkey's EU Bid: Resistance Is on the Line," *Business Week*, Feb. 9, 2004, p. 57.

[30] Lindsey Rubin, "Love's Refugees: The Effects of Stringent Danish Immigration Policies on Danes and Their Non-Danish Spouses," *Connecticut Journal of International Law*, vol. 20 (Summer 2005), pp. 320, 324, 327–28; "Denmark Shifts to Right in Election Centering on Immigration," *New York Times*, Nov. 21, 2001, p. A6; "The Danish Peoples Party: History," at www .danskfolkeparti.dk/sw/frontend/show. asp?parent=3293.

[31] See, for example, Ian Buruma, "Letter from Amsterdam: Final Cut," *The New Yorker*, Jan. 3, 2005, p. 26; Jane Kramer, "Comment: Difference," *The New Yorker*, Nov. 21, 2005, pp. 41–42.

[32] American Council on Education, "Issue Brief: Students on the Move: The Future of International Students in the United States," Oct. 2006, pp. 4–5, 9, available at www.acenet.edu/programs/international. See also the comprehensive reports and data tables available on the Web site of the Institute of International Education, www.opendoors.iienetwork.org.

[33] Prestowitz, *Three Billion New Capitalists*, p. 144.

[34] Paul McDougall and Aaron Ricadela, "India Calls Its Talent Home," *Information Week*, Mar. 13, 2006, p. 24; Fareed Zakaria, "India Rising," *Newsweek*, Mar. 6, 2006, p. 32; "The Great Indian Hope Trick," *The Economist*, Feb. 23, 2006, pp. 29–31.

[35] Judith E. Walsh, *A Brief History of India* (New York: Facts on File, 2006), pp. 267–68.

[36] Rachel Aspden, "The Bangalore Effect," *New Statesman*, Jan. 30, 2006, p. 26; Pankaj Mishra, "The Myth of the New India," *New York Times*, July 6, 2006, p. 21; "The Great Indian Hope Trick," pp. 29–31.

[37] Stephen Philip Cohen, *India: Emerging Power* (Washington, D.C.: Brookings Institution, 2001), p. 29; Mishra, "The Myth of the New India," p. 21.

[38] The World Bank, *World Development Report 2006: Equity and Development* (Washington, D.C.: The World Bank, 2005), p. 278, table A1; The World Bank, *India and the Knowledge Economy: Leveraging Strengths and Opportunities*, report no. 31267-IN, Apr. 2005, p. 4; "The Great India Hope Trick," pp. 29–31.

[39] Pankaj Mishra, "A New Sort of Superpower," *New Statesman*, Jan. 30, 2006, pp. 20, 22; Ziauddin Sardar, "Haunted by the Politics of Hate," *New Statesman*, Jan. 30, 2006, p. 31.

[40] Amartya Sen, *The Argumentative Indian: Writings on Indian History, Culture, and Identity* (New York: Farrar, Straus & Giroux, 2005), pp. 18, 32, 47, 274, 303–4.

[41] Cohen, *India: Emerging Power*, p. 120; Walsh, *A Brief History of India*, pp. 276–77, 281; Human Rights Watch, *World Report 2003*, available at hrw .org/wr2k3/asia6.html.

[42] Karol Zemek, "India by Numbers," *New Statesman*, Jan. 30, 2006, p. 22.

[43] Neha Bhayana, "Bright Young Lights," *New Statesman*, Jan. 30, 2006, p. 36; Gurcharan Das, "The India Model," *Foreign Affairs*, vol. 85, no. 4 (July/ Aug. 2006), p. 9; Edward Luce, "One Land, Two Planets," *New Statesman*, Jan. 30, 2006, pp. 23–25.

[44] See, e.g., Yasheng Huang and Tarun Khanna, "Can India Overtake China?," *Foreign Policy*, July/Aug. 2003, p. 74.

[45] "Great Indian Hope Trick," p. 290.

TWELVE: THE DAY OF EMPIRE: LESSONS OF HISTORY

Epigraph: The quoted passage is from "Four Quartets: Little Gidding," in T. S. Eliot, *The Complete Poems and Plays, 1909–1950* (New York: Harcourt, Brace & World, Inc., 1971), p. 145.

[1] See Francis Fukuyama, *The End of History and the Last Man* (New York: Avon Books, 1992); Thomas L. Friedman, *The Lexus and the Olive Tree* (New York: Anchor Books, 2000), pp. ix, xvi, 12.

[2] See Josef Joffe, *Überpower: The Imperial Temptation of America* (New York: W. W. Norton, 2006), pp. 38–39, 43–44.

[3] Office of the President, "The National Security Strategy of the United States of America," Sept. 2002,

available at www.whitehouse.gov/nsc/nss.pdf.

[4] See Thomas L. Friedman, "Axis of Appeasement," *New York Times*, Mar. 18, 2004, p. 33; Christopher Hitchens, "Against Rationalization," *The Nation*, vol. 273, no. 10 (Oct. 8, 2001), p. 8; Bill Van Auken, "Friedman on Iraq: The 'Thinking' Behind the *New York Times* Debate," Oct. 25, 2005, available at www.wsws.org/articles/2005/oct2005/frie-o25.shtml.

[5] See Niall Ferguson, *Colossus: The Price of America's Empire* (New York: Penguin, 2004), pp. 3, 301–2; Deepak Lal, *In Praise of Empires: Globalization and Order* (New York: Palgrave Macmillan, 2004), p. 215; Irving Kristol, "The Neoconservative Persuasion," *Weekly Standard*, Aug. 25, 2003, pp. 23–25; Max Boot, "The Case for American Empire," *Weekly Standard*, Oct. 15, 2001, p. 27.

[6] See, e.g., Kenneth M. Pollack, "Spies, Lies, and Weapons: What Went Wrong," *The Atlantic Monthly*, Jan./Feb. 2004, pp. 78–92.

[7] Jeffrey M. Jones, "Bush Approval Rating Remains Low," Gallup News Service, Mar. 6, 2007; "Poll: Iraq Going Badly and Getting Worse," CBS News, Dec. 11, 2006, available at www.cbsnews.com/stories/2006/12/11/opinion/polls/printable2247797.shtml.

[8] Pierre Briant, *From Cyrus to Alexander: A History of the Persian Empire*, Peter T. Daniels, trans. (Winona Lake, Ind.: Eisenbrauns, 2002), p. 193.

[9] Craige B. Champion, *Roman Imperialism: Readings and Sources* (Malden, Mass.: Blackwell Publishing, 2004), pp. 30–33, 50–51, 164–70; Michael Grant, *The History of Rome* (London: Faber and Faber, 1979), p. 237.

[10] See C. R. Boxer, *The Dutch Seaborne Empire: 1600–1800* (New York: Alfred A. Knopf, 1965), pp. xxv, 188, 190, 194, 198, 220.

[11] Immanuel Wallerstein, *Mercantilism and the Consolidation of the European World-Economy, 1600–1750*, vol. 2 of *The Modern World-System* (San Diego: Academic Press, 1980), pp. 45, 63–64.

[12] Max Boot, *The Savage Wars of Peace: Small Wars and the Rise of American Power* (New York: Basic Books, 2002), p. 55.

[13] Niall Ferguson, *Colossus: The Price of America's Empire*, p. 33.

[14] John Steele Gordon, *An Empire of Wealth: The Epic History of American Economic Power* (New York: HarperPerennial, 2004), pp. xiv–xv, 341n.4 & 368n.12.

[15] Niall Ferguson, *Empire: How Britain Made the Modern World* (London: Allen Lane, 2003), pp. 164, 302, 325, 341; Lawrence James, *Raj: The Making and Unmaking of British India* (London: Little, Brown and Company, 1997), pp. 352, 439, 456.

[16] Briant, *From Cyrus to Alexander*, p. 868.

[17] See Joffe, *Überpower: The Imperial Temptation of America*, pp. 77–78; Thomas Olmstead, Bay Fang, Eduardo Cue, and Masha Gessen, "A World of Resentment," *U.S. News & World Report*, Mar. 5, 2001, p. 32.

[18] Stephen M. Walt, "Taming American Power," *Foreign Affairs*, vol. 84, no. 5 (Sept./Oct. 2005), p. 105; Survey Results: "America's Image Further Erodes, Europeans Want Weaker Ties," Mar. 18, 2003, available on the Pew Foundation Web site.

[19] "U.S. Draws Negative Ratings in Poll," Associated Press, Mar. 5, 2007, available on Yahoo.news.

[20] Olmstead, Fang, Cue, and Gessen, "A World of Resentment," p. 32.

[21] Samuel P. Huntington, *Who Are We? The Challenges to America's National Identity* (New York: Simon & Schuster, 2004), pp. 20, 69, 75; Transcript of "Lou Dobbs Tonight," aired Mar. 31, 2006, available at transcripts.cnn.com/TRANSCRIPTS/0603/31/ldt.01.html.

[22] Anita Kumar and Vanessa de la Torre, "Work Here, Send Money Home," *St.Petersburg Times*, May 10, 2006, p. 1A.

[23] Kevin Allison, "Visa Curbs Are Damaging Economy, Warns Gates," *Financial Times*, Mar. 8, 2007, p. 7; Testimony of Laszlo Bock, Vice President, People Operations, Google, Inc., before the House Judiciary Subcommittee on Immigration, Citizenship, Refugees, Border Security, and International Law, June 6, 2007, available at 64.233.179.110/blog_resources/Laszlo_Bock_immigration_testimony.pdf.

BIBLIOGRAPHY

参考文献

Abraham Eraly, *The Mughal Throne: The Saga of India's Great Emperors* (London: Weidenfeld & Nicolson, 1997)
Amartya Sen, *The Argumentative Indian* (London: Penguin, 2005)
Anthony Pagden, *Peoples and Empires* (London: Weidenfeld & Nicolson,2001)
Anthony R. Birley, *Hadrian: The Restless Emperor* (London: Routledge, 1997)
Antony Kamm, *Julius Caesar: A Life* (London:Routledge, 2006)
Arthur Herman, *How the Scots Invented the Modern World: The True Story of How Western Europe's Poorest Nation Created Our World and Everything in It* (New York: Three Rivers Press, 2001)
Averil Cameron, *The Later Roman Empire* (London: Fontana Press, 1993)
Avigdor Levy, ed., *The Jews of the Ottoman Empire*(Princeton: Darwin Press, 1994)
A. T. Olmstead ,*History of the Persian Empire* (Chicago: University of Chicago Press, 1948)

Bat Ye'or, *The Dhimmi: Jews and Christians Under Islam*,trans. David Maisel, Paul Fenton, and David Littman (Rutherford, N.J.: Fairleigh Dickinson University Press, 1985)
Benjamin Braude and Bernard Lewis, eds., *Christians and Jews in the Ottoman Empire: The Functioning of a Plural Society*, vol. 1 (New York: Holmes & Meier Publishers, 1982)
Bertold Spuler, *The Muslim World: A Historical Survey* (Leiden: E. J. Brill, 1969)
Bill Ong Hing, *Defining America Through Immigration Policy*(Philadelphia: Temple University Press, 2004)
Bruce Masters,*Christians and Jews in the Ottoman Arab World: The Roots of Sectarianism* (Cambridge: Cambridge University Press, 2001)

Charles Wilson, *The Dutch Republic and the Civilisation of the Seventeenth Century* (New York: McGraw-Hill, 1968)
Charles O.Hucker, *China's Imperial Past* (Palo Alto: Stanford University Press, 1975)
Christopher S.Mackay, *Ancient Rome: A Military and Political History* (Cambridge: Cambridge University Press, 2004)
Clyde Prestowitz, *Three Billion New Capitalists: The Great Shift of Wealth and Power to the East* (New York: Basic Books, 2005)
Conrad Schirokauer, *A Brief History of Chinese and Japanese Civilizations*, 2nd ed. (New York: Harcourt Brace & Co., 1989)
Colin Wells, *The Roman Empire* (Cambridge, Mass.: Harvard University Press, 2004)
Craige B. Champion, ed., *Roman Imperialism: Readings and Sources* (Malden,Mass.: Blackwell Publishing, 2004)
C. P. Fitzgerald, *China: A Short Cultural History* (New York: Frederick A. Praeger, 1954)
C. R. Boxer, *The Dutch Seaborne Empire, 1600–1800* (New York: Alfred A.Knopf, 1965)

David Morgan, *The Mongols* (Oxford: Basil Blackwell, 1990)
David Nirenberg, *Communities of Violence: Persecution of Minorities in the Middle Ages* (Princeton: Princeton University Press, 1996)
Dee Brown, *Bury My Heart at Wounded Knee: An Indian History of the American West* (New York: Holt, Rinehart, and Winston, 1970)
Dru C. Gladney, ed., *Making Majorities: Constituting the Nation in Japan, Korea, China, Malaysia, Fiji, Turkey, and the United States*(Palo Alto: Stanford University Press, 1998)

Edward Gibbon,*The History of the Decline and Fall of the Roman Empire*, vol. 1 (1776;reprint, London: Allen Lane 1994)
Edwin G. Pulleyblank ,*Essays on Tang and Pre-Tang China*(Hampshire, U.K.: Ashgate, Aldershot, 2001)
Edmund Capon, *Tang China: Vision and Splendour of a Golden Age*(London:Macdonald & Co., 1989)
Edward Friedman, "Reconstructing China's National Identity: A Southern Alternative to Mao-Era Anti-Imperialist Nationalism,"*Journal of Asian Studies*, vol. 53 (Feb. 1994)
Edward Lazarus, *Black Hills,White Justice: The Sioux Nation Versus the United States, 1775 to the Present* (New York: HarperCollins, 1991)
Elie Kedourie, ed., *Spain and the Jews: The Sephardi Experience 1492 and After* (London: Thames and Hudson, 1992)
Enno Franzius, *History of the Byzantine Empire: Mother of Nations*(New York: Funk & Wagnalls, 1967)

Fergus Millar, ed., *The Roman Empire and Its Neighbours*(New York: Delacorte Press, 1967)

Francis Fukuyama, *The End of History and the Last Man* (New York:Avon Books, 1992)
Frank Lambert, *The Founding Fathers and the Place of Religion in America* (Princeton:Princeton University Press, 2003)
Gary Marvin Davison,*A Short History of Taiwan: The Case for Independence* (Westport, Conn.: Praeger Publishers, 2003)
Gavin Menzies, *1421: The Year China Discovered America* (New York: HarperCollins, 2003)
George L. Mosse, *Nazi Culture: Intellectual, Cultural and Social Life in the Third Reich* (New York: Grosset & Dunlap, 1968)
G. F. Hudson, *Europe and China*(London:Edward Arnold & Co., 1931)
G. R. Hawting, *The First Dynasty of Islam: The Umayyad Caliphate AD 661–750*, 2nd ed. (London: Routledge, 2000)
Guy MacLean Rogers, *Alexander: The Ambiguity of Greatness* (New York: Random House, 2004)
Harbans Mukhia, *The Mughals of India* (Malden, Mass.: Blackwell Publishing, 2004)
Harold Lamb, *Genghis Khan: The Emperor of All Men* (New York: Robert M. McBride & Co.,1927)
Ian Worthington,ed., *Alexander the Great: A Reader* (London: Routledge, 2003)
Immanuel Wallerstein, *The Second Era of Great Expansion of the Capitalist World-Economy, 1730–1840s*, vol. 3 of *The Modern World-System* (San Diego: Academic Press, 1989)
Immanuel Wallerstein, *Mercantilism and the Consolidation of the European World-Economy, 1600–1750*, vol. 2 of *The Modern World-System* (San Diego: Academic Press, 1980)

Jacques Gernet, *A History of Chinese Civilization*, J. R. Forster, trans. (Cambridge:Cambridge University Press, 1989)
Jack Weatherford, *Genghis Khan and the Making of the Modern World* (New York: Crown Publishers, 2004)
James Lydon, *The Making of Ireland* (London: Routledge, 1998)
J.C.H. Blom, R. G. Fuks-Mansfeld, and I.Schöffer, eds., *The History of the Jews in the Netherlands* (Oxford: Littman Library of Jewish Civilization,2002)
J. J.Saunders, *The History of the Mongol Conquests* (London: Routledge &Kegan Paul, 1971)
J. K. Fairbank and S. Y. Teng, "On the Ch'ing Tributary System," *Harvard Journal of Asiatic Studies*, vol. 10, no. 2 (June 1941)
J. L. van Zanden, *The Rise and Decline of Holland's Economy* (Manchester: Manchester University Press, 1993)
J. M. Roberts, *The New History of the World* (Oxford:Oxford University Press, 2003)
Jonathan I. Israel, *Empires and Entrepots: The Dutch, the Spanish Monarchy and the Jews, 1585–1713* (London: Hambledon Press, 1990)
John F. Richards, *The Mughal Empire, The New Cambridge History of India* (Cambridge: Cambridge University Press, 1993)
John Freely, *Inside the Seraglio: Private Lives of the Sultans in Istanbul* (London: Viking, 1999)
John Giuseppi, *The Bank of England: A History from Its Foundation in 1694* (Chicago: Henry Regnery Co., 1996)
John Steele Gordon, *An Empire of Wealth: The Epic History of American Economic Power*(New York: HarperPerennial, 2004)
John W. Dower, *War Without Mercy: Race and Power in the Pacific War* (New York: Pantheon Books, 1986)
Jonathan I. Israel, *The Dutch Republic: Its Rise, Greatness, and Fall, 1477–1806*(Oxford: Clarendon Press, 1995)

Jonathan I. Israel, *European Jewry in the Age of Mercantilism,1550–1750*, 2nd ed. (Oxford: Clarendon Press, 1989)
Jonathan Scott, "What the Dutch Taught Us: The Late Emergence of the Modern British State," *Times Literary Supplement*, Mar. 16, 2001, p. 6
Josef Wiesehöfer, *Ancient Persia:From 550 BC to 650 AD* (London: I. B. Tauris Publishers, 1996)
Joseph M. Collier, ed.,*American Ethnics and Minorities* (Los Alamitos, Calif.: Hwong Publishing Co., 1978)
Julian Brookes, Interview with Mark Leonard, Oct. 18, 2005
Karel Davids and Jan Lucassen, eds., *A Miracle Mirrored: The Dutch Republic in European Perspective* (Cambridge: Cambridge University Press, 1995)
Kevin Allison, "Visa Curbs Are Damaging Economy, Warns Gates," *Financial Times*, Mar. 8, 2007
Klaus P. Fischer, *Nazi Germany: A New History* (New York: Continuum,1995)
Kristofer Allerfeldt, *Race,Radicalism, Religion, and Restriction: Immigration in the Pacific Northwest,1890–1924* (Westport, Conn.: Praeger, 2003)

Linda Colley, *Britons: Forging the Nation, 1707–1837* (New Haven: Yale University Press, 1992)
Lucien,*How to Write History* (Harvard: University of Harvard Press,1959)

Mark Leonard, *Why Europe Will Run the 21st Century* (London: Fourth Estate, 2005)
Metin Kunt and Christine Woodhead, eds.,*Süleyman the Magnificent and His Age: The Ottoman Empire in the Early Modern World* (London: Longman, 1995)
Michael Grant, *The History of Rome* (London: Faber and Faber, 1979)
Michael Elliott, "The Chinese Century," *Time*, Jan. 22, 2007
Montesquieu, *Considerations on the Causes of the Greatness of the Romans and Their Decline* (New York: The Free Press, 1965)
M. Rostovtzett, *Rome* (New York:Oxford University Press, 1960)
Muzaffar Alam and Sanjay Subrahmanyam, eds.,*The Mughal State, 1526–1750* (Delhi: Oxford University Press, 1998)

Niall Ferguson, *Colossus: The Price of America's Empire* (New York:Penguin, 2004)
Niall Ferguson, *Empire: How Britain Made the Modern World* (London: Allen Lane, 2003)
Naphtali Lewis and Meyer Reinhold, *Roman Civilization, Selected Readings*, 3rd ed., vol. 2 (New York: Columbia University Press, 1990)

Paul Kennedy, *The Rise and Fall of the Great Powers: Economic Change and Military Conflict from 1500 to 2000* (New York: Vintage Books, 1989)
Peter Garnsey and Richard Saller, *The Roman Empire: Economy, Society,and Culture* (Berkeley and Los Angeles: University of California Press, 1987)
Peter Green, *Alexander of Macedon,356–323 BC: A Historical Biography*(Berkeley and Los Angeles: University of California Press, 1991)
Peter Heather, *The Fall of the Roman Empire* (London: Macmillan, 2005)
Percy Sykes, *A History of Persia*(London: MacMillan and Co., 1930)

Philip Snow, *The Star Raft: China's Encounter with Africa* (New York: Weidenfeld & Nicolson,1988)

Pierre Briant, *From Cyrus to Alexander: A History of the Persian Empire* (Winona Lake, Ind.: Eisenbrauns, 2002)

Richard N. Frye, *The Heritage of Persia* (London: Weidenfeld & Nicolson, 1962)

Simon Schama, *The Embarrassment of Riches: An Interpretation of Dutch Culture in the Golden Age* (New York: Alfred A. Knopf, 1987)

Sri Ram Sharma, *The Religious Policy of the Mughal Emperors* (Bombay: Asia Publishing House,1972)

Sydney E. Ahlstrom, *A Religious History of the American People*,2nd ed. (New Haven: Yale University Press, 2004)

Thomas J. Barfield, *The Perilous Frontier: Nomadic Empires and China* (Cambridge, Mass.: Basil Blackwell, 1989)

Thomas Colley Grattan,*Holland: The History of the Netherlands* (New York: Peter Fenelon Collier, 1899)

106.Thomas L. Friedman, *The Lexus and the Olive Tree* (New York: Anchor Books, 2000)

Thomas R. Metcalf,*Ideologies of the Raj*, vol. 3, sec. 4, *The New Cambridge History of India* (Cambridge: Cambridge University Press, 1994)

Timothy Garton Ash, *Free World: America, Europe, and the Surprising Future of the West* (New York: Random House)

Tu Wei-Ming, ed., *The Living Tree: The Changing Meaning of Being Chinese Today* (Palo Alto: Stanford University Press, 1994)

Valerie Hansen, *The Open Empire:A History of China to 1600* (New York: W. W. Norton, 2000)

William H. McNeill, *The Rise of the West:A History of the Human Community* (Chicago: University of Chicago Press,1963)

William L. Shirer, *The Rise and Fall of the Third Reich: A History of Nazi Germany* (New York: Simon & Schuster, 1990)

Wright and Twitchett, *Perspectives on the Tang* (New Haven: Yale University Press, 1973)

W. R. Ward,*The Protestant Evangelical Awakening* (Cambridge: Cambridge University Press, 1992)

Yasheng Huang and Tarun Khanna, "Can India Overtake China?,"*Foreign Policy*, July/Aug. 2003

Yihong Pan, *Son of Heaven and Heavenly Qaghan: Sui-Tang China and Its Neighbors* (Bellingham, Wash.: Western Washington University, 1997)

Day of Empire:How Hyperpowers Rise to Global Dominance—and Why They Fall by Amy Chua.

Copyright © This edition arranged with WRITERS' REPRESENTATIVES, LLC.through Big Apple Agency,Inc.,Labuan,Malaysia.

Simplified Chinese edition copyright:2016, Beijing Lovely &Smoothly Publication CO.,LTD

All rights reserved.

版贸核渝字（2016）第048号
图书在版编目（CIP）数据

宽容、狭隘与帝国兴亡 / (美) 艾米·蔡著；刘海青，杨礼武译. -- 重庆：重庆出版社, 2019.9

书名原文：Day of Empire :How Hyperpowers Rise to Global Dominance--and Why They Fall

ISBN 978-7-229-14190-5

Ⅰ.①宽… Ⅱ.①艾… ②刘… ③杨… Ⅲ.①世界史－通俗读物 Ⅳ.①K109

中国版本图书馆CIP数据核字(2019)第099562号

宽容、狭隘与帝国兴亡
KUANRONG XIAAI YU DIGUOXINGWANG

[美]艾米·蔡 著
刘海青 杨礼武 译

策　　划：	华章同人
出版监制：	徐宪江
责任编辑：	何彦彦
营销编辑：	王　良　田涌杨
责任印制：	杨　宁
装帧设计：	视觉共振设计工作室

重庆出版集团
重庆出版社 出版
（重庆市南岸区南滨路162号1幢）
投稿邮箱：bjhztr@vip.163.com
三河市天润建兴印务有限公司　印刷
重庆出版集团图书发行有限公司　发行
邮购电话：010-85869375/76/77转810
重庆出版社天猫旗舰店
cqcbs.tmall.com
全国新华书店经销

开本：880mm×1230mm　1/32　印张：15.5　字数：300千字
2019年9月第1版　2019年9月第1次印刷
定价：68.00元

如有印装质量问题，请致电023-61520678

版权所有，侵权必究